国家社会科学基金重点项目（17AJY024）
山东省高等学校优秀青年创新团队支持计划

我国银行业
政府或有债务研究

A STUDY ON THE GOVERNMENT'S CONTINGENT
LIABILITY FROM BANKING INDUSTRY IN CHINA

马恩涛　著

人民出版社

目 录

前　言

　　对于财政和金融之间的关系，无论是理论界还是实务界甚至是不同部门历来存在着不同的认识，最典型的例证莫过于在财政部和央行之间就积极财政政策以及 2020 年就赤字货币化观点上的针锋相对。现代社会是一个风险社会，我国当前财政和金融之间的关系更多的表现为财政风险和金融风险之间的相互传导，特别是银行业风险向政府债务风险甚至是财政成本的转嫁。正是基于对此问题的担忧，笔者于 2017 年成功申请国家社科基金重点项目 "我国银行业政府或有债务风险及其财政成本研究"（17AJY024），试图对银行业与政府乃至银行业风险与政府或有债务风险之间的逻辑关系进行剖析和梳理并给出应对之策，以期为我国当前作为三大攻坚战之首的 "防范化解重大风险" 贡献出自己的智慧力量。经过近三年的深入研究，该项目于 2020 年 10 月顺利结题。本著作就是在该项目研究报告的基础上不断丰富、充实和扩展而来。

　　如果从学术发展史的角度来认识财政风险和金融风险之间的关系，近期其关键节点主要是两个，一个是 1997 年的东南亚金融危机；另一个是 2007 年的美国次贷危机。1997 年，东南亚金融危机的爆发引发全球经济的动荡和各国扩张性财政政策的竞相出台。在此经济环境下，世行专家汉娜基于各国特别是欧盟成员国财政实践的考察于 1998 年发表其经典论文《政府或有债务：财政稳定的潜在风险》，首次将在内容和特点上明显不同于国债的政府或有债务纳入我们的观察视野。其后十年间，作为政府或有债务理论主要内容的公共风险理论、政府隐性担保理论、财政机会主义理论，以及财政调整和财政成本理论等在国内外学者的共同努力下得到迅速丰富和发展。鉴于政府对银行业的担保和救助是政府或有债务的最主要的来源，结合我国第一次积极财政政策的实施，国内学者本阶段主要围绕着银行业不良资产剥离、特别国债发行、外汇储备注资、战略投资者引进等银行重构和资本重组所产生的财政成本问题进行了一系列研究，推动了对财政风险和金融风险二者关系认识的新发展。

2007 年，美国次贷危机的爆发及其引发的全球经济危机、银行业危机和债务危机再次为认识财政风险和金融风险乃至财政危机和金融危机之间关系提供了巨大的空间，也使得人们对有关银行业危机与公共财政之间的关系产生了新认识，并从实践中验证了银行业作为政府或有债务重要来源领域的结论。然而，尽管或有债务在最近的全球金融危机中占据了政府债务增长的大部分份额，但由于其依赖于未来事件的发生与否，因此仍被排斥在传统公共财政分析框架之外，属于表外业务。而在许多国家，未纳入预算的或有债务风险特别是来自银行业的或有债务风险却即将转化为财政危机并导致政府资源的流出。残酷的银行业或有债务风险现实和前景为债务管理者和财政治理机构敲响了警钟，也为新经济环境下政府或有债务理论的进一步发展提出了更高的要求。

就我国金融部门或银行业与政府债务关系而言，自 2010 年开始，中央政府逐渐意识到地方政府、地方融资平台、银行、非银行金融机构等相关主体之间的复杂关系及其对财政所产生的债务影响，并分别组织了三次政府债务统计工作，基本按照世界银行专家汉娜财政风险矩阵中的债务统计口径对我国 2012 年底、2013 年 6 月底和 2014 年底的地方政府债务进行了清理甄别，将政府或有债务理论与实践进行了一次有机结合。本书也可以看作是对我国治理银行业政府或有债务相关手段和经验的系统总结，体现了包括我国在内的各国债务治理水平的提高。

本著作的研究内容主要涉及四个方面，包括我国银行业政府或有债务的形成机理、我国银行业政府或有债务的规模测度、我国银行业风险与政府或有债务风险间的"反馈循环"以及防范我国银行业政府或有债务风险及控制其财政成本的举措。

首先，本书分析了我国银行业政府或有债务的形成机理。鉴于银行业在一国金融体系、经济体系以至整个社会体系中的关键作用，政府往往是银行体系的最终风险承担者。尽管在后金融危机时代，各国所制定的内部纾困新规制试图让股东和债权人在银行破产时承担损失，各国政府也试图让大家相信，内部纾困新规制将消除未来银行业危机对政府财政以及纳税人资金的需求。然而，在银行业危机发生后，虽然这些举措值得称赞，而且会遏制道德风险，但不可否认的事实是，在部分准备金银行体系中，仍然需要政府对银行提供某种坚固的"财政后盾（fiscal backstop）"，因为任何内部纾困或非外部救助的政策在面临严重危机时都是不可信的。

具体来说，银行业风险向政府债务风险传导的主要渠道有微观和宏观两个层面。微观层面主要是政府对银行业的救助计划包括政府担保、救助资金、税收和补贴、政府债券以及央行紧急流动性支持等所可能导致的政府或有债务风险。政府担保往往会导致银行产生道德风险问题而倾向于冒险，银行债务也会因为政府显性或隐性的担保而转换成政府债务，将银行业风险转换为财政风险；政府直接救助资金是最简单的风险传递方式，面对政府的救助义务，银行负有的偿还责任很小，这种单方面的资金转移直接增加了政府的财政成本；金融风险沿着税收渠道向财政风险转化主要是通过影响经济状况来实现的，假如金融风暴对资产价格、就业和产出产生负面影响，那么直接成本会因危机对税收和公共支出的影响而增加。从宏观层面上来看，银行业风险向政府债务风险转移的渠道除了对来自银行和非银行金融机构困境的财政救助责任外，还包括：通过融资成本上升和资产价格变化而对财政产生的直接影响；通过自动稳定器和增长效应而经由实体经济产生的间接影响；通过中央银行风险转移影响政府债务；通过国际信贷和救助计划而导致的国际债务责任。

其次，本书测度了我国银行业政府或有债务规模。为了能更好地评估银行业危机给政府带来的潜在损失，我们设计了一个"银行业政府或有债务规模指数（SBGCLI）"来进行衡量。该或有债务规模由政府担保的预期成本和非预期成本构成，预期成本代表了平均成本，而非预期成本则代表了波动性或政府潜在损失的标准差，其大小取决于银行业的债务规模、集中度、多元化、杠杆和资产风险以及银行陷入困境和政府愿意且能够支持的概率。银行业政府或有债务规模测算的设计由四步来完成：第一步，设计政府对单家银行提供担保所导致的预期和非预期成本；第二步，设计政府对由 N 家银行构成的整个银行业提供担保组合所导致的预期和非预期成本，并且每一家银行的破产都是相互独立的事件；第三步，设计政府对相互关联的银行破产提供担保导致的预期和非预期成本；第四步，将上述设计进行总结概括得出该债务规模的一般化形式。在此基础上，我们对 2012—2017 年我国 14 家上市商业银行相互独立及相互关联时政府或有债务规模进行了测算。

再次，本书考察了我国银行业风险与政府债务风险之间的"反馈循环"。虽然在国家社科基金项目结题报告中，我们重点分析了银行业风险对政府债务风险的单向关系，实际上，从政府债务到银行业也存在着某种反向关系。例如，对看似与银行体系毫不相关的政府财政稳健性的怀疑，也可能影响银行业的绩效；在政府主权债务违约的极端情形下，因银行持有政府发行债券而产生的损失会威胁到银行的偿付能力。这样，在银行业风险与政府债务风险之间就存在着双向关系。甚至从另一个角度来看，二者之间的联动也可能进入一个方向单一的闭循环，形成一种相互传导促进的"反馈循环（feedback loop）"。特别是在 2008 年金融危机后，世界各国金融风险与财政风险之间的交织共存以及边界间的愈发模糊甚至产生了如量子纠缠般的"风险纠缠"现象。越来越多的证据表明不仅银行业危机对政府偿付能力有显著影响，反过来，政府困境也能对银行偿付能力及其融资产生显著影响。故在本书中我们新增加了这部分内容。

为了验证银行业风险与政府债务风险的"反馈循环"，我们借鉴了

KMV 模型和 VAR 模型。通过修正的 KMV 模型，我们以 2017—2019 年我国政府的相关月度数据为作为样本数据，详细测算了我国政府债务风险规模，再利用向量自回归模型得出以下结果：银行业接受冲击的初期，其预测方差的绝大部分来自于银行本身，达到 85%，向前作 20 期的预测后，虽然仍有约 68% 的预测方差来自于本身，但已降低了 17 个百分点；与此同时，政府债务风险的方差贡献从 13% 上升至 21%，这一变化体现了银行业风险向政府债务风险的转移。同样的，从政府债务风险的预测方差分解图中可以看出，当政府债务风险在接受冲击的初期，其产生的风险完全来自自身，而随时间的向后不断推移，可以发现政府债务风险对自身贡献却降低了 45 个百分点，而银行对增加政府债务风险的影响逐渐体现，达到了 10%。这体现了银行业风险更容易向政府传导，是政府债务风险的重要来源之一。

最后，本书给出了防范我国银行业政府或有债务风险及控制其财政成本的举措。通过借鉴欧盟、美国、瑞典和哥伦比亚等国家对银行业风险财政化的应对经验，我们给出了我国银行业政府或有债务及其财政成本的控制措施。一是建立了一个应对银行业政府或有债务风险的统一分析框架。在此框架内，通过对银行业监管和对政府或有债务管理的协调配合，充分利用风险识别、风险评估以及风险转移和监督工具等来实现我国银行业政府或有债务及其财政成本的控制。二是严格银行内外部的监管。对银行业内部监管可以从制定合理的内部（自律）监管制度、注重自身风险的管控以及各银行之间的相互监管等几个方面入手；对于银行业的外部监管分为政府及其国家金融监管机构的监管和社会公众对于银行业金融机构的监管，主要从完善银行业监管的法律制度、健全金融监管体制、多部门联合监管以及注重监管效果和问责等几个方面入手。三是完善银行业中政府担保的设计，特别是利用市场进行风险分担。可以对政府担保的存量或新增担保的实施数量设定一个最高限额来创造一个准预算约束，通过增加对其审查和控制的力度进一步推进国家隐性担保从银行业中淡出。四是实现对金融危机的科学预测和防范。五是完善银行业危机时期财政救助的制度安排并提高银行业政府或有债务的透明度。

当然，由于财政风险和金融风险本身各自都是复杂的问题，其相互之间的关系更是千头万绪。因此，本著作不可能对财政风险和金融风险之间关系的研究做到足够深入全面。尽管书中也给出了防范我国银行业政府或有债务风险及控制其财政成本的举措，这也只代表着一家之言。然而，我们还是希望本著作能够为防范和化解我国财政风险和金融风险，特别是源于我国银行业的政府或有债务风险有所帮助，更希望本书能起到抛砖引玉的作用，引出更多关于财政风险和金融风险相互传染和协同治理的好成果。

第 一 章

导　论

第一节　研究背景与研究意义

一、研究背景

1997—1998 年，东南亚金融危机爆发，这次危机涉及面之广、影响之深远，促成理论界和实践部门对金融危机的重新认识；2008—2009 年，全球金融危机及欧洲债务危机的爆发再次引起了人们对金融危机的重视；而 2020 年新冠肺炎疫情所导致的金融市场的动荡又一次刷新人们对其的认识①。在东南亚金融危机中，泰国和印度尼西亚两国政府及其央行为国内商业银行和外债融资所提供的担保最终导致了两国货币危机、银行业危机和政府债务危机的发生。而在欧洲债务危机中，由于希腊等国家其银行持有大量本国政府债券，政府主权债务违约必然伴以银行业危机的发生；也是在这次危机中，由于爱尔兰银行的破产，该国政府对其金融部门所提

---

① 2020 年 3 月，随着新冠肺炎疫情在世界范围内的传播，全球金融市场更是跌宕起伏，美国股市 10 天发生了 4 次熔断，恐慌情绪高涨。这再一次刷新了人们对金融危机的认识。为了应对疫情对全球经济的巨大冲击，各国政府开启了积极救市策略。美国提出了一项规模高达万亿美元的经济刺激计划，并给每位成年美国公民派发 1000 美元现金支票；欧洲央行也宣布累积 8700 亿欧元的资产收购计划，同时使用流动性工具以及灵活银行业监管等措施，为欧元区注入额外流动性；日本额外购买 1 万亿日元的日本公债；韩国采取规模达 50 万亿韩元（约合人民币 2770 亿元）的金融救济措施；澳大利亚央行将现金利率目标下调 25 个基点至 0.25%并将投入 150 亿澳元支持中小企业。

供的一揽子担保促使其爆发了严重的政府债务危机（马恩涛等，2019）。对于这些金融危机，尽管每次发生的社会经济背景有所不同，但银行业危机和政府债务危机的"孪生性"或"双重性"却未曾改变。如果再考虑上货币危机，这三重危机的"孪生性"甚至可以追溯到 19 世纪 90 年代的新兴市场危机。而就全球金融危机及其后的欧洲债务危机而言，不管是发达国家还是发展中国家，也不管是富国还是穷国，都受到了一定程度的冲击（张新东，2014），如同莱因哈特和罗戈夫（Reinhart，Rogoff，2013）所言，"这场金融危机是一个机会均等的威胁"。

　　每次金融危机发生后，理论界总会掀起一股研究金融危机的小高潮，美国政府甚至专门成立美国调查委员会来调查其 2008 年的金融危机。该调查委员会认为，金融规制及监管失败对国家金融市场稳定性的破坏是这次金融危机的主要原因之一。30 多年的放松管制和依赖金融机构自我管理的观念，被美联储前主席格林斯潘及其他一些人所倡导，为历届政府与国会所支持，并常常为强大的金融产业所推动，最终解除了本可以帮助避免这次灾难的关键性防护措施。这种监管方法导致数万亿美元风险资产的关键领域（比如影子银行系统和场外交易衍生品市场）出现监管缺口。很多学者在对金融危机的认识和解释上也总想给出与众不同的观点和标新立异的答案，"这次不一样"（This time is different）成为解释金融危机不同以往的典型术语①，而最后却发现"这次还一样"（This time is indifferent again）。历史总是在呈现惊人的相似和重复，这也包括下一次金融危机的爆发。

　　也是在每次金融危机后，实务界特别是各国政府都试图对其金融部门进行救助，各国金融监管部门甚至不同国家金融监管部门的联合委员会也会对金融危机暴露出的问题进行修补，以促进金融部门特别是银行业的健

---

①　Camen M. Reinhart，Kenneth Rogoff：《这次不一样：八百年金融危机史》（*This Time is Different：Eight Centuries of Financial Folly*），綦相等译，机械工业出版社 2012 年版。

康发展。2008—2009 年金融危机后,《巴塞尔 III:更具稳健性的银行和银行体系的全球监管框架》《巴塞尔 III:流动性风险计量、标准和监测的国际框架》以及《巴塞尔 III:后危机改革的最终方案》等"巴塞尔 III"横空出世,力图重建金融监管规则,弥补监管制度短板,增强单家金融机构以及金融体系的稳健性。而在对金融危机的救助中,为了防范危机蔓延、稳定金融市场和重构金融体系,各国政府均投入了巨额的公共资源,以多种方式包括外部救助(bail-out)和内部纾困(bail-in)来支持危机银行及其利益相关者,试图帮助危机银行尽快恢复生机。而这通常会对公共部门的资产负债表造成恶劣影响(王益,2012;杨继梅和齐绍洲,2016)。图 1-1 显示了欧洲债务危机国家的银行不良贷款和政府债务规模,用线形图表示政府负债率,柱形图表示不良贷款率。由此可见,二者的共同趋势明显。

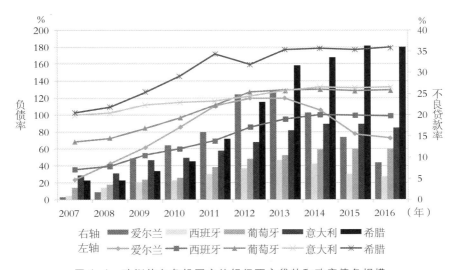

图 1-1 欧洲债务危机国家的银行不良贷款和政府债务规模

数据来源:黄亦炫:《隐性主权债务风险传导机制研究——基于欧洲的经验证据》,《金融理论与实践》2018 年第 3 期。

实际上,金融危机特别是系统性银行危机经常导致公共财政的显著恶化，尽管对不同国家的影响可能不一样。克莱森等（Claessens，et al.，2011）认为政府在金融危机期间进行直接干预的财政成本中位数大约是GDP 的 6%；但大约三分之一有记录的危机情形，其直接财政成本超过GDP 的 10%。然而，这些直接成本还没有涵盖银行危机对公共财政的全部影响；这些危机通过其引发的衰退与更高的借贷成本也会对公共财政形成间接影响（IMF，2015）。危机所导致的总成本可以通过公共债务的变化来实现更好的涵盖，这些直接预算成本以及通过危机对实体经济影响而具体化的间接财政成本（以及任何的成本回收）都能在债务中得到反映。从这个视角来看，银行危机的总成本甚至更大。王胜邦和朱太辉（2018）通过考察全球实体经济部门 2007—2017 年债务规模占 GDP 的比例，如表1-1 所示，发现其膨胀迅速。他们将债务规模膨胀的原因归结为三个方面：一是为抑制金融危机的进一步蔓延，欧美国家政府被迫通过大规模注资等手段，对金融部门实施救助，导致危机初期公共债务迅速攀升，一定程度上将难以持续的家庭部门杠杆转移至政府部门；二是全球经济持续低迷，增长乏力，间接推高了实体经济部门杠杆率；三是全球主要央行采取过度宽松的货币政策导致流动性泛滥，并显著拉低了借贷成本，促使资本向新兴市场流动，推高了资产价格，为私人部门加杠杆提供了激励。

表 1-1　2007—2017 年全球债务规模

年份	全球债务总额（万亿美元）	发达经济体（GDP 占比,%）			新兴经济体（GDP 占比,%）			全球经济体（GDP 占比,%）		
		政府	公司	家庭	政府	公司	家庭	政府	公司	家庭
2007	109.98	70.31	83.45	79.69	37.03	57.07	19.33	55.07	71.49	52.34
2010	133.34	95.22	84.45	79.36	39.15	69.90	23.86	67.15	77.16	51.57
2013	152.74	106.54	84.53	74.79	40.43	81.76	27.93	71.24	83.05	49.77
2017	173.97	108.89	86.70	73.45	47.78	93.37	34.61	74.65	91.44	51.69

数据来源：王胜邦：《后危机时期全球银行业变革趋势与竞争格局》，中国银行保险监督管理委员会工作论文，2018 年第 21 期。

　　而就我国而言，虽然在当前金融制度和金融形势下还不存在发生货币危机的迹象，但如果不采取有效的控制风险的前瞻性措施，却也存在发生银行危机和政府债务危机的可能（马恩涛等，2019）。特别是银行业在风险控制中对于产业的判断和企业经营的判断，基本形同虚设，只要每年按时给付利息，不考虑未来能否收回本金。那么一旦陷入债务危机，可能马上就是银行危机，因为企业资金链断裂，贷款就很快变成坏账，如果是过剩产能，债务重组后要盈利非常难。近几年来自地方的企业债务危机事件特别是企业高利贷案的频繁出现也揭示出一种风险趋势：普遍的企业债务违约危机在经济转型时期不断恶化，有可能演化为区域性的金融风险。

　　对于我国的金融风险问题，中央政府以及习近平总书记也非常重视，早在 2013 年 9 月，国家主席习近平在俄罗斯圣彼得堡举行的二十国集团领导人第八次峰会第一阶段会议上就强调"中国也面临着地方政府债务、部分行业产能过剩等问题"①，说明中央政府已经开始关注地方财政风险特别是地方政府债务风险。2017 年 2 月 28 日，习近平总书记主持召开中央财经领导小组第十五次会议时强调，"防控金融风险，要加快建立监管协调机制，加强宏观审慎监管，强化统筹协调能力，防范和化解系统性风险"②。2017 年 7 月 14 日举行的全国金融工作会议上，习近平总书记强调了"金融安全是国家安全的重要组成部分"，"防止发生系统性金融风险是金融工作的永恒主题。要把主动防范化解系统性金融风险放在更加重要的位置，科学防范，早识别、早预警、早发现、早处置，着力防范化解重点领域风险，着力完善金融安全防线和风险应急处置机制"③。而在 2017 年 10 月党的十九大上，党中央将防范化解重大风险列为三大攻坚战之首并将防范系统性金融风险作为坚决打好防范化解重大风险攻坚战的重要任务。

---

①　《习近平谈治国理政》（第一卷），外文出版社 2018 年版，第 337 页。
②　中共中央党史和文献研究院编：《习近平关于总体国家安全观论述摘编》，中央文献出版社 2018 年版，第 95 页。
③　中共中央党史和文献研究院编：《习近平关于总体国家安全观论述摘编》，中央文献出版社 2018 版，第 97—98 页。

以防范系统性金融风险为目的的相关文件也竞相出台，包括《国务院关于界定中央和地方金融监管职责和风险处置责任的意见》（国发〔2014〕30号）、《中国银监会关于银行业风险防控工作的指导意见》（银监发〔2017〕6号）、《中国银监会关于印发银行业金融机构全面风险管理指引的通知》（银监发〔2016〕44号）和《关于规范银行业服务企业走出去 加强风险防控的指导意见》（银监发〔2017〕1号）等。甚至在严控金融风险的大背景下，中国保监会也频出整治行动，在2017年4—5月30多天里8次下文，连续召开6次主题会议，着力防范化解保险业最为突出的九大风险。这些无不体现中央政府和习近平总书记对我国当前金融风险严峻形势的充分认识和科学预判，也从侧面说明我们进行此方面研究的迫切性。

二、研究意义

当今社会，一个被人们所普遍接受的事实是：一国金融行业的健康发展与该国的经济增长、财政稳定呈正相关关系。一方面，健康的金融市场、丰富的衍生产品会促进投资的增长和经济的发展；另一方面，脆弱的金融体制、频繁的银行危机也会侵蚀经济发展、危及财政稳定。因此，我们在关注金融部门积极作用的同时，也要注意潜藏于其中的风险和危机，特别是对存在于金融部门中的政府或有债务风险更要加强防范和化解。从历次金融危机来看，虽然每次金融危机都刷新了人们对金融危机的认识，但这种新认识大多还是停留在就金融危机谈金融危机的层面上，没有将金融危机与财政危机、金融风险与财政风险进行联系和结合。实际上，金融危机爆发后的财政救助成本在危机爆发前一直以一种或有债务的状态存在，且银行业风险与政府债务风险之间的"反馈循环"（feedback loop）①

---

① "反馈循环"（feedback loop）是指银行业风险和政府债务风险并不是互为单向反向关系即银行业风险影响到政府债务风险或者政府债务风险影响到银行业风险，而是一个反向的闭循环即银行业风险影响到政府债务风险进而又影响到银行业风险等，如此循环反复下去。

及其严峻形势已经成为悬挂在中国经济头顶上的"达摩克利斯之剑"①。特别是,自21世纪初一些发达国家因金融部门特别是银行业问题而导致严重的政府债务危机,迫使人们不得不重新认识源于金融领域的政府或有债务。李和巴赫迈尔(Lee,Bachmair,2019)曾通过世界银行对43个国家的债务管理者进行问卷调查后发现,91%的被调查者认为或有债务风险管理是重要的或非常重要的。在对或有债务类型的调研上,债务管理者给出的顺序是信贷担保(70%)、国有企业债务(60%)、地方政府(60%)和PPP(40%)。由此可见,来自金融领域的政府或有债务日益受到财政实务界的重视,也迫使我们不得不重新认识源于我国银行业的政府或有债务风险并采取有效措施进行防范。

在控制我国银行业政府或有债务及防范其风险并降低未来成本的过程中,我们认为有两个问题需要特别注意:一是作为一个渐进转型的大国,我国银行业政府或有债务的形成原因和作用机理是否与其他市场经济国家一样,特别是作为发轫于高度集中的计划经济体制下的单一制国家的经济转型在其积累过程中是否有自己的制度特征(马恩涛,2017);二是源于我国银行业的政府或有债务规模有多大,为规避源于我国银行业政府或有债务风险如何进行一个顶层的框架设计来进行监管?如果我们能科学、合理地回答以上两个问题,相信不仅能够丰富政府或有债务风险的理论内容,而且可以完善对银行业的监管框架,以规避政府债务风险,实现"财政可持续性"(fiscal sustainability)② 和充足

---

① "达摩克利斯之剑"(the sword of Damocles)用来表示时刻存在的危险。源自古希腊传说:迪奥尼修斯国王请他的大臣达摩克利斯赴宴,命其坐在用一根马鬃悬挂的一把寒光闪闪的利剑下,由此而产生的这个外国典故,意指令人处于一种危机状态,"临绝地而不衰"。或者随时有危机意识,心中敲起警钟等。

② "财政可持续性"(fiscal sustainability)从资产—负债的角度来说是指政府有能力获得长期而稳定的财政资源,并有能力控制政府的债务;而政府债的可持续性是指政府能够保证现有的债务水平(即债务—GDP比率)不再上升,而保持相对稳定或下降。所以,我们认为在政府资产存量和财政能力一定的情况下,财政的可持续性等同于政府债务的可持续性。

的"财政空间"（fiscal space）①。具体而言，对我国银行业政府或有债务及其财政成本的研究具有如下意义。

首先，研究我国政府或有债务及其财政成本，可以为完善我国管控或治理政府或有债务的制度提供理论支持。党的十九届四中全会审议通过了《中共中央关于坚持和完善中国特色社会主义制度、推进国家治理体系和治理能力现代化若干重大问题的决定》，强调"坚持和完善中国特色社会主义制度、推进国家治理体系和治理能力现代化，是全党的一项重大战略任务"，同时提出"到我们党成立一百年时，在各方面制度更加成熟更加定型上取得明显成效"的推进国家治理体系和治理能力现代化的总体目标，通过这一理论研究，我们可以实现对银行业政府或有债务的"善治"（good governance）②，推动该总体目标的实现。其次，研究我国银行业政府或有债务及其财政成本，可以提高我国政府对或有债务特别是源于银行业的政府或有债务的重视程度，合理地控制财政成本，提高政府的风险意识。再次，研究我国银行业政府或有债务及其财政成本，对如何监管好银行业的发展起着重要指导性作用，利于银行业做出合理的决策，规避行业内外的风险，降低因经营管理不善等所产生的银行业风险甚至银行业危机。最后，研究我国银行业政府或有债务及其财政成本，可以为政府合理控制债务规模，特别是来源于银行业的政府或有债务提供政策建议，为今后我国债务的发展提供合理的参考。

---

① 财政空间（fiscal space）这一新概念内涵较为丰富。从可持续性角度看，财政空间是指政府可获得的一定预算空间，以使其在不损害财政可持续性发展的前提下，有能力为特定目标的实现提供预算资源；从发展的角度看，财政空间是政府采取切实政策措施加强资源调动，并通过必要的改革加强治理能力，改善制度及经济环境，从而获得实现一系列既定发展目标必须的财政资源；从预算角度看，财政空间又是指政府在年度或中期预算框架内可获得的用于支出项目的财政资金。

② "善治"（good governance）即良好的治理。20世纪90年代以来，在英语和法语的政治学文献中，"善治"概念的使用率直线上升，成为出现频率最高的术语之一。概括地说，"善治"就是使公共利益最大化的社会管理过程，其本质特征是政府与公民对公共事务的合作管理，是政府与市场、社会的一种新颖关系。

第二节　基本概念的界定

要科学地回答我国银行业政府或有债务的形成机理并对其规模及相关的财政成本进行量化，离不开对银行业政府或有债务相关概念及其内涵和外延的界定。由于我们的研究涉及的财政领域和金融领域的专业术语比较多，因此本部分我们仅对全局性的相关术语进行界定，局部性的专业术语的概念界定留到相关章节中进行。在此，我们重点考察银行业、金融危机、或有债务以及财政成本等相关概念。

一、银行业

对银行业（banking industry）的界定，国内外学者给出的不多，但我们可以从其对银行的界定及其发展中较容易地理解银行业。银行之称最早出现于中世纪的欧洲，当时的钱币商就坐在一条长凳上为来往的商人鉴别和兑换市场上流通的各国货币，意大利词语 banca（长凳）由此演变为银行，后传入中国，最初被译为洋行，后改为银行。在我国，"银"常常代指货币，而"行"来自于商行，代表商业机构，办理与货币有关业务的机构则称为银行。最初的货币兑换商经过不断的发展，开始为商人保管货币、收付现金并办理结算和汇款，这使大量货币资金聚集在货币兑换商手中，他们便开始向他人发放贷款以收取利息，银行业由此产生。

现代银行理论告诉我们，银行的独特功能是将短期储蓄转换成期限更长的、流动性更弱的以及风险更高的贷款。通过从储户那里筹集资金并提供信贷，银行避免了重复监管，进而节省了从资本供给方向需求方转移的总成本（Diamond，Dybvig，1983）。然而，债务比资产更强的流动性使得银行资产负债表比较脆弱。银行不仅在无法获得其贷款偿还时会面临破产，而且在储户仅仅是预期到其他人会收回资产而采取同样行为时也会破产。自 19 世纪 80 年代中期，世界范围内的银行业发生了一系列的转变：

对储蓄账户管制的放松，迫使各国银行就利率而展开竞争；巴塞尔协议 I 的引入，迫使银行转向新的和较少管制的表外业务；欧元的引入，实现欧洲范围内的完整银行市场。而银行业未来在国际竞争、信息技术的革新和管制方面会有更多的交互作用，加剧银行业的竞争。

在对于银行业金融机构的认定上，一般有两类方法：一是形式上的认定法，这一方法主要从法律角度着眼，根据金融机构的设立程序、组织形式以及从事业务等是否符合各国银行法的规定要求进行判断；二是实质上的认定法，主要着眼点为金融机构从事的业务属性，以"吸收公众存款"是否为各类业务活动的基础为判断依据。当然，上述两类认定方法也存在着争论，尤其是在金融混业发展已成为主流趋势的背景下，实质上的认定法越来越难以实施。目前，国际上普遍以形式认定法为主，实质认定法为辅。

我国银行业广义上是一个整体概念，包括中国人民银行、监管机构、自律组织以及在我国境内设立的吸收公众存款的金融机构和非银行金融机构以及政策性银行；狭义的银行业仅是指从事存贷业务的商业银行体系。我国银行业历经了长久的发展。在我国，办理金融业务的独立机构首见于唐朝，直至明朝出现的钱庄才实际具有银行的性质，清朝又出现了票号、汇票庄等。我国第一家银行是英国人于 1845 年在广州设立的丽如银行，我国自办的第一家银行是 1897 年由民族资本家成立的中国通商银行。我国银行体系自中华人民共和国成立后历经多次改革才逐步确立，即由中央银行、监管机构、自律组织和银行业金融机构组成的整体。中央银行是指中国人民银行，其在国务院的领导下，负责我国货币政策的制定和执行以维护我国金融稳定；中国银行保险监督管理委员会负责监管我国银行业和保险业金融机构，防范金融风险；政策性银行是政府为贯彻落实某一政策安排而出资成立的金融机构；商业银行是指从事收放款等中间业务的金融机构，一般以营利为目的。

二、金融危机

探究银行业风险并关注风险引起的政府或有债务问题离不开对金融危机的认识和理解。到目前为止，还没有一个被普遍接受的金融危机的定义。明斯基（Minsky，1982）认为没有必要给金融危机下一个明确的定义，因为金融危机的主要情形五花八门，因此可以通过具体某种情形来确定。金德尔伯格和阿利伯（Kindleberger，Aliber，2011）也认为很难对金融危机进行精确的界定，因为从历史上来看其涵盖了一系列不同类型的情况："危机的种类可以被不同的标签所划分，既包括商业的、工业的、货币的、银行业的、财政的、金融的（某种程度上是指金融市场）等等，也包括地方的、局部的、国家的和国际的。"一个有关金融危机相对精准的界定由艾肯格林（Eichengreen，1992）给出，"一个对金融市场的扰动，典型地伴以资产价格的下跌和债务人与中介机构的破产，并将其通过金融体系发散出去，损害了市场配置资本的能力"。这一界定适当地强调了"中介机构的破产"，应该说更侧重于本书所重点研究的银行业危机。然而这个界定对于定义金融危机来说还存在某些特征参数的模糊性。金融机构破产到什么程度才算危机？显然，一两家银行的破产不一定形成全面的金融危机。就其表现而言，金融危机是指一个或几个国家和地区的短期利率、货币资产、证券、房地产、土地价格、商业破产数和金融机构倒闭数等全部或多数金融指标的迅速、短期和超周期的恶化。金融危机在某种程度上可以看作虚拟经济和实体经济之间交互作用的极端表现。

要理解金融危机还需要对危机不同类型特别是银行业危机有充分的认识。金融危机的具体表现形式多种多样，包括货币危机、银行业危机以及主权债务危机等类型，且金融危机正日益呈现出一种混合形式，目前已有研究对其各类型危机形成近乎统一的认识和量化标准。货币危机一般被界定为因对本国货币出现投机性狙击而导致的严重货币贬值。例如，莱文和瓦伦西亚（Laeven，Valencia，2013）认为若一国本币对美元汇率一年内下降 30%并且贬值幅度至少比上年高 10%，则该国在这一年爆发了货币危机（第二个条件是为了排除那些持续经历高通货膨胀率而没有货币危机的国家）。这时，由于货币当局在危机发生时往往会通过大规模的国际储备以及严格的资本管制来保护本国货币，故利率也会急剧上升。银行业危机又称为系统性银行危机，一般被界定为现实的或潜在的银行挤兑所导致的银行债务可转换性的滞后。其典型表现为企业和银行业遭遇大量的违约，不良贷款增加，全部或大部分银行系统资源耗尽。这一情形还可能伴随着危机挤兑与资产价格低迷，实际利率上升以及资本流入放缓或逆转。在银行业危机中，政府往往又不得不通过流动性支持来干预银行业的破产。对于主权债务危机来说，包含内、外债危机，一般被界定为一国政府没有能力或没有意愿去偿还其主权债务甚至私人债务，或一国政府通过典型违约、通货膨胀、货币贬值甚至金融抑制等来逃避国内财政责任。但就货币危机、银行业危机与主权债务危机的具体表现形式、特征甚至相关理论而言又差别较大（马恩涛等，2019）。

对于银行业危机，如前文所述，一般被界定为现实的或潜在的银行挤兑所导致的银行债务可转换性的滞后。也有学者给出了银行业危机的具体条件，如莱文和瓦伦西亚（Laeven，Valencia，2010）认为银行危机是系统的，需要满足以下两个要求：①银行系统出现明显的银行挤兑、银行系统亏损或银行清算等明显的金融困境现象；②为应对银行系统的重大损失，政府采取显著的银行干预政策措施。他们认为，同时满足这两项标准的年份为银行业危机的初始年份，而对于如何界定什么是显著的干预政策措施，他们认为，如果以下六项举措中至少三项举措得以采取，则可以将其界定为显著的干预政策措施：①普遍的流动性支持（至少为非居民存款和负债的 5%）；②较大的银行重组成本（至少为 GDP 的 3%）；③重要银行收归国有；④有效的重大担保；⑤大量资产购买（至少为 GDP 的 5%）；⑥存款冻结和银行假日。

现实中，银行业危机发生比较普遍。银行在面对储户时有内生的脆弱性，且这种脆弱性使得银行之间相互协调成为金融市场所面临的一个主要挑战。当储户或投资机构仅仅出于担心其他人将回收流动性资本而采取类似行为时，协调问题就会出现。正是由于这一脆弱性，当大规模流动性或资本因预言的自我实现而被回收时，银行危机就会发生；而当个别银行危机迅速传染到整个银行系统时，银行业危机就会出现（马恩涛等，2019）。一个关于协调问题的最简单例子就是银行挤兑（bank run），而对银行挤兑产生的原因，戴蒙德和迪布维格（Diamond，Dybvig，1983）从银行借短期而贷长期所导致的流动性错配角度进行了解释，这又被称为DD 模型。在存款保险制度出现之前，银行危机实际上就是因银行恐慌（bank panic）而产生的银行挤兑。银行恐慌除非被最后贷款人所解决，否则会因货币供给的减少和金融中介的减少而严重影响实体经济。

随着全球化的发展，银行业危机也越来越表现出区域性甚至全球性特征，如 1890—1891 年的巴林危机，1907 年的全球金融动荡，1931 年的安斯塔特信用危机，2008—2009 年的全球金融危机以及其后的欧洲债务危机（马恩涛等，2019）。博尔多和兰登·莱恩（Bordo，London-Lane，2010）在考察了银行业百年发展史的基础上，将全球金融危机划分为1890—1891 年、1914 年、1929—1930 年、1980—1981 年、2007—2008 年五大时段，在这五大时段中，银行业危机影响可谓甚大，不但相邻国家受牵连，甚至横跨几大洲。在危机蔓延期间，不同国家银行间的跨国诉求以及国外银行的困境会导致国内银行出现流动性问题甚至破产。而且，历史上曾处于世界金融中心的一些金融机构如 1890 年的英格兰银行、1929 年和 1980—1981 年的美联储，其发生的利率冲击所导致的直接或间接金融压力也开始加剧，这在新兴市场国家尤甚。

三、政府或有债务

根据国际货币基金组织的《政府财政统计手册（GFSM）》（IMF，2001），或有债务是政府承诺所产生的义务，但其时间和金额取决于一些不确定的未来事件的发生。根据承诺，或有债务分为显性和隐性两类。显性或有债务是由法律或合同产生的，而隐性或有债务是政府的"政治"义务，反映了公共和利益集团的压力。汉娜（Hana，1998）从更广意义上对政府面临的债务进行了分类定义，认为债务具有四个特征：显性和隐性、直接和或有，政府所面临的债务均为以上四个特征中两个的组合。显性债务是基于法律或合同的政府债务，债务到期政府有法定义务进行清偿。隐性债务不基于某一法律或合同，而是政府的一种道德债务，来自公众的期望和利益集团的压力。

直接债务是指任何情况下都会产生的政府支出责任，是确定的。而或有债务是指基于某些特定事件的发生而带来的支出责任，是难以预测的。汉娜在对政府所面临的债务做出了分类定义之后，又进一步把上述四种政府所面临的债务进行了组合，从而得到"财政风险矩阵"中所反映的四类政府债务，即政府直接显性债务、政府直接隐性债务、政府或有显性债务及政府或有隐性债务。或有显性债务源于政府的显性担保，我们可以区分对非主权债务以及地方政府和公私实体部门的担保。这些担保包括作为公私伙伴关系（PPPs）协议的国家担保，对不同类型信用的担保如抵押、学生和小额贷款，政府保险计划（如商业保险储蓄、对私人养老基金的最低收益担保、对农场主的旱涝担保，对航空灾难或战争风险担保），出口贸易担保。或有隐性债务源于政府的隐性担保，地方政府违约、公共或私营实体未经财产担保的债务以及其他政府应承担的债务，包括银行倒闭、对非担保养老金以及就业基金的投资失败和环境破坏、减灾和战争融资等①。

---

① 对于养老金债务目前还没有形成一致意见。由于不是基于任何法律条款，未来的公共养老金福利不是显性的债务而是隐性的债务。汉娜（Hana，1998）将其归入直接债务，因为这一债务不是或有的，由于政府面临的总的责任是明确的（除非养老金制度改革）。国际货币基金组织的《公共部门债务统计指引》（IMF，2011）将"政府为未来社会保障福利如退休福利和健康保障的支付导致的政府净债务"作为隐性或有债务。然而，对于非自治的未备基金的雇主养老金体系，养老金债务是直接的债务且当雇主是公共部门如政府单位时又是公共债务。

对于政府或有债务这一概念的研究，我们可以从主体（政府）、债务等几个方面来进行。首先，政府或有债务的主体是政府。对于政府这一概念的界定，我国绝大多数的教科书、专著及《中国大百科全书》都从广义和狭义两个角度予以解释：广义的政府（government），是指一切国家政权机关，国家立法、行政、司法机关以及国家元首等通称为政府；狭义的政府（administration），是指一个国家中央和地方的行政机关，执行各级国家权力。我国政府是具有多元化性质的行为主体，本书中的政府以广义范畴的政府为基础，以更全面地分析政府或有债务的产生渠道。其次，关于界定债务及或有债务。"债是指按照合同的约定或依照法律的规定，在当事人之间产生的特定的权利和义务的关系，享有权利的人是债权人，负有义务的人是债务人。"根据上述债的法律定义，债的关系是一项权利义务关系，一方（债务人）向另一方（债权人）承担按照合约行事或不行事的义务。而或有债务则是指在某些特定条件满足时才会发生的债务。因此，我们不难得出"债务"与"或有债务"在性质上存在差异。债务自身是现在时的概念，其双方责任人、金额以及到期日等要素均已确定。而或有债务在将来诸多不确定性因素得以满足时才能成立，具有将来时态的性质。

在各种各样的政府或有债务中，由于政府通过显性储蓄保险计划来支持储蓄或通过隐性担保限制金融恐慌时期的信心下滑，因此银行业成为政府或有债务的最主要来源。政府为银行业提供显性或隐性担保的例子在全世界随处可见。为应对源于美国次级房贷市场的全球金融危机，英国在2008年8月正式宣布了总计大约8500亿美元的一揽子救助计划。而美国也在2008年9月决定将房地美和房利美进行政府托管。这些众多政府担保的启动导致了大量风险向政府转移进而增加了公共债务。阿尔斯兰纳普和廖（Arslanalp，Liao，2013）基于一个约60个国家的样本发现，最近发生的银行危机平均增加了占GDP约10%的政府债务，而这一样本中有四分之三的国家花费了近乎20%的GDP代价。一旦银行危机与货币危机相伴随，这些成本和代价将会更加高昂（Hoggarth，et al.，2002；Kaminsky，Reinhart，1999）。鉴于来自银行部门的或有债务是公共债务增加的主要来源，因此衡量和监督这些债务对主权风险管理就显得异常重要。

然而，由于或有债务的不确定性特征，事先量化来自银行业的政府或有债务是困难的。对这类或有债务的估计要求我们不仅要知道政府提供隐性担保的所有债务的名义价值，而且还要知道每一个银行违约的概率和政府支持的可能性。更具体地说，显性政府担保的价值由两个因素所决定：政府担保的总债务数量和担保可能实现的概率。然而，隐性政府担保的价值还要求第三个变量的信息即政府将插手干预的可能性或政府隐性担保显性化的概率。

四、财政成本

在金融危机发生之前，政府对银行业的救助责任还体现出一种或有的特征，表现为政府的或有债务，而当银行业危机发生后，潜在的或有债务变为现实的财政资源的流出即财政成本。对于财政成本的研究文献特别是国外文献比较多，但大部分文献都没有对财政成本进行界定。如果说理论界对金融危机的界定没有形成统一的共识甚至认为没有必要是因为其情形多种多样，因此很难进行界定，那么对财政成本界定的缺失恰恰可能是因为对此已经形成共识且基本没什么困难。一般来说，财政成本是指在财政部门所约束的成本支出范围内，按照一定的成本计算原则对成本项目内容计算所得的产品成本。在过去也被称为"账面成本"或"财务成本"，但财政成本有其独特的"财政"指令性（邢华彬等，2016）。卢文鹏（2003）认为，财政成本可以看作政府为执行某项权力或取得某种效用所必须支付的财政代价，是一种预期资源的外流，因此总是与财政支出（fiscal futlay）和财政资源净流出（outflow of fiscal resources）相联系。而银行业危机的财政成本是指因银行业危机而引发的不同形式的政府救助所导致的财政资源流出。

　　根据其性质，源于银行业危机的财政成本可以分为直接财政成本、间接财政成本以及总财政成本（Amaglobeli，et al.，2015）。直接财政成本产生于危机期间政府对银行业的直接干预。这些干预通常紧随中央银行为稳定银行业而提供流动性支持的危机遏制围堵阶段。偿付能力问题的识别可能引发政府通过资本重组和资产收购来进行干预。政府还需要补偿储户、支付实现了的显性或有债务（如担保诉求），如果需要，甚至对因提供流动性支持而受损的中央银行进行重组。棠等（Tang，et al.，2000）研究了转型国家在解决银行危机时所产生的财政成本，提出财政成本有多种来源，包括为向银行注资而发行的政府债券、政府直接的现金和财政转移支付、政府担保付款（called government guarantee）、政府承担的银行有关债务以及政府分配给中央银行用以重组银行体系的财政资金等。间接财政成本来自银行危机对实体经济的影响，特别是对利率、GDP 增长和资产价格的影响。银行危机一般会增加风险溢价并中断对那些依赖于银行的贷款人的信用供给，这会减少消费和投资，进而对总需求、增长和资产价值产生负面影响。这些影响综合起来会减少政府收入并对公共支出形成压力，特别是当自动稳定器规模较大或对财政刺激的需求出现时，这会对财政基本平衡和债务动态性产生负面影响。而且，因为风险溢价的增加、流动性的短缺以及可能的汇率反应，利息支出也会增加。而总财政成本是指银行危机对公共财政的直接和间接影响，最终表现为一个反映财政成本更加综合的指标，即总公共债务率的变化。当然，公共债务的增加也许夸大了银行危机的真实成本，因为这些债务也涵盖了银行危机之外的其他危机如主权债务危机和货币危机的影响。

　　当然，与银行业危机相关的成本不只是财政成本，格里马尔迪等（Grimaldi，et al.，2016）就通过事后成本（ex-post cost）和事前成本（ex-ante cost）对与银行破产相关的各种直接成本和风险进行了界定。所谓银行破产的事后成本，是对总处置成本的某种测度。它可以定义为处置银行破产而发生的直接财政成本。换句话说，事后成本相当于将破产银行恢复到再次有偿债能力，即其资产价值至少等于其总债务（也就是净资产为零）所需的即时成本。在这种情况下，银行的资产将足以确保银行能够履行到期时的所有金融义务，前提是它可以在此期间获得必要的流动性。并且有必要区分内部纾困和外部救助的成本。如果通过银行债权人的内部纾困来解决破产银行，则事后成本相当于核销的债务总额减去为核销债权而换来股权的公允价值。事后成本也可能包括因储蓄保险计划、处置基金或财政部等这些代表债权人利益而承担的成本支出。如果银行破产通过外部救助得到解决，则事后成本相当于提供的权益资本总额减去救助时该权益的公允价值。实际上，即使股权随后被抛售，这个公允价值也很难评估。然而，这种成本的定义展现了政府拯救破产银行的成本的理论价值。

在很大程度上，银行破产的事后成本是相同的，无论银行是通过外部救助还是通过内部纾困来解决。但是，前提是处置工具的选择不影响银行面临的总损失大小。在某些情况下，外部救助和内部纾困都可能对金融市场、其他金融机构和更广泛的经济活动产生不同的影响。反过来，这可能会影响破产银行面临的损失程度，从而影响其破产的事后成本。银行破产不是经常发生，但在整个现代银行业务中也确实有规律性。因此，前面所界定的事后成本测度对于超出银行业危机范围外的风险来说就不是太适合。然而，即使银行在特定时期内不会破产，但这也并不意味着银行在此期间没有事前风险。这种金融风险，如同其他任何金融风险，对承担风险的人而言都会有相关的成本。因此，即使破产不会在特定时期内发生，也存在风险，最终成本肯定会由某人来承担，无论是显性的或隐性的。

银行破产的事前成本是指银行可能在给定的 12 个月内破产的相关金融风险规模。换句话说，它代表前面所定义的银行预期事后成本价值伴随着这 12 个月期间因银行破产风险概率变化而进行的调整。从理论上讲，与银行破产相关的金融风险或事前成本由银行的无担保债权人承担，且债权人通过他们在银行投资的收益率或利率得到补偿，因为这高于他们在同等无风险投资中所期望的收益。故事前成本可以通过较高的融资成本有效地转回银行，这些融资成本反映了银行在特定时期内可能破产的风险。即便如此，银行可能会通过略微提高贷款利率将大部分成本转嫁给借款人。

上述定义的成本测度并不试图从政府和银行债权人的角度来反映银行破产风险的发生率。格里马尔迪等（Grimaldi，et al.，2016）将"隐性或有债务"和"隐性担保"分别定义为代表政府在事后和事前成本中的份额①。与特定系统性银行破产相关的隐性或有债务是指主权资产负债表的隐性风险，如果政府选择为破产的银行提供特别的公共支持，那么这种隐性风险就会显性化。由产业融资处置基金（industry-funded resolution funds）或储蓄保险计划形成的支出一般不视为隐性或有债务的组成部分，因为它们表示的是显性暴露，且这些成本首先由产业来承担。如果银行破产，这种或有债务的预期规模可以被视为系统性银行破产的预期财政成本。换句话说，这个成本代表了政府在银行破产时平均可以承担的事后成本部分。因此，政府或有债务的规模是银行破产事后总成本的一定百分比（介于0%和100%之间）。

从历史上看，系统性银行往往受益于政府隐性担保。当一个具有系统重要性的银行存在隐性担保时，政府资产负债表被视为代表债权人有效承担该银行破产的财务风险。因此，隐性担保可以被认为是政府而非投资者（隐含地）承担银行破产事前成本的一定百分比（介于0%和100%之间）。或者，隐性担保可以被视为前文所定义的政府或有债务的事前价值。在任何一种情况下，隐性担保衡量的都是政府对银行破产金融风险的隐性份额。由于隐性担保降低了债权人的风险暴露，故也降低了债权人要求对其投资的补偿，导致对系统性银行业的隐性政府补贴。由于该银行的融资成本并未完全反映银行承担的风险水平，这可能会激励银行从事更大的风险

---

① Grimaldi 用"隐性或有债务"和"隐性担保"分别代表政府在事后和事前的成本份额，这一点值得商榷。理论界形成的一个共识是将银行业政府或有债务与财政成本以银行业危机为界，危机发生之前政府可能承担的救助责任为或有债务，危机发生之后政府实际发生的救助代价为财政成本。

活动，而如果没有政府隐性担保，情况就不会如此。正如经合组织金融市场委员会（Committee on Financial Markets，CMF）的早期工作所得出的结论，它也可能为那些被认为受到隐性担保的银行提供竞争优势。

现在已经明确的是隐性担保会导致对银行资金成本的隐性补贴。这两种行为之间的区别在于隐性担保反映了纳税人的隐性成本，而隐性补贴反映了这种隐性担保给银行带来的好处。因此，虽然这种隐性补贴的规模和潜在的隐性担保的规模密切相关，但它们可能并不相同。例如，如果隐性担保导致信用评级提升，这可能为银行提供额外的融资成本优势，而非直接归因于政府承担的隐性信贷风险。根据格里马尔迪等（Grimaldi，et al.，2016）对银行破产相关成本的认识，各成本概念之间的关系如图1-2所示。

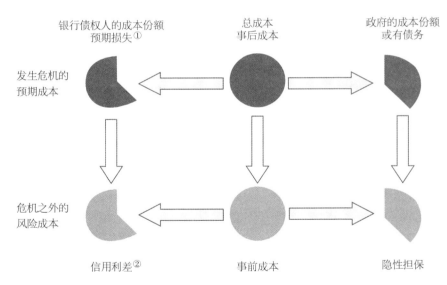

图 1-2　不同成本概念之间的关系

第三节　相关研究的文献综述

如同前文所述，每次金融危机发生后，理论界总会掀起一股与金融危机主题相关的研究小高潮，2007—2009 年全球金融危机也不例外。然而，大量相关研究文献掩盖不了关于实体经济特别是政府债务风险研究与金融系统性风险研究之间的鸿沟，这也就是说当前学术界关于实体经济债务风险的研究与金融系统性风险的研究基本上是分立的，在金融系统性风险评估和宏观审慎监管方面的研究中，很少有研究会切实关注到实体经济债务与金融体系风险之间的关系，而大多数关于实体经济债务风险的研究也没有延伸至金融体系风险层面，因此实体经济债务变化对金融体系稳定的影响机制并不清楚。然而，鉴于金融风险与财政风险之间的交织共存以及边界间的愈发模糊甚至产生了如量子纠缠（quantum entanglement）般的"风险纠缠"现象①（刘尚希等，2018），因此越来越多的学者也开始关注金融风险特别是银行业风险与财政风险的相互传导或"反馈循环"问题，以从整体上把握风险的复杂性，提高对风险的综合治理能力。

国内外有关金融危机包括银行业危机的文献可以说是汗牛充栋，当然这些文献关注的侧重点可能不一样。就与本主题研究相关的文献，我们通过系统梳理总结了三个方面：一是对银行业危机的研究，包括银行业危机产生的原因、银行业危机与政府债务危机的关系以及银行业危机的经济影响等；二是对源于银行业的政府或有债务的研究，包括政府担保如何导致政府或有债务以及从方法上对政府或有债务进行量化分析；三是对政府救

---

① 在量子力学里，当几个粒子在彼此相互作用后，由于各个粒子所拥有的特性已综合成为整体性质，无法单独描述各个粒子的性质，只能描述整体系统的性质，则称这种现象为量子纠结或量子纠缠（quantum entanglement）。在此，我们是指：在风险快速变形的新形势下，财政风险和金融风险交织共存，相互影响，深刻联系，风险结构日趋复杂，风险边界愈发模糊，不确定性日益增强的现象。

助银行业财政成本的研究。

一、对银行业危机的研究

（一）银行业危机产生的原因

就银行业危机而言，其可能源于银行恐慌（如 DD 模型所示）和市场回购所发生的资产负债表恶化，也可能源于因资产价格和经济周期对银行资产影响导致的大规模资产价格下跌。概括来说，针对银行业危机的不同解释可以归为四类，即货币主义解释、金融脆弱性解释、经济周期解释以及信息不对称解释（马恩涛等，2019）。

弗里德曼（Friedman，1993）的货币主义解释认为因银行恐慌导致的金融危机引发或加重了货币收缩的效果。据其研究，银行恐慌之所以发生，是因为公众对银行将存款转换为货币能力信心的丧失，这与某些重要金融机构的破产密切相关。而货币当局如果无法避免问题银行的危机，正常经营的银行也会出现大规模破产。然而，也有一些有关经济史的文献对 20 世纪 30 年代的银行恐慌再次进行审视，争论的焦点主要围绕着银行业危机是否真的因"恐惧蔓延"所驱动，或者银行破产是否为银行应对衰退的内生性反应。如博尔多等（Bordo，et al. ,2010）对 Friedman 的流动性恐慌解释提出了质疑并给出了证据。

明斯基（Minsky，1982）的"金融不稳定假说"（financial instability hypothesis）和克里格尔（Kregel，1997）的"金融安全边界说"（margin of safety）也是金融脆弱性解释的典型代表，两者分别从企业融资结构变化和银行安全边界变化的角度论证了金融体系的内在不稳定性。我国学者刘春航和朱元倩（2011）提出了一个解释金融体系脆弱性和金融危机的"BLISHER"分析框架，从资产负债表（balance sheet）、杠杆率（leverage）、相互依存度（interdependence）、市场结构（structure）、同质性（homogeneity）、外部关联度（external linkages）和纠错机制（review and correction）七个因素来分析金融体系的结构性特征与其脆弱性之间的关系。依照"BLISHER"分析框架，金融体系在上述七个方面发生了增加脆弱性的结构变化，才最终导致了金融危机的爆发。

国内部分学者在解释银行业危机时更多的是结合具体的危机案例来进行。王胜邦和朱太辉（2018）将欧洲债务危机归因于以下三个原因：第一，资本数量"太少"（too little）。巴塞尔Ⅱ下商业银行计提的资本远不足以弥补银行在危机中实际暴露的损失，债务型资本工具违反了用于吸收损失的约定，完全丧失了资本作为银行吸收损失的最终障碍作用；过分依赖银行内部模型衡量RWA，致使资本充足率监管规则变得过于复杂，从而降低了计算结果的可比性且模糊了资本充足率计算的透明度。二是监管介入"太迟"（too late）。风险承担带来的财务损失削弱了银行的债务清偿力，巴塞尔Ⅰ和巴塞尔Ⅱ过分关注这一后果，仅强调资本监管，而忽略了风险成因和风险扩散机制。例如，银行的大部分损失产生于银行资产负债的期限错配，流动性限制可能迫使一家银行折价出售资产，进而演变成金融资产的定价机制失灵，引发系统性风险事件。三是监管视野"太窄"（too narrow）。基于巴塞尔Ⅱ的框架，风险度量模型主要关注单笔交易风险（idiosyncratic risk）而忽略系统性风险。只见树木不见森林，只关注局部而忽视整体。信用损失可能源自单家银行的信用风险控制薄弱，也可能与整个金融体系的过度信贷供给息息相关。刘红忠等（2019）认为，当前我国银行体系重要风险来源是其面向地方政府融资平台所开展的一系列放贷业务。地方政府融资平台的各种融资方式无论是银行贷款、城投债还是一些非标准化债权融资，其都依赖于银行供给资金或者构建融资"通道"，若将地方融资平台的三种资金获取渠道比作三个水槽，那么银行资金就是蓄水池，国家出于控制银行业风险的目的而不断改变"通道"的路径和流量，银行体系向地方政府融资平台的资金供给渠道，也由传统信贷模式逐渐向通过表外业务体系转移表内信贷与通过表内同业科目隐藏信贷这两种模式转变，甚至通过影子银行来实现放贷[1]，增加了自身面临的风险。

（二）银行业危机与政府债务危机

对于银行业危机与政府债务危机的关系，大部分学者侧重于对银行业危机如何导致政府债务危机的研究。基本结论是：银行破产或更普遍的是银行内部违约会通过增加政府财政预算压力来导致政府违约。特别是政府一旦对金融部门债务承担了担保者责任，金融部门巨额债务就会转变成政府巨额债务（马恩涛等，2019）。有关银行业危机向财政危机传导的更加直接综合的证据见莱因哈特和罗戈夫（Reinhart，Rogoff，2011）。他们发现，有相当部分的发达国家和新兴国家在银行业危机后，综合债务占GDP 的比率会有显著的攀升，最典型的案例莫过于 2010—2014 年的欧洲债务危机；而欧洲各国的危机应对也基本上模仿了爱尔兰政府于 2008 年9 月对其整个金融体系的担保，这一对银行业的救助却导致了赤字和债务的急剧上升。也是以 2008 年爱尔兰救助作为案例，阿查里亚等（Acharya，et al. ,2014）在债务危机和银行业危机之间建立了一个关联模型。通过模型分析发现，在银行业危机期间，银行信用违约互换（CDS）[2] 和主权 CDS 明显增加；而救助之后，银行 CDS 下降而主权 CDS上升；这表明风险从银行业向政府进行了转移。发达经济体欧元区的经验证据进一步支持了这一结论。德雷克斯勒等 （Drechsler，et al. ,2014） 使用欧洲国家的 CDS 数据，对政府部门的主权信用风险与银行信贷风险之

---

[1]　按照金融稳定理事会的定义，"影子银行"是指游离于银行监管体系之外、可能引发系统性风险和监管套利等问题的信用中介体系（包括各类相关机构和业务活动）。国内的"影子银行"，并非是有多少单独的机构，更多的是阐释一种规避监管的功能。如人人贷，不受监管，资金流向隐蔽，是"影子银行"。几乎受监管最严厉的银行，其不计入信贷业务的银行理财产品，也是"影子银行"。"影子银行"有三种最主要存在形式：银行理财产品、非银行金融机构贷款产品和民间借贷。

[2]　信用违约互换 （credit default swap，CDS）是国外债券市场中最常见的信用衍生产品。实际上是在一定期限内，买卖双方就指定的信用事件进行风险转换的一个合约。信用风险保护的买方在合约期限内或在信用事件发生前定期向信用风险保护的卖方就某个参照实体的信用事件支付费用，以换取信用事件发生后的赔付。

间的反馈效应进行了实证研究。政府部门对遭受冲击的银行进行纾困，其成本导致政府主权信用风险增加，这又反过来削弱政府对银行的担保，进而降低银行持有的政府债券价值。至于从银行压力到政府的主要传导途径，坎德隆和帕姆（Candelon，Palm，2010）则强调了四个方面：首先，以政府救助资金，政府存款，中央银行提供流动资金，公共资本重组以及公共担保提供为内容的救助计划可能会损害公共财政的可持续性；其次，如果或有债务直接显性化，财政成本可能很大；再次，即使担保未被兑现，风险溢价也会增加，从而提高主权和私营部门的借贷成本；最后，金融危机伴随的信贷危机可能加剧经济衰退，导致公共收入进一步下降，赤字加深，债务上升。金（King，2009）利用2008年年底发生的一系列银行救助，对政府担保对银行系统的影响进行了实证分析。其研究结果显示，鉴于银行的股票表现落后于市场，救助会使银行的债权人受益，这一点反映在以股东利益为代价的银行CDS利差的下降。

很多学者从经验角度来研究政府债务风险和银行业风险的双向关系。这些模型由于完全依赖于时间序列维度，故对于理解连续传导的联合动力学非常有用，但它们没有提供"反馈循环"背后驱动因素的经济解释。实际上，为了弥补他们在时间序列分析上的不足，海因茨和耶恩（Heinz，Yan，2014）使用广义最小二乘面板数据方法分析了主权CDS驱动因素。他们的结果表明，全球化因素解释了观测值变化的相当一部分。阿查里亚等（Acharya，et al.，2013）给出跨国证据以证明银行救助可能引发财政危机。他们对危机的描述划分了三阶段。第一阶段一直延续到2007年，期间主权债务风险在欧元区内还从未成为一个问题。第二阶段始于2008年第一次对银行的救助，由于经济前景恶化，公共债务因为政府对严重恶化的金融体系提供支持而增加，主权债务风险开始在货币联盟的部分国家浮现。自2010年以来的第三阶段，主权风险已经成为主要关注点，并且对于一些国家而言，由于许多银行要么暴露出严重的主权债务，要么被政府削减向其提供的公共担保，这意味着对金融风险的担忧重新浮出水面。

阿查里亚等（Acharya, et al.,2014）的实证分析依赖于 CDS 利差的运用，并且将主权风险和银行风险的双向运动归因于处置政策和宏观因素。他们的研究结果显示，银行纾困导致主权风险增加。即便银行特定和宏观经济变量因素得以控制，主权和银行 CDS 利差之间的共生关系依然存在，证实了主权债务风险和银行风险之间反馈循环的存在。类似的，图克拉尔（Thukral, 2013）使用具有滞后回归量的面板数据框架研究了金融部门变量在确定主权 CDS 利差方面的作用。他使用银行 CDS 利差构建银行风险指数，发现即使包含财政变量，该指数也是主权债务风险溢价的显著决定因素。莫迪和桑德里（Mody, Sandri, 2012）识别了与阿查里亚等（Acharya, et al.,2014）研究大致相似的子阶段，其中主权债务风险和银行风险之间的反馈发生了变化。莫迪和桑德里（Mody, Sandri, 2012）没有比较 CDS 利差，而是将主权债务利差作为衡量财政风险的指标，将银行股票市值作为衡量银行体系内风险的指标。利用主权债务利差和股票市场估值，他们的结果显示欧元危机最早可追溯到贝尔斯登的消亡[①]。他们认为，在对银行越来越多的支持下，主权债务利差开始上升，特别是在增长前景疲软和债务水平高的国家。

（三）银行业危机对经济的影响

银行业危机对经济的影响主要表现为其所导致的产出损失上，而在对银行业危机所导致产出损失的界定上，很多研究基本上都将其归为银行业

[①] 贝尔斯登公司（Bear Stearns Cos.）——全球 500 强企业之一，全球领先的金融服务公司，原美国华尔街第五大投资银行。成立于 1923 年，总部位于纽约市，主营金融服务、投资银行、投资管理。2008 年美国出现次贷危机，房地产泡沫破裂。贝尔斯登公司由于持有大量有毒资产包括债务抵押债券（collateralized debt obligation, CDO），及投资者对其信心下降并兑现大量现金，导致贝尔斯登公司现金储备基本为 0，从而面临倒闭。时任纽约联邦储备委员会主席蒂莫西·盖特纳发现贝尔斯登公司破产具有相当大的系统性风险，便上报美联储。之后美联储决定救助贝尔斯登公司。2008 年 3 月 16 日，美联储紧急出手，同意"包底"300 亿美元，贷款支持美国摩根大通公司后，摩根大通公司随即宣布将以总值约 2.36 亿美元（每股 2 美元的初步建议价格）收购次级按揭风暴中濒临破产的贝尔斯登公司。

危机期间实际经济增长与经济增长趋势的累积差异（马恩涛等，2019）。然而，在确定银行业危机期间的起点和终点以及经济增长趋势值，特别是纯粹银行业危机与"孪生性"银行业危机和货币危机的产出损失占 GDP 的比例上，相关研究根据不同的样本得出不同的结论，如 7.5% 和 11.6%（IMF，1998）、6.2% 和 18.6%（Bordo，et al.，2001）以及 5.6% 和 16.9%（Hoggarth，et al.，2002）。霍格思等（Hoggarth，et al.，2002）还发现发达国家的银行业危机产出损失占 GDP 的 23.8%，而新兴市场为 13.9%，并认为其原因可能在于银行业危机在发达国家持续时间更长。阿比亚德等（Abiad，et al.，2010）分析了银行业危机的中期影响，发现银行业危机后的产出趋于大幅度下降，具体来说，危机发生七年以后，产出水平通常相对于危机前的趋势要低 10% 左右（尽管增长率最终回归到其以前的标准）；产出的低迷大致与就业率、资本对劳动比率和全要素生产率的长期下降有关。桑博洛斯等（Sompolos，et al.，2018）对银行经营效率和盈利效率进行研究，发现从经营效率来看，银行从 2004 年的低收益率起步到 2008 年有所改善，标志着银行经营效率达到高峰，至 2013 年经营效率呈下降趋势；从盈利效率来看，2012 年金融危机导致银行平均效率下降 30%—40%。

二、对源于银行业的政府或有债务的研究

由前面我们对政府或有债务的定义可以知道，这一债务是政府的一种潜在债务，依赖于未来某些事件的发生与否而导致政府财政资源的流出。政府总是希望避免突然的财政不稳定所带来的威胁，要实现这一目标必须对其所面临的直接和或有债务有良好的理解和恰当的处理。目前，存在大量有关如何界定、估计、披露、管理和控制或有债务的文献。早期的文献包括汉娜（Hana，1998）、汉娜和希克（Hana，Schick，2002），他们详细描述了直接和或有债务风险并讨论了一些国家的案例。刘尚希（2004）则从财政作为公共风险最终承担者的角度指出政府或有债务的必然性决定

于公共风险的历史客观性；他还将政府或有债务看作政府维护和干预市场的一种结果，实质上是政府充当最后支付人所提供的担保和保证。塞博塔里（Cebotari，2008）用一篇完全的文献综述分析和强调了或有债务会计和管理的相关问题和实践，Cebotari 等（2009）对或有债务根源进行了深入分析，并基于部分国家或有债务管理的案例给出了对或有财政风险进行披露和控制的指导原则。博瓦等（Bova，et al.,2016）首次给出了有关政府或有债务直接显性化的综合数据。其研究涵盖了源于金融部门、地方政府、自然灾害、公私伙伴关系（PPPs）、法律诉讼、国有企业和私人企业等领域的或有债务，如表 1-2 所示。数据包括 1990—2014 年来自 80 个发达国家和新兴经济体的信息，总计 230 个或有债务事例，174 个事例能够识别相关财政成本。对每一个或有债务直接显性化的年度和国家，其数据提供了有关事例的起始和结束年份，有关或有债务类型、财政应对类型、财政成本和触发条件以及一些额外的描述性信息。基于这些数据，博瓦等（Bova，et al.,2016）还计算出（事后）或有债务实现的概率，如表 1-3 所示。

表 1-2　或有债务类型事例分布

或有债务类型	或有债务事例个数（可识别财政成本事例个数）
金融部门	91（82）
法律	9（9）
地方政府	13（9）
国有企业	32（31）
自然灾害	65（29）
私人非金融部门	7（6）
PPPs	8（5）
其他	5（3）
总计	230（174）

表 1-3 或有债务实现概率

规模 （占 GDP 比重） （%）	或有债务 实现概率 （%）	平均或有债务实现 （占 GDP 的比重） （%）	或有债务实现滞后年数 （实现概率的倒数）
>5	2.8	15.5	36
>1	5.6	9.2	18
<1	8.7	6.1	12

（一）政府对银行业担保与政府或有债务

对于银行业如何导致政府或有债务，我们在前面探讨银行业危机与政府债务危机的关系时已经有所论述，实际上在第二章我们探讨银行业风险向政府债务风险的传导时还会有所涉及。虽然或有债务在最近的全球金融危机中占据了政府债务增长的大部分份额，但由于其出现依赖于未来事件的发生与否，因此其仍被排斥在传统公共财政分析框架之外，属于表外业务。在许多国家，未纳入预算的财政风险却即将到期，残酷的现实和前景已经为债务管理者和财政治理机构敲响了警钟。监督或有债务的重要性已经在《公共债务管理指引》（IMF-World Bank，2001）中得到承认。最近，IMF 的"斯德哥尔摩原则"（Stockholm Principles）[1] 明确规定了"债务管理的范围应该被界定为也包括显性和隐性或有债务"。在对源于银行业政府或有债务的解释中，大部分文献都是从政府担保的角度来进行。

国外学者较早地注意到政府对银行业的担保是政府或有债务的一大重要来源，如汉娜（Hana，1998）、汉娜和希克（Hana，Schick，2002）等。他们在承认政府对银行业担保所具有的积极作用如防止大规模银行倒闭和

---

[1] 2010 年 7 月 1—2 日，国际货币基金组织（IMF）和瑞典国际债务管理办公室（SNDO）在斯德哥尔摩联合举办了面向公共债务管理的政策和操作问题年度磋商会。来自 33 个发达国家和新兴市场国家的债务管理者和中央银行家参加了会议。他们一致认为，有效的债务管理要求实施目标、原理、战略和方法以及结果以一个清晰和及时的方式沟通，这被称为斯德哥尔摩原则。

破产的积极贡献的同时，也表现出对政府担保所具有的消极作用如导致政府或有债务的关注，特别是政府财政兜底所带来的道德风险、财政风险不断引发学者们的担忧。历史上存在大量导致政府或有债务的例子，这些债务很多都源于政府向银行业危机提供的担保或救助。例如，欧盟各国政府为应对 2008 年全球金融危机而实施了对银行业的担保计划，从 2009 年的第一季度至 2012 年的第三季度，由此所致的政府或有债务规模占欧盟 2011 年 GDP 的 30%，而爱尔兰政府或有债务规模占该国 GDP 的 250%（Correa，Sapriza，2014）。除实际事例外，一些学者还从技术上证明这一点。赫里基维奇（Hryckiewicz，2014）通过对一系列文献的归纳总结，发现了政府对银行的救助行为会使得政府债务风险增加，给政府财政带来极大的压力。而就政府担保与政府或有债务的传导机制而言，阿马格洛贝利等（Amaglobeli, et al.,2015）曾利用跨国数据研究了系统性银行危机引起政府或有债务的相关风险因素，并发现，若某一国家的银行业依赖于外部资金，且非金融私人部门的杠杆率很高，则当该国陷入银行危机时，政府为银行债务提供担保而产生的直接和总财政成本均非常高昂。

国内学者也较早地注意到政府对银行业的隐性担保或"兜底"一方面导致银行业的道德风险[①]，另一方面导致政府或有债务的积累。胡祖六（1998）考察得出政府对东亚银行的担保致使银行的不健康和脆弱性，他认为有形和无形的政府担保扭曲了东亚银行的经营动机，产生银行"不道德行为"，银行贸然扩张信贷，进而使其承担过度的风险，银行体系受到损害。政府担保一方面为国有银行向国有企业的"输血政策"提供保障，有助于吸取民间金融盈余；另一方面也积累了大量中国金融部门的不良资产，政府或有债务不断存积。刘卫江（2002）通过实证研究认为中

---

① 关于政府隐性担保的相关研究主要包括：政府隐性担保的存在性及存在形式（罗荣华和刘劲劲，2016；钟辉勇等，2016）；政府隐性担保对有关主体的风险承担倾向（孙铮等，2006）和资金配置（王钰等，2015）的影响；政府隐性担保是否向有关借款人提供了融资便利，以及是否改善了其融资条件（方红星等，2013；罗荣华和刘劲劲，2016；钟辉勇等，2016）。

国银行体系脆弱性问题源于政府增信，人们对大多数国有银行存在充分信任，对其市场风险指标如流动性、信贷增量等关注度很低，这源于国有银行具有国家信用的隐性担保。但这也导致了国有银行的风险敞口过高，产生大量银行不良资产。阎坤和陈新平（2004）将直接隐性债务、或有显性债务和或有隐性债务归结为潜在债务，并认为现阶段金融风险财政化是导致中国隐性和或有债务增加的主要原因。许友传和何佳（2008）认为，在中国银行体系中，即便国有银行濒临技术性破产，其仍能维持"正常"的经营活动，而不发生"挤兑"等危机事件，这与中国政府对国有银行体系的隐性救助预期密不可分。

许友传（2018）认为，中国式兜底预期广泛存在于经济金融业态中，其典型形态有两种：第一，基于借款主体的隐性担保预期，如中央政府对地方政府债务的隐性担保、地方政府对融资平台债务的隐性担保、各级政府对辖属国企以及金融机构的隐性担保等；第二，基于借款项目的刚性兑付，如信托业的刚性兑付惯例、银行业抽屉协议式回购承诺、P2P 等新兴行业的刚兑窠臼等。在基于借款主体的隐性担保形态中，借款人往往是地方政府、融资平台和国有企业，其偿债能力由借款人自身的资产价值（或自偿能力）和第三方的兜底预期共同构成及保障。在基于借款项目的刚性兑付实践中，借款资金通常对接于特定项目，且借款人承诺以项目现金流进行债务自偿；当其不足以偿债时，项目发起人等关联方的刚性兑付预期将深刻影响债权人的估值模式。黄亦炫（2018）基于欧洲的经验分析了隐性主权债务风险的传导机制，并认为，从金融部门和政府部门的风险传导来看，全球金融危机给欧洲金融机构带来了大量与次贷相关的资产减计和损失，为了保持市场正常运行，各国政府被迫向受困金融机构提供了纾困计划。而政府担保、注资等一揽子政策的实施对公共部门的资产负债表造成了恶劣影响（王益，2012；杨继梅和齐绍洲，2016）。克鲁格曼（Krugman，1998）认为，政府的隐性担保使得金融机构轻视对投资项目的有效筛选，缺乏对项目理性预期回报率的考察，融资项目的质量难以得到保证，增大了投资风险，可能会积累大量银行不良资产，导致金融体系的不稳定和脆弱性。

（二）对政府或有债务的量化分析

有些学者试图设计一种科学的方法对政府或有债务进行量化评估，以预防银行业政府或有债务可能引起的严重财政风险。霍诺汉和克林格比尔（Honohan，Klingebiel，2000）运用了在险价值方法（value at risk，VAR）衡量了宏观经济变化时，整个银行业可能产生政府或有债务的概率及规模。鉴于政府或有债务的或有特性，阿马格洛贝利等（Amaglobeli，et al.,2015）还将或有索取权分析（contingent claim analysis，CCA）① 应用到政府或有债务的量化研究中，还有学者将 CCA 方法从对企业风险的评估拓展到对主权风险的评估，如格雷和沃尔什（Gray 和 Walsh，2008）对智利银行系统风险的量化评估，加彭（Gapen，2009）对全球金融危机期间美国政府对房地美和房利美的担保所致债务风险的量化评估。卡里波尼等（Cariboni，et al.,2016）探讨了欧盟委员会所采取的银行引发损失系统性模型（systemic model of bank originate losses，SYMBOL）对银行业政府或有债务风险的测度。玛纳斯和鲁比尼（Manasse，Roubini，2005）则通过一种新的统计方法即二叉树迭代法（binary recursive tree）导出了有助于识别违约者典型特征的"大拇指法则"（Rules of Thumb）②。而阿尔斯兰纳普和廖（Arslanalp，Liao，2013）则设计了一个"银行业政府或有债务规模"的测算指标，涉及政府担保的预期成本和非预期成本。预期成本即为政府提供担保所产生的平均成本，是一种能够预期到的成本，而非预期成本则具有波动性，取决于银行业的债务规模、集中度、多元化、

---

① 对于或有索取权分析 CCA 和 SYMBOL 模型，我们在后文中还有专门的介绍。

② 在计算机科学中，二叉树是每个结点最多有两个子树的树结构。通常子树被称作"左子树"（left subtree）和"右子树"（right subtree）。而"拇指法则"（rule of thumb）是指经济决策者对信息的处理方式不是按照理性预期的方式，把所有获得的信息都引入到决策模型中，他们往往遵循的是：只考虑重要信息，而忽略掉其他信息，否则信息成本无限高。其在直观形式上往往以二叉树的形式来处理。

杠杆率和资产风险，以及银行危机期间政府愿意并有能力纾困的可能性。

三、对政府救助银行业财政成本的研究

（一）对银行业救助的直接财政成本

从财政的角度来说，为解决银行业危机和银行业部门结构调整的财政总支出和财政净成本可能非常巨大（马恩涛等，2019）。根据霍诺汉（Honohan，2008）的测算，系统性银行业危机平均持续 2.5 年，所造成的财政成本与 GDP 占比的中位数为 15.5%，公共债务与 GDP 占比在银行业危机后上升约 30%；霍格思等（Hoggarth，et al.，2002）认为，对于所有国家、发达国家和新兴市场来说，银行业危机所造成的财政成本平均为 16%、12% 和 17.5%。我国学者袁佳等（2017）以欧洲国家为例，研究了主权债务危机救助及成本分担，从国内层面分析了金融危机救助成本在金融机构、货币当局和政府之间的分担，从国际层面分析了金融危机救助成本在国际机构（如 IMF）、区域性救助机构（EFSF/EFSM/ESM）、受援国相关部门和相关国家（如英国对爱尔兰双边贷款）以及私人机构（如 PSI）之间的分担。许友传等（2012）结合我国银行业特有的隐性保险和监管救助特点，在标准的期权定价方法和分析范式内，分别给出了零监管宽容和监管宽容下政府对银行的各种隐性救助概率和救助成本的测度公式，并基于我国上市银行可观测的股权价值序列等信息，估计了政府对它们的隐性救助概率和救助成本。研究表明在零监管宽容下，监管当局对上市银行以债务加权的隐性救助概率为 1.59%，隐性救助成本占上市银行同期债务总值的 0.04%，监管当局对上市银行的隐性救助成本与其救助方式密切相关，且监管宽容极大地提高了其隐性救助成本。

（二）对银行业救助的间接财政成本

银行业危机除了产生直接财政成本外，还会产生间接财政成本即银行业危机对资产价格，失业和产出所产生的负面影响。巴达西等（Baldacci，et al.，2009）认为，由于银行业危机所导致收入的减少与银行救助和与经

济衰退相关支出的增加可能导致银行业危机后主权债务陷入困境，财政状况恶化。而如上文中霍诺汉（Honohan，2008）的研究所示，银行危机会导致公共债务增加而陷入债务困境。这种困境也可以通过金融危机造成的信贷危机蔓延，因为随着信贷的下降或其价格变得更加昂贵，经济会受到GDP增长的影响。这可能会通过其对税收收入的影响给财政状况带来额外压力。与此相关地，莱文和瓦伦西亚（Laeven，Valencia，2010）关注金融部门干预对金融系统提供信贷能力的影响。他们的结果表明，依赖外部融资的公司从银行资本重组业务中获益匪浅。但是，正如阿查里亚等（Acharya，et al.，2014）所表明的那样，如果政府债务负担过重，公共担保的价值就会下降，从而加深了压力的相互传导。科尔曼等（Kollmann，et al.，2012）也关注对银行救助的影响。他们的结论是积极的，强调了银行救援行动改善宏观经济表现的能力。尽管如此，他们表明银行救助会增加投资，这与布罗纳等（Broner，et al.，2014）、波波夫和霍伦（Popov，Horen，2013）的证据一致，他们发现国内银行购买主权债务会导致私人投资挤出。最后，如果信心下降或不确定性增加，危机可能导致外部融资下降或资本流入"骤停"（sudden stop）。实际上，莱因哈特和罗戈夫（Reinhart，Rogoff，2011）认为，银行业危机往往伴随着信贷繁荣和大量资本流入。此外，他们发现越是国际资本流动性较快的时期越容易发生银行危机。卡瓦洛和伊兹奎尔多（Cavallo，Izquierdo，2009）提供的进一步证据表明，在新兴市场发生金融危机后，资本流动可能会停止数月或数年，从而引发偿付能力危机。

许友传和刘红忠（2019）通过模型刻画了政府对国有银行体系的风险容忍及其隐性救助压力之间的动态演进及匹配关系，并估计了政府在1989—2016年的隐性救助压力状况。根据他们的估计，当参照标准普尔全球金融机构的历史违约数据设定政府对国有银行体系的风险容忍区间时，政府平均须将10.08%—12.57%的GDP用于国有银行救助，才能确保其保持与全球同行相当的风险状态。

四、文献述评

从以上对国内外相关文献的梳理中，我们可以看出，无论是对银行业危机的研究，还是对源于银行业政府或有债务以及对政府救助银行业财政成本的研究，国外学者的研究文献明显多于国内学者的研究文献，这可能源于一种满足现实迫切性的需要。因为国外很多国家甚至是一些发达国家经常遭受或大或小金融危机的困扰，特别是 2010 年前后全球金融危机和欧洲债务危机给这些国家带来了巨大的损失，国外学者有必要对金融危机产生的原因及下一步相应的监管举措给出必要的解释；而我国虽然也受金融危机的一定影响，但由于制度本身的优势，所产生的影响显然没有像其他国家那样大。并且，就源于银行业政府或有债务的研究来说，中外学者应该算是关注的都比较多且相对来说在某些理论认识上达成了一致，即比如说都对政府担保在政府或有债务积累中的作用予以充分重视，但整体而言，国外学者考察的政府担保或建立在政府信用之上的干预政策，与我国的实际情况有所差别。国外的金融市场及其金融体制大多成熟且稳定，国外政策可理解为动态的应对突发事件的临时举措，在推行过程中应尽量避免干预市场机制。而我国学者所考察的政府担保大多以我国政策的求稳偏好为基础，政策之间的差异在于政策背后的行政干预程度。

从以上有关银行业政府或有债务的研究中，我们还可以看出，国内外的研究文献都呈现出一个循序渐进的过程，由外延到内涵，层层递进逐步深入分析。但其研究仍有待从经验性研究和政策性研究向更深层次的理论研究过度，特别是国外文献虽然对此研究的比较早且比较多但主要是从技术层面上提出相关建议，缺少对银行业、政府或有债务与财政成本之间逻辑关系和机理传导的系统性刻画；在对银行业政府或有债务规模测度时只重于对微观企业和单个机构的风险分析，忽视对银行业的系统性债务风险评价，缺少对银行业债务规模、集中度、多元化、杠杆率和资产风险等影响银行业政府担保非预期成本因素的考虑。而我国学者虽然近期也开始关注金融风险财政化甚至财政风险金融化，但也只是一些零星的分析，缺少对这一问题的系统性研究。本书充分借鉴国外研究的方法和手段甚至是实务界的治理经验，试图基于国外的研究，结合国内银行业状况来探寻银行业、政府或有债务与财政成本之间的关系和状况，以预防银行业风险，降低其积聚成危机后给实体经济所带来的冲击。

第四节　研究方法和框架

一、研究方法

本书主要采用理论分析与经验分析相结合、定性分析与定量分析相结合的方法，在借鉴相关学者前期研究的基础上，对银行业政府或有债务的形成机理、我国银行业政府或有债务规模、银行业风险与政府债务风险"反馈循环"、银行业政府或有债务与财政成本、国外对银行业风险财政化的监督与控制，以及我国银行业政府或有债务及其财政成本控制进行了系统研究，回答了我们一开始就关注的两个问题，并给出了监管框架的政策设计。具体而言，本书主要采取以下研究方法。

（一）文献研究法

科学的研究都是站在巨人的肩膀上。也如在前文相关研究的文献述评中所示，我们在研究中参考了大量的文献特别是国外文献。这些国内外文献既有著名期刊杂志上的文章，也有知名出版社出版的专著，还有一些国际机构如国际货币基金组织、世界银行和中国银行保险监督管理委员会等的工作论文，等等。这些文献的搜集和整理不仅丰富了我们对银行业政府或有债务的认识，而且塑化了我们整个研究的理论体系框架，为本书打下了坚实的基础。

（二）理论分析法

本书系统分析了国内外关于银行业危机的理论研究，将政府担保纳入到银行业政府或有债务形成机理的分析中，通过从政府对银行业的救助措施和更广泛意义上从银行业风险向财政风险的传导渠道和作用机理给出了源于我国银行业的政府或有债务积累的解释。在这一过程中，我们紧紧围绕着政府或有债务的形成这一逻辑主线，层层推理，逐步推进，为银行业如何导致政府或有债务给出了一个圆满的回答。

（三）统计计量分析法

我们在第三章"我国银行业政府或有债务的规模测度"和第四章"我国银行业风险与政府债务风险的'反馈循环'"中主要采用了统计计量分析的方法，运用 KMV 模型测算我国上市商业银行的预期违约频率并通过 VAR—广义方差分解的网络拓扑模型测算各银行间的关联度，结合我们设计出的"银行业政府或有债务规模指数"，对银行业政府或有债务进行了经验分析。

（四）比较分析法

本书采用不同年份、不同类型银行的数据进行了比较，例如第三章对各银行总机构的资产、负债及不良贷款规模进行了横向对比分析，从横向分析中比较研究我国银行业或有债务的走势。又如我们测算了银行业产生或有债务的概率及政府进行救助的概率，并比较分析出银行业产生或有债务的关联程度。另外，我们在对国外对银行业风险财政化的监督与控制举措进行借鉴时，还比较分析了不同国家所采取的具体措施，通过比较分析来总结其对我国的启示。

二、研究思路和框架

本书分为七章，结构如下：

第一章为"导论"。本章主要阐明了课题的研究背景与研究意义，在对银行业、金融危机、政府或有债务，以及财政成本等基本概念界定的基础上，对国内外相关学者对银行业及政府或有债务的研究文献进行了梳理并给出了简要的述评。同时，我们还阐明了本书的研究方法和大体框架。

第二章为"银行业政府或有债务的形成机理"。本章首先探究了政府担保及其在金融领域的表现，引出形成机理分析的逻辑主线即政府担保，分析了政府担保的原因及其潜在不足。围绕着政府担保这一逻辑主线，我们分别从政府对银行业的救助措施和更广意义上从金融风险向财政风险的传导渠道和作用机理来探讨了银行业风险向政府债务风险的传导，并以政府担保的特殊载体——紧急流动性支持为研究对象探讨了政府或有债务的积累。最后，分析了政府债务风险向银行业风险的传导途径。

第三章为"我国银行业政府或有债务的测度"。本章站在国际大背景下首先简要回顾了我国银行业发展的历史并给出当前我国银行业的资产、负债和不良贷款情况，给大家提供一个对我国银行业的基本认识，其后重点我们设计了对银行业政府或有债务规模测度的指标，并对银行业政府或有债务规模测度指标的变量进行解释，最后通过计量分析法得出 2012—2017 年我国银行业政府或有债务规模的测度结果。

第四章为"我国银行业风险与政府债务风险的'反馈循环'"。本章强调银行业风险与政府债务风险之间相互"反馈"与相互传导之间的区别，在简要回顾银行业风险和政府债务风险"反馈循环"的基础上，利用 KMV 模型和 VAR 模型对银行业风险与政府债务风险之间的"反馈循环"进行了实证检验。

第五章为"银行业危机与财政成本"。首先，本章探究了银行业危机与政府或有债务的关系，以及政府干预银行危机对财政成本的影响。其次，本章探究银行业危机与财政危机的"孪生性"，通过对银行业与政府财政的依存关系、银行业危机传导机制以及银行业危机与主权债务危机的互联等三方面考察来探究。此外，本章还分析了不同银行危机对财政成本的影响。

第六章为"国外对银行业风险财政化的监督与控制"。本章通过对国外，特别是通过对美国、欧盟、瑞典和哥伦比亚等国家和地区对银行业风险财政化监管与控制的经验进行借鉴，从而对我国应如何监管和控制银行业风险财政化提出启示。

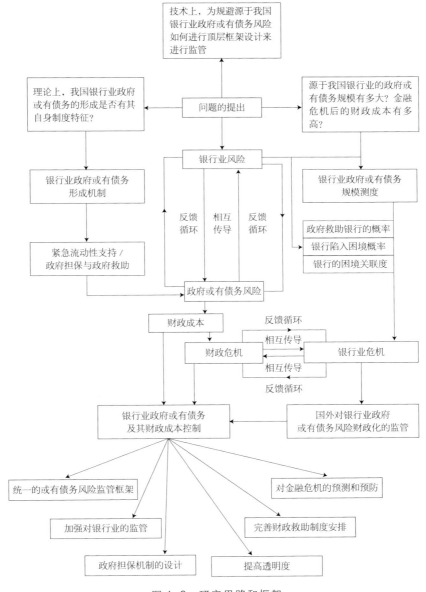

图 1-3 研究思路和框架

第七章为"我国银行业政府或有债务及其财政成本的控制"。本章主要从加强银行业监管、改革政府对银行业担保及完善银行业危机时期财政救助制度等角度，从事前、事中以及事后来对我国应如何控制银行业政府或有债务及财政成本提出建议，从而更好的地实现对我国银行业政府或有债务风险的防范及其所导致成本的控制。

本书的研究思路和框架如图 1-3 所示。

第 二 章

银行业政府或有债务的形成机理

　　银行业在一国金融体系中具有举足轻重的地位，其稳健性更是一国金融体系稳健性的根源。我们知道，银行资产如贷款，本身就具有风险；而有关银行资产质量的传言更是容易导致银行挤兑、银行业恐慌甚至是系统性银行危机①。鉴于银行业在一国金融体系、经济体系甚至整个社会体系中的关键作用，因此政府往往是银行体系的最终风险承担者。实际上，一国银行体系乃至金融体系的实力最终也取决于其背后国家的实力。古德哈特（Goodhart，1998）曾生动地描述过强势货币背后强大国家的关键作用："当野蛮人攻陷罗马时，强大的政府瓦解了。政府和造币厂都分散成较弱小的单位。……随着各国政府变得越来越柔弱和越来越不安全，它们的货币质量越来越低，更容易贬值，在商业上也越来越不可接受。同时，大多数（但不是全部）商业关系恢复为以货易货"。而这种关系在2007—2009年全球金融危机和随后的2010—2012年欧洲主权债务危机期间也表现得尤为突出。冰岛、爱尔兰、葡萄牙和塞浦路斯是一些众所周知的实力比较弱的国家，它们无法支撑其陷入困境的银行体系。尽管在后金融危机时代，各国所制定的内部纾困新规制试图让股东和债权人在银行破产时承

---

　　① 银行挤兑（bank run）是指大量的银行客户因为恐慌同时到银行提取现金，而银行的存款准备金不足以支付的情况；银行业恐慌（banking panic）是指众多银行同时遭遇挤兑的情况；系统性银行危机（systemic banking crises）是指大量的银行倒闭使得其无法有效履行中介功能，系统的资本消耗殆尽且亟待政府的救助。

担损失，各国政府也试图让大家相信，内部纾困安排将消除未来银行业危机对政府财政以及纳税人资金的需求。然而，在银行业危机发生后，虽然这些举措是令人值得称赞的，而且会遏制道德风险，但一个不可否认的事实是，在部分准备金银行体系中，仍然需要政府对银行提供某种坚固的"财政后盾"（fiscal backstop），因为任何内部纾困或非外部救助的政策在面临严重危机时都是不可信的，正如巴罗和戈登（Barro，Gordon，1983）所言的货币政策的"时间不一致性"[1]。

鉴于政府支持在一国银行业稳健发展中的必要性，因此有必要分析一下政府这种支持或"后盾"的形式及其本质。以 2007—2009 年的全球金融危机为例，2007 年 8 月美国次贷市场爆发的金融危机在全球范围内迅速蔓延。伴随着美国房地产泡沫的破裂，次级抵押贷款信用质量开始恶化且违约率也开始上升。这种市场动荡从次级抵押贷款蔓延到其他证券化产品，导致许多抵押贷款相关产品以及其他结构性金融产品的评级被下调，进而导致人们对金融市场普遍丧失信心。为了阻止资产价格的螺旋式下降，恢复人们对金融体系偿付能力的信心，各国政府和央行被迫采取非常紧急的措施。这些措施包括多种形式如资本重组、紧急流动性支持、再贷款、扩大金融安全网、处置计划、内部纾困措施、金融机构合并以及对银行业的显性或隐性担保等等。就在雷曼兄弟（Lehman Brothers）破产后不

---

[1] 时间不一致性是指在 t 期为 $t+i$ 期计划的行动方案，在 $t+i$ 期到来时，实施该行动方案不再是最优的。其由基德兰和普雷斯科特（Kydland 和 Prescott，1977）最先提出。逻辑如下：在 t 期，政府决定其在 $t+1$ 期将要采取的政策，以使整个社会的福利最大化。$t+1$ 期时的社会福利不仅取决于在 $t+1$ 期政府实际所采取的政策，而且取决于私人部门在 t 期所做的储蓄、工资等决策。私人部门在 t 期时的决策取决于其对 $t+1$ 期政府实际所采取的政策的预期。在基德兰和普雷斯科特（Kydland 和 Prescott，1977）的基础上，巴罗和戈登（Barro 和 Cordon，1983）提出了货币政策中的时间不一致性问题。当自然失业率过高时，政府就有扩大就业，增加产出的动机，而根据附加预期的菲利普斯曲线，政府只能通过意外通货膨胀来实现扩大就业的目标。如果公众预期政府会实行低通货膨胀政策，他们签订工资合同时就会把未来可能发生较高通货膨胀这一情况考虑进去，结果导致均衡时的通胀率较高，而就业和产出仍然维持在自然率水平上。这同样地说明了按规则行事优于相机抉择地制定政策。

久，许多政府扩大了现有金融安全网的覆盖范围。

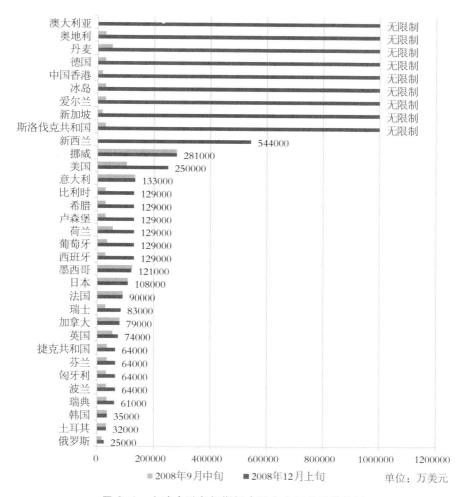

图 2-1　全球金融危机期间金融安全网的覆盖范围

图 2-1 揭示了一些国家和地区如澳大利亚、丹麦、德国、希腊、中国香港、爱尔兰、冰岛、马来西亚、新西兰和新加坡引入了对小额零星存款的无限覆盖。其他一些国家如奥地利、荷兰、葡萄牙、西班牙和美国也大幅度增加覆盖范围。各银行日益依赖小额零星存款以外的资金来源，这

要求政府将保险范围扩大到小额零星存款以外的银行债务。包括澳大利亚、加拿大、法国、德国、意大利、新西兰、西班牙、英国和美国在内的多个国家为大额存款提供担保。就为拯救银行系统而采取的紧急行动而言，最极端的例子是爱尔兰。在爱尔兰，政府的干预措施包括对六大银行的所有债务提供全面担保，以及以资本重组和购买有害资产的形式采取额外措施。从这些国家危机期间所采取的稳定银行业的一系列措施来看，其本质是一国政府对其银行业或金融体系的一种担保，因此我们有必要对政府担保及其相关内容做出进一步的深入探讨。

第一节　政府担保及其在金融领域的表现

一、政府担保的含义

担保是社会经济生活中一种常见的契约关系，是担保人对债权人所做出的当债务人无法偿付债务时由其向债权人偿付的承诺（马恩涛，2007），它涉及债权人、债务人即被担保人和担保人三个主体。在通常情况下，当担保人向债权人做出担保承诺，债务人出现无法履行合约中的规定，未按时偿还债务时，担保人就要承担连带责任，向债权人进行偿付。这三个主体的关系如图 2-2 所示。

政府担保的内涵实际上非常丰富，狭义上的政府担保仅仅是指政府对市场微观主体的保险和救助；而广义上的政府担保则涵盖了各种政府干预手段，包括宏观审慎工具甚至是一些产业扶持政策（IMF，2014）。现实中，由于政府担保通常涉及的是经济主体之间的资金融通关系，因此，政府担保又经常被人们称之为金融担保或融资担保。莱（Lai，1992）曾对担保这一范畴进行过明确的定义："金融担保是来自担保者的一种在借款者发生债务拖欠条件下由其向资金提供者支付债务的承诺。"根据担保行为主体性质的不同，我们可以把担保分为两类：一类是由私人部门性质的

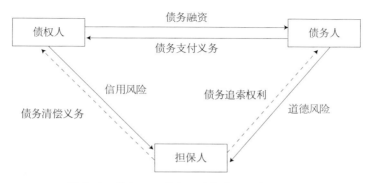

图 2-2　债权人、债务人和担保人之间的关系

担保机构或称作"担保中介组织"提供的担保；另一类就是由公共部门性质的政府作为担保行为主体所提供的担保。与私人部门性质的担保机构相比，公共部门性质的担保机构由于政府所具有的更高可信赖程度而倍受债务人与债权人推崇。特别是在经济转型的过程中，由于政府面临着收入减少与支出刚性的双重压力，不得不通过提供大量的政府担保以代替计划经济体制下的财政直接补贴来延缓财政支出的压力，实现政府的政策目标（马恩涛，2007）。

按照是否有完整的担保合同和明确的法律依据，又可以将政府担保分为政府显性担保和政府隐性担保[①]。显性担保以担保合同为载体，该合同中正式规定了担保双方的权利与义务以及标的物的各种详细信息。隐性担保没有书面的合同，也不受法律条款的约束，它本质上是一种推定责任，是政府为维持经济社会稳定并出于道义上的帮助而被动承担的一项支出责任。无论是发达国家还是发展中国家，两种担保都普遍存在，涉及的领域包含了以国有企业为主的实体经济行业，以各个商业银行为主的金融业，

---

① 　对于政府隐性担保的研究可见罗荣华和刘劲劲（2016）对政府隐性担保的存在性及存在形式的研究；孙铮等（2006）对政府隐性担保体系中有关主体的风险承担倾向的研究；钟辉勇等（2016）对政府隐性担保是否向有关借款人提供了融资便利以及是否改善了其融资条件的研究；等等。

以及社会养老金的运行和地方政府债务等。一旦这些领域出现问题，作为公共主体的政府在社会公众的预期之下必须要进行救助，这时隐性担保就转为显性担保。本书所要研究的就是我国政府对银行业的各种担保，当银行陷入困境时，政府会采取外部救助的手段进行干预。莱（Lai，1992）、默顿和博迪（Merton，Bodie，1992）都曾经指出，外部救助的手段可能是显性担保，也可能是隐性担保。前者认为，隐性担保的典型形式是母公司对自己附属子公司的担保，表现为附属子公司借债时，由母公司隐性担保。但他没有过多关注政府的隐性担保行为。后者在一个宏观经济的框架下分析了隐性担保问题，将政府干预并化解系统性风险的责任和隐性担保联系起来。

二、政府提供担保的原因

（一）戴蒙德和迪布维格的解释①

在学术文献中，关于引入政府担保的原因严格来说可以追溯到戴蒙德和迪布维格（Diamond，Dybvig，1983）的开创性论文，其与银行在经济中扮演流动性提供者的角色有关。银行以短期存在的形式发行流动性债务，并主要投资于非流动性资产。这种期限错配使得银行在提供流动性风险分担的情况下提高了存款人的福利，但同时也使银行面临着存款人在其资产到期前挤兑资金的风险。这一挤兑源于储户自我实现的一种信念，即其他储户也会这样而导致的恐慌并提前收回资金，银行就会倒闭。在这种恐慌观点中，银行挤兑表现为多重均衡。在戴蒙德和迪布维格

---

① 应该说，政府提供担保可能出于多方面原因。如政府担保有助于商业银行投资于特定项目或企业，而对优先发展区域的投资会支持特定政策目标的实现；如政府担保有助于降低担保对象的融资成本，而较低的融资成本使得资本投资更具有吸引力并增加企业的盈利；如政府担保能避免直接债务的产生，而这会使得政府资产负债表能保持平衡；等等。世界银行在对参加第一次全球政府或有债务研讨会的政府代表进行问卷调查后发现，在政府提供担保的原因中，有44%的国家是为了降低担保对象的融资成本，有30%的国家是为了实现经济政策目标，有15%的国家是为了促进投资，还有7%的国家是为了避免直接的转移支付或补贴，还有部分国家是为了避免直接债务的产生和从事表外活动。

（Diamond，Dybvig，1983）的模型中，银行向可能面临提前流动性需求的投资者提供一个短期存款协议，从而为他们提供流动性保险，并将这些资金投资于长期资产。这样模型中会出现了两个均衡：在好的均衡（good e-quilibrium）状态下，所有储户都相信不会发生恐慌，只有那些提前面临流动性需求的投资者才需要收回资金，而这些资金收回要求能够得到很好的满足而无需对银行长期资产进行代价高昂的清算。相反，在坏的均衡（bad equilibrium）状态下，所有的储户都会提前收回资金，因为他们相信危机将会发生。在这种情况下，银行被迫清算长期资产，而要求收回资金的后来储户有可能无法收回资金。因此，当储户认为危机发生时就会到银行挤兑，以降低其损失，这是最佳选择。

在这种背景下，存款保险作为一种均衡选择机制发挥了功效。通过保证储户在不受其他储户退出决定影响的情况下获得承诺的还款，这一人为干预排除了银行挤兑均衡这一坏的状态，最优配置得以实现。需要强调的是，在戴蒙德和迪布维格（Diamond，Dybvig，1983）框架中，存款保险仅具有公告效应，不需要为政府支付任何费用。这也意味着政府担保的精确设计对其有效性并不重要。戴蒙德和迪布维格（Diamond，Dybvig，1983）认为政府担保是防止银行危机发生的一种成本低廉且完全有效的工具，其依赖于政府担保的特殊设定而产生的结果。首先，银行危机只是由恐慌驱动的；其次，政府担保并没有什么成本，因为银行和政府都不承担提供担保的任何成本；再次，该计划完全可信，因为政府总是有能力筹集并支付担保所需的资源；最后，该方案的引入不影响银行和储户的行为，因此不存在任何道德风险问题。

然而，现实世界的情况更为复杂。即使存款保险已经到位，由于银行资产的基本价值恶化，或者由于该计划不完全可信，以及银行和储户的决策都受到政府干预的影响，银行危机仍可能发生。此外，正如2009年欧元区危机所显示的，各国政府可能没有能力筹集履行担保所需的资源。戴蒙德和迪布维格（Diamond，Dybvig，1983）的分析有一个优点，它揭示了在经济中发挥中介功能的银行所产生的协调失灵，并描述了存款保险是如何解决这一问题的。然而，他们的理论框架没有考虑到银行活动的一些关键特征——即银行不仅面临流动性不足的风险，而且还面临破产的风险——这大大限制了政策的影响。在戴蒙德和迪布维格（Diamond，Dybvig，1983）的分析中，放松任何假设都会对评估政府干预的有效性、成本和可取性产生重要影响。在更现实的框架中，担保不一定可信或可行，银行可以获得高风险投资机会，政府担保可能会带来重大缺陷。

（二）政府对隐性担保偏好的激励结构

由前文可知，按照是否有完整的担保合同和明确的法律依据，可以将政府担保分为政府显性担保和政府隐性担保。相对于显性担保，政府更加偏好于隐性担保，这突出表现在政府在金融危机期间对银行业的救助上。格里马尔迪等（Grimaldi，et al.，2016）通过对经合组织部分国家的银行进行研究发现，隐性担保在2008—2009年显著上升，反映了银行破产风险和政府支持可能性的增加。截至2014年，总隐性担保估计为样本国家GDP的0.15%。加彭（Gapen，2009）运用"或有索取权分析法"（contingent claim analysis）评估了在全球金融危机期间美国政府对房地美和房利美的隐性担保，发现其规模巨大。许友传（2018）提出中国式兜底预期广泛存在于经济金融业态中，其典型形态是基于借款主体的隐性担保预期，如中央政府对地方政府债务的隐性担保、地方政府对融资平台债务的隐性担保、各级政府对辖属国企以及金融机构的隐性担保等①。而现实中，政府对系统性银行进行隐性担保的规模及其导致的政府或有债务更是规模庞大，部分国家2008—2014年政府隐性担保和隐性或有债务的规模，如图2-3所示。

---

① 许友传（2018）将经济金融业态中的中国式兜底预期的典型形态界定为基于借款项目的刚性兑付，如信托业的刚性兑付惯例、银行业抽屉协议式回购承诺、P2P等新兴行业的刚性兑付等。

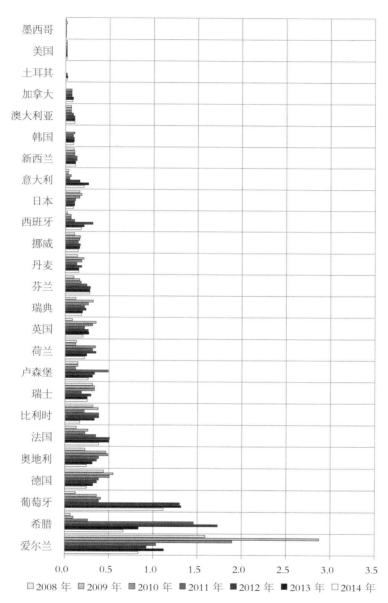

图 2-3　2008—2014 年政府提供的隐性担保（占 GDP 的%）

数据来源：Jessica Cariboni, et al. , "Reducing and Sharing the Burden of Bank Fail-
　　　　ures", *OECD Journal：Financial Market Trends*, OECD publishing,
　　　　Vol. 2015（2）, pp. 29-61。

那么政府提供显性担保与隐性担保的区别是什么？或者说政府为什么更钟情于隐性担保？凯恩（Kane，2004）在研究担保时给出了一定的解释，他认为政府提供这两种担保的一大区别就在于它们对政府风险储备的影响不同。如果采用显性担保，政府与受保经济主体之间的合同是明确的，在事前政府就可以精确地算出未来可能支付的最低金额，那么政府可以在当期财政预算中提取相应的风险储备金，以作不时之需；如果采用隐性担保方式，政府没有办法也没有动力去计算由担保导致的未来可能偿付的额度，那么政府就无法，或者很难事先划拨出一定的财政资金作为风险储备金，即使是事先拨备了一部分财政资金作为风险储备，其储备水平一般也会低于最优水平。一旦风险发生需要兑付隐性担保合同时，政府只能将负担转移给纳税人，增加一般纳税人的税收负担来偿付债务，这种方式的本质是降低一般纳税人财富的一种风险转移。对于以上这两种担保方式对政府预算的不同效应，我们可以从主观和客观两个方面进行分析：从主观效应的角度，显性担保合同会明确规定政府作为担保者在偿付债务时的条件和义务，合同是清晰和完整的；而在隐性担保关系中，政府对受保经济主体的责任缺乏明确规定，偿付义务是模糊的。由此看来，隐性的担保关系可能给政府带来的压力由于不明确而显得相对较小，政府对合同的主观感受有差异，这种差异可以视为一种政府主观上节约财政成本的动机。从客观效应角度，隐性担保关系中政府对受保经济主体的偿付责任是出于一种道义角度，那么政府在未来可以选择承担损失，也可以选择不承担，于是政府也就没有动力和压力去提取相应的风险储备金。这样从客观层面造成政府的预算自由度相对增加，也可以视为政府追求节约财政成本的一种客观表现（卢文鹏，2003）。在隐性担保的框架下，政府可以以最小的财政主、客观成本代价来保证国有经济各部门融资需求，这也正是政府青睐隐性担保形式在财政成本角度的解释。无论是主观角度还是客观层面，隐性担保形式都会相应造成财政成本最小化。

（三）政府对国有银行担保的激励结构

政府对银行业的担保除了对不同所有制国家具有普适性和普遍性之外，更是对公有制国家情有独钟，因此作为社会主义公有制国家在政府对银行业的担保上还有自己的特殊之处。如果从社会契约①的角度来看的话，从计划经济下的社会契约向市场经济下的社会契约转变的过程中，我国政府对国有银行的担保有其特殊的激励结构。

我国计划经济体制下契约关系建立的主要原因是政府推行的重工业优先发展的战略。在城市，国有企业是政府和民众之间契约关系的中介，一方面，企业要承担社会性职能，解决工人福利和冗员过多等问题；另一方面，企业也代表着国家的发展战略，也就是说国家通过企业将资源集中起来并投向没有比较优势的资本密集型产业。而当开始进行市场化改革后，市场经济的契约关系逐渐代替计划经济下的契约关系，依靠市场竞争机制决定要素和产品价格而非之前的政府补贴和产业保护政策，国有企业的渐渐失去竞争优势，在竞争开放中微利甚至无法盈利的问题逐渐浮出水面，进而演变成国有企业的战略性负担，而之前过度承担的社会职能也逐渐演变成了企业的社会性负担（林毅夫和李志赟，2004）。面对政策性负担带来的国有企业亏损，政府想在经济转轨过程中获得民众的支持，尤其是国有企业员工的最大程度的支持，就必须对国有企业进行卡尔多式制度补偿②或赎买。为

---

① 所谓社会契约，是指政府和人民之间签订的有关双方权利和义务及相互关系的一种合约。按照该理论的观点，社会是由一些为获得共同利益的个人组成的联合体；而政府是将个人的自然权利让渡出来以形成政府权力，从而治理社会的一种契约组织形式。运用该理论，我们可以发现即使我国转型前高度集中的计划经济体制也不是由秩序设计者单方面建立的，而是建立在个人与集体相互交易的社会契约基础之上的。计划经济体制下，个人与集体建立了强有力的契约关系：个人为了自己的预期收益同意向集体转让权力；集体接受民众授权后保持与维护每个人对集体权力的合法且公平的享有，同时在未来支付给每个人应有的利益。而这种以权力转让与集体控制为内容的强劲契约关系之所以能够迅速建立是因为政府对民众进行了说服，而民众也对政府采取了信任的态度。

② 卡尔多式制度补偿是这么一种分配方式，即在利益增加的时候，愿意支付的补贴超过利益损失方的数额。

此政府安排了"金融约束"① 型的垄断性银行体系，并通过贷款配额、低于市场出清利率及政策性贷款等方式为国有企业提供制度补贴。公有产权隐含的政府担保，一方面使国有企业和国有银行之间的金融交易契约蜕变成特殊的保险契约，从而内生了国有企业对国有银行的信用风险；另一方面使银行通过政策性呆账贷款来实现商业性呆账的公共化，内生出国有银行对政府的信用风险。政府既是国有银行又是国有企业所有者的制度安排是产生国有银行信用风险及不良贷款的制度根源。

更重要的是，在这种契约担保框架下，国有企业的财政预算软约束转变为银行的信贷软约束，而利率的非市场化所带来的金融租金也使得国有企业竞相争夺国有银行贷款这笔廉价的资源。在这种情况下，企业借款项目的优劣和可能性反而成为次要的目标。这也是为什么国有企业贷款需求的低利率弹性与利润率的高利率弹性并存的原因。这些源于国有银行对国有企业的政策性负担而产生的不良贷款的增加最终会转移到政府身上，进而造成政府或有债务的积累。同时，既然政府将国有企业的政策性负担转嫁给了国有银行而造成国有银行的政策性负担，那么国有银行的政策性负担又要转嫁给谁呢？国有银行的公有产权只能使其转嫁给国家财政。而国家财政作为最后的"兜底"所形成的隐性契约担保使得国有银行发生道德风险的可能性加大。这也正如海顿斯和卡拉卡塔格（Heytens, Karacadag, 2001）所指出的："国有企业和金融部门之间的密切联系和中期财政的挑战代表了当前中国政府面临的核心问题。国有企业恶劣的经营绩效加重了国有商业银行的不良贷款负担，由此产生的或有债务严重威胁

---

① 20 世纪 70 年代初，肖和麦金农提出了"金融约束与金融深化"理论。所谓"金融约束"（financial constraint），是指一国的金融体系不健全，金融的市场机制不能充分发挥作用，经济生活中存在着过多的金融管制措施。金融抑制主要表现为政府对金融活动的强制干预，对金融资产价格的人为控制，最典型的就是对利率和汇率的控制。肖和麦金农认为，金融抑制势必会造成一国金融体系的扭曲，成为欠发达国家经济发展的一大障碍。要想实现经济迅速增长，就必须放松利率、汇率的限制，实现一系列的金融自由化政策，这就是所谓的"金融深化"（financial deepening）。

着中国中期的财政可持续性。"而周小川（2012）也指出，"金融机构出了问题怎么承担责任？是金融机构自己没有审慎经营，还是因为承担了政策性、半政策性或者体制性的任务？这很难做出明确的区分。……因此金融机构有问题很难说清楚究竟应该由谁来承担责任，如果不救也是不负责任的，所以还是倾向于要救"。

当然，由于国有银行在公有制国家中举足轻重的地位，使得其倒闭会产生巨大的经济和政治成本，进而使得国有银行表现出了很强的"破产刚性"特征，也就是经济学文献中所说的"太大而不能倒闭"（too big to fail）。这必然会迫使政府在银行发生危机前对其实施救助，力避银行危机的发生。政府对银行部门或明或暗的担保，一方面，为国有银行和国有企业创造了大量租金，使国有经济部门的预算软约束情况变得更加凸显，在经济转轨时期，这种担保直接导致了中国银行体系的内生脆弱性，对政府部门极度依赖；另一方面，特殊利益集团的巨大既得利益又加剧了政府部门的隐性担保形势，表现出很强的"路径依赖"①效应。而政府相应采取的"展期"（forberance）政策②使得在国有银行体系中积累了大量的或有隐性债务。与国外银行不同，国外金融体制相对来讲十分成熟，政府干预政策在实施时要尽量降低对市场机制的扭曲，一般是为应对突发状况和特殊状况的临时对策，具有动态不一致性。而我国银行为公有制，这使得政府担保和具有担保性质的政府干预政策与国外银行体系的担保截然不同。

---

① "路径依赖"（path depending）这一概念最初是由 W. Brain Arthur 提出的，他用这个概念说明了技术演变过程中的报酬递增和自我强化现象。诺斯把这一概念推广到了制度变迁方面。他认为在制度变迁过程中同样存在着保持递增和自我强化的机制，即"人们过去做出的选择决定了他们现在可能的选择"。

② 所谓的"展期"政策，即政府或是银行监管层在对待一些出现严重资本不足，甚至已经资不抵债银行的问题上，采取"姑息"的态度，既不马上对这些有问题的银行注资，又任其继续存在下去。"展期"政策可以具体表现为政府或是中央银行对有问题的商业银行提供短期的流动性支持，使其在资本不充足的情况下保持流动性，以此来稳定银行体系；或者给予有问题的银行以政策上的优惠（税收减免），增加其经营利润，希冀银行通过自己的力量增加资本基础，消化不良资产。

而我国政策的求稳偏好是一以贯之的，有所变动的只是其背后的行政性干预程度（马文涛和马草原，2018）。这可能导致政府担保对我国银行业的影响比在发达经济体显著。

三、政府提供担保的潜在不足

正如前文所强调的，政府担保在多重均衡框架下能够有效预防危机。在这种框架下，挤兑成为一种自我实现的现象。在这种情况下，政府担保总是最佳选择。它们可以防止危机，让经济在不付出任何成本的情况下实现最优配置。然而，这个结果依赖于一些假设。如果摒弃这些假设，政府担保会带来巨大的成本，在防止银行业危机发生方面可能并不完全有效。

（一）政府担保的假设以及可行性

戴蒙德和迪布维格（Diamond，Dybvig，1983）担保框架中的一个关键假设是政府担保是完全可信的。之所以如此，是因为政府方面有充分的承诺，而且该担保计划是通过一般税收提供资金的，因此它总是可行的。这意味着，任何类型的担保计划都能够而且将得到兑现，故储户不会挤兑。在挤兑只是基于恐慌的情况下，这也意味着存款保险是无成本的。它是一种简单的均衡选择机制，保证了坏平衡的消除。该计划的细节，除了储户总是能得到承诺的还款之外，没有任何作用。计划何时公布并不重要，只要在长期资产进行清算之前知道就行了，而且无论银行的清算政策如何，每个存款人都能得到全额偿付是可信的。尽管非担保的公共支持计划可能更可取，因为政府可以通过非扭曲性的税收实现，但只要全额还款是可信的，保险基金的确切结构就不重要。事实上，政府担保计划具有纯粹的"公告"效应。由于挤兑没有发生，银行仍有偿付能力，也没有支出。换句话说，保险是免费的。

如果取消充分承诺和可行性的假设，如果挤兑不是纯粹的协调失败，而是与经济基本面恶化有关，存款担保的性质和效果就会大不相同。在所有这些情况下，为存款提供担保需要实际支付，因此可能非常昂贵。如果完全承诺和可行性的假设不成立，或者完全承诺但危机是基于基本面的，那么结果就不同了。如果政府担保不能完全承诺或计划的提供并非总是可行，干预的可信性就会受到损害，而自我实现的挤兑也就不一定能避免，因此即使是有偿付能力的银行也可能倒闭。相反，当银行投资于风险资产时，一个完整而可信的担保计划可以再次防止银行挤兑，但它需要政府在银行资不抵债、无法全额偿还储户时进行干预。

考虑到担保计划需要政府实际支付的可能性，意味着该计划的融资结构在决定该计划本身最优性方面变得至关重要。这反过来又影响到该计划的可信性，因为提供保险的成本足以抵消其收益。计划的融资结构及其治理是决定计划成败的关键。戴蒙德和迪布维格（Diamond，Dybvig，1983）认为，由政府支持的公共计划优于由银行捐款资助的私人计划，这一观点得到了广泛支持。这个结论是基于政府总能以很少或没有成本的方式筹集资金来资助该方案，从而保证了该方案的充分可信性。然而，最近的金融危机表明，情况并非总是如此。有时对政府来说，事后提供担保可能不是最佳选择或者根本不可行。

有关有限承诺的文献考虑了广泛的干预措施，包括存款保险、事后救助和暂停可兑换等政策。人们关注的焦点是，这项政策在防止银行挤兑方面是否有效。缺乏承诺会带来时间不一致的问题。政府政策只有在事后最优时才是可信的。因此，只有事后最优政策才能防止银行挤兑，就像保险方做出充分承诺的情况那样。在没有承诺的情况下，如何为该计划融资和所涉成本的多少就变得至关重要。由于存在不可忽略的发生概率，政府必须评估与方案实施相关的收益和成本。库珀和肯普夫（Cooper，Kempf，2016）在一个具有异质代理的戴蒙德和迪布维格（Diamond，Dybvig，1983）框架中分析了与存款保险融资相关的保险收益和再分配问题之间的权衡。存款保险需要将资源从贫困家庭重新分配到富裕家庭的成本，事后可能不是最佳选择。这些成本的存在，以及它们抵消干预的好处的可能性，意味着存款保险并不完全可信，仍有可能发生挤兑。

与有限承诺有关的一个问题涉及担保的可行性。在上述文献中，关键问题是，对银行的干预可能不是事后最佳做法，这将损害该计划的可信度，进而损害其事前有效性。但这些文献中的一个关键假设是引入政府担保总是可行的。然而，2009 年爆发的欧洲债务危机表明，情况并非总是如此。正如爱尔兰危机所表明的，担保计划的可信度和可行性都不能想当然。各国政府并不总是有可能筹集所需的资源，为引进或延长新的担保计划提供资金。在欧元区，这种限制源自这样一个事实：政府无法将担保货币化，因为它们无法实施独立的货币政策，而欧洲央行也被禁止直接提供货币融资。在美国和英国等国家，可能会印出新的钞票来为提供担保提供资金，这可能会产生通货膨胀等成本，从而限制政府对金融业的支持。各国政府无法筹集无限资源为其干预行动提供资金，这对其信誉有重大影响。担保的可信性、有效性和可行性是严格相关的。

最近的一些学术贡献正是着眼于这些问题。他们已经证明，政府担保是连接银行和主权国家稳定的重要渠道。与现有文献不同的是，他们考虑了一个框架，在这个框架中，不仅银行具有脆弱性，政府也具有脆弱性，无法通过发行无违约债务筹集无限资源。在这种背景下，这些文献强调了政府担保在触发银行危机和主权债务危机之间的"反馈循环"方面的关键作用，在这种循环中，银行状况的任何恶化都会波及政府，反之亦然。具体来说，这个反馈循环（feedback loop）的工作原理如下：当政府的资源有限时，政府向银行提供支持的扩大会紧缩政府的预算；反过来又影响了政府担保的有效性，因为随着政府情况的恶化，担保的受益者开始怀疑政府履行其承诺的能力。因此，这些担保的可信度下降，在预防危机方面不再有效。其结果是，金融领域的不稳定进一步加剧，从而放大了干预的成本。

这一发生在脆弱性银行和脆弱性政府之间的恶性循环源于政府担保的引入，或更普遍地是因为对金融部门的大规模干预，这一循环在以前文献中被忽略，相反在最近危机期间却成为一个热点。尤其是在欧洲，银行与主权国家之间的"逆向反馈循环"（negative feedback loop），是当前政策辩论的核心。作为一个案例，在银行业联盟框架下，欧盟拟建立一个共同解决机制和泛欧存款保险计划，作为打破这个恶性循环的一个有效计划，因为各国政府将不再负责干预银行的困境。虽然单一解决机制已经建立并得到充分执行，但建立一个泛欧存款保险制度的问题仍在讨论之中。部分欧盟成员国只同意加强有关其存款保险计划的规则的协调和简化。

（二）道德风险问题

戴蒙德和迪布维格分析中的一个关键假设是，银行投资只是以一种无风险技术存在，因此政府担保的存在不会影响银行或储户谨慎行事的动机。通过引入风险投资可能性来扩大这一框架，会导致银行和储户行为的潜在扭曲。这一道德风险问题的严重程度在很大程度上取决于担保计划的具体特征以及监管和制度环境。大量理论文献分析了在银行能够获得风险投资机会的框架下引入政府担保所带来的道德风险问题。所有这些文献都源于这样一种假设，即存款保险消除了戴蒙德和迪布维格那样的恐慌性银行挤兑，并将重点放在风险更大的成本上。其主要观点是，与其他任何形式的保险一样，对风险不敏感的完全存款保险，会恶化银行谨慎行事的动机，并弱化市场纪律，因为储户不再有动机监督自己的银行①。这意味着风险转移到存款保险公司身上，在提供存款保险方面存在一种权衡。一方面，这在防止银行挤兑方面是有效的，因为储户肯定会得到承诺；另一方面，

①　值得注意的是，这种存款担保道德风险的判断通常是基于显性的存款担保制度或完全的隐性担保制度得出的，没有对隐性担保的操作实践进行区分从而考察不同隐性担保方式对不同银行风险承担行为的影响。实际上，不同隐性担保政策会导致不同银行的不同风险承担激励，当一国银行业现有的风险水平较高时，较之完全隐性保险政策，政府在将来采取不完全的隐性担保政策将是一项较优的政策选择（许友传和何佳，2008）。然而，从政府的操作实践和惯例来看，政府计划无一例外的对问题金融机构采取了全额担保和"赔付"的政策。无论是大银行、小银行、健康银行、问题银行，政府都动用了近乎全额的隐性担保政策。这种无视实体经济环境和银行"健康"状况，不加区分的政府保护和支持，实际上是对问题银行的奖励和对健康银行的惩罚，扭曲了市场约束机制，激励了银行的风险承担行为，并对国家产生额外的负担，这样的政策注定会为将来新的、更大规模的、更深层次的银行危机埋下伏笔（Kane，2004）。

存款保险增加了银行系统的风险，这可能增加保险人实际的支付成本。

对风险不敏感的存款保险所造成的扭曲可以通过以下几种方法得到纠正，或至少得到改善。第一种方法是实施一种对风险敏感的定价结构。如果溢价对风险敏感，那么存款保险就不会产生激励问题，因为溢价能够很好地反映银行投资组合的风险，从而消除了承担更大风险的激励。然而，实施对风险敏感的溢价可能存在问题，因为它要求监管机构观察银行投资组合中的风险，或者能够诱使银行在不付出过高成本的情况下披露风险。赞等（Chan，et al.，1992）的研究表明，与银行可观察到的报告资本相关联的存款保险定价方案能够诱使银行披露真实的风险并谨慎行事。然而，这样的计划可能代价高昂，而且不可取。其理念是，不同银行的资本成本因其风险状况而异。政府预计，对风险较高的银行而言，资本成本高于风险较低的银行，它们将选择不同的保险溢价资本要求组合。这意味着政府可以设计这样一种组合，即每家银行支付的保险费足以支付提供保险的成本。换句话说，这种保险的定价是合理的，因为政府可以让每个机构实现盈亏平衡。然而，赞等（Chan，et al.，1992）的研究表明，尽管政府有可能同时设定保费和资本金要求，但一种价格合理、对风险完全敏感的存款保险要求银行通过发行存款获得利润，因此在一个完全竞争的银行体系中是无法实施的。相反，弗雷克斯和罗切特（Freixas，Rochet，1998）认为，在对银行成本更普遍的假设下，即使在竞争激烈的银行体系中，公平定价的存款保险也成为可能，但它可能并不可取，因为它需要在效率较高和较低的银行之间进行交叉补贴。

纠正存款保险所造成的激励扭曲的第二种方法是，用适当的监管框架对其进行补充。库珀和罗斯（Cooper，Ross，2002）在戴蒙德和迪布维格框架中分析了存款保险和资本监管之间的关系，该模型中银行也有能力投资于风险资产。存款保险的好处在于防止银行挤兑，但它也需要降低储户的监管成本，从而促使银行承担更大的风险。恢复银行审慎行为的一个解决方案是要求它们增加资本。考虑到一旦银行倒闭，股东必须用他们的资本来偿还储户，他们就没有动力拿储户的钱去冒险了。因此，存款保险和资本监管相结合，可以实现第一个最佳配置。前者是防止低效运行的必要条件，后者是解决道德风险问题的必要条件。

第三种改善存款保险激励问题的方法是对银行债务征税。基斯特（Keister，2012）在戴蒙德和迪布维格（Diamond，Dybvig，1983）的框架下，在银行预期基于恐慌的挤兑可能发生的情况下，他指出，如果不救助银行，银行会过度投资于短期资产，作为一种防范挤兑的私人保险。如果在银行倒闭的情况下，以保护投资者的形式进行救助是可能的，那么情况就会相反。银行对长期资产的过度投资导致了过度的期限错配，这增加了自我实现的挤兑的可能性，使银行更加脆弱。银行的动机可以通过对短期债务按比例征税来纠正。税收的作用是使银行投资选择的私人价值与社会计划者的私人价值相等，从而实现有效的配置。这种配置需要一种自我实现的实证概率，因此可能需要内部纾困。

在2008年金融危机之后，征税以弥补政府干预的成本，并限制受益者即金融机构的机会主义行为的范围，一直是一个备受争议的话题。矫正性税收背后的想法是诱使金融机构将其破产给社会带来的成本内部化，同时为政府提供额外的资源来帮助陷入困境的银行。尽管有潜在的优势，对金融交易征税（FTT）却是最具争议的改革提议之一。无论是公众还是学术界，对金融交易税的出台都没有明确的共识，二十国集团国家也未能就金融交易税的共同立场达成一致。这种意见分歧在欧洲也存在，英国强烈反对开征交易税，而其他11个国家已决定开征0.1%的股票和债券交易税，0.01%的衍生品交易税。

一些文献为政府担保会扭曲风险从事和市场纪律的观点提供了实证支持。其中一些还确认了监管和制度框架的重要性，即存款保险在多大程度上影响银行的冒险行为，从而影响银行的稳定性。德米尔古斯·昆特和惠辛加（Demirgüç-Kunt，Huizinga，2004）以及德米尔古斯·昆特和德格里亚切（Demirgüç-Kunt，Detragiache，2002）使用1980—1997年跨国数据实证分析后发现，存款保险已经对所有投资者对银行索赔的监督激励产生负面影响，而这增加了银行危机的可能性。

综上所述，现有文献强调了与政府担保的引入相关的一种权衡的存在。一方面，政府担保是一种有效的工具，可以防止银行债权人的恐慌（如果可信的话），并在危机发生时改善他们的处境；另一方面，政府担保可能会刺激银行过度冒险。基于这种观点，普遍的看法是，不太慷慨的担保应该好过范围更广的担保。通过限制银行获得的支持，并对银行施加更多约束，政府可以降低银行承担过度风险的动机，并限制未来纳税人资金的使用。因此，关键的问题是，政府担保的引入是否总是导致银行承担过度的风险，限制对银行的支持作为抑制道德风险问题的一种方式是否有益。

四、政府对金融部门提供担保的例证

（一）1997—1998 年东南亚金融危机的例证

政府的隐性担保政策使得东南亚国家的企业、银行和政府形成紧密的联系，"裙带资本主义"① 现象严重。在泰国，作为两类最主要金融机构的证券公司和银行都与政府有着紧密的政治关联，甚至一些政府高官兼任一些证券公司的股东。在马来西亚，很多位高权重的政府官员，一方面参与政府的决策，另一方面又经营自己创办的企业或本党派的企业。在印度尼西亚，一些与时任总统苏哈托有私下交往的商人，可以轻易获得政府颁发的特许经营权利，从而垄断国内的许多行业，并且苏哈托的子女也在拥有和控制印度尼西亚的很多产业和部门（魏陆，2003）。企业、银行和政府之间的密切关系，一方面的确促进了东南亚地区的经济增长和经济发

---

① 裙带资本主义（crony capitalism），又称官僚资本主义、朋党资本主义、权贵资本主义、密友资本主义、关系资本主义，描述一个经济体中，商业上的成功与否取决于企业、商界人士和政府官员之间的关系是否密切。它是针对执政权贵阶层的贪污腐败而提出的，指的是"因血亲、姻亲和密友关系而获得政治、经济上的利益，以及政治领导人对效忠者、追随者给予特别的庇护、提拔和奖赏"。这种偏祖可能表现在法律许可的分配、政府补助或特殊的税收优惠等方面。

展，由于这三个主体之间的信息交流将变得愈加频繁，并且建立在三者相互信任基础上的政府投资可以大规模地调动社会资源，这也是东南亚国家高速增长的主要源泉（Krugman，1998）；但是也有不利的一面，这三个主体之间的密切关系实际上也为东南亚的金融危机埋下伏笔，虽然企业和银行与政府之间没有明确存在的契约形式，但是政府的特殊性一定可以使有关系的银行和企业获得区别对待，实质上就是银行和企业在享受政府的隐性担保。这种亲密关系和隐性担保，促使企业和银行可以比较容易地在国际市场上以较低利率借入资金，放款人出于对企业和银行的政府信用背书也更愿意将贷款放给它们。毕竟一旦这些企业和银行出了问题，出于政治地位和社会影响，政府都不会坐视不管。

在这种发展模式下，因为政府的隐性担保，私人部门扩张性投资推动了经济的高速增长，但也削弱了企业进行技术创新和提高生产效率的积极性。克鲁格曼（Krugman，1998）认为，仅靠投入增加而不是依靠全要素生产率（TFP）提高来带动的经济增长将是难以持续的，最终竞争力的削弱将给经济带来不利的影响。当国内公司遭遇到不利的生产冲击产生亏损时，如果国外债权人愿意向其进一步提供贷款，则国内公司的生产可以继续。如果国外债权人不同意向其继续提供贷款，也不同意对原有贷款进行延期时——即当国内公司发生了金融危机时，就不得不请政府援助。

（二）2007—2008 年全球金融危机的例证

如前文所述，就在雷曼兄弟（Lehman Brothers）破产后不久，许多政府扩大了现有金融安全网的覆盖范围，不仅对小额零星扩大金融安全网的覆盖范围，而且还对大额存款提供担保。就为拯救银行系统而采取的紧急行动而言，最极端的例子是爱尔兰。在爱尔兰，政府的干预措施包括对六大银行的所有债务提供全面担保，以及以资本重组和购买有害资产的形式采取额外措施。担保债券、次级债和银行间存款的担保总额约为 4000 亿欧元（约为爱尔兰 GDP 的 200%）；三大银行（爱尔兰银行、爱尔兰联合银行和盎格鲁—爱尔兰银行）的资本重组需要花费约 110 亿欧元；随后，又对盎格鲁一爱尔兰银行实施了其他救助措施，估计总成本为 300 亿欧元（Allen，et al.，2015）。所有这些措施都大大加剧了爱尔兰公共财政的恶化。2010 年年底，也就是担保实施大约两年后，爱尔兰的赤字占国内生产总值的 32%。危机的严重性削弱了担保的可信度和有效性，并促使爱尔兰政府、欧盟和国际货币基金组织在 2010 年 11 月底就一项纾困计划达成一致。该计划包括欧盟和国际货币基金组织提供的 850 亿欧元的财政支持，以及减少公共赤字和债务的一揽子财政计划，以及稳定银行业的一系列措施。危机过后，欧洲各国对金融部门的担保明显下降，图 2-4 展示了 2010 年与 2016 年部分国家对金融部门担保数额的比较。

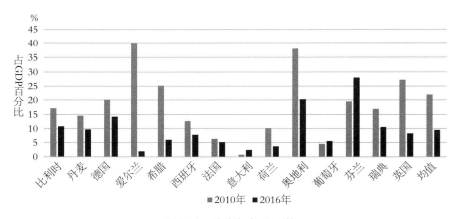

图 2-4　政府担保的比较

数据来源：Ludger Schuknecht，"Fiscal-Financial Vulnerabilities"，CESIFO Working Paper，No. 7776，2019。

第二节　银行业风险向政府或有债务风险的传导

从世界各国金融危机期间对银行业的救助来看，其本质虽然是一国政府对其银行业或金融体系的一种显性或隐性担保，但具体的救助措施可能形式多样。进一步来看，除了政府对银行不同救助措施所可能形成的政府或有债务，从更广泛的意义上来看，与金融相关的领域与活动所导致的风险最终都可能转嫁到政府头上，形成政府的财政债务风险。并且，这种风险由政府来承担从人们的心理承受上也比较能说得过去。如同英国前首相罗伯特·皮尔爵士于 1840 年讨论《英国银行章程》（*Charter for the Bank of England*）时所言："虽然《英国银行章程》的设计很好，而且我们正在采取一切预防措施，可以通过谨慎地立法防止货币危机的再次发生，但尽管我们采取了行动，危机还是可能发生。如果危机发生，并且如果为了解决危机而有必要承担重大责任，我敢说人们会愿意承担的。"① 罗伯特·皮尔爵士的话对于 180 年后的现在一样重要。在过去的几十年中，世界上发生了几次金融危机（亚洲危机、俄罗斯危机等），它们都有一个共同的主题：在风险偏好增加的时期（通常由高杠杆比率证明），金融机构陷入破产边缘；随之而来的是政府救助和资本重组，并在这一过程中实现了金融风险向财政风险的传导。

一、政府救助措施与政府或有债务的形成

虽然政府不救助银行业风险，也有可能导致最终较高的政府债务和财政成本，但银行业风险向政府债务风险传导的最主要的渠道，仍是政府对银行业风险的救助产生的②。坎德隆和帕姆（Candelon，Palm，

---

① 转引自 Stavros Panageas，"Bailouts, the Incentive to Manage Risk, and Financial Crises"，*Journal of Financial Economics*，Vol. 95，2010，pp. 296-331。

② 刘尚希等（2018）认为中国金融风险向财政风险转化主要通过以下途径：一是财政追加注资，充实国有商业银行资本金。在国有银行承担的改革成本依靠自身的力量难以消化的情况下，需要政府以不同的注资形式进行支持。政府向金融机构追加注资，增厚了金融机构的家底，增强了其抵御风险的能力，但也增加了财政负担，是金融风险财政化的一种表现。二是财政出资解决国有金融机构市场退出。在解决金融机构接管、重组、吊销许可、关闭、撤销、清算和破产等退出和重组问题的过程中，财政将承担大量成本。三是财政出资成立资产管理公司，解决国有商业银行不良资产。在地方政府的支持下，很多地方对成立地方资产管理公司也都十分积极。浙江、江苏、安徽、广东、上海等地成立了地方资产管理公司，开展金融机构不良资产的收购与处置业务，不仅致力于化解银行不良贷款，同时也对本地银行 IPO 及救助身陷困境的本地企业有推动。结合经济转型和产业结构升级的相应政策措施，可提高金融体系内存量资金的使用效率，盘活国有资本。四是财政出资支持国有银行呆账冲销，化解金融风险。

2010）强调了政府的救助计划可能包括政府担保、救助资金、政府存款、中央银行提供的流动资金以及公共资本重组的执行或实现等。此外，政府的税收与补贴，政府债券等也是政府救助措施之一，下面我们详细讨论银行业风险如何通过政府救助措施传递到政府身上而形成或有债务风险。

（一）政府担保

根据前面我们对政府或有债务的定义，其是政府承诺所产生的义务，但其时间和金额取决于一些不确定的未来事件的发生。或有债务的实现是政府财政成本的重要组成，在各种主权或有债务中，银行救助计划是政府或有债务的最主要来源方式之一。由于一国整体经济运行的平稳直接取决于金融稳定，所以，如果一个国家遭遇金融危机，那么政府一定会进行救市，这既是政府的道义责任，也比较符合社会的预期。当银行得到政府的担保之后会产生道德风险问题，银行倾向于冒险，更可能产生风险甚至导致破产，银行债务会因为政府显性或隐性的担保转换成政府债务，将银行业风险转换为财政风险。实际上，学术界和实务界关于银行救助辩论的重点也都是当政府提供与银行业风险相关的公共担保时产生的扭曲：由于银行没有完全承担其潜在破产的成本，公共担保会使政府承担过多的风险。

政府担保所引发的道德风险问题固然重要，但并不是其提供相关财政风险和财政成本来源的唯一形式。经合组织金融市场委员会（CMF）关于金融部门担保相关工作的一个重要见解是：政府担保可能是有益的，但具体实施存在成本，特别是当担保没有适当的定价时，就会产生成本，从而扭曲竞争并为公共财政创造大量的或有债务。当然，由于直接和间接影响在相反的方向上起作用，担保对银行主权关系的总体影响可以是正面的，也可以是负面的。前者发生在担保计划规模的增加导致银行业危机发生概率大幅下降的情况下，尽管政府支付的增加，主权违约的可能性也随之下降。阿格尼斯（Agnese，2018）考察了欧元区危机期间发生的事件表示，即使在没有道德风险考虑因素的情况下，政府提供担保也可能需要政府投入实际的、规模很大的成本，以至于威胁到政府的偿付能力。政府违约的威胁不仅对自身造成恶性影响，而且还导致与旨在防止银行危机的担保相关的新类型风险。特别是，公共财政的恶化降低了政府担保的可信度，从而降低了它们在防止银行业不稳定方面的有效性，其结果是扩大了公共干预的必要性和成本。

虽然因担保产生的或有债务的实现可能对政府资产负债表产生严重影响，但定义和计量因担保而产生的债务并非易事。金（King，2009）利用2008年年底发生的一系列银行救助，对政府担保对银行系统的影响进行了案例分析。根据他的研究结果，鉴于银行股票在市场上表现不佳，政府对其担保救助可以保障银行债权人利益，但会使银行CDS利差下降，但这是以牺牲股东利益为代价的。博瓦等（Bova，et al.，2016）使用1990—2014年发达和新兴市场经济体或有债务实现的新数据集发现，因政府担保产生的或有债务是财政困境的主要来源。与或有债务实现相关的政府支出总额平均为GDP的6%，但对于主要金融部门的救助，政府支出总额可能高达GDP的40%。来自不同来源的或有债务实现是相互关联的，往往发生在经济增长疲软和经济危机时期，加重了本已困难的公共财政压力。尤其是在金融危机之后，它们占到了债务增长的三分之一。针对性的证据表明，治理指标较强的国家，特别是财政账户覆盖范围更广的国家，或有债务实现程度更为温和。由此可以看出，政府担保是银行业风险向政府债务风险传导的最主要的方式。

还是以爱尔兰救助为例来说明政府担保在传导风险中所起的作用。2008年9月30日，爱尔兰政府宣布已为其六大银行的所有存款提供担保，公告发出后导致政府CDS利差立即增加，进而导致银行和政府CDS在担保后阶段保持同样的趋势。图2-5显示，尽管爱尔兰银行购买此类保护的成本从约400个基点（bps）降至150个基点，但爱尔兰政府债务的CDS利率大幅上升，在接下来的一个月里，这个利率翻了四倍多，超过 100 个基点，在六个月内达到 400 个基点，达到银行 CDS 的起始水平。
尽管这一时期全球经济健康状况普遍恶化，但图 2-5 已表明爱尔兰金融
部门的风险已基本转移到政府的资产负债表中，这是爱尔兰国家财政最终
承担的成本。到 2010 年秋季，这一成本进一步上升，导致爱尔兰和德国
政府债券之间的利差大幅扩大，欧元区实力较强的国家不得不对爱尔兰政
府进行救助。当然，这一事件并不孤立于爱尔兰，它只是最引人注目的案
例。有系统的证据表明，政府担保是欧元区各国主权信贷风险上升的一个
重要因素。

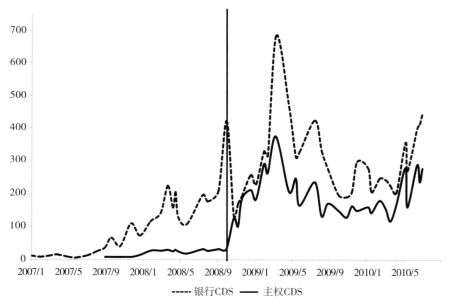

图 2-5　爱尔兰的主权信用违约互换和银行信用违约互换

数据来源：Datastream。

图 2-5 绘制了 2007 年 1 月 1 日至 2010 年 8 月 31 日爱尔兰的主权信
用违约互换和银行信用违约互换。银行信用违约互换的计算是总部位于爱
尔兰的银行（爱尔兰联合银行、英格兰银行和爱尔兰银行）的银行信用
违约互换加权平均值。

（二）救助资金

政府直接救助资金是最简单的风险传递方式。自 2010 年以来，政府财政风险已经成为主要关注点，并且对于一些国家而言，由于许多银行暴露出持有众多的主权债务（Angelonih，Wolff，2012），要么遭受对其提供的公共担保的减少，要么遭受政府资助概率的降低，这意味着对金融风险的担忧重新浮出水面。阿查里亚等（Acharya，et al.，2014）提供了资金救助可能引发财政危机的跨国证据。他们将危机划分为几个不同的阶段。第一阶段，一直延续到 2007 年，期间主权债务风险还尚未成为欧元区内的问题。其后，从 2008 年第一次资金救助开始，由于经济前景恶化，对严重恶化的金融体系提供支持而使得公共债务增加，主权债务风险开始在货币联盟的某些国家浮现。卡珀齐克和施纳布尔（Kacperczyk，Schnabl，2013）也发现，危机期间美国货币市场通过救助基金将 3 万亿美元的行业信贷风险全部转移给了政府。阿里特（Aitor，2015）为了估计信用风险的互联性如何随经济环境而变化，使用了有关公共财政、银行业系统和宏观经济状态的详细信息，给出了一个简单的计量经济学方法来评估银行风险和政府债务风险之间反馈敏感性是否随着这些指标而变化。此外，他还使用动态模型提供了一个有趣的量化基准来衡量欧元区政府在 2007 年至 2013 年所采取的银行救助对政府债务风险的影响，并解释欧洲银行联盟通常就是通过迫使私人信贷机构进行内部纾困和允许银行资本重组政策来解除政府和银行之间的风险链接。

虽然政府对银行的重视程度低于消费者，事先不喜欢将资源转移到银行部门，但它充分关注经济活动，在不良金融冲击影响下，当面临银行流动性不足的既成事实时，它不得不拯救银行。面对政府的救助义务，银行负有的偿还责任很小，这种单方面的资金转移直接增加了政府的财政成本。

（三）税收与补贴

金融风险沿着税收渠道向财政风险转化主要是通过影响经济状况来实

现的。假如金融风暴对资产价格、失业和产出产生负面影响，那么直接成本会因危机对税收和公共支出的影响而增加。巴达西和格普塔（Baldacci，Gupta，2009a、2009b）认为，由于收入减少和支出增加（银行救助和与经济衰退相关的支出）的结合，银行业危机后的主权债务会产生压力（财政状况恶化）。根据霍诺汉（Honohan，2008）的观点，银行危机平均持续 2.5 年，公共债务会增加约占 GDP 的 30%，其估计的财政成本中位数占 GDP 的 15.5%。银行困境也会通过金融危机造成的信贷危机蔓延。随着信贷下降或变得更加昂贵，可能会导致 GDP 增长率的下降。这可能会通过其对税收收入的影响给财政状况带来额外压力，并会随着经济活力的下降而更严峻。

潘纳加斯（Panageas，2010）认为，在一个持续的时间动态环境下，政府可以为救助提供资金的最佳方式是税收，但他没有考虑政府信用风险对银行的逆向反馈。他提出了一个模型，其中政府可以通过增加税收和稀释现有政府债务持有人（举债）来为救助提供资金。救助是有益的，因为它减轻了金融服务产生的风险。然而，金融风险救助成本高昂，又因为增加税收降低了非金融部门的投资动机。故当救助规模较大时，稀释成为一种相对有吸引力的选择，但会导致政府信用的恶化。我们用一个理论模型解释银行风险如何通过税收传递到政府。

假设社会由三个经济部门组成：金融、非金融（企业）和政府。金融和企业部门共同致力于生产总产出：企业部门进行生产性投资，金融部门作为投资于促进企业投资回报的中介分配资本。然而，这两个行业都面临着潜在的投资不足问题。假设由于成本巨大而使金融部门的债务无法重组。这时，政府可能会对金融部门进行"救助"，从其他经济部门转移资本，导致金融部门债务净减少。这种转移必须通过对企业部门征税来为未来提供一部分资金，这会导致企业部门投资不足。政府决定最佳救助规模的同时要考虑最大限度地提高经济的当前和未来产出。政府为了提供救助资金而发行债券，这些债券由未来的税收收益偿还。但因救助规模产生了两个限制。首先，政府现有债务越大，其紧急救助的能力越低。这是因为拉弗的税收收益曲线为政府增加偿还救助相关债务的税率留下了上限空间。其次，由于额外债务发行的预期的稀释惯性，救助公告降低了政府债务的价格。这又给持有大量政府债务、并且依赖于明确和隐含的政府担保金融部门造成了一些"附带损害"。

如果金融部门的债务悬而未决，而现有的政府债务又很大，那么用税收完全资助坏账投资的成本就很高。因此，政府最好是"牺牲"其信用，通过稀释现有债务、发行额外债务，而不是通过相应增加税收来为救助提供资金。这会导致政府信用风险的增加，并产生背道而驰的关系。

关于政府补贴，德雷克斯勒等（Drechsler, et al.,2014）定义了一个与使用政府债券作为欧洲央行抵押品相关的补贴，这一点与私人回购市场中的政府债券相反。利用这一补贴，支撑了他们对"欧洲央行抵押品政策行动可以解释欧元区银行与政府之间存在资产负债表互联互通"的假设。

（四）政府债券

安吉罗尼和沃尔夫（Angeloni，Wolff，2012）利用个人银行数据和主权债券持有量来评估主权债券持有对欧元区危机期间银行业绩的影响。他们发现次级主权债券不同程度地影响银行股票市场估值。尽管西班牙债务的影响并不显著，但其他次级主权债务特别是意大利，爱尔兰和希腊等的债务似乎对持有它们的银行的市场估值具有负面影响。阿查里亚等（Acharya，et al.,2014）记录了他们的样本银行对自身持有的主权债务的公开，根据他们的理论，这应该是压力反馈的主要渠道。

银行没有进行股权融资的动机，为了存款人的利益，它们希望利用金融安全网。它们预计一旦银行陷入困境，政府会出手救助，便很少有动力进行股权融资。事实上，它们反而会增加政府债券的持有量，因为它们希望在损失发生时得到补偿。因此，理性的银行会倾向于继续持有主权债券①，这种偏好很容易增加银行业风险发生的概率。依赖于银行持有本国政府债券这样一个事实，并且数据显示事实上银行确实没有发行足够的自有资本来维持其偿付能力，使其免受政府债务价格下跌的影响。如此，银行倾向于持有政府主权债券并在计算它们应该维持多少银行资本以保护存款人免受损失时，会将这些债务视为无风险资产。如果经济处于乐观的平衡状态，银行就可以从高额的事后债券回报中获利。当经济发现自己处于悲观的均衡状态时，银行希望政府救助以保护家庭存款。这一策略产生了资金从财政到银行储户的转移，这使得银行储户更富裕，但会使政府财政陷入糟糕的境地。

反过来，银行持有政府债券也会使财政危机回溯到国内金融体系：银行的债券持有使主权债务的危机直接传播到银行，并且影响政府的关于救助和战略违约的决定，它们间接地决定了国内银行在政府违约的情况下所承担的损失（Acharya，et al.，2014；Gennaioli，et al.，2018）。无论何时需要注销或重新安排资产，国内银行通常是第一个受到冲击。在这些方面，诺耶（Noyer，2010）认为，银行持有违约的政府债券可能导致大量资本损失并威胁到银行业各部门的偿付能力。国际货币基金组织在2002年全面概述了四项主权债务重组（厄瓜多尔、巴基斯坦、俄罗斯和乌克兰）对国内银行业的影响，该文件记录了银行持有的政府证券所导致的直接损失程度。此外，政府也经常通过强迫国内债权人以非市场条件持有政府债

---

① 在银行业危机期间，一国银行倾向于持有本国主权债券，这种"本土偏好"（home bias）的主要原因是主权债券通常能获得相对于其他金融资产的更多优惠待遇。这一优惠待遇的影响有可能在经济下行期间被进一步放大。在面对金融部门脆弱性时，国内主权债券作为央行抵押品以及被担保的大规模资金变得越来越重要。与此同时，主权债券的供给也许大幅度增加在困境期间作为一个反周期财政政策的结果。伴随着其他资产质量的恶化，国内银行将持续吸收主权债券以保护资产负债表的健康。而且，在困境期间，私人部门的投资机会倾向于萎缩，进一步推动银行转向国内主权债券。实际上，除了在规制框架下对主权债务的优惠待遇，政府也经常采取额外的政策措施来支持银行在困境期间增加对主权债券的持有。这可能包括对银行的流动性支持，主权债券的直接购买或由央行有条件承诺回购政府债券。虽然经验上很难证实，"道德劝告"（moral suasion）常被用于说服银行来购买政府债券，特别是在初级市场上。

券来应对债务问题（Díazcassou，et al.，2008）。虽然这会使借贷成本保持在低水平，但政府违约可能引发银行业危机。除了这种直接的资产负债表效应之外，随之而来的财政紧缩可能导致经济活动水平下降，信贷紧缩也可能会加剧经济衰退，银行因资本损失而减少贷款，从而影响银行的利润并进一步损害金融体系。因此，银行持有政府债券同样为政府债务风险向银行业风险传递的重要途径之一。

由此可见，当面临银行业风险发生时，政府有救助与不救助两种选择，这往往与政府对银行业抵抗风险能力的评估有关。在政府预期银行业具有能力化解风险时，不救助银行业风险以防止道德风险问题。当政府的预期符合实际，银行通过内部纾困来直接化解风险，由此产生的风险成本最低；然而当政府对银行自救能力的评估产生偏差时，银行系统无法通过自有资金抚平波动，而且可能通过连锁反应放大风险，最终会导致银行倒闭，形成金融危机。而从大萧条等多次危机中我们可以总结发现，经济危机往往需要政府出面调控解决，通过国家主义形式的宏观调控解决危机，所以，即使政府面临银行业风险时选择不救助，银行业风险也有可能转换为政府财政成本。逻辑思路如图 2-6 所示。

二、更广泛意义上银行业风险向财政风险的传导

2007 年开始的全球金融危机及其导致的巨大救助成本反映了公共财政与金融发展之间的密切联系并引发众多学者的关注，但大部分文献集中于某一方面，特别是如前文我们所分析的政府对金融部门的救助所引发的政府或有债务风险，缺少以更广和更深的视角对从金融领域向财政领域的传导渠道和作用机理的系统性分析。实际上，银行业风险向财政风险转移的渠道除了对来自银行和非银行金融机构困境的财政救助责任外，还包括：（1）通过融资成本上升和资产价格变化而对财政产生的直接影响；（2）通过自动稳定器和增长效应而经由实体经济产生的间接影响；（3）通过中央银行风险转移影响政府债务；（4）通过国际信贷和救助计划而

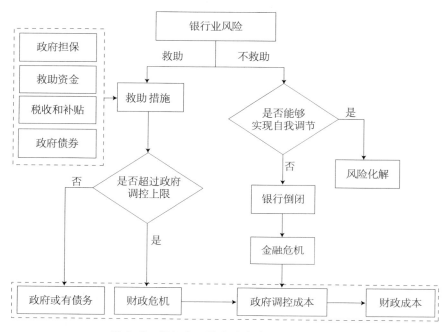

图 2-6　银行业风险向政府债务风险的传导

导致的国际债务责任（Schuknecht，2019）。

（一）通过融资成本和资产价格变化对财政的直接影响

2007 年全球金融危机前后，政府的债务融资成本已经远低于十年前东南亚金融危机前后的水平，进而导致政府偿付的利息占 GDP 的比重出现下降，也使得一些学者认为债务增加并不一定意味着"财政缓冲区"（fiscal fuffer）① 的减少（Blanchard，2019）。更为极端的是，新货币理论

---

① 缓冲区是地理空间目标的一种影响范围或服务范围，具体指在点、线、面实体的周围，自动建立的一定宽度的多边。财政缓冲区（fiscal buffer）就是政府在应对突发财政风险状况时的缓冲空间或时间。一般来说，公共债务和赤字是反映财政弹性或财政缓冲能力的最重要的指标。如果这两个指标比较低，说明财政缓冲区比较大，应对风险游刃有余；反之说明财政缓冲区比较小，财政腾挪空间有限。实际上，在 2007 年全球金融危机之前，各国以公共债务和赤字为特征指标的财政缓冲区已经非常有限，而经过十余年的发展，各国财政缓冲区更加有限。

的支持者认为，债务已经不再重要，因为主权债务的利率即使不可能永远，也可能会长期低于经济增长率①。显然，这一观点是有严重缺陷的。首先，政府债务融资的利率虽然有所下降，但对于一些高负债的国家如意大利和葡萄牙，其利率并不低于其经济增长率（Fuest，Gros，2019）。其次，政府的融资成本不是静态的而是内生的。它们短期内受到投资者情绪变化的影响。更高的赤字和债务（或其他因素）往往伴随着融资条件更强的转变，特别是当该国自身没有可靠的货币政策时。更高的赤字和债务，在短期融资的情况下，也意味着更高的再融资风险和展期风险。在全球金融危机中，在很短的时间内，与赤字和债务相关的利差分别增加了四倍和八倍，各自跃升了几百个基点（Schuknecht，et al.，2011）。并且，通货膨胀、均衡利率和管理的融资成本在长期内将保持较低水平也不是确定的，因为人口变化和极低的利率环境可能会改变可能会改变人们的储蓄行为，也不能仅仅因为通货膨胀很长时间没有出现就认为其已经消亡。许多国家的融资需求都很高（IMF，2018）。在许多情况下，2018 年到期债务和当前赤字的总和超过 GDP 的 10%。在一些国家，这一比例超过了 20% 甚至 40%。

对于资产价格特别是房屋价格或股票价格发生重大变化，也会对财政产生重大影响。首先，如果房地产市场和股票市场比较繁荣，政府将从交易税中获得更多收入，因为更高的估价和更高的交易额有利于税收。当市场暴跌时，这些效应会逆转。其次，在企业或个人实现资本利得时，政府会从资本利得税中获得收入。最后，更高的资产价值意味着更高的来自财

---

① 近几年，创纪录的低利率使得各国政府意识到现在是重新讨论"超长期"国债的好时机，以此来锁定未来数十年的低融资成本。甚至有些国家包括机构提出比人类平均寿命还要长的"世纪债券"，如 2014 年克利夫兰诊所就已经发行了超长期债券，而宾夕法尼亚大学也在 2019 年 8 月发行了定于 2019 年到期的债券，收益率为 3.61%。同日，30 年期美国国债的收益率约为 2.5%。在经济合作与发展组织的 36 个成员国中，已经有 14 个国家发行了期限从 40 年到 100 年不等的主权债券。而且随着欧元区借贷成本的下降，奥地利、比利时和爱尔兰纷纷发行了百年债券。值得注意的是，发行方大多是人口增长放缓且国民寿命增长的国家。

富效应的消费税。所有这些积极效应在资产价格繁荣转向萧条时都会发生逆转（Eschenbach，Schukncht，2004）。资产价格效应来自自动稳定器的"正常"效应（见下文），因为资产价格的上涨/下跌往往伴随着强劲或疲软的增长。然而，风险往往是不对称的：大萧条时期的财政损失往往大于强劲繁荣时期的意外收获（Eschenbach，Schukncht，2004）。

（二）通过自动稳定器和增长效应而产生的间接影响

实体经济是获得财政收支平衡最好的渠道。所谓的自动稳定器指的是不断变化的经济环境通过相对稳定的政府支出和相对不稳定的政府收入上升或下降来影响财政平衡。累进的税收和社会效益可以进一步提高公共财政的稳定效果，但这种效果往往是有限的。如果公共支出约占 GDP 的40%或50%，则经济下滑 1%往往意味着财政平衡恶化，约占 GDP 的0.5%。因此，在政府没有采取任何激进政策的情况下，衰退往往与相当严重的财政恶化并驾齐驱。有两个原因可以解释为什么实体经济通过这种渠道对财政造成的风险可能比预期的要大。首先，强劲的国内需求和计算标准产出缺口的方法问题往往会歪曲一个蓬勃发展的国家的周期和财政状况。在繁荣时期，产出缺口往往比实时评估的更为大。因此，潜在的财政状况实时看起来也往往比事后看起来更好（Jaeger，Schunecht，2007）。其次，由融资方面引发的衰退可能相当强烈，而且比仅仅是由融资条件的恶化要强烈得多。例如，信心效应是后雷曼兄弟时期全球经济复苏以及2009 年欧洲财政危机解决的关键。虽然我们确实知道，不可持续的信贷和资产价格动态是雷曼兄弟倒闭的根源，而且金融部门问题加上脆弱的公共财政引发了欧洲财政危机，但我们不太清楚这种"非线性"是否存在以及何时出现，以及它们会有多强大。

还有一条从金融发展到实体经济进而间接到财政风险的渠道即繁荣——萧条周期，如全球金融危机和之前的繁荣可能会削弱长期增长前景（Borio，et al.，2015）。在繁荣阶段，随着信贷的快速增长，劳动力和资本倾向于流向蓬勃发展的行业。在西班牙或爱尔兰，有太多的工人从事建筑业，而建筑业本身就是一个低生产率的行业。那里的工作机会使一些年轻人无法继续学业。在爱尔兰和英国，金融业也表现出类似的模式。当经济繁荣结束时，许多资本和劳动力变得多余。因此，这些影响对生产率和潜在经济增长都会产生负面影响。在某个时点如资本重新配置时，该国可能会恢复到以前的增长路径，但可能要花费相当长的时间。如果人们误认为财政境况还很良好且财政支出也没有对虚弱的经济形势做出适应性改变，那么这种长期增长的负面影响如果没有被察觉就可能破坏财政平衡。

（三）通过中央银行风险转移影响政府债务

中央银行的损失是政府面临的进一步风险。这些风险如何相关取决于许多因素。首先，与任何银行一样，中央银行也拥有资本缓冲区。此外，一些中央银行拥有大量储备，例如被低估的黄金储备。还有一些情况是，央行在负资产（或未变现亏损）的情况下运作，期望利润会随着时间的推移对银行进行资本重组。原则上，至少在理论上，央行可以"自己印钞票"，从而保护自己和政府。例如，政府可以通过发行债券来为央行提供资本，而央行则可以购买这些债券并将其记入资产负债表。过去，中央银行有时也承担其资产负债表上的金融部门损失（例如，将损失"留置"在特别账户中）。2018 年中期，各国央行持有约五分之一的发达国家政府债务，接近 10 万亿美元。最重要的持有量是日本银行（3.9 万亿美元）和美联储（2.4 万亿美元）。法国、意大利、英国、瑞士和德国央行的持有量在 4000 亿—6000 亿美元之间。英格兰银行和日本银行持有政府债务总额的最大份额，占 20%—30%。这两个国家的中央银行，加上意大利和瑞士也报告了它们在 GDP 中所占份额最大。

（四）通过国际信贷和救助计划而导致的国际债务责任

财政金融脆弱性日益国际化有两个原因。首先，银行和非银行机构持有越来越多的国际资产，因此融资问题可以跨境传播，破坏金融稳定，并在国内造成财政风险。其次，随着时间的推移，国际金融支持项目的规模已经变得越来越大，以至于传统的基于货币基金组织的、预先提供资金的支持系统已经不再足够。在欧洲，缺乏国家货币政策和汇率调整大大增加了财政金融的脆弱性。因此，各国决定引入欧洲稳定机制（european sta-bility mechanism），该机制由实收资本提供资金，并得到国家担保的支持（约为 7000 亿欧元）。这一点以及货币基金组织提供的更多资金，加上央行互换额度等应急机制，增加了国际缓冲的规模。然而，通过欧洲稳定机制，欧元区引入了跨境财政债务的真正风险，因为资本重组可能在某个时刻是必要的，担保也可能被要求兑付。

如同前文所述，政府对银行业担保时金融风险向政府债务风险转转化的重要途径，实践也告诉我们发达国家过去几十年的金融危机源于银行系统。然而，在全球金融危机中，来自非银行金融、市场金融（或影子银行）的风险也发挥了作用。银行曾认为，它们已将重大风险转给了非银行金融机构这些特殊目的工具上。并且，银行资产负债表上所反映出来的对政府债券的持有会对银行和实体经济产生某种回溢（spillback）效应。对寿险公司美国国际集团（AIG）的救助，说明了衍生品可能带来的巨大风险。此外，20 多年前，在亚洲危机背景下，对冲基金 LTCM 的倒闭表明，资产管理机构之间的传染风险非常重要，以至于需要进行协调（由私营部门主导）的救助计划。这样，我们就可以从更广和更深的视角实现对从金融领域向财政领域的传导渠道和作用机理的情形认识，其逻辑传导如图 2-7 所示。

全球金融危机还表明，风险分析往往侧重于系统的碎片，而不是整个系统的全面情况。因此，实际发生的经济、金融和财政成本比任何人的预期或模型都要高得多。这在一定程度上不仅仅是由于整个系统多个方面缺乏缓冲区，也归因于风险传导途径数量以及对财政平衡的复合影响。由于对不同风险传输的成本、影响以及复合效应，特别是从前瞻性的角度，几乎没有进行过深入的分析。但是，一个可行的捷径是通过总产出损失和相对应的债务增加来进行估算。这种估算对产出来说非常困难，因为导致产出变化的其他途径实际上是未知的。估算财政金融脆弱性的总体影响可能

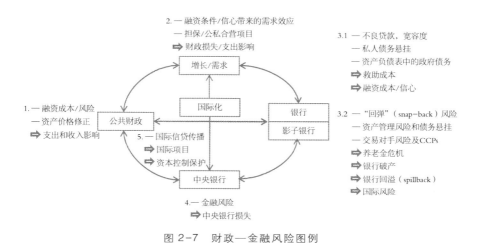

图 2-7　财政—金融风险图例

容易一些。债务比率的变化可以看作全球金融危机的复合效应。

在金融危机期间和之后，公共债务的变化是相当惊人的，特别是在一些欧洲危机国家，如图 2-8 所示。爱尔兰的公共债务比率从占 GDP 的 25% 上升到 120%，增长了 95.7%。葡萄牙和西班牙的增长超过了 GDP 的 60%，而英国接近了 GDP 的 50%。尽管大规模降息降低了公共债务偿还成本，但还是出现了这种情况。还要注意的是，只有爱尔兰在危机后成功地大幅缩减了公共债务。而葡萄牙债务直到 2017 年才开始大幅下降。西班牙和英国（就像法国和意大利一样）后续债务比率接近危机后的峰值，直到 2019 年。这表明，一旦债务上升，降低债务是多么困难。关于全球金融危机期间债务增加的研究结果与波里奥等（Borio，et al.，2019）的观点一致，他们研究了过去几十年危机的财政成本和财政缓冲。他们认为，用于弥补金融危机相关损失的财政缓冲资金有 99% 的可能性占到 GDP 的 20%—60%。

第三节　紧急流动性支持与政府债务积累模型

作为政府救助银行业的重要措施之一的流动性支持对政府或有债务的

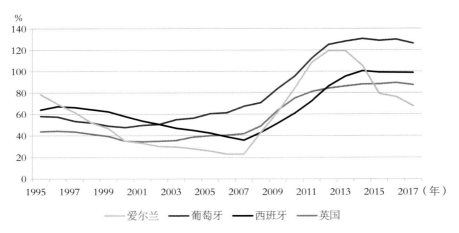

图 2-8　爱尔兰、葡萄牙、西班牙、英国的公共债务（占 GDP 的百分比）

数据来源：Ludger Schuknecht，"Fiscal-Financial Vulnerabilities"，CESIFO Working Paper，No. 7776，2019。

积累也具有重要的推动作用。从历史上来看，源于资产负债期限错配的流动性风险在商业银行体系内始终存在，很多银行危机的最初表现形式都是流动性危机。后期经过金融市场的发展，以及存款保险制度和中央银行"最后贷款人"的建立，商业银行流动性管理的工具极大丰富。商业银行的流动性风险被"善意"地忽略，存款人"挤兑"的概率也大大降低。2008—2009 年危机之前若干年间，以传统存款为代表的核心债务在欧美银行体系中的占比不断下降，对批发性融资的依赖性明显上升，加上资产流动性（asset liquidity）和融资流动性（funding liquidity）的相互转化，资产负债期限错配的情况进一步凸显，银行极易陷入流动性困境。危机初期，单家银行可能为了自救而囤积流动性，这种行为可能会迅速波及整个金融市场，酿成巨额损失。危机表明，流动性风险不仅没有消失，反而变得更加突出，且容易诱发清偿力危机。此时，由中央银行对其提供紧急流动性支持就显得尤为重要。

一、紧急流动性支持的概念和特征

紧急流动性支持（emergency liquidity assistance）[①]，按照多布勒等（Dobler，et al.，2016）的界定，是指为应对金融机构的紧急需要而由中央银行提供的任意流动性供给，是政府公共部门早期应对严重银行压力所经常采取的工具，一般需要金融机构提供抵押品。实际上，这一工具已经出现了很长时间。巴杰特（Bagehot，1873）早在19世纪70年代就提出了有关紧急流动性支持的著名论断，即中央银行应该向商业银行提供紧急帮助，但被帮助的商业银行必须提供良好的抵押品且支付惩罚性利息。理论上来讲，财政部也能提供流动性支持。实际上，紧急流动性支持决策甚至包含财政部和中央银行为解决私人部门风险而向其提供的一些形式多样的政府担保。而政府担保的兑付意味着需要政府财政资金的转移以弥补担保标的。因此，对提供这一担保的财政部或中央银行来说，其受到的影响是显然的。甚至在中央银行提供紧急流动性支持和担保后，巨大的成本损失使得政府不得不对中央银行进行资本重组（Goodhart，2010）。

理论和实践都证明了，紧急流动性支持对于处于金融市场压力期（financial market stress）的商业银行来说非常关键。一些学者已经探讨了中央银行支持与应对危机最终财政成本之间潜在关系。莱文和瓦伦西亚（Laeven，Valencia，2013）通过滞后三年移动平均贴现率估计了政府应对金融危机的财政成本。他们认为，如果中央银行更关注金融和货币政策的

[①]　与紧急流动性支持相对应的是临时流动性支持（temporary liquidity assistance），是指中央银行为应对金融机构的历史需要而提供的流动性供给，其与紧急流动性支持的区别是不需要质押债券。中国人民银行曾于2017年1月通过启用"临时流动性便利"操作向中国工商银行、中国农业银行、中国银行、中国建设银行以及交通银行提供临时流动性支持，以应对春节期间暂时性的流动性紧张问题，促进银行体系流动性和货币市场平稳运行，该操作期限为28天，成本与同期限公开市场操作利率大致相同。这次临时流动性支持发生在中国人民银行向上述五大行定向降准两小时后，被认为是定向与定时相结合的降准措施。

稳定性①，则其不会提供将破坏货币稳定性的救助，这时候的贴现率取决于中央银行对商业银行提供支持的政策空间的大小。较低的贴现率意味着中央银行有更大的空间来帮助商业银行进而需要较少的财政支持②。在描述性统计层面上，这一危机样本中的财政成本和贴现率之间实际上存在着正向关系。这些大量的描述性证据促使我们更加近距离地来观察中央银行如何影响银行业危机，以及它们与财政部之间的关系。在此，我们特别想通过详细考察财政部和中央银行对紧急流动性支持政策的出台以及其对银行重构和政府财政成本的影响来深化我们对紧急流动性支持政策的理解。当然，如同我们后面揭示的，紧急流动性支持决策对银行业危机的其他方面也有重要影响。

紧急流动性支持的一个重要特征是其通常依赖于抵押品。虽然至少自巴杰特（Bagehot，1873）以来，作为"处方"的抵押品一直是中央银行提供紧急流动性支持时考虑的首要因素，但以前的研究并没有充分考虑其如何影响随后而来的银行重构过程以及财政成本的上升。在 Bagehot 模型中，其目标是将紧急流动性支持提供给本质上还具有偿付能力的商业银行，故中央银行会被偿还，抵押品也不会被查封。但如果紧急流动性支持没有被偿还进而抵押品被查封的话情况会不同，这对中央银行或政府来说有强烈的政治激励来尽快结束这一过程。相反地，当政府担保方不能自动

---

① 金融稳定和货币政策稳定显然是不同的。从含义上看，货币政策稳定实际上也就是价格稳定，其强调的是在某一封闭区间内货币总量保持在一个稳定水平。而对于金融稳定来说，尽管各国中央银行都将维持金融稳定作为他们的一个重要职能和操作目标，但无论是学术界还是实务界对金融稳定概念的界定并未达成一致。从现有的研究成果来看，大部分学者对金融稳定的定义主要包括两种方式：一是从金融稳定的表现特征对金融稳定的内涵进行直接性描述。如 2005 年中国人民银行第一次发布了《中国金融稳定报告》，报告中对金融稳定的界定是指金融体系处于能够有效发挥其关键功能的状态。二是从金融不稳定的表现特征来对金融稳定的内涵进行间接性描述。

② 具有较高贴现率的中央银行有可能已经开承受控制通货膨胀的压力。如果其对处于困境中的商业银行提供流动性支持，这将肯定会对其资产负债表产生负面影响，使得其不能动用这些资源来稳定货币。

参与到商业银行所进行的资产负债表重构中，这实际上会激励政府延迟这一过程，进而可能导致对资不抵债的借款银行进行控贷的"僵尸银行"（zonmbie banks）① 的出现，这会使得危机过后的经济复苏变得更遥不可及（Caballero，et al.，2008）。

为了理解紧急流动性支持的决策过程，我们假设政府决策者和中央银行在紧急流动性支持提供规模和时机偏好上相互冲突，尽管他们在金融稳定方面有共同的期望。这一偏好的不同源于谁将为紧急流动性支持埋单。虽然紧急流动性支持是中央银行金融稳定工具包中的一个重要组成部分，但其会将风险强加于中央银行的资产负债表，并有可能影响到中央银行维持价格稳定的能力。然而，政府决策者一般将紧急流动性支持视为一个应对危机而导致最小即刻财政成本的最有吸引力的工具。并且，紧急流动性支持也不是给问题银行提供流动性的唯一工具。在我们的模型和案例研究中，我们还考虑到作为另一个选项的担保，甚至可以延伸到其他政策如资本重组。我们假设"政府财务会计制度"（government finance accounting regime）在激励政府决策者直接提供紧急流动性支持或推动中央银行来落实紧急流动性支持中起到重要作用。所谓政府财务会计制度，我们认为其是决定和报告政府活动价值或成本的规则以及制定和实施这些规则的制度。这一制度既导致了紧急流动性支持对政府决策者的吸引力，也导致了替代性政策如担保对政府决策者的吸引力。在中央银行资产负债表情形中，也存在对政府重组中央银行的法律授权。

二、紧急流动性支持的 Bagehot 基本原理

紧急流动性支持自 1866 年因 Overend 和 Gurney 银行倒闭而由英格兰

① 僵尸银行（zombie bank）一词源于僵尸企业（zombie firm），最早是由美国经济学家 Edward Kane 于 1987 年提出。是指那些在经济意义上的净资产已低于 0，但仍然在政府支持下偿付债务并保持运营的银行。僵尸银行不同于因问题资产陷入困境的问题银行，能很快起死回生，僵尸银行的特点是"吸血"的长期性、依赖性，而放弃对僵尸银行的救助，社会局面可能更糟，因此具有绑架勒索性的特征。

银行率先使用后一直是中央银行应对金融不稳定性工具箱中的一个重要工具（Goodhart，Illing，2009）①。通常，提供紧急流动性支持的原理或必要性被阐释如下：一个本质上具有偿付能力的商业银行也可能会发生流动性危机，即它们无法获得足够的流动性资金以偿还其债务，而如果另外一家银行能够提供这一流动性，则陷入困境的银行将能够偿还外部债权人。而银行困境如果真是由偿付能力而不是流动性的丧失所导致，那就非常危险了，这会导致陷入困境的银行将无法完全偿还紧急贷款人。而且，只有银行不再能以可允许的高利率从私人部门获得贷款时，其才会求助公共部门。这可能是因为整个银行部门都陷入了困境。公共部门则成了唯一具有资金提供的潜在参与者，也就是所谓的"最后贷款人"（lender of last re-sort，LoLR）。如果危机真的仅是与流动性问题相关，那么紧急流动性支持将能使得银行部门跨过危机，公共部门也会被偿付其资金。

　　紧急流动性支持目前被想当然地描述为由国内公共部门来提供，但也有学者将其纳入国际环境中。昌和贝拉斯科（Chang，Velasco，2001）就认为发生于 20 世纪 90 年代后期的亚洲金融危机实际上是国际资本流动性不足的结果。一国商业银行银行无法进入国际资本市场，且一旦那些市场主体感受到其政府将不得不对其进行救助，它们也停止向其政府提供贷款。这种情形为国外或国际借款人如 IMF 介入或提供紧急帮助奠定了逻辑基础，尽管它们却都将资金借给了发生银行危机的政府而不是危机银行。

---

　　① 紧急流动性救助一般是由中央银行提供给商业银行的。除此之外，商业银行也可以发行一些应急资本进行自救。所谓应急资本，是发行者在一定触发条件下，可部分或全部按事先约定条款自动转换为普通股的资本工具。其旨在增强系统重要性银行的额外吸收损失能力，适用于金融机构无法持续经营和持续经营状态。巴塞尔委员会（BCBS）曾提出应急资本多重政策目标的设想，包括：在银行股权融资困难时，快速补充普通股；强化对管理者和投资者的激励；降低正常时期普通股融资成本；等等（张燕等，2012）。但多重目标容易使外界误解应急资本的概念，BCBS 在最新建议中提出将政策目标由多目标调整为单一目标，即在银行资本缓冲不足时转换，以达到监管资本要求。瑞士监管部门很早就率先实施应急资本要求，针对国内系统重要性金融机构，建议发行的债券至少应满足二级资本标准，可以通过债转股或减计方式进行结构化配置。

巴杰特（Bagehot，1873）系统阐述了中央银行作为最后贷款人角色的理论，并得到国内和国际机构的广泛认可。其认为，当存在流动性问题而不是偿付性（破产性）问题时，"最后贷款人"才应该进行贷款。因此，Bagehot 和其他学者建议只有当问题银行能够提供质量良好的抵押品用以弥补中央银行可能损失和支付惩罚性利率时才能提供贷款。理论上，一个本质上具有偿付能力的银行才能满足这些条件，而本质上无偿付能力的银行是不能满足这些条件的。严格的条件也抑制了那些因冒险而陷入困境却总想着依靠最后贷款人支持的银行道德风险，也确保了最后贷款人的贷款能够得以偿还。当然，这一原理方法也面临着一些质疑。古德哈特（Goodhart，2010）认为现实中的道德风险也许被夸大了。更重要的是，在流动性危机期间，政策制定者判定一个银行是否具有偿付能力进而是否值得提供紧急流动性支持是非常不现实的（Goodhart，2010；Freixas，et al.，2004）。即使有可能明确某个单独银行不具有偿付能力，如果对该银行不提供帮助，也许会导致其他有偿付能力但相关联的银行陷入无力偿付。这样，在紧急流动性支持决策过程中，偿付能力的重要性也许比 Bagehot 理想状况中有所降低。并且，在危机情形中，很难确定什么样的银行资产是"优良"的抵押品。正是在精确衡量银行资产质量上的能力不足，才导致了很难确定一个银行是否真的具有偿付能力。

鉴于提供紧急流动性支持的现实情形与传统理想状态的严重不符，因此需要我们更好地理解政策制定者对紧急流动性支持的选择以及其导致的后果。

三、银行救助和重构的政治财政模型[1]

最近有关紧急流动性支持的研究倾向于聚焦作为关键参与方的中央银

① 该模型借鉴了甘德鲁德和哈勒伯格（Gandrud，Hallerberg，2016）模型。见 Christopher Gandrud，Mark Hallerberg，"Can You Stop the Fire Before it Burns Down the Block? Central Banks and the Fiscal Costs of Financial Crises"，Early Working Draft Prepared for the LSE Political Economy of Systemic Risk Conference，17 November 2016。

行经济性和技术性层面。在此，我们给出了一个新的政治财政模型以理解公共部门参与方选择紧急流动性支持的原因，并与另一个重要的政策选择即银行债务担保进行了一下比较，进而给出其后银行重构的过程及其可能导致的财政成本结果。

（一）模型设计

1. 参与人

本模型有两个政策制定参与者：控制财政政策制定的当选政府决策者（EP）和中央银行（CB）。两个参与者有共同的偏好即都希望能够保持金融稳定，因此都想对银行提供至少足够的支持以结束流动性危机。两个参与者都能够提供紧急流动性支持和银行债务担保。这两个工具反过来都能为银行体系带来流动性。虽然参与者都有金融稳定的共同偏好，但它们在谁将为保持金融稳定埋单上是有分歧的。两个参与者所处的行动环境是同一个银行体系。为简单起见并遵循甘德鲁德和奥吉弗（Gandrud，O'Keeffe，2016）假设即政策制定者主要关心金融体系的整体稳定性，我们集中于银行体系的合并资产负债表。这一资产负债表包括资产 A 减去债务 L 和监管资本 C ①。需要注意的是，我们能使用本质上相同的模型来刻画一个银行而不是整个银行体系的过程。

在此，我们关心的资产特征有两个：资产的优良性和流动性。如果资产优良，我们用 P 来表示，不良则用 N 来表示；如果资产流动性较强，我们用 L 表示，流动性弱则用 I 表示。让我们首先考虑资产是优良的还是不良的。当资产是优良的，其账面价值我们用 A_P 表示；当资产是不良的，其账面价值我们用 A_N 表示。资产不良的概率用 γ 表示，则资产优良的概率为 $1-\gamma$；同样地，银行资产的期望价值则为 $\gamma A_N + (1-\gamma A_P)$。在此需要注意的是，对于银行之外的主体如中央银行和政府决策者来说，精确知道 γ 的值

①　监管资本（regulatory capital）又称最低资本（minimum capital）是指监管当局规定银行必须持有的资本。最低资本是最好银行的资本标准，其他银行应当持有更高的资本。为简单起见，我们假设整个危机期间的最低资本要求保持不变。

是很难甚至是不可能的。因此，银行资产负债的净值 θ 由如下等式表示：

$$\theta = \gamma A_N + (1 - \gamma) A_P - (L + C)$$

只要 θ 为正时，则银行就具有偿付能力①。

在银行持续期内，尽管资产流动性是一个基本的假设前提，但并不是所有的资产都具有流动性，到期债务也会因储户储蓄意愿变化和投资者延缓付款而改变。在 t 时点到期的总债务比例我们用 ψ 表示；t 时点的流动资产价值由 $\lambda_t A$ 表示。故 t 时点可偿付资产是同期流动性资产价值 $\lambda_t A$ 扣除到期债务 $\psi_t L$ 和监管资本后的价值，即：

$$\theta_t = \lambda_t A - (\psi_t L + C)$$

而流动性危机实际上是一个冲击，这一冲击一方面会因储户和债权人挤兑而导致银行债务偿还的增加，另一方面会因银行资产需求的下降而导致银行资产价值和流动性的下跌。

2. 参与顺序

本博弈有如下参与顺序：

（1）在 t_0 时点，流动性冲击会降低 γ 并提高 ψ。

（2）在 t_1 时点，中央银行和政府选择紧急流动性支持 s 和债务担保 g。它们在增加流动性上功能是相同的。这些政策选择会因会计准则而对公共账户（public accounts）或财政账户形成一个初始的影响。

（3）在 t_2 时点，流动性危机解除，来自流动性危机支持措施的公共成本或财政成本产生。

（4）在 t_3 时点，资产重构发生。

下面，我们详细讨论每一个阶段。

3. 对流动性冲击的政策应对

为防止银行系统无偿付能力（资不抵债），政策制定者（中央银行和

---

① 作为一个单独的银行来考虑，如果从中期来看银行资产负债净值为正意味着该银行在 Bagehtot 概念化中是一个具有偿付能力的银行，因此值得中央银行在危机期间提供紧急流动性支持。

政府决策者）可以引入一些措施来：（1）增加可获得资金以满足到期的债务偿还，（2）减少到期债务诉求，或（3）上述某种组合。紧急流动性支持 s 会增加银行 t 时点可获得的流动性资产以满足其支付 t 时点到期债务。被担保的银行债务占银行总债务的比例 g 显然介于 0 和 1 之间。如果这些债务担保被视为可信的，则其会减少 t 时点的到期债务诉求且减少规模假设为 $\psi'_t L = f(\psi_t L，gL)$。流动性冲击期间，由于投资者偏好的异质性，这一函数的具体表达式对所有参与者来说是不明确的。

在决定对流动性危机中的银行体系进行支持后，t 时点可偿付资产给出如下公式：

$$\theta_t = (\lambda_t A + s) - (\psi'_t L + C)$$

我们假设中央银行和政府决策者对金融稳定具有相同偏好。为此，它们都偏好某种流动性支持 s 和债务担保 g 的组合以使得 $\lambda_t A + s \geq \psi'_t L + C$。我们进一步增加一个约束即假设中央银行和政府决策者这两个公共参与主体不希望提供额外的帮助，那么其最偏好的结果是 $\lambda_t A + s = \psi'_t L + C$。

（二）应对流动性冲击的公共责任及其影响

1. 来自应对流动性冲击的公共责任

担保的成本（假设担保无条件提供）是危机期间担保水平和资产流动性的函数。这些担保的财政成本 k_g 通过如下函数给出：

$$k_g = \begin{cases} \min[\psi'_t L - (\lambda_t A + s)，gL]，& \lambda_t A + s < \psi'_t L \\ 0 & \lambda_t A + s \geq \psi'_t L \end{cases}$$

紧急流动性支持的成本是流动性危机结束时流动性资产价值以及对银行救助所要求的抵押品价值的函数。流动性危机后，如果债务超过银行流动性资产，银行将拖欠接受的紧急流动性支持的数量 s_d，其函数表达式如下：

$$s_d = \begin{cases} \dfrac{\psi' L - \lambda_{t+1} A}{s} S & \lambda_{t+1} A < \psi' L \text{ 且 } s > \psi' L - \lambda_{t+1} A \\ s & \lambda_{t+1} A < \psi' L \text{ 且 } s \leq \psi' L - \lambda_{t+1} \\ 0 & \text{其他} \end{cases}$$

整个博弈过程中紧急流动性支持的成本将是紧急流动性支持拖欠数量和因这一救助抵押品价值之差。我们假设抵押品是基于资产账面价值而提供，作为抵押品而提供的资产的账面价值由 A_s 表示，在考虑不良资产后这些资产的实际价值由 A_{sr} 表示。因此，紧急流动性支持的最终财政成本如下：

$$k_s = \begin{cases} S_d - \dfrac{\psi'L - \lambda_{t+1}A}{A_s}A_{sr} & \lambda_{t+1}A < \psi'L \text{ 且 } s > \psi'L - \lambda_{t+1}A \\[2mm] S_d - A_{sr} & \lambda_{t+1}A < \psi'L \text{ 且 } s \leq \psi'L - \lambda_{t+1}A \\[2mm] 0 & \text{其他} \end{cases}$$

2. 政策支持对银行资产负债表的自动影响

紧急流动性支持和债务担保对银行资产负债表有显著的自动影响。这一影响之所以是"自动的"是因为他们是应对流动性危机的初始政策的即刻影响，并且不需要来自政策制定者的进一步决策。

债务担保（在达到可信程度下）降低了 $t+1$ 时点的债务偿还诉求并且（在担保得以诉求下）降低了银行的总债务。如果流动性危机仅伴以一揽子担保支持政策，银行资产负债表则将只会改变 L，债务减少的数量由 k_g 来表示。

紧急流动性支持会通过降低 S_d 来影响银行总债务。如果任何银行都不得不提供抵押品给公共部门作为偿还紧急流动性支持的一部分，这将会影响银行总资产。作为偿还紧急流动性支持违约的结果，银行资产将会减少且其数量为转移给公共部门抵押品的规模，我们用 A_d 表示。

在提供政策支持的流动性危机中，银行总可偿付资产是

$$\theta = (A - A_d) - \{[L - (k_g + s_d)] + C\}$$

注意到，迄今为止我们假定银行对紧急流动性支持的抵押品是来自银行总资产的随机选择。因此，这些抵押品的不良资产的比例将与那些总资产负债表中的不良资产比例相同。然而，这在现实中是不可能的，因此我们延伸了这一模型以解释在抵押品资产池中不同比例不良资产的情形。

银行有保留高质量资产并将低质量资产剔除的激励，这样会改善它们的资产负债境况。它们也比政府拥有更多有关它们资产的信息。尽管这一信息不对称的程度也许会被更强的管制监督所减轻，但是将信息不对称完全解决也不太可能。因此，当紧急流动性支持违约（A_d）时，银行将会策略性地挑选政府所接收的资产，这样它们将包含大量比例不同的不良贷款。正式地，A_d 中的不良资产比例超过初始资产池中的 γ，我们用 η 表示，$1 \leq \eta \leq (\eta\gamma = 1)$。因此，抵押品的真实价值是 $A_{dr} = \eta\gamma A_d + (1 - \eta\gamma)A_d$。

当政府公共部门接管了不成比例的不良资产的所有权时，由不良资产率所衡量的银行的资产组合的质量得到了改进。在紧急流动性支持抵押品被查封后新银行资产组合表示如下：

$$A_\delta = (\gamma A - \eta\gamma A_d) + [(1 - \gamma)A - (1 - \eta\gamma)A_d]$$

作为公共部门接管抵押品所有权的结果，银行不良资产比例下降了：

$$\Delta\gamma = \gamma - \frac{A\gamma - A_d\eta\gamma}{A - A_d}$$

注意到 $\Delta\gamma$ 也是资产负债表良好资产比例增加的数量。

3. 可变的财政成本账户

目前，我们只是在这一假设即政府提供紧急流动性支持的成本在流动性危机结束时会完全反映在政府资产负债表中来考虑银行部门如何影响政府资产负债表的。在这一点上，政策支持的全部成本为大家所共识且成为政府资产负债表变化的主要原因。中央银行和政府决策者因此在担保和紧急流动性支持的混合程度以及是由中央银行还是财政部来提供这一支持上是没有不同的。

我们现在放松这些假设。这会改进我们理解政府决策者和中央银行在决定对流动性危机如何进行干预时是如何相互影响的。

政府财务会计制度规定了紧急流动性支持成本何时以及通过何种方式进入政府资产负债表。有的政府财务会计制度仅是要求列出政府提供紧急流动性支持和担保的信息，只有在紧急流动性支持和担保损失明确的时候才将成本计入到政府账户，欧盟统计局（Eurostat）一般采用这种会计制度。例如，其在制定近期全球金融危机期间欧盟成员国资产负债表时就采取了这种做法。有的政府财务会计制度要求政府将其提供紧急流动性支持或担保的全部或预期成本对政府债务的影响立即纳入政府会计账户中，相应的会计准则同样要求通过报告不良抵押品的"公允"价值来公开政府提供紧急流动性支持或担保的预期损失。会计准则也能将这些损失或成本及其相关的关键信息转移到未来。例如，出于"披露限度"（disclosure limitation）① 的合法性考虑，英格兰银行没有将有关提供紧急流动性支持的抵押品"公允"价值纳入到年度报告中。这一会计制度界定不仅掩盖了这一支持对银行的风险，甚至因为年度报告中银行资产价值的不变而掩盖政府紧急流动性支持的存在（Plenderleith，2012）。在其他一些会计准则下，这些成本能够被直接转移到未来。假设一家银行对政府紧急流动性支持违约，政府获得抵押品的账面价值等于违约数量。如果会计制度没有要求对这些资产在其出售前计提损失准备，那么对政府财政的成本可能直到资产未来出售时才被披露。

　　另一个问题是报告的频率。中央银行一般会提供详细的年度资产负债表。然而，如果一个机构每年仅报告一次其财务状况（如爱尔兰的年度公开报告），那么紧急流动性支持的公开可见成本有可能一年都不会出现。现实中，许多中央银行每个月甚至每周都要报告基本的资产负债统计。当然，这些报告不像年度报告那样详细，也许不包括资产负债表外项目如紧急流动性支持或担保。英格兰银行直到其紧急流动性支持计划实施

---

　　① 哥顿和奥多内兹（Gorton，Ordonez，2012）以及英格兰银行的外部评估者认为，在这一情形下，对获得政府紧急流动性支持的受益人进行保密有助于恢复稳定而不会导致"信息外部性"。否则，人们就能识别出有问题的银行。我们认为这最多是报告政府紧急流动性支持对中央银行资产负债影响的一个个别问题。然而，考虑到银行体系中的银行数量以及可知的紧急流动性支持的规模，也许能推断出哪几个银行获得了紧急流动性支持。如果这样，这能为银行提供进一步的激励以减轻短期内紧急流动性支持对资产负债表影响。

一年后才开始披露2008—2009年间提供给苏格兰皇家银行（Royal Bank of Scotland）和劳埃德银行（Lloyds TSB）的紧急流动性支持的情况。这也是报告规则要求做的。

另一个值得关注的可能是，如果中央银行也揭露财政账户，其行为是否还仅基于其资产负债表。对于本书的大多数情况，我们假设它们被视为一个独立的会计实体，但会计准则至少能使它们得以部分加强。就我们下面的模型，这将使得政府决策者和中央银行在更偏好资产负债表上彼此一致。如果政府决策者关心它们的资产负债表如何随着时间改变政府应对流动性危机被计入财政账户的方式即政府财务会计制度就能影响政府决策者和中央银行使用这些政策的激励。

4. 政府资产负债表结构

在讨论中央银行和政府决策者就谁以及如何承担应对流动性危机成本之前，我们列出了它们资产负债表的基本结构。

中央银行资产负债表。中央银行资产负债表中的债务一方包括流通中的通货和商业银行准备金——这些都是经济体中支付系统中的支柱。作为资产一方，中央银行持有外汇储备、政府债券，在量化宽松时期甚至包括私人贷款。外汇储备主要用于维持利率的稳定。它们有时也持有资本以用于稀释损失，其目标是维持既定水平的储备。中央银行的净资产简化为

$$\theta_{CB} = A_{CB} - (L_{CB} + C_{CB})$$

政府决策者资产负债表即政府资产负债表。政府的财政资产负债表由两部分组成：预算平衡和债务。预算平衡是其收入（如税收、政府资产处置收入）和其支出之间的平衡。净债务是其资产A和其债务L的差额。政府提供的紧急流动性支持和担保通常不包括在政府一般账户。然而，如果真发生损失，它们会通过增加政府支出及其债务进而影响政府资产负债表中债务的构成，或者在紧急流动性支持情形下，如果抵押品价值低于预先假设的，就会改变其资产的价值。同样地，对于政府决策者，我们集中于它们资产和债务之间的平衡，净资产为

$$\theta_{EP} = A_{EP} - L_{EP}$$

根据一系列通常由欧洲统计局对欧盟成员国实施的准则，政府提供紧急流动性支持会通过所谓的欧洲账户资本转移（capital transfers）系统影响到赤字，这反过来成为增加政府净债务的一种机制。因此存在一个预定给政府弥补损失的显性支出。该模型的未来延伸可能包括这一组成部分。然而，出于在这方面简化的原因，我们集中于政府资产负债表中的债务构成。

（三）会计准则和政策决定的影响及政府效用

1. 博弈的会计准则和政策决定对政府资产负债表的影响

对于一个既定的冲击，政府提供的担保和紧急流动性支持对 t_1 时点到 t_3 时点的公共预算因不同的政府财务会计制度准则而会产生不同的影响。我们用 π 表示政府提供担保或紧急流动性支持的总账面价值的一定比例，其记录了 t_1 时点在担保下的政府债务或在紧急流动性支持下基于抵押银行所提供的资产，而这时政府担保尚未兑付或紧急流动性支持尚未违约。这样，从 t_0 时点到 t_1 时点，政府担保会增加 $\pi_g g$ 的政府债务，在此 $pi_g \in [0，1]$；而紧急流动性支持有相似的资产改变 $\pi_s s$，$pi_s \in [0，1]$。

在 t_2 时点，债务是 t_0 时点的债务之和，k_g 如同以上界定。此外，提供紧急流动性支持的政府将获得作为抵押品的原始账面价值 A_d。这些资产对任何个人观点的政府资产负债表的影响是会计准则的函数。如同前面的规定，这里面的许多资产将会是不良的。如果会计准则要求资产以账面价值进行估价直到其卖出，那么在它们之前的任何时点的不良资产的比例是不相关的。接管这些贴有违约资产标签的抵押品被当作在这些规则下作为等价资产的交换。然而，如果准则要求以资产的市场价值来进行持有，那么不良贷款的比例就是决定资产价值影响的一个关键因素。政府公共资产的价值将减少 $A_d - A_{dr}$。

在 t_3 时点，政府公共部门可以选择出售其获得的作为抵押品的资产。也许有人预期如果他们此时出售这一资产，政府公共部门将收回账面价值

表 2-1　紧急流动性支持和担保选择对不同主体的资产债务效应

	中央银行	政府决策者	商业银行
t_1	$L_{CB, t_0} + \pi_g g_{CB}$，$A_{CB, t_0} + \pi_s s_{CG}$	$L_{EP, t_0} + \pi_g g_{EP}$，$A_{EP, t_0} + \pi_s s_{EP}$	$\psi'_t L$，$\lambda_t A$
t_2	$L_{CB, t_0} + k_{CB, g}$ $\begin{cases} A_{CB} & \text{账面价值} \\ A_{CB} - (A_d - A_{CB, dr}) & \text{市场价值} \end{cases}$	$L_{EP, t_0} + k_{EP, g}$ $\begin{cases} A_{EP} & \text{账面价值} \\ A_{EP} - (A_d - A_{EP, dr}) & \text{市场价值} \end{cases}$	$L - (k_g + s_d)$，A_δ
t_3	$L_{CB, t_0} + k_{CB, g}$ $\begin{cases} A_{CB} & \text{账面价值，非出售} \\ A_{CB} - (A_d - A_{CB, dr}) & \text{市场价值，非出售} \\ A_{CB} - (A_d - \rho A_{CB, d}) & \text{出售} \end{cases}$	$L_{EP, t_0} + k_{EP, g}$ $\begin{cases} A_{EP} & \text{账面价值，非出售} \\ A_{EP} - (A_d - A_{EP, dr}) & \text{市场价值，非出售} \\ A_{EP} - (A_d - \rho A_{EP, d}) & \text{出售} \end{cases}$	$L - (k_g + s_d)$，A_δ

ρ 比例的资产。由于资产抵押品资产中存在不良资产，这一比例肯定低于 1，但也会高于它们获得的真实市场价值。这是因为随着流动性危机的过去，银行资产市场改善了。这样，ρ 的区间为 $(\frac{A_{dr}}{A_d}, 1)$。政府公共部门也许选择不出售该资产而是将其保留于政府资产负债表中。如果政府选择出售，则按账面价值会计准则和按市场价值会计准则都会得到相同的价值即 ρA_d，因此公共资产价值减少 $A_d - \rho A_d$。

这一系列对中央银行、政府决策者和商业银行资产负债表的影响如表 2-1 所示。

中央银行和政府决策者资产负债表间建立关联。目前，我们已经假定了任一参与者政策选择的影响包含于该参与者的资产负债表。中央银行的紧急流动性支持即使不提供显性担保的话，也至少暗含着政府提供的隐性担保。如果中央银行提供了紧急流动性支持，但银行仍然违约且其抵押品不足以弥补其违约带给中央银行的损失，那么中央银行可能会面临困境。因此，需要其股东，通常为政府进行资本重组以保持通货和支付系统甚至整个经济的持续运转。或者，中央银行来发行货币以弥补其损失。但这一政策选择显然会导致国内物价上涨，进而成为货币政策关注的重点，不符合银行的目标。不同的会计准则可能会导致财政支持政策对政府债务的影响不同，进而也使得其对政府决策者有不同的吸引力。例如，2008 年 10 月，英格兰银行通知财政部，如果没有政府公共担保，英格兰银行将不再提供有效的流动性支持，这会给银行带来更高的财政成本。而政府决策者在担保被立即披露的情况下也不愿意提供政府担保。最终，英国财政部提供了政府担保，而这一事实一年后才得以披露。这样，就打了一个本意要求成本透明化的会计制度的擦边球。如同我们下面所讨论的情形，如果抵押品价值不够，那么在没有政府担保的情况下中央银行也许不会提供紧急流动性支持。会计准则甚至通过合并中央银行和财政账户将两个资产负债表的部分资产和债务直接联系起来。

对于依赖于会计制度的这一模型，政府间的担保能将政策成本的债务表现从一个资产负债表转移到另一个资产负债表，直到达到担保的价值。有趣的是，对于政策的资产效应，其自政策发起之日起对政府公共主体来说就保持不变，除非特殊情况，被查封的资产将保留在政府资产负债表上。

2. 中央银行和政府的效用

中央银行和政府决策者意图从三个维度最大化他们的效用：金融稳定、货币政策稳定及其资产负债表。

金融稳定效用。关于金融稳定（fs）。早期我们假设中央银行和政府决策者都对金融稳定有偏好。我们通过等式 $\lambda_t A + s = \psi_t' L + C$ 来界定这一偏好。因此，两个参与者的效用某种程度上是二次效用函数的函数：

$$U_{fs,\,t} = -\left[(\lambda_t A + s) - (\psi_t' L + C)\right]^2$$

货币政策稳定效用。中央银行和政府决策者有货币政策稳定偏好。因为金融支持，特别是来自中央银行和财政部门的共同金融支持，会影响到货币政策的稳定性，而政府公共部门的金融应对政策偏好又受他们货币政策偏好的影响。因此，中央银行和政府决策者这两个公共参与者会偏好其他资产负债效用。两个参与者的效用函数为

$$U_{b_{EP},\,t}^{CB} = -(\beta_{EP}^{CB} - b_{EP,\,t})^2 \qquad U_{b_{CB},\,t}^{EP} = -(\beta_{CB}^{EP} - b_{CB,\,t})^2$$

资产负债效用。与此同时，中央银行和政府决策者也希望最小化政策应对给其资产负债表（b）带来的净成本。因为无成本政策对它们的资产负债不会产生净影响，因此它们更偏好于无成本政策。从形式上来看，它们认为在所有时间节点 t 上，政策的资产负债效应的理想状况要求 $\beta_{CB} = \theta_{t-1} - \theta_t = 0$。尽管中央银行和政府决策者有这些特定的偏好，中央银行和政府决策者的一般效用我们用以下表达式给出。中央银行的效用为

$$U_{b_{CB},\,t}^{CB} = -(\beta_{CB}^{CB} - b_{CB,\,t})^2$$

相似地，政府决策者效用如下：

$$U_{b_{EP},\,t}^{EP} = -(\beta_{EP}^{EP} - b_{EP,\,t})^2$$

需要注意的是，这些效用函数假设中央银行和政府决策者聚焦于最大

化它们的即期效用。

多维效用的最优化。中央银行会在每个最大化（ $U_{fs,\,t}$ ， $U_{CB,\,t}^{CB}$ ， $U_{bEP,\,t}^{CB}$ ）时点上来最大化其效用，同样对于政府决策者来说在每个最大化（ $U_{fs,\,t}$ ， $U_{EP,\,t}^{EP}$ ， $U_{bCB,\,t}^{EP}$ ）时点上来最大化其效用。

（四）对隐含内容的进一步讨论

下面我们将通过一个最优化算法模型来充分探讨该模型的含义。在这一点上，我们可以从模型中获得许多重要的含义。假设我们从 t_0 时点开始进行政策选择并假定公共政策制定者偏好于金融和货币政策的稳定，并最小化紧急流动性支持对资产负债表所产生的负面影响，当然，这一政策选择会受到会计准则的左右。我们通过一个极端的例子来观察这一逻辑。在一个允许政府担保兑付前保持账面价值（ $a\pi_g = 0$ ）但却以完全的贴现率（ $\pi_s = -1$ ）提供紧急流动性支持的会计制度下，中央银行和政府决策者将毫无例外地提供足够维持银行债务局部可持续水平数量的担保来应对金融压力。它们不会选择任何紧急流动性支持，因为如此将减少它们在 t_1 时点的资产。相反地，如果 $\pi_g = 0 \wedge \pi_s = 0$ ，它们将提供仅能稳定市场水平的紧急流动性支持。这两种决策选择既稳定了 t_1 时点的市场又最小化了该政策对其资产负债的影响。

在 t_1 时点的选择和会计准则对贯穿整个博弈剩余过程的银行处置具有重要的含义。在 t_2 时点，当政府提供完全担保且被兑付时，我们以 k_g 表示政府债务的增量。政府的资产没有改变，商业银行的债务减少了 k_g 而它们的资产也没有改变。它们仍与以前保持相同比例的确认资产减值。如果这一比例很大则可能导致"僵尸银行"。在完全紧急流动性支持情形下，如果中央银行和政府决策者允许以账面价值记录被查封的抵押品，政府的投资组合没有改变。但如果会计准则要求资产按照市场价值来兑付，结果就不一样了。政府公共资产价值将降低 $A_d - A_d r$ 。在两个紧急流动性支持情形下，当它们的债务降低 s_d 并且不良贷款的比例降低 $\Delta\gamma$ ，银行的资产负债状况将会改进。

在 t_3 时点，对来自 t_2 时点的仅有担保情形，没有什么变化。对于仅有紧急流动性支持情形，政府公共部门会出售它们的资产，这是因为 $-(A_d - \rho A_d) > --(A_d - A_d r)$。如果政府能保持抵押品资产的账面价值如 $0 > -(A_d - \rho A_d) > --(A_d - A_d r)$，将不会出售。

四、对中央银行和政府决策者偏好的再考察

下面我们更详细地讨论一些中央银行和政府决策者可能的偏好范围以及影响这些偏好的因素。尽管中央银行和政府决策者对金融稳定和货币政策稳定有相同的偏好，但某种程度上，它们更喜欢由对方来提供这种支持。换句话说，它们同时偏好金融稳定和最小化这一稳定成本进入它们的资产负债表中。中央银行的授权和储备以及政府的财政会计制度塑造了它们之间对银行提供支持的偏好程度。

中央银行的偏好。紧急流动性支持为希望实现货币政策稳定的中央银行带来一个问题，即只要存在抵押品未来不能完全弥补中央银行贷款的风险，对问题银行的贷款会将其身上的风险转移到中央银行身上。如果风险变为现实，相关损失会减少中央银行的储备，这将破坏银行维持货币政策稳定的能力。实际上，正是由于对自身黄金储备以及可能导致严重挤兑的担心，英格兰银行在 19 世纪 70 年代之前一直拒做最后贷款人（Bordo，2009）。当其因为 Overend & Gurney 银行破产而承担最后贷款人作用时，因提供紧急贷款导致了英格兰银行现金储备减少了 85%（Sowerbutts，Schneebalg，2016）。假设中央银行更偏好货币稳定，那些具有为数不多储备和通货压力的中央银行将更不情愿提供紧急流动性支持。

道德风险是另外一个经常被提及的忧虑，即中央银行有可能过度提供紧急流动性支持。如果商业银行预期到中央银行会提供慷慨的紧急流动性支持，无论是从数量上来看还是从可接受的抵押品风险等级上来看，这些商业银行会从事更加冒险的借款行为。商业银行期望对其风险行为支付更少的成本，相比于它们预期到中央银行不会提供慷慨的紧急流动性支持。

这有可能导致中央银行本身希望避免的不稳定和危机的出现。中央银行清楚地知道这一道德风险问题，并且长期来看它们不希望提供过多的紧急流动性支持，而不管其在无损货币政策稳定情况下资产负债从事风险的能力有多大。这一观点反映在 Overend & Gurney 银行破产时英格兰银行主管人的评论中：中央银行作为"最后贷款人"的理念是"在货币或银行世界里曾经提出的最有害的教条"（Sowerbutts，Schneebalg，2016）。然而，古德哈特（Goodhart，2010）则认为不仅紧急流动性支持的道德风险是当前的和短暂的，而且其经常要比不采取措施挽救失败的金融体系而导致的风险更低。

理论上，那些更加关注金融稳定的中央银行也应该聚焦于对那些为阻止整个金融体系动荡且具有系统重要性的金融机构提供紧急流动性支持。当然，要确定谁具有系统重要性也不是简单的事情，但其可能涉及这些金融机构的特征如规模、运营的复杂程度、提供独特金融服务的程度以及其与其他金融机构如何相互关联等（Dobler，et al. ,2016）。

近期发达国家的中央银行几乎都被要求至少确保货币政策的稳定。此外，也经常存在着显性或隐性的要求以确保金融稳定。对于显性要求，是指中央银行应该根据其章程来考虑金融稳定。对于"隐性"要求，并不是指中央银行在与政府决策者进行交流时的"隐性"，而是指在对货币政策稳定的要求中要维持一个良好功能的支付系统。这可能要求一个稳定的金融系统。例如，就像美国联邦储备委员会主席布雷纳德（Brainard，2014）在报告中指出，金融稳定没有出现在美国联邦储备银行的创办章程中，但是由于其创办于严重的金融恐慌期间，保持金融稳定一直是该银行的重要工作内容。

中央银行在货币政策稳定和金融稳定之间权衡的程度能影响到期对紧急流动性支持的偏好。随着时间的推移，资产负债表的改变也能揭示出中央银行目标的成功实现程度，以及其当前政策目标的可持续性。中央银行资产负债表承受来自紧急流动性支持损失的能力是其提供紧急流动性支持

"规模大小和范围宽窄"的关键决定因素（Goodhart，2010）。承受损失的能力既是中央银行储备的函数也是其面临通货的压力。很显然，具有较多储备的中央银行更适合承担紧急流动性风险并能同时确保价格保持稳定，但是维持储备货币的中央银行比那些更倾向于持有这一货币资产的非市场参与方有更轻的压力。在中央银行相比于其储备有更严峻的银行体系时，即使具有储备货币，其也不愿意承担紧急流动性支持风险。

因紧急流动性支持而损害资产负债表的中央银行不仅很难维持价格稳定，而且也许会损伤其运营的自主性（Dobler，et al.，2016）。例如，加拿大银行"通过提供收入来源以确保中央银行独立于政府拨款"（Johnson，Zelmer，2007）来维持运营的自主性。如果提供紧急流动性支持的中央银行因遭受损失而需要政府进行资本重组以获得允许其维持价格稳定的资产负债表，那么政府就会对其施加更多的政治影响。

鉴于应对金融危机以及抑制这种应对成本的双重压力，紧急流动性支持特别是纳入中央银行资产负债表的紧急流动性支持，对政府决策者来说更具有吸引力。其应对金融市场困境时比其他备选方案如资本重组和国有化具有较低的财政影响。然而，仅仅因为由中央银行而不是政府来提供紧急流动性支持，并不意味着政府不承担可能损害未来公共预算的大量潜在风险。如果商业银行对中央银行紧急流动性支持出现违约，中央银行的资产负债表将会受损。如果储备耗尽，这可能威胁到货币的稳定性。具有货币政策稳定偏好的政府将不得不对中央银行进行资本重组，很可能给公共预算带来明显的影响。

第四节　政府债务风险向银行业风险的传导

众所周知，银行救助所带来的主要问题是道德风险，虽然救助与道德风险成本确实相关，但我们不能仅仅考虑救助在未来产生的成本。由于救助时的资金是有形的，并计入政府的信贷风险和借贷成本，这会进一步削弱金融部门。拉塞尔（Russell，2018）通过经验证明，由于金融部门隐性和显性的担保以及持有主权债券，政府信用风险反馈到金融部门的情况确实存在。这种反馈不仅由银行持有政府债券产生，也会通过中央银行、融资平台、悲观性预期等方式实现，如图 2-19 所示，其传递最根本的原因源于政府对社会经济的宏观调控。

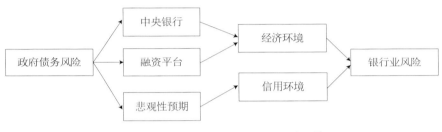

图 2-9　政府债务风险向银行业风险的传导

一、通过中央银行的传导

正常情况下，中央政府不允许地方政府破产，否则政府失信可能会引起超过银行业困境所造成的社会动荡。在地方政府可能出现财政困境甚至财政危机时，中央政府总是想方设法通过各种途径对地方政府进行救援。一个经常被中央政府所采取的做法是财政风险货币化，也就是说通过中央政府进行债券发行，再通过中央银行进行公开市场购买，进而实现中央银行向政府注入应急资金。然而，全社会面临的风险总量是不变的，这种做法虽然可以暂时救助陷入财政困境中的政府但却不能从根本上减少政府所面临的财政风险，使得财政风险逆资金的流动方向转移到金融体系中去，这种变相印发货币的方法增加了货币总供给，会进一步引发通货膨胀风险，从而引发金融体系的稳定和冲击实体经济的运行，形成财政困境与银行困境交替出现的螺旋下降局面。

中央银行也会通过财政政策影响金融风险。科尔曼等（Kollmann，et al.，2013）通过建立新凯恩斯模型分析了欧洲财政政策对金融风险的影响，结果表明针对银行的扶持政策在刺激消费、提高产能和投资方面具有较强的稳定效应；增加政府采购尽管有利于产能的稳定，但对消费的挤出效应也比较明显；对家庭的转移支付尽管提高了个人消费水平，但对产出和投资的挤出效应也比较明显。但由于"附带损害"渠道的存在，任何随后对产出增长的不利冲击，以及由此产生的税收收入，降低了主权债务的价值，进而增加了金融部门的违约风险。这是因为金融部门持有的政府债券价值和有利于金融部门的政府担保价值都在下降。这些渠道引发金融部门和政府陷入救助后的共同困境，其直接影响是增加了银行与政府的信用风险。

另一些文献研究了中央银行的货币政策如何影响风险在政府和银行之间的传导。根据达拉克等（Darraq，et al.，2013）的说法，欧洲央行的全面流动性政策是稳定银行与财政部门之间螺旋式反馈回路的有效工具。为此，我们建立一个货币政策风险溢价的动态资产定价模型。假使银行在遭受金融危机时面临冲击导致资金短缺，这要求它们清算资产。为了避免进行代价高昂的清仓，银行通常持有可以以全部价值快速出售的流动证券。因此，冲击产生的困境取决于持有流动性证券的流动性溢价成本。在金融危机发生后，政府实行宽松的货币政策，通过增加融资降低名义利率，中央银行通过改变名义利率来控制流动性溢价。较低的名义利率导致流动性溢价较低，这种关系具有很强的实证支持。而低流动性溢价会降低冲击成本，从而增加风险承担，从而降低风险溢价和经济中的资本成本。

假设经济体由两种不同风险规避类型的代理组成。我们认为，风险承受能力更强的机构将其财富集中到金融机构或银行的股本中。在均衡状态下，银行通过使用短期无风险索赔（比如接受存款）从风险规避程度更高的代理机构借款，获得风险资产的杠杆头寸。我们对银行作为杠杆风险承担的看法是故意简化的，以便专注于风险承担和风险溢价。这种简单化的观点有利于适应一系列不同的金融机构，包括商业银行、经纪交易商和对冲基金，它们的统一特征是利用短期债务进行杠杆。同时我们假设存在两种流动性证券，流动性最高的中央银行准备金和政府债券。银行对流动性缓冲的需求导致证券在均衡状态下获得溢价。这种流动性溢价取决于名义利率。准备金的流动性溢价等于名义利率，因为这是持有准备金的机会成本。政府债券的流动性溢价也与名义利率成正比，因为政府债券和准备金是可替代的流动性来源。因此，通过改变名义利率，央行改变持有所有流动性证券的成本。

接受存款会使银行面临融资（转期）风险（Allen，Gale，2003）。当受到资金冲击时，银行被迫赎回部分存款，为此，它们必须立即清算部分资产。迅速清算风险资产的成本很高，因为这会导致抛售。为了避免这种情况，银行持有流动性证券的缓冲股票，这些股票可以以全部价值迅速变现。因此，为了确保在发生金融冲击时免受损失，银行将其筹集的每一笔存款的一小部分存入流动证券中。通过这种方式，融资冲击的风险在持有流动性和利用杠杆之间产生了互补性。

图 2-10 从经验上检验了这一预测。它绘制了名义空头利率（由美联储基金利率测量）与政府债券流动性溢价（由美联储基金利率与三个月期国债利率之间的利差（1955—2010 年））的关系图，这两个序列之间的关系（速率和扩散）非常强。它们的相关性为 78%，并且在周期和趋势上都表现出紧密的共动力，这与我们所建模的流动性剩余的名义速率传输一致。

中央银行通过这种传导机制影响风险承担工作的能力。当中央银行提高名义利率时，较高的流动性溢价会增加银行的杠杆成本，从而降低银行的风险承担。其结果是经济体对风险承担的总体需求减少，有效的总体风险规避增加，最终风险溢价增加。

二、通过地方政府融资平台的传导

地方政府还通过成立融资平台的行为进行筹资。金融危机后，审计署进行了全国地方政府性债务审计调查，至 2010 年年底，全国省、市、县

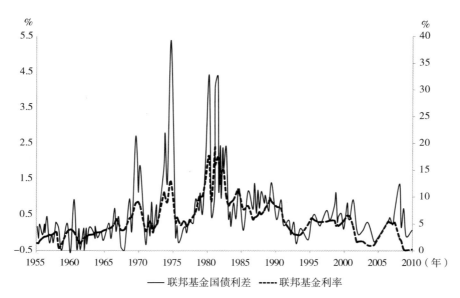

图 2-10   美国联邦基金 T 票据利差和联邦基金利率

数据来源：Datastream。

三级政府共设立融资平台公司 6576 家，部分地方政府设立的融资平台公司甚至达 10 家以上。融资平台公司债务规模大，其中政府性债务余额49710.68 亿元，占地方政府性债务余额的 46.38%；有 358 家融资平台公司通过借新还旧方式偿还政府债务 1059.71 亿元，借新还旧率平均为55.20%；有 148 家融资平台公司存在逾期债务 80.04 亿元，逾期债务率平均为 16.26%（杨艳和刘慧婷，2013）。之后地方融资平台举债规模仍然持续增长，并未得到有效控制。2015 年和 2016 年，地方融资平台仅通过债券市场举债规模就达到 4.21 万亿元，一般来说，债券融资只占到融资规模四分之一，而银行贷款作为地方融资平台主要融资手段，可以占融资平台融资规模的二分之一，这样推算出，这些融资平台新增债务规模将达到 16.8 万亿元。而到 2017 年年末，根据中国银行业监督管理委员会的统计，全国有地方政府融资平台 11734 家，较 2010 年增长了近 80%。

当因管理不善等原因出现偿债困难的融资平台，势必导致其他金融机构的信用受到影响，资产安全性受到的威胁也逐步增大，风险超过该金融机构能承受的范围，就会导致该机构破产，继而影响其他金融机构。随着受到影响的金融机构数量增加，在巨大规模的融资平台背景下，这种连锁式反应的扩散最终会动摇金融系统的稳定性，乃至引发新一轮的信用危机。

可见，地方政府成立融资平台进行筹资的行为实际上是将财政风险分解为单体的金融风险，一旦缺乏有效的管理，融资平台便会成为风险的催化剂，将单体的金融风险酝酿成宏观金融风险，使财政风险沿着地方政府—融资平台—金融系统的路径进行转移，其中蕴藏着巨大的财政风险最终可能转化为宏观金融风险。

三、悲观性预期在传导中的作用

在对银行持有政府债券的分析中，我们提到，银行倾向于持有政府债务而非发行股票获取私营资本。这种资本持有的偏好，一方面会如阿查里亚等（Acharya，et al.，2014）所记载的那样，加深财政压力与银行业的相互传导。而导致这种情况的原因有三个：一是政府债务的估值降低会反映到社会对违约前景的预期；二是银行持有政府债务，其运营受到该资产价格波动的影响；三是政府又有救助陷入偿付能力问题的银行的动机。

政府救助动机与银行业道德风险等相互作用放大了政府债务市场的悲观情绪。如果主权债务负担过重，对政府违约的悲观预期使公共担保的价值下降，因为金融体系持有大量（主要是国内）政府债务，这直接损害了银行的资产。不仅如此，由于政府偿还债务的能力与其必须支付的实际利率成反比，即债券持有人因高预期违约风险而需要的高利率，这又会削弱政府的偿债能力，从而使悲观的违约预期产生负面影响。偿付能力受到影响的政府因为对其银行系统提供了隐性或显性担保。政府债务价格的下跌也降低了银行的偿付能力，并可能导致政府对银行的隐性担保会在这种不利的条件下变成显性债务。随后，为了筹集资金的政府只会用更高的债务发行量推动政府债务价格进一步走低，继续扩大社会对政府违约的悲观预期。由最初的悲观情绪形成的风险反馈循环便形成了。

另一方面，主权债务评级下调使政府财政困境使政府信用遭受考验，使社会悲观性预期扩散且不确定性增加，从而可能导致外部融资下降或资本流入的"骤停"。实际上，卡瓦洛和伊兹奎尔多（Cavallo，Izquierdo，2009）提供的证据表明，在新兴市场发生金融危机后，资本流动也许崩溃（骤停）数月或数年之久，进而引发偿付危机。这进一步限制了银行获得外国融资的机会，导致更高的借贷成本（Reinhart，Rogoff，2011），从而产生了由悲观预期导致恶性循环的可能性。

第 三 章

我国银行业政府或有债务规模的测度

第二章我们重点研究了银行业救助对政府或有债务的形成机理，并从更广泛意义上考察了金融风险向财政风险的传导，以及以紧急流动性支持为例构建了一个银行救助和重构的政治财政模型，甚至给出了政府债务风险向银行业风险的反向传导。本章我们在系统梳理后金融危机时代全球银行业发展趋势特别是我国银行业现状的基础上，重点对我国银行业政府或有债务的规模进行测度，以从实证的角度认识我国源于银行业的政府或有债务的严峻形势。

第一节　银行业发展的现实考察

一、全球银行业变革新趋势

自 2008 年全球金融危机发生之后，为顺应市场条件和监管环境的变化，全球主要银行开始谋求转型，调整发展战略和业务模式，总体上全球银行业变革在三个方面呈现出相同趋势。

（一）银行稳健性增强

1. 资本实力明显增强

为达到巴塞尔 III 规定的资本充足率和杠杆率监管要求，全球银行业通过发行资本工具、降低分红比例，以及处置不良资产、降低资产增速甚至收缩资产等多种手段，提高资本充足率和杠杆率。受危机严重冲击的美国银行业主要通过扩大利润留存主动增加资本（分子），欧洲银行业则以被动去杠杆为主收缩资产（分母）；其他国家银行业受危机影响较小，在扩大资产规模的同时，加大内外部补充资本的力度，增强损失吸收能力。如图 3-1 所示，2008—2016 年，美国和欧元区主要银行的杠杆率（一级资本/总资产）分别由 7.2%、3.7% 上升至 9.3% 和 5.8%，一级资本充足率分别由 9.8%、8.8% 上升至 12.9% 和 14.7%，其他主要经济体银行资本充足率和杠杆率均有不同程度上升（CGFS，2018）。

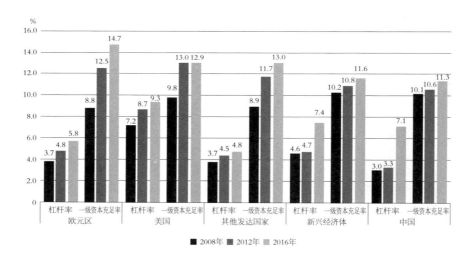

图 3-1　世界主要国家和经济体杠杆率和资本充足率

数据来源：王胜邦：《后危机时期全球银行业变革趋势与竞争格局》，中国银行保险监督管理委员会工作论文，2018 年第 21 期。

2. 流动性状况明显改善

全球金融危机充分表明，过度依赖短期批发融资不仅损害了单家银行的稳健性，而且容易诱发金融市场流动性断裂，酿成系统性风险。为此，巴塞尔委员会建立了 LCR 和 NSFR 两个全球统一的流动性监管标准。危机教训和监管约束推动了商业银行转变融资模式，调整负债结构。危机之前严重依赖批发性同业负债（尤其是短期市场融资）的欧美银行负债方式转向稳定性较强的存款。如表 3-1 所示,2008—2016 年,欧元区银行存款占总负债比例由 35% 上升至 46%,瑞士、英国存款占比分别由 54% 和 48% 上升至 66% 和 63%。同期,美国银行业存款占比由 65% 上升至 76%。相应地,其他负债,尤其是同业短期借款,占比显著下降。

表 3-1　银行资金来源中存款和其他负债占比　　　　单位:%

	年份	欧元区	瑞典	瑞士	英国	美国	澳大利亚	加拿大	日本	新兴经济体
存款	2008	37	26	54	48	65	43	58	74	76
	2016	46	32	66	63	76	60	55	70	63
其他负债	2008	53	72	41	47	26	51	36	22	17
	2016	42	66	26	28	13	34	39	25	31

注:资金来源包括存款、其他借款和权益融资之和。
数据来源:王胜邦:《后危机时期全球银行业变革趋势与竞争格局》,中国银行保险监督管理委员会工作论文,2018 年第 21 期。

(二)银行业务模式回归传统

全球金融危机之前的若干年间,欧美大型银行业务模式逐步由"购买—持有"(buy and hold)转向"发起—分销"(originate and distribute)模式,在资产负债表中体现为复杂的交易性资产和批发性负债占比上升,在损益表中体现为净利息收入占比下降,交易性收入占比上升。金融危机教训和监管改革促使商业银行重新定位经营战略。全球金融体系委员会(CGFS,2018)调查结果表明,后危机时期,零售负债型商业银行最受青睐,批发负债型商业银行最不受欢迎,全能银行模式受追捧程度有所下降;批发负债商业银行和交易型银行资产明显收缩,总体上呈现出由复杂交易业务转向相对简单业务模式的趋势,银行业传统信贷中介功能有所强化。

从资产方来看,银行逐步退出高风险的资产,收缩交易性资产,增持了风险权重较低的高流动性资产(如现金、国债以及高评级债券等)和

表 3-2　主要银行资产与贷款结构

单位：%

主要经济体	贷款占总资产比重		流动性资产占总资产比重		证券资产占总资产比重		住房抵押贷款占总贷款比重		公司贷款占总贷款比重		其他贷款占总贷款比重	
	2008年	2016年	2008年	2016年	2008年	2016年	2008年	2016年	2008年	2016年	2008年	2016年
欧元区	56	55	7	12	22	21	24	22	27	27	42	51
瑞士	38	50	—	—	18	14	62	64	26	25	13	10
瑞典	69	77	2	5	16	11	41	48	43	34	16	18
英国	40	52	8	19	16	19	40	51	18	17	42	32
美国	57	55	8	14	22	25	29	26	40	38	31	36
澳大利亚	59	68	2	7	14	16	55	63	31	28	14	9
日本	58	51	14	25	24	20	22	22	53	47	25	31
新兴经济体	56	59	12	15	16	35	14	24	58	58	29	18
中国	56	61	—	—	12	41	17	26	72	63	11	11

数据来源：王胜邦：《后危机时期全球银行业变革趋势与竞争格局》，中国银行保险监督管理委员会工作论文，2018年第21期。

贷款。2009—2016 年，全球系统重要性银行（G-SIBs）交易性资产占比由 20% 下降到 12%，2016 年年底美国和欧洲前五大银行交易资产规模分别比峰值回落 33% 和 60%（CGFS，2018）。如表 3-2 所示，2008—2016 年，欧元区、英国和美国的流动性资产在总资产中占比分别上升了 5 个、11 个和 6 个百分点。除欧元区和美国因危机集中爆发时期（2008—2012 年）信贷急剧收缩以及大规模处置不良贷款导致贷款占比略有下降之外，其他主要经济体贷款占比均有所上升，尤其是住房抵押贷款延续了危机前高速增长态势，在总贷款中占比进一步提高，2016 年年底，瑞士、澳大利亚、英国、瑞典分别高达 64%、63%、51% 和 48%。

（三）银行业集中度进一步提高

20 世纪 90 年代以来，在金融自由化、全球化和并购浪潮的推动下，银行业集中度持续提高。1990—2005 年，在英国《银行家》杂志全球前 1000 家银行中，前 10 大银行资产份额由 13.8% 上升至 20.82%，前 25 大银行资产份额由 20.76% 上升至 38.55%；尽管金融监管改革重要目标之一就是终结"太大不宜倒"，然而并未扭转银行业集中趋势。2017 年年底全球前 10 大银行和前 25 大银行占千家大银行资产的比例进一步上升到 22.36% 和 40.41%。

在国别层面也呈现出相同趋势，大多数国家前 5 大和前 10 大银行市场份额均有所上升，如表 3-3 所示。2007—2016 年，受危机影响最严重的欧美银行业进行了大量的银行业合并重组，美国前 5 大银行的资产份额由 35% 上升至 43%，欧元区国家由 43% 上升至 48%。即使受危机冲击较轻或银行数量持续增长或基本不变的国家，银行业集中度也有所上升，例如澳大利亚由 69% 上升至 80%，巴西由 60% 上升至 82%，日本由 45% 上升至 51%。

表 3-3 银行业集中度：前五大银行的资产占比 单位:%

国家（地区） \ 年份	2007	2008	2009	2010	2011	2012	2013	2014	2015	2016
欧元区	45	44	44	47	47	47	47	48	48	48

续表

年份 国家 （地区）	2007	2008	2009	2010	2011	2012	2013	2014	2015	2016
英国	50	45	53	53	56	54	55	51	49	48
美国	37	38	40	44	44	45	43	44	42	43
澳大利亚	67	74	78	78	80	80	80	81	81	80
日本	45	46	46	46	46	47	50	51	51	51
巴西	60	73	76	76	77	77	78	78	77	82
中国	54	51	51	49	47	45	43	41	39	37
印度	38	37	37	35	36	35	34	35	36	36
墨西哥	79	78	78	74	72	70	71	73	71	70

数据来源：王胜邦：《后危机时期全球银行业变革趋势与竞争格局》，中国银行保险监督管理委员会工作论文，2018 年第 21 期。

进一步分析发现，全球金融危机前后银行业集中度提高的驱动因素有所不同。危机之前，集中度上升很大程度上是大型银行追求"集约边际效应"（intensive margin）的结果，为实现规模经济和范围经济，通过并购和跨境展业等手段主动扩大业务规模，集中度升速相对较快。如 20 世纪 90 年代到危机之前，RBS 借助于一系列眼花缭乱的跨业和跨境并购，以及重点发展批发业务和衍生品交易等手段，资产规模持续高速扩张，2007 年年底高达 2.4 万亿英镑，成为当时全球资产规模最大的银行。

后危机时期，银行业集中度提升主要源于"广延边际效应"（extensive margin），危机中遭受重创的中小银行退出市场，间接推高了大型银行的市场份额，相应地银行业集中度上升速度有所放缓。2006—2016年，欧元区银行数量由 5590 家下降至 4385 家，美国由 8680 家减少至5913 家，瑞士由 331 家减少至 261 家。例如，西班牙储蓄银行体系在危机中遭受重创，西班牙存款保险基金和欧洲稳定机制提供了高达 627 亿欧元的救助资金，并重整储蓄银行体系。2008—2016 年，西班牙储蓄银行的数量从 45 家锐减至 2 家，其中一部分被商业银行或同行收购，另一部分则被"机构保护计划"（IPS）兼并，使得前五大银行的资产市场份额由51%上升至65%（王胜邦，2018）。

二、我国银行业现状

（一）我国银行业的发展历史

1948 年 12 月 1 日，华北银行、西北农民银行和北海银行经过合并，最终组建成中国人民银行，这标志着中华人民共和国银行体系构建的开始。相较于证券业、保险业和信托行业等，银行业是共和国成立以来唯一贯穿始终的金融产业，它有效地支持了实体经济的发展、提高了我国人民的生活水平，促进了我国经济社会的健康成长。70 多年来，我国银行业的发展大致经历了三个重要时期：探索时期、中国特色社会主义银行体系时期和中国现代银行体系时期。

1. 我国银行业发展探索时期

1948—1978 年是建立符合中国国情的银行体系时期，这一阶段又可以分为：（1）1949—1952 年的中国银行业初建阶段，在这三年中，中国人民银行发行了共和国的第一套人民币，将货币进行统一并确定了人民币的法律地位；为了恢复全国生产生活秩序，构建了共和国的银行等金融机构；统一监督管理外汇市场。（2）1953—1960 年的第一次起伏波动阶段，前四年是上行阶段，后三年是下行阶段。（3）1961—1978 年的第二次起伏波动阶段，前六年是纠正错误并重新建立的时期，后 11 年陷入了混乱而又拨乱反正时期。这 29 年的探索时期，我国银行业在曲折的道路中艰难的建立起来，在这个过程中，也取得了一定的成绩。1978 年，银行业的各项存款余额为 1155.01 亿元，是 1950 年 26.45 亿元的 43.67 倍，各项贷款余额为 1890.42 亿元，是 1950 年 18.64 亿元的 101.42 倍。[①]

---

① 苏宁主编：《中国金融统计（1949—2005）》，中国金融出版社 2007 年版。

2. 中国特色社会主义银行体系时期

1979—2017 年是建设中国特色社会主义银行体系时期，这一时期也可分为三个阶段：（1）1979—1992 年是中国银行业探索市场化发展的阶段，前六年是恢复阶段，以中国人民银行为中央银行，以四大国有银行为商业银行的银行体系，并开始了我国银行业的对外开放。后八年是探索阶段，将财政机制改为银行的信用机制，实施"拨改贷"政策；建立我国的股份制银行。（2）1992—2001 年是市场化的改革阶段，银行业的运作更加专业化。"两个分业"政策使得各银行的证券、保险和信托等业务分离出去。同时，商业性业务与政策性业务也进行了剥离，组建了三家政策性银行。除此之外，还加强了银行业的法制建设，建立了银行间交易市场，进行了利率市场化的改革，成立了华融、信达、东方和长城四大资产管理公司。（3）2002—2017 年是国际化改革阶段，自 2001 年中国加入世界贸易组织开始，我国银行业对外开放的步伐也在加快。国有商业银行股改上市；在"走出去"战略的指导下，我国金融机构在海外设立了大量分支机构；2015 年建立了存款保险制度，保障了储户的存款安全；2016 年，人民币继美元、欧元、日元和英镑后成为特别提款权一篮子货币中的第五种货币；银行业监管强化，建立宏观审慎评估体系，防范系统性金融风险。

3. 中国现代银行体系时期

2018 年以后，是我国现代银行体系建设时期。为"健全金融监管体系，守住不发生系统性金融风险的底线"，我国推出了一系列的政策措施，以有效防范化解金融风险，深化金融供给侧结构性改革。

（二）银行业金融机构资产总量

根据中国银行保险监督委员会的统计，2005—2019 年，银行业金融机构总资产呈现出逐年递增的趋势，由 37.5 万亿元上升到 290.0 万亿元，增长了 6.7 倍，是我国银行业不断壮大的有效证明，具体数据如图 3-2 所示。

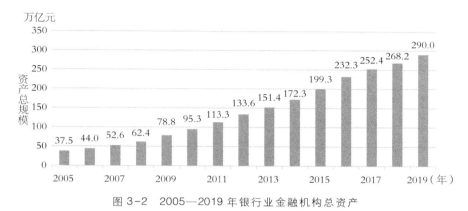

图 3-2 2005—2019 年银行业金融机构总资产

数据来源：中国银行保险监督管理委员会官方网站。

（三）银行业金融机构负债总量

2005—2019 年，银行业金融机构总负债呈现出逐年递增的趋势，由 35.8 万亿元上升到 265.5 万亿元，增长了 6.4 倍，总负债占总资产的比例由 95.47%降低到 91.55%，具体数据如图 3-3 所示。

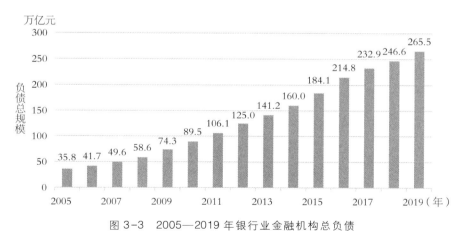

图 3-3 2005—2019 年银行业金融机构总负债

数据来源：中国银行保险监督管理委员会官方网站。

（四）商业银行不良贷款总量和不良贷款率

商业银行占据着整个银行业金融机构的半壁江山，它的不良贷款严重影响了我国银行业乃至金融业的绿色可持续发展。自 1997 年亚洲金融危机以来，我国商业银行的不良贷款率受到了国内外专家学者的高度关注，但由于贷款分类方法、统计口径等原因，不良贷款的数据未能公开披露。中国银行监督管理委员会（现为中国银行保险监督管理委员会）成立后，开始对商业银行的不良贷款和不良贷款率进行统计和监督。2005—2019年我国商业银行的不良贷款规模和不良贷款率如图 3-4 和图 3-5 所示。

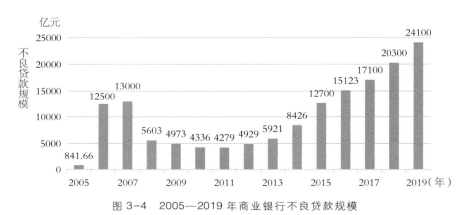

图 3-4　2005—2019 年商业银行不良贷款规模

数据来源：中国银行保险监督管理委员会官方网站。

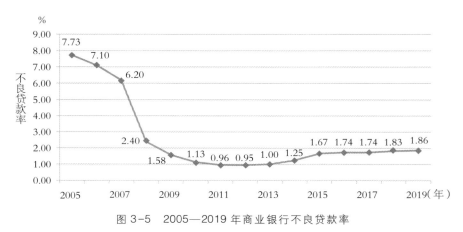

图 3-5　2005—2019 年商业银行不良贷款率

数据来源：中国银行保险监督管理委员会官方网站。

表3-4　我国五大商业银行资本充足率与不良贷款情况

时间	资本充足率（%）					不良贷款余额（亿元）					不良贷款率（%）				
	工商银行	建设银行	农业银行	中国银行	交通银行	工商银行	建设银行	农业银行	中国银行	交通银行	工商银行	建设银行	农业银行	中国银行	交通银行
2008年12月	13.06	12.16	9.41	13.43	13.47	1044.82	838.82	1340.67	874.90	255.09	2.29	2.21	4.32	2.65	1.92
2009年12月	12.36	11.70	10.07	11.14	12.00	884.67	721.56	1202.41	747.18	250.09	1.54	1.50	2.91	1.52	1.36
2010年12月	12.27	12.68	11.59	12.58	12.36	732.41	647.12	1004.05	624.70	249.88	1.08	1.14	2.13	1.10	1.12
2011年12月	13.17	13.68	11.94	12.97	12.44	730.11	709.15	873.58	632.74	219.86	0.94	1.09	1.56	1.00	0.86
2012年12月	13.66	14.32	12.61	13.63	14.07	745.75	746.18	858.48	654.48	269.95	0.85	0.99	1.33	0.95	0.92
2013年12月	13.31	13.88	12.57	13.47	*	936.89	852.64	877.81	732.71	343.10	0.94	0.99	1.22	0.96	1.05
2014年12月	14.29	14.71	12.77	14.38	13.94	1244.97	1131.71	1249.70	1004.94	430.17	1.13	1.19	1.54	1.18	1.25
2015年12月	14.75	15.43	13.08	14.45	13.55	1795.18	1659.80	2128.67	1308.97	562.06	1.50	1.58	2.39	1.43	1.51
2016年12月	14.29	15.31	13.13	14.67	14.21	2118.01	1786.90	2308.34	1460.03	624.00	1.62	1.52	2.37	1.46	1.52
2017年12月	14.56	15.40	12.74	14.56	13.72	2209.88	1922.91	1940.32	1584.69	669.02	1.55	1.49	1.81	1.45	1.50
2018年12月	14.11	16.37	13.33	15.01	13.09	2350.84	2008.81	1900.02	1669.41	725.12	1.52	1.46	1.59	1.42	1.49
2019年9月	*	*	*	*	*	2397.85	2113.99	1882.36	1765.14	766.92	1.44	1.43	1.42	1.37	1.47

数据来源：Wind 数据库。

由图 3-4 和图 3-5 可以看出，2005—2019 年我国商业银行的不良贷款规模呈现出先上升后下降再上升的趋势，不良贷款率先大幅下降，后又趋于平稳状态。而对于我国五大主要国有商业银行而言，其资本充足率、不良贷款余额以及不良贷款率如表 3-4 所示。

第二节　银行业政府或有债务规模测度指标的设计

为了能更好地评估银行业危机给政府带来的潜在损失，我们在借鉴塞尔坎和英（Serkan，Yin，2015）的基础上，设计了一个"银行业政府或有债务规模指数"（SBGCLI）进行衡量。该或有债务规模由政府担保的预期成本和非预期成本构成，预期成本代表了政府担保的平均成本，非预期成本则代表了波动性或政府潜在损失的标准差，其大小取决于银行业的债务规模、集中度、多元化、杠杆和资产风险以及银行陷入困境和政府愿意且能够支持的概率（马恩涛和陈媛媛，2019）[1]。银行业政府或有债务规模测算的设计由四步来完成：第一步，设计政府对单家银行提供担保所导致的预期和非预期成本；第二步，假定有 N 家银行且每一家银行的破产事件都是相互独立的，设计政府对由 N 家银行构成的整个银行业提供担保组合所导致的预期和非预期成本；第三步，对有相互关联关系的银行，设计政府为其破产行为提供担保导致的预期和非预期成本；第四步，将上述设计进行总结概括得出该债务规模的一般化形式（马恩涛和陈媛媛，2019）。

一、测算单家银行政府或有债务的指标

玛丽安娜等（Marianna，et al.，2016）基于考克斯等（Cox，et al.，1979）的二项期权定价模型用如下方法将政府对单个银行担保的或有债

---

[1]　事实上，在大多数情况下，非预期成本远远高于预期成本。

务成本进行衡量。

E（事后成本）$=E$（违约损失率）×总负债

事前成本 $=E$（事后成本）×破产的风险中性概率

隐性或有债务 $=E$（事后成本）×外部救助的概率

担保 $=$ 事前成本×违约损失率

基于此，考虑到银行陷入困境的概率和政府救助的概率，本书对一国与单家银行破产相关的政府或有债务 cl_{it} 界定如下：

$$cl_{it} = \begin{cases} 0 & , & p = 1 - EDF_{it} \\ 0 & , & p = EDF_{it} * (1 - PGS_{it}) \\ \partial\ l_{it} & , & p = EDF_{it} * PGS_{it} \end{cases} \qquad (3.1)$$

在方程（3.1）中，l_{it} 代表了 i 银行在 t 时期"调整后的总债务"[1]；EDF_{it} 是指 i 银行在 t 时期陷入困境的概率，其一般是根据股票价格计算，是银行杠杆和资产（波动性）风险的函数；PGS_{it}（probability of government support）是政府在 t 时期为 i 银行担保的概率；∂ 是政府 t 时期救助 i 银行单位债务的平均损失率，可反映出资本重组或破产清算的财政成本。

因此，根据方程（3.1），政府担保的预期成本计算如下：

$$el_{it} = E(cl_{it}) = \partial \times l_{it} \times EDF_{it} \times PGS_{it} \qquad (3.2)$$

可以看出，预期成本与银行陷入困境的概率和政府担保的概率呈线性关系。

同理，这一担保的非预期成本（由潜在损失的标准差衡量）[2] 计算

---

[1]　银行总债务扣除股东权益和税费后的余额。

[2]　非预期损失是银行超过上述平均损失以上的损失，它是对期望损失的偏差——标准差（σ）。换而言之，非预期损失就是除期望损失之外的具有波动性的资产价值的潜在损失。在风险的控制和监管上，意外损失等于经济资本。非预期损失随容忍度的改变而不同，银行承担的风险正是这种预料外或由不确定因素造成的潜在损失，这种损失也正是需要由资本弥补的部分。较低的标准差表示担保成本趋于均值（因此意外成本较低），而较高的标准差则表示损失较大。

如下：

$$vl_{it} = Var(cl_{it}) = E[(cl_{it} - el_{it})^2] = E[(cl_{it})^2] - (el_{it})^2$$

$$= \partial^2 \times l_{it}^2 \times EDF_{it} \times PGS_{it} - \partial^2 \times l_{it}^2 \times EDF_{it}^2 \times PGS_{it}^2 \qquad (3.3)$$

$$= \partial^2 \times l_{it}^2 \times EDF_{it} \times PGS_{it} \times (1 - EDF_{it} \times PGS_{it})$$

$$ul_{it} = \sqrt{vl_{it}} \qquad (3.4)$$

根据方程（3.3），可以得到 $vl = -\partial^2 \times l^2 \times EDF^2 \times PGS^2 + \partial^2 \times l^2 \times EDF \times PGS$，则银行陷入困境的概率 EDF 和政府担保的概率 PGS 都是非预期成本的平方 vl 的二次项，在控制变量的条件下，本文假设 $\partial^2 \times l^2$ 为该二次方程的系数项 β，因此该方程可以简化为 $vl = -\beta EDF^2 \times PGS^2 + \beta EDF \times PGS$，下面将分别考察这两个变量的变化会对非预期成本产生什么样的影响。

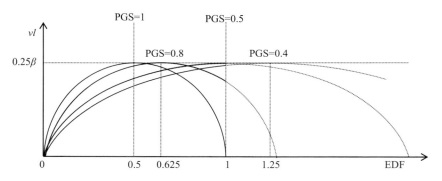

图 3-6　银行陷入困境的概率与非预期成本平方的关系

首先，当 EDF 为自变量时，vl 取到极大值的条件为 $EDF = \dfrac{1}{2PGS}$，$vl_{max} = 0.25\beta$。同时，$PGS = 1$ 时，意味着对称轴 $EDF = 0.5$；$PGS < 1$ 时，意味着对称轴 $EDF > 0.5$；$PGS = 0.5$ 时，意味着对称轴 $EDF = 1$；$PGS < 0.5$ 时，意味着对称轴 $EDF > 1$。因为这两个变量均为概率，它们的取值范围为 0 到 1 之间，据此，将该函数可以通过图 3-6 中的实线部分[1]表示

---

[1]　图中虚线部分为 EDF 不可取值的范围。

出来。

如图 3-6 所示，当 PGS 变小时，对称轴向右移动，即政府对银行担保的概率越小，银行陷入风险的概率变大才能使非期望成本的平方 vl 达到最大值 0.25β，此时非期望成本 ul 达到最大值 $0.5\sqrt{\beta}$。当 PGS 大于 0.5 时，vl 随着 EDF 的增加先递增后递减，当 PGS 小于 0.5 时，vl 随着 EDF 的增加而增加。据此，可以将这些变量的取值范围通过表 3-5 更直观地表现出来。

表 3-5　EDF 为自变量时，各变量取值范围

PGS	EDF	对称轴	非预期成本的平方（vl）	非预期成本（ul）
$(0, 0.5)$	$[0, 1]$	大于 1（不存在）	$(0, 0.25\beta]$	$(0, 0.5\sqrt{\beta}]$
0.5	$[0, 1]$	1	$(0, 0.25\beta]$	$(0, 0.5\sqrt{\beta}]$
$(0.5, 1)$	$[0, 1]$	$(0.5, 1)$	$(0, 0.25\beta]$	$(0, 0.5\sqrt{\beta}]$
1	$[0, 1]$	0.5	$(0, 0.25\beta]$	$(0, 0.5\sqrt{\beta}]$

其次，本书用同样的方法来考察政府担保的概率 PGS 和非期望成本的平方 vl 的关系。当 PGS 为自变量时，vl 取到极大值的条件为 $PGS = \dfrac{1}{2EDF}$，$vl_{max} = 0.25\beta$。同时，$EDF = 1$ 时，意味着对称轴 $PGS = 0.5$；$EDF < 1$ 时，意味着对称轴 $PGS > 0.5$；$EDF = 0.5$ 时，意味着对称轴 $PGS = 1$；$EDF < 0.5$ 时，意味着对称轴 $PGS > 1$。据此，该函数可以通过图 3-7 中的实线部分①表示出来。

如图 3-7 所示，当 EDF 大于 0.5 时，vl 随着 PGS 的增加先递增后递减，当 EDF 小于 0.5 时，vl 随着 PGS 的增加而增加。当 EDF 变小时，对称轴向右移动，即虽然银行陷入困境的概率变小，政府的担保的概率反而变大才能使非期望成本的平方 vl 达到最大值 0.25β，此时非期望成本 ul 达到最大

①　图中虚线部分为 PGS 不可取值的范围。

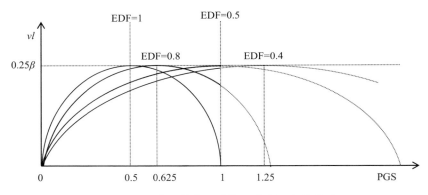

图 3-7　政府支持率和非期望成本平方的关系

值 $0.5\sqrt{\beta}$。在这里，银行风险本身较低，但由于道德风险问题的存在，政府担保概率可能增加，进而使得财政成本变大。由于政府的担保，导致银行业有不再遵循谨慎性原则的利己动机，储户对政府的信任也导致他们不再严格监督银行，于是银行开始偏好收益更高、风险更大的投资方式。然而政府的资源是有限的，当它们扩大对银行的支持时，就会扩大预算规模，担保的有效性开始降低。当银行在经营、投资环节出问题时，或者政府财政状况出现恶化时，担保行为的受益人开始担心政府兑现其担保承诺的可行性，政府信用水平下降，用担保来防范危机的有效性将不复存在。银行业风险增加，不稳定性凸显，政府干预的财政成本增加，政府信用水平降低，形成一个恶性循环。表 3-6 直观表现了这些变量的取值范围。

表 3-6　PGS 为自变量时，各变量取值范围

EDF	PGS	对称轴	非预期成本的平方（vl）	非预期成本（ul）
(0，0.5)	[0，1]	大于 1（不存在）	(0，0.25β]	(0，0.5$\sqrt{\beta}$]
0.5	[0，1]	1	(0，0.25β]	(0，0.5$\sqrt{\beta}$]
(0.5，1)	[0，1]	(0.5，1)	(0，0.25β]	(0，0.5$\sqrt{\beta}$]
1	[0，1]	0.5	(0，0.25β]	(0，0.5$\sqrt{\beta}$]

二、测算多家独立性银行政府或有债务的指标

假设一国整个银行系统中有 N 家银行，并且所有银行都互相独立，任何一家银行发生风险陷入困境的情况没有关联，互不影响。在这种情况下，政府与整个银行系统相关的或有债务可以用方程（3.5）表示。

$$CL_t = \sum_{i=1}^{N} cl_{it} \qquad (3.5)$$

因此，由政府承担的或有债务的预期成本可以表示如下：

$$EL_t = E(CL_t) = E\left(\sum_{i=1}^{N} cl_{it}\right) = \sum_{i=1}^{N} E(cl_{it}) = \sum_{i=1}^{N} el_{it} \qquad (3.6.1)$$

当政府在 t 时期救助任何一家银行的单位债务的平均损失 ∂c 都相同时，该方程可以表达为

$$EL_t = \partial * \sum_{i=1}^{N} l_{it} * PGS_{it} * EDF_{it} \qquad (3.6.2)$$

类似地，非预期成本 UL_{it} 可以计算如下：

$$VL_t = Var(CL_t) = Var\left(\sum_{i=1}^{N} cl_{it}\right) = \sum_{i=1}^{N} Var(cl_{it}) = \sum_{i=1}^{N} vl_{it} \qquad (3.7.1)$$

$$VL_t = \partial^2 * \sum_{i=1}^{N} l_{it}^2 * EDF_{it} * PGS_{it} * (1 - EDF_{it} * PGS_{it}) \qquad (3.7.2)$$

$$UL_t = \sqrt{VL_t} \qquad (3.8)$$

为了简化模型，本书假设该国银行系统具有均衡性，即所有银行具有相同的债务规模（ $\frac{L_t}{N}$ ），则上述方程（3.6.2）和方程（3.8）可以简化为

$$EL_t = \partial * \frac{L_t}{N} * \sum_{i=1}^{N} PGS_{it} * EDF_{it} \qquad (3.9)$$

$$UL_t = \partial * \frac{L_t}{N} * \sqrt{\sum_{i=1}^{N} EDF_{it} * PGS_{it} * (1 - EDF_{it} * PGS_{it})} \qquad (3.10)$$

并且，如果银行陷入困境的概率和政府对每个银行担保的概率均相同，方程（3.9）和方程（3.10）又可以进一步化简为

$$EL_t = \partial * L_t * PGS_{it} * EDF_{it} \qquad (3.11)$$

$$UL_t = \partial \ * \ \frac{L_t}{\sqrt{N}} * \sqrt{EDF_{it} * PGS_{it} * (1 - EDF_{it} * PGS_{it})} \qquad (3.12)$$

由方程（3.11）和方程（3.12）可以看出，当银行系统分散的程度越大（N 变大），则政府担保的非预期成本（UL）会随着银行数量的增加而降低，预期成本（EL）不受其影响，将保持不变。

三、测算多家关联性银行政府或有债务的指标

当银行相互独立时，一旦估计了来自每个银行的非预期损失，本书就能通过加总这些损失而得到整个银行业给政府带来的非预期成本。然而，如果这些银行之间存在关联，这一加总至少会因为如下两个原因而夸大对政府非预期成本的估计。第一，问题银行可能会被资质良好的银行合并或收购（如摩根大通收购贝尔斯登投资银行）。第二，如同美国的联邦储蓄保险公司（Federal Deposit Insurance Company，FDIC）在许多情形下所做的那样，一个被干预的银行可能通过购买或兼并转变成一个更强大的银行。在这两种情形下，当一个单独的银行倒闭时，没有为政府带来具体化的损失。也就是说，关联性银行业整体上比独立性银行应对的风险会更低一些，因为此时一家银行的损失可能会被另一家银行的收益所弥补。换句话，存在着来自于不同银行的多元化收益，正如格雷和乔布斯（Gray，Jobst，2010）强调的那样。总之，由于整个关联性银行业的整体资产价值波动小于独立性银行业资产价值波动之和（只要银行间的资产相关系数小于 1），多元化收益因此就会出现。每一家银行间的资产相关性越低（也就是更加多元的银行系统），多元收益就越高。而从另一个角度来看，如果所有银行都集中于同一行业如房地产，多元化收益将变得很低，因此银行之间资产负债上的关联、相似的经营模式或面临的共同风险等而更易于同时破产，爱尔兰就是一个很好的例子。

因此，本书放松对独立性银行的假设，在考虑上述条件的基础上，i 银行的政府或有债务 cl_{it} 和 j 银行的政府或有债务 cl_{jt} 不再互相独立而是相互依

赖于相关系数 ρ_{ijt}。由方程（3.6.2）$EL_t = \partial * \sum\limits_{i=1}^{N} l_{it} * PGS_{it} * EDF_{it}$ 可以看出，银行之间的相互关联不会改变担保的预期成本（EL）。但政府担保的非预期成本（UL）会发生变化[①]，因此，将方程（3.7.1）做出如下变化：

$$VL_t = Var(CL_t) = Var\left(\sum_{i=1}^{N} cl_{it} \right) = \sum_{i=1}^{N} \sum_{j=1}^{N} Cov(cl_{it}, cl_{jt}) \qquad (3.13.1)$$

$$VL_t = \partial^2 [l_{1t} \cdots l_{Nt}] \begin{bmatrix} p_{11t} & \cdots & p_{1Nt} \\ \vdots & \ddots & \vdots \\ p_{1Nt} & \cdots & p_{NNt} \end{bmatrix} \begin{bmatrix} l_{1t} \\ \vdots \\ l_{Nt} \end{bmatrix} \qquad (3.13.2)$$

在这里，

$$p_{ijt} = \rho_{ijt} \sqrt{EDF_{it} PGS_{it}(1 - EDF_{it} PGS_{it}) \times EDF_{jt} PGS_{jt}(1 - EDF_{jt} PGS_{jt})}$$

$$(3.13.3)$$

当 cl_{it} 和 cl_{jt} 相互独立时，即在 $i \neq j$ 时，$\rho_{ijt} = 0$。此时，方程（3.13.2）又可以简化为方程（3.7.2）。

四、测算银行业政府或有债务规模指标的一个综合

综合以上内容，我们界定了一个银行业政府或有债务规模（SBGCL）测算指标，如下所示：

$$SBGCL_t = (EL_t + 2 UL_t) \qquad (3.14)$$

将该指标用这种形式表示的原因有三个方面：第一，该方程不仅考虑到政府担保的预期成本，还涉及担保的非预期成本，这反映出政府预期平均承受的损失水平以及在一个更坏的情况下可能存在的额外损失；第二，这种界定可以看作一个源于双标准差不利事件特征情况下的损失估计，是标准风险管理中常用的度量标准，因此，本书将或有债务视为整个银行业的预期损失与两个非预期损失的标准偏差之和；第三，当银行业发展多元化且银行数目众多时，ρ 近乎为零而 N 非常大时，或有债务的概率分布开

---

① 当事件 A 和事件 B 相关联时，E（A+B）= E（A）+E（B）仍成立，而 Var（A+B）则变成了 Var（A）+Var（B）+Covar（A，B）。

始类似于正态分布（马恩涛和陈媛媛，2019）。

第三节　银行业政府或有债务规模测度指标的变量解释

一、政府对银行业担保的概率

对于政府对特定银行担保的概率 PGS，本书将使用惠誉支持评级（fitch support ratings，SRs）来表示。惠誉所提供的支持评级（SRs）和支持评级底线（support rating floors，SRFs）这两个指标共同来反映当银行陷入困境时，政府在对其提供支持的倾向和能力，一定程度上讲可以代替政府担保特定银行的概率。

惠誉的支持评级（SRs）反映了当金融机构需要特别支持时，评级机构对其提供必要性支持的可能性，以防止金融机构在其高级义务上的违约。特别支持通常有两个渠道来源：被评级实体的母公司/股东（机构支持）或其注册地的国家当局（主权支持）。SRs 只表达惠誉是否会对陷入困境的金融机构提供外部支持的一种判断，并不评估银行的内在信用质量。这种判断一般是基于一种假设，即是否存在及时的必要支持且具有足够的可持续性，以使银行在被支持后可以继续履行其高级义务。例如有担保和无担保的高级债务以及被保险和未投保的存款。SRs 分为 1 到 5 这五个等级，1 表示支持的可能性非常高，5 表示不能支持。

支持评级底线（SRFs）反映了惠誉对评级实体将获得特别支持的可能性的看法，尤其是在需要的情况下获得来自政府的支持的可能性的看法（陈媛媛等，2020）。它由三个因素来确定：（1）政府的支持能力；（2）政府支持银行业的倾向；（3）政府支持特定金融机构的倾向。支持倾向是惠誉做出的判断，而支持能力是由主权人自己的违约评级来确定。SRFs 以"AAA"评级标准进行分级。如果没有合理的假设该银行将获得主权支持，则会被分配到"无底线"（NF）的 SRFs。在政府支持概率的

设计上，本书借鉴了塞尔坎和英（Serkan，Yin，2015）的观点，SRFs 为
"AAA"的银行获得政府担保的概率为 1。相反，SRF 为 "NF"的银行获
得政府担保的概率仅为 0.2。假设获得政府担保的概率为 0 到 0.4 之间的
均为 "NF"，并取其均值 0.2 代表担保率均低于 0.4 的银行。同时，"B"
等级和 "C"等级高于 "NF"，其概率介于 0.4 到 1 之间。各支持评级底
线的概率值在表 3-7 中表示。

表 3-7　支持评级底线转换为政府担保的概率

支持评级 （SR）	惠誉的描述	支持评级底线 （SRF）	政府担保的概率 （PGS）
1	极高的外部支持率	AAA	1.00
		AA+	0.97
		AA	0.93
		AA-	0.90
		A+	0.87
		A	0.83
		A-	0.80
2	很高的外部支持率	BBB+	0.77
		BBB	0.73
		BBB-	0.70
3	中等的外部支持率	BB+	0.67
		BB	0.63
		BB-	0.60
4	有限的外部支持率	B+	0.57
		B	0.53
5	外部支持不可靠	B-	0.50
		CCC	0.47
		CC	0.43
		C	0.40
		NF	0.20

二、银行陷入困境的概率

对于银行陷入困境的概率变量，本书将使用穆迪评级公司（Moody）的预期违约频率（EDF）来表示。EDF 是穆迪评级公司计算的信用风险指标，用于评估公司在特定时间段（通常为一年）违约的可能性，当公司资产的市场价值低于其应付债务（违约点）时，公司就会违约。有三个关键因素决定 EDF 信用评估：（1）公司当前的市场价值（资产的市场价值）；（2）公司债务的水平（违约点）；（3）发生重大变化时，市场价值（资产波动性）的脆弱性（陈媛媛等，2020）。

公司的股权价值、股权波动和负债结构共同决定了资产的市场价值。由于资产的市场价值无法直接可见，穆迪采用了默顿（Merton，1992）的模型来计算这个价值，将公司的股票价值视为公司基础资产的看涨期权，将公司资产的市场价值水平视为违约点，低于这个水平，公司将无法按期偿还债务①。衡量公司业务风险的一个常用指标是公司的资产波动性，它是根据公司资产市场价值的年百分比变化的标准偏差来衡量的。一个公司的商业模式的风险越大，资产波动性越高，公司价值跌至违约点以下的可能性就越大。

根据以上所述 EDF 的组成和特点，可以看出 EDF 的测算是基于股票价格而不是依赖于资产负债表或会计数据等过去的指标，因此可以定期、甚至每天都可以获得大样本数据，具有动态性和前瞻性。同时，一般人们预期政府会救助银行的债权人，而不是股权持有者，EDF 正是基于股票价格得到，因而政府对银行的支持通常不包括股东。因此，穆迪的预期违约频率指标是最受企业和金融机构广泛使用的违约概率度量标准，是基于杠杆水平和资产波动性而确定的困境概率，本书就采用银行业的预期违约频率来代替银行陷入困境的概率，在下一节会进行 EDF 的测量。

---

① 在 EDF 模型中，四大类信贷事件被认为是违约：（1）拖欠付款；（2）破产，接管或者具有同等法律效力时间；（3）不良债务重组；（4）政府为防止信贷事件而实施的救助。

三、银行的困境关联度

对于各银行间困境关联度变量，本书将基于 VAR—广义方差分解的网络拓扑模型，使用"滚动窗口"（rolling windows）[1] 的方法对"窗口长度"[2] 为 100 天的日股票价格波动率进行动态分析，以确定各银行之间的困境关联度。银行的经营方式越相似，其股票日收益率波动率的关联度越高，银行同时陷入困境的可能性越高。在实证分析部分会对银行的困境关联度进行测量。

四、其他变量

（一）银行债务

对于银行债务变量 L，本书将使用"调整后的总负债"来衡量，采用锐思金融研究数据库中金融行业资产负债表披露的数据计算得出，如表 3-8 所示。这一变量涵盖了银行所有的债务，包括吸收存款、同业及其他金融机构存放款项、交易性金融负债等，但不包括股东权益和税费。该变量测度的是一个相对较宽泛的银行债务额，这些债务会因为受到政府的担保在出现问题时得到政府的救助。

表 3-8　2012—2017 年我国 14 家上市商业银行的调整后的总负债

单位：元

年份 银行	2012	2013	2014	2015	2016	2017
工商	1.63E+13	1.76E+13	1.90E+13	2.03E+13	2.21E+13	2.39E+13

---

[1]　滚动窗口算法是基于预测控制理论的一种方法，其基本思想是依靠计算机所获得的局部信息，采取滚动的方式进行规划。滚动中的每一步，根据探测到的局部信息，用启发式方法生成优化子目标，在当前滚动窗口内进行局部路径规划，然后，实施当前策略，随着滚动窗口的推进，不断取得新的环境信息，从而在滚动中实现优化与反馈的结合。

[2]　窗口长度为 100 时，第一个窗口为 1—100，采用滚动窗口方法，第二个窗口为 2—101，以此类推。

年份\银行	2012	2013	2014	2015	2016	2017
建设	1.30E+13	1.42E+13	1.54E+13	1.69E+13	1.93E+13	2.03E+13
中国	1.18E+13	1.29E+13	1.40E+13	1.54E+13	1.66E+13	1.79E+13
农业	1.24E+13	1.37E+13	1.49E+13	1.65E+13	1.82E+13	1.96E+13
交通	4.88E+12	5.53E+12	5.78E+12	6.60E+12	7.76E+12	8.35E+12
招商	3.20E+12	3.74E+12	4.40E+12	5.10E+12	5.52E+12	5.79E+12
中信	2.75E+12	3.41E+12	3.87E+12	4.80E+12	5.54E+12	5.26E+12
浦发	2.96E+12	3.46E+12	3.92E+12	4.71E+12	5.47E+12	5.69E+12
兴业	3.07E+12	3.46E+12	4.13E+12	4.97E+12	5.72E+12	5.99E+12
民生	3.04E+12	3.02E+12	3.76E+12	4.20E+12	5.53E+12	5.50E+12
光大	2.16E+12	2.26E+12	2.55E+12	2.94E+12	3.76E+12	3.78E+12
平安	1.52E+12	1.77E+12	2.05E+12	2.35E+12	2.74E+12	3.01E+12
华夏	1.41E+12	1.58E+12	1.75E+12	1.90E+12	2.20E+12	2.33E+12
北京	1.05E+12	1.26E+12	1.43E+12	1.73E+12	1.97E+12	2.15E+12

数据来源：锐思金融研究数据库。

（二）政府救助银行的单位债务损失率

对于政府救助银行的单位债务损失率变量∂，本书假设每一单位受保债务损失率为0.2。这一假设来源于莱文和瓦伦西亚（Laeven, Valencia, 2010、2013）的发现，他们揭示了新兴市场和发展中国家历史上对银行救助的财政成本大约是其债务总额的20%。拉科尼索克等（Lakonishok, et al.,1992），艾伦和盖尔（Allen, Gale, 2003）也指出，在银行危机期间，大量银行破产，此时很难将破产银行的资产以具有吸引力的价格卖出，因为其他银行也同样面临着融资约束。

通过对以上变量的界定，可以清楚地看出银行业政府或有债务规模测算指标包含了银行业的一些关键性特征。当各家银行规模更大（L增加）、银行业更集中（N降低）、多元化程度更低（ρ变小），以及因更高的杠杆水平和资产波动所导致的风险概率更高（EDF增大）时，银行业或有债务规模（SBGCL）也将上涨，如表 3-9 所示。

表 3-9 银行部门特征和银行业政府或有债务指数

属性	变量	担保预期成本（EL）	担保非预期成本（UL）	BGCLI
债务规模 ↑	L ↑	↑	↑	↑
集中度 ↑	N ↓	没变化	↑	↑
多元化 ↑	ρ ↓	没变化	↓	↓
银行杠杆 ↑	EDF ↑	↑	↑	↑
银行资产波动 ↑	EDF ↑	↑	↑	↑

注：L 表示银行部门的规模；N 表示银行业中银行的总数；ρ 表示银行间相关系数；EDF 表示银行陷入困境的概率。

第四节 2012—2017 年我国银行业政府或有债务具体规模

本节会对 2012—2017 年我国 14 家上市商业银行（工商银行、建设银行、中国银行、农业银行、交通银行、招商银行、中信银行、浦发银行、兴业银行、民生银行、光大银行、平安银行、华夏银行和北京银行）的政府或有债务规模进行评估。这 14 家上市商业银行的资产占我国银行业资产的 80% 以上，因此，这 14 家上市商业银行的政府或有债务规模基本可以代表我国银行业政府或有债务规模。首先，本书根据惠誉评级公司公布的支持评级和支持评级底线，得到了我国上市商业银行获得政府担保的概率；其次，由于穆迪评级公司仅对我国少数商业银行的预期违约频率进行测算，可获得的数据有限，所以本书又计算出各上市商业银行的预期违约频率；再次，各上市商业银行间的困境关联度也会进行具体测算；最后，根据各变量的数据及测算指标，可以得到我国银行业政府担保的或有债务规模。

表 3-10 2012—2017 年我国 14 家上市商业银行的政府担保概率（支持评级底线）

年份 银行	2012	2013	2014	2015	2016	2017
工商	0.83（A）	0.83（A）	0.83（A）	0.83（A）	0.83（A）	0.83（A）
建设	0.83（A）	0.83（A）	0.83（A）	0.83（A）	0.83（A）	0.83（A）
中国	0.83（A）	0.83（A）	0.83（A）	0.83（A）	0.83（A）	0.83（A）
农业	0.83（A）	0.83（A）	0.83（A）	0.83（A）	0.83（A）	0.83（A）
交通	0.80（A-）	0.83（A）	0.83（A）	0.83（A）	0.83（A）	0.83（A）
招商	0.73（BBB）	0.73（BBB）	0.73（BBB）	0.73（BBB）	0.73（BBB）	0.73（BBB）
中信	0.73（BBB）	0.73（BBB）	0.73（BBB）	0.73（BBB）	0.73（BBB）	0.73（BBB）
浦发	0.67（BB+）	0.67（BB+）	0.67（BB+）	0.7（BBB-）	0.7（BBB-）	0.73（BBB）
兴业	0.67（BB+）	0.67（BB+）	0.67（BB+）	0.67（BB+）	0.67（BB+）	0.67（BB+）
民生	0.67（BB+）	0.67（BB+）	0.67（BB+）	0.67（BB+）	0.67（BB+）	0.67（BB+）
光大	0.73（BBB）	0.73（BBB）	0.73（BBB）	0.73（BBB）	0.73（BBB）	0.73（BBB）
平安	0.67（BB+）	0.67（BB+）	0.67（BB+）	0.67（BB+）	0.67（BB+）	0.67（BB+）
华夏	0.67（BB+）	0.67（BB+）	0.67（BB+）	0.67（BB+）	0.67（BB+）	0.67（BB+）
北京	0.67（BB+）	0.67（BB+）	0.67（BB+）	0.67（BB+）	0.67（BB+）	0.67（BB+）

数据来源：https：//www.fitchratings.com/site/home。

一、2012—2017 年我国上市商业银行的政府担保概率

根据惠誉公布的我国 14 家上市商业银行的支持评级和支持等级底线，本书确定了各银行 2012—2017 年获得政府担保的概率，如表 3-10 所示。

二、2012—2017 年我国上市商业银行的预期违约频率

本书将基于穆迪评级公司修正的 KMV 模型①，通过历史平均法和 GARCH（1，1）模型分别得到 2012—2017 年我国 14 家上市商业银行的股权价值波动率，再使用 Matlab 软件计算出各银行的资产价值及其资产价值波动率，进而得到违约点和违约距离。根据违约距离与预期违约频率 EDF 的映射关系可以获得 14 家银行 6 年的理论 EDF 值。

KMV 模型将企业的股权看作一种看涨期权，执行价格是企业的负债，标的物为企业资产价值。当企业的资产价值小于负债时，企业将选择违约，否则不违约。该模型存在一定的局限性，如模型的假设条件比较严格，对长期债务没有进行细致划分，可能会使违约点与实际不符；假定利率在贷款期限内不变，忽略了利率风险；公司资本结构不变以及资产价值服从正态分布与实际情况有些出入。但很多学者也对 KMV 模型在我国的适用性进行了实证分析，如程鹏和吴冲锋（2002）、杨星和张义强（2004）、杨秀云等（2016）均认为该模型基本能够识别我国上市公司的信用状况，也具有较强的预测能力。

---

① 穆迪评级公司的 KMV 模型是一种用来测算金融部门债务违约概率的方法。由于公司的资产价值很难评估，所以该模型将贷款问题反向思考，将企业的资产价值与负债进行对比，当企业的资产价值小于负债时，企业将会违约，否则不会违约。随着我国政府债务风险的加剧，近些年来国内学者利用 KMV 模型评价政府债务风险的研究与日俱增。KMV 模型的主要思想是利用 Black-Scholes 期权定价公式，首先，根据企业股权的市场价值及其波动性、到期时间、无风险借贷利率及负债的账面价值估计出企业资产的市场价值、资产价值的波动性。其次，根据公司的负债计算出公司的违约实施点，计算借款人的违约距离。最后，根据企业的违约距离与预期违约率之间的对应关系，求出企业的预期违约率。

（一）KMV 模型的理论基础

1. 资产价值 V_A 及资产价值波动率 σ_A

根据 Black-Scholes-Merton 期权定价模型，企业资产·价值和股权价值的关系为

$$V_E = V_A N(d_1) - D e^{-rT} N(d_2) \tag{3.15}$$

其中，$d_1 = \dfrac{\ln\left(\dfrac{V_A}{D}\right) + (r + \dfrac{1}{2}\sigma_A^2)T}{\sigma_A \sqrt{T}}$，$d_2 = d_1 - \sigma_A \sqrt{T}$。

企业的股权价值波动率与资产价值波动率的关系为

$$\sigma_E = \frac{V_A}{V_E} N(d_1) \sigma_A \tag{3.16}$$

方程（3.15）和方程（3.16）中 V_E 为企业的股权价值，V_A 为企业的资产价值，D 为企业的负债，T 为企业债务剩余期限，假设其为一年，即 $T = 1$。r 为无风险利率，σ_A 为资产价值波动率，σ_E 为股权价值波动率，$N(d)$ 为标准正态累积分布函数。联立两个方程，就可得到资产价值 V_A 及资产价值波动率 σ_A。

2. 违约距离 DD 及违约点 DP

违约距离是企业的资产价值在风险期限内由当前水平降至违约点的相对距离，可以表示为

$$DD = \frac{V_A - DP}{V_A \sigma_A} \tag{3.17}$$

其中，DP 为违约点，理论上来说，企业的资产价值低于负债面值总额时，就会发生违约，但是，长期负债往往能缓解企业的偿债压力，穆迪评级公司根据大量的实证检验，发现违约最常发生的临界点为短期负债与长期负债的一半之和，即为方程（3.18），其中，STD 为短期负债，LTD 为长期负债。

$$DP = \text{STD} + 0.5\text{LTD} \tag{3.18}$$

3. 预期违约频率 EDF

由于假设资产价值服从标准正态分布，根据违约距离 DD 的含义，理论的预期违约频率可表示为：

$$EDF = P[\,E(V_A) \leqslant DP\,] = N\left[-\frac{V_A - DP}{V_A\ \sigma_A}\right] = N(-DD) \qquad (3.19)$$

由以上可知，违约距离 DD 越大，上市银行能按时偿还到期债务的可能性越大，信用风险越小，发生违约的概率越低，反之亦然，因此违约距离 DD 和预期违约频率 EDF 呈负相关。以上为理论预期违约频率的计算方法，穆迪评级公司根据大规模的历史违约数据库构建了违约距离和预期违约频率的映射关系，从而得到经验预期违约频率来评估企业的信用风险。由于我国缺乏大型的企业违约数据库，在对我国上市银行进行信用分析时，只计算其理论的 EDF 值。

（二）KMV 模型参数解释与样本数据

本书研究 2012—2017 年我国 16 家上市银行的信用风险状况，以观察经济新常态以来宏观经济的变化对其是否造成影响。这 16 家银行分别包括 5 家大型商业银行，8 家股份制商业银行以及 3 家城市商业银行。

1. 上市银行的股权价值 V_E

这 16 家上市银行均完成了股权分置改革，不存在非流通股，因此，它们的股权价值可以表示为

股权价值＝股票收盘价 × 流通的股票数

其中，我们采用证券市场中该银行每个交易日的收盘价与该交易日流通的股票数相乘，并进行加权平均得到其年股权价值。股票收盘价和流通的股票数分别来自国泰安 CSMAR 系列研究数据库和锐思金融数据库。

2. 上市银行的股权价值波动率 σ_E

常见的计算股票价值波动率的方法有历史波动率法和 GARCH （1，1）模型，国内学者对这两种方法持不同意见。冯玉梅等 （2016）通过实证发现 GARCH 计算的动态波动率并不符合实际风险变化。张鹏和曹阳

（2012）、梅建明等（2013）以及杨世伟和李锦成（2015）则认为金融时间序列常常出现某一特征值成群出现的现象，分布上表现出尖峰厚尾的特征，因此采用 GARCH（1，1）模型进行计算更为合适。

（1）历史波动率法

假设上市银行股票价格服从对数正态分布，用股票的日波动率来推算其年波动率。股票的日对数收益率可以表示为

$$\mu_i = \ln\left(\frac{P_i}{P_{i-1}}\right) \tag{3.20}$$

其中，P_i 代表第 i 日的股票收盘价，P_{i-1} 代表第 $i-1$ 日的股票收盘价。此时，银行股票的日收益率的波动率为

$$\sigma_* = \sqrt{\frac{1}{n-1} \sum_{i=1}^{n} (\mu_i - \bar{\mu})^2} \tag{3.21}$$

其中，$\bar{\mu}$ 为日平均收益率，$\bar{\mu} = \frac{1}{n} \sum_{i=1}^{n} \mu_i$。每年的总交易日为 n 日，则年收益率的标准差即股权价值波动率可表示为

$$\sigma_E = \frac{\sigma_*}{\sqrt{\frac{1}{n}}} = \sigma_* \sqrt{n} \tag{3.22}$$

（2）GARCH（1，1）模型

在 GARCH（1，1）中，σ_n^2 是由长期平均方差 V_L 以及 u_{n-1} 和 σ_{n-1} 计算得出，GARCH（1，1）的表达式为

$$\sigma_n^2 = \gamma V_L + \alpha u_{n-1}^2 + \beta \sigma_{n-1}^2 \tag{3.23}$$

在方程（3.23）中，γ 为对应于 V_L 的权重，α 为对应于 u_{n-1}^2 的权重，β 为对应于 σ_{n-1}^2 的权重。因为权重之和仍为 1，我们有 $\gamma + \alpha + \beta = 1$。

GARCH（1，1）模型的（1，1）表示 σ_n^2 是由最近的 u^2 的观察值以及最新的方差率估计而得出。令 $\omega = \gamma V_L$，我们可以将 GARCH（1，1）模型写成：

$$\sigma_n^2 = \omega + \alpha u_{n-1}^2 + \beta \sigma_{n-1}^2 \qquad (3.24)$$

在估计模型的参数时，通常会采用这种形式，一旦 ω、α 和 β 被估算，我们可以由 $\gamma + \alpha + \beta = 1$ 来计算 γ，长期方差 $V_L = \omega / \gamma$。为了保证 GARCH（1，1）模型的稳定，我们需要 $\alpha + \beta < 1$，否则对应于长期方差的权重会是负值。

以上可以看出，两种方法计算出来的结果应该会存在一定的差异，我们只选取其中一个进行后续分析，GARCH（1，1）相比于历史法更能反映实际波动率，并依据前人的经验，最终认为 GARCH（1，1）模型更为精确。

3. 无风险利率 r

无风险利率采用人民银行公布的一年期定期存款利率的加权平均值，2012—2017 年的定期存款利率分别为 3.24%、3.00%、2.97%、2.12%、1.50% 和 1.50%，均保留两位小数。

4. 各负债项

上市银行的总负债 D 采用其资产负债表中的负债合计值，短期负债 STD 包括向中央银行借款、同业及其他金融机构存放款项等，长期负债 LTD 包括长期借款、长期递延收益等，数据均来自锐思金融研究数据库。

（三）实证分析

1. 2012—2017 年我国 16 家上市银行的股权价值波动率 σ_E

我们利用 16 家上市银行 2012—2017 年股票的日对数收益率对 GARCH（1，1）模型的参数进行估计，然后使用模型得到日收益的波动率，进而得到年收益率的标准差，即股权价值波动率。

通过采用 R 语言里的 fGarch 包进行了模型拟合，我们得出了 16 家上市银行 2012—2017 年的日收益波动率，进而得到年收益率的标准差，结果如表 3-11 所示。

表 3-11　2012—2017 年 16 家上市银行的股权价值波动率

年份 银行	2012	2013	2014	2015	2016	2017
中行	0.1557	0.1811	0.2252	0.3957	0.1871	0.1641
农行	0.1565	0.2038	0.2002	0.3480	0.1636	0.1593
工行	0.1547	0.1710	0.2007	0.3608	0.1607	0.1760
建行	0.1848	0.2159	0.2295	0.3690	0.1957	0.1962
交行	0.1962	0.2380	0.2567	0.4228	0.2067	0.1729
兴业	0.2474	0.5469	0.3034	0.4952	0.1828	0.1655
光大	0.1875	0.2615	0.2505	0.4734	0.2122	0.1622
中信	0.2316	0.3204	0.3718	0.4772	0.2701	0.2214
华夏	0.3095	0.4158	0.3446	0.5245	0.2708	0.2533
民生	0.2493	0.4225	0.3550	0.4529	0.2194	0.1696
招商	0.2194	0.3221	0.2366	0.3957	0.2177	0.2506
平安	0.3155	0.7249	0.4404	0.5807	0.3042	0.3296
浦发	0.2493	0.3741	0.2991	0.4030	0.2462	0.2324
北京	0.3252	0.3632	0.3672	0.5184	0.3126	0.2779
南京	0.4174	0.4186	0.4284	0.4583	0.4556	0.4318
宁波	0.3010	0.3495	0.3035	0.5582	0.3134	0.3202

表 3-11 的数据显示，横向总体来看，16 家银行的波动率 2012—2015 年呈现出上升趋势，在 2015 年达到峰值，2016 年和 2017 年两年呈现稳定或下降的趋势；纵向比较来看，大型商业银行在各个年份的波动率整体上明显低于中小型商业银行的波动率。

2. 2012—2017 年我国 16 家上市银行的资产价值 V_A 及其波动率 σ_A

将 GARCH（1，1）模型计算出来的股权价值波动率代入方程（3.15）和方程（3.16），使用 Matlab 软件得到了上市银行的资产价值及其波动率（结果保留四位小数），如表 3-12、表 3-13 所示。

表 3-12　2012—2017 年 16 家上市银行的资产价值　　　单位：元

银行＼年份	2012	2013	2014	2015	2016	2017
中行	1.22E+13	1.33E+13	1.44E+13	1.64E+13	1.74E+13	1.87E+13
农行	1.29E+13	1.42E+13	1.53E+13	1.74E+13	1.90E+13	2.05E+13
工行	1.73E+13	1.85E+13	1.98E+i3	2.17E+13	2.34E+13	2.55E+13
建行	1.37E+13	1.50E+13	1.61E+13	1.81E+13	2.03E+13	2.16E+13
交行	5.04E+12	5.70E+12	5.94E+12	6.98E+12	8.07E+12	8.70E+12
兴业	3.12E+12	3.59E+12	4.22E+12	5.19E+12	5.95E+12	6.25E+12
光大	2.21E+12	2.32E+12	2.61E+12	3.10E+12	3.89E+12	3.92E+12
中信	2.86E+12	3.50E+12	3.98E+12	5.05E+12	5.76E+12	5.50E+12
华夏	1.44E+12	1.61E+12	1.78E+12	1.98E+12	2.28E+12	2.42E+12
民生	3.12E+12	3.20E+12	3.88E+12	4.46E+12	5.79E+12	5.79E+12
招商	3.35E+12	3.91E+12	4.56E+12	5.44E+12	5.89E+12	6.32E+12
平安	1.55E+12	1.82E+12	2.11E+12	2.48E+12	2.86E+12	3.16E+12
浦发	3.03E+12	3.55E+12	4.00E+12	4.93E+12	5.75E+12	5.98E+12
北京	1.08E+12	1.30E+12	1.46E+12	1.81E+12	2.08E+12	2.26E+12
南京	3.34E+11	4.21E+11	5.51E+11	7.89E+11	1.05E+12	1.13E+12
宁波	3.68E+11	4.57E+11	5.35E+11	7.12E+11	8.81E+11	1.04E+12

从表 3-12 可以看出，每家银行的资产价值都是逐年递增的，以南京银行和宁波银行最为显著，它们 2017 年的资产价值是 2012 年的三倍左右。大型商业银行虽然增长率没有城市商业银行的大，但增长额也是很可观的。

表 3-13　2012—2017 年 16 家上市银行的资产价值波动率

银行＼年份	2012	2013	2014	2015	2016	2017
中行	0.0102	0.0107	0.0120	0.0309	0.0107	0.0098
农行	0.0102	0.0124	0.0107	0.0227	0.0088	0.0089
工行	0.0127	0.0129	0.0128	0.0286	0.0106	0.0131
建行	0.0148	0.0162	0.0150	0.0311	0.0122	0.0146

年份 银行	2012	2013	2014	2015	2016	2017
交行	0.0117	0.0137	0.0135	0.0307	0.0106	0.0091
兴业	0.0112	0.0340	0.0142	0.0305	0.0092	0.0091
光大	0.0097	0.0137	0.0123	0.0339	0.0096	0.0079
中信	0.0154	0.0176	0.0207	0.0332	0.0138	0.0127
华夏	0.0144	0.0181	0.0150	0.0332	0.0131	0.0125
民生	0.0140	0.0353	0.0206	0.0344	0.0126	0.0091
招商	0.0158	0.0223	0.0140	0.0318	0.0161	0.0234
平安	0.0157	0.0456	0.0248	0.0448	0.0163	0.0188
浦发	0.0129	0.0193	0.0139	0.0252	0.0149	0.0140
北京	0.0201	0.0208	0.0191	0.0360	0.0202	0.0173
南京	0.0320	0.0261	0.0207	0.0307	0.0261	0.0264
宁波	0.0227	0.0215	0.0169	0.0451	0.0208	0.0237

表 3-13 的数据显示，各上市银行的资产价值波动率基本呈现先上升后下降的趋势，在 2015 年达到了最大值。

3. 2012—2017 年我国 16 家上市银行的违约距离

将 GARCH（1，1）模型计算出来的资产价值及其波动率代入方程（3.17），使用 Matlab 软件得到了上市银行的违约距离（结果保留四位小数），如表 3-14 所示。

表 3-14　2012—2017 年 16 家上市银行的违约距离

年份 银行	2012	2013	2014	2015	2016	2017
中行	5.1339	4.5239	3.6177	2.4509	5.9660	7.0483
农行	4.4924	3.7401	3.7906	2.7485	6.4103	6.4782
工行	5.4879	5.3091	4.5175	2.9111	7.2515	6.6290
建行	4.1422	3.7752	3.5613	2.5579	5.2136	5.4721
交行	3.5487	3.0734	3.2737	2.4785	7.1567	9.7220

续表

年份\银行	2012	2013	2014	2015	2016	2017
兴业	2.4316	1.2491	4.0799	2.7103	10.6760	10.6195
光大	4.0304	2.8174	3.2556	2.5583	9.1359	12.2286
中信	3.0224	2.2918	2.2748	2.4423	5.4304	6.8889
华夏	1.3451	0.9998	1.5425	1.8295	7.5067	9.2963
民生	3.7164	2.4174	3.0411	2.6501	7.2371	10.9884
招商	3.6119	2.4486	3.3511	2.8107	5.5290	4.6829
平安	1.7201	0.6605	1.6109	2.1851	5.3260	5.2617
浦发	3.1982	2.1621	3.3818	3.3670	7.2047	7.6282
北京	2.0693	2.1924	2.5228	2.8713	6.3836	8.2485
南京	1.9572	1.7804	2.5162	3.5287	4.8070	5.1413
宁波	2.8187	3.1923	5.7290	3.8662	5.9655	6.2937

由表 3-14 可以看出，大部分上市银行的违约距离呈现出先减小后增大趋势，说明它们的信用风险先增大后减小。

4. 2012—2017 年我国 16 家上市银行的预期违约频率

将 GARCH（1，1）模型计算出来的违约距离代入方程（3.18），使用 Matlab 软件得到了上市银行的预期违约频率，如表 3-15 所示。

表 3-15　2012—2017 年 16 家上市银行的预期违约频率

年份\银行	2012	2013	2014	2015	2016	2017
中行	1.42E-07	3.04E-06	1.49E-04	0.0071	1.22E-09	9.05E-13
农行	3.52E-06	9.20E-05	7.51E-05	0.0030	7.26E-11	4.64E-11
工行	2.03E-08	5.51E-08	3.13E-06	0.0018	2.06E-13	1.69E-11
建行	1.72E-05	7.99E-05	1.85E-04	0.0053	9.26E-08	2.22E-08
交行	1.94E-04	0.0011	5.31E-04	0.0066	4.13E-13	1.21E-22
兴业	0.0075	0.1058	2.25E-05	0.0034	6.59E-27	1.21E-26
光大	2.78E-05	0.0024	5.66E-04	0.0053	3.24E-20	1.09E-34

年份 银行	2012	2013	2014	2015	2016	2017
中信	0.0013	0.0110	0.0115	0.0073	2.81E-08	2.81E-12
华夏	0.0893	0.1587	0.0615	0.0337	3.03E-14	7.27E-21
民生	1.01E-04	0.0078	0.0012	0.0040	2.29E-13	2.17E-28
招商	1.52E-04	0.0072	4.02E-04	0.0025	1.61E-08	1.41E-06
平安	0.0427	0.2545	0.0536	0.0144	5.02E-08	7.14E-08
浦发	6.91E-04	0.0153	3.60E-04	3.80E-04	2.91E-13	1.19E-14
北京	0.0193	0.0142	0.0058	0.0020	8.65E-11	8.02E-17
南京	0.0252	0.0375	0.0059	2.09E-04	7.66E-07	1.36E-07
宁波	0.0024	7.06E-04	5.05E-09	5.53E-05	1.22E-09	1.55E-10

由表 3-15 可以得出，大部分银行的预期违约频率呈现出先增加后减少的趋势，与违约距离成反比。

5. 违约距离的敏感性分析

鉴于我国还未对违约事件建立大型的数据库，我们的预期违约频率是根据穆迪评级公司的映射关系得出的理论值，因此，我们只对 GARCH（1，1）模型计算出来的违约距离进行敏感性检验，以判断 16 家上市银行的股权价值、股权价值波动率、资产价值、资产价值波动率和违约点对违约距离的敏感性。此处将使用 16 家上市银行的面板数据并采取多元逐步回归法进行研究。

（1）确定模型类型

面板数据进行回归时常采用固定效应模型或者随机效应模型。固定效应模型所研究的样本为全体研究对象，在利用部分样本数据对整体进行推断时不太适用，而随机效应直观的用处就是把固定效应推广到随机效应，随机效应是一个群体概念，代表了一个分布的信息或特征，依据样本数据利用随机效应模型来估算整体的信息。这里我们并没有选取所有的银行，而是部分银行，如果想要估算银行业整体的特征，就应该采用随机效应模型。同时，我们也通过检验来证明随机效应模型的有效性。将违约距离、股权价值、资产价值、违约点的原始数据进行了对数化处理，对面板数据分别采用固定效应回归模型和随机效应随机模型进行回归，将得到的结果采用 Stata 软件进行豪斯曼检验后，发现 p 值是 0.8205（见表 3-16），远大于 0.05，所以接受豪斯曼检验的原假设（豪斯曼检验的原假设是：固定效应下所估计的系数和随机效应下所估计的系数一致，随机效应估计的系数是最有效估计），因此模型更适用于随机效应模型。

表 3-16　豪斯曼检验

变量	fixed	random	Difference	S. E.
lngqjz	−0.67024	−0.84662	0.176374	0.1974
vgqjz	−3.393	−3.57382	0.180556	0.7448
lnzcjz	12.786	13.52183	−0.73549	1.2093
vzcjz	1.3129	5.205065	−3.89218	10.276
lnwyd	−11.99	−12.6128	0.62767	1.3447
	chi2（5）= 2.20			
	Prob>chi2 = 0.8205			

注：lngqjz 表示股权价值的对数，vgqjz 表示股权价值波动率，lnzcjz 表示资产价值的对数，vzcjz 表示资产价值波动率，lnwyd 表示违约点的对数。

（2）随机效应模型回归

将违约距离的对数看作因变量，股权价值的对数、股权价值波动率、资产价值的对数、资产价值波动率和违约点的对数看作自变量，第一次使用随机效应模型回归的结果如表 3-17 所示。

表 3-17　随机效应模型回归

lnDD	Coef.	Std. Err.	z	P>|z|	[95% Conf. Interval]	
lngqjz	−0.84662	0.245858	−3.44	0.001	−1.32849	−0.36474
vgqjz	−3.57382	0.862028	−4.15	0.000	−5.26337	−1.88428

续表

lnDD	Coef.	Std. Err.	z	P>∣z∣	［95% Conf. Interval］	
lnzcjz	13. 52183	0. 500996	26. 99	0. 000	12. 5399	14. 50376
vzcjz	5. 205065	12. 57177	0. 41	0. 679	−19. 4352	29. 84529
lnwyd	−12. 6128	0. 470479	−26. 81	0. 000	−13. 5349	−11. 6906
＿cons	−2. 81679	0. 872057	−3. 23	0. 001	−4. 52599	−1. 10759
	$R^2 = 0.9482$					

我们发现模型拟合优度很好，R^2 为 0.9482，而在 95% 的置信水平下，资产价值波动率的 p 值为 0.679，是不显著的，因此我们将这个解释变量剔除，再利用随机效应模型进行第二次回归，结果如表 3-18 所示。

表 3-18　剔除资产价值波动率后的回归

lnDD	Coef.	Std. Err.	z	P>∣z∣	［95% Conf. Interval］	
lngqjz	−0. 75101	0. 0989454	−7. 59	0. 000	−0. 94494	−0. 55708
vgqjz	−3. 22511	0. 1451084	−22. 23	0. 000	−3. 50951	−2. 9407
lnzcjz	13. 48417	0. 4923031	27. 39	0. 000	12. 51927	14. 44907
lnwyd	−12. 6699	0. 4431585	−28. 59	0. 000	−13. 5385	−11. 8013
＿cons	−2. 58309	0. 7012462	−3. 68	0. 000	−3. 9575	−1. 20867
	$R^2 = 0.9484$					

模型拟合优度为 0.9484，比第一次有略微提高，拟合效果很好。于是得出违约距离的估计方程为：

$$lnDD = −0.75×lngqjz − 3.23×vgqjz + 13.48×lnzcjz − 12.67×lnwyd$$

从估计结果来看：股权价值增长率增加 1%，违约距离增长率减少约 0.75%；股权价值波动率增加 1%，违约距离增长率减少约 3.2%；资产价值增长率增加 1%，违约距离增长率增加约 13.48%；违约点增长率增加 1%，违约距离增长率减少约 12.67%。很明显，违约距离对资产价值和违约点的变化最为敏感，股权价值和股权价值波动率与违约距离均是负相关，其原因可能是我国股市受政策影响程度较大，国家在股市不景气时往往通过提振银行股来带动市场，而此时实体经济往往疲软，银行的风险其实是上升的。

三、2012—2017 年我国上市商业银行的关联度

本书通过借鉴迪博尔德等（Diebold，et al.，2014）提出的基于 VAR—广义方差分解的网络拓扑模型，构建出我国上市商业银行的有向网络图，测算各银行间的关联度。

（一）VAR—广义方差分解的网络拓扑模型的理论基础

测量关联度的方法是评估由于其他地方出现冲击而导致不同的地点（如公司、市场、国家等）的预测误差方差变化的份额，本书是指银行系统中其他银行受到冲击时对所研究的某一银行的预测误差方差的解释份额。这与我们熟悉的方差分解的计量经济学概念密切相关，其中变量 i 的预测误差方差被分解为归因于系统中各种变量的部分。用 d_{ij}^{H} 表示第 ij 个向前 H 步方差分解的部分；也就是说，变量 i 的向前 H 阶预测误差方差中由变量 j 所受冲击引起的部分 d_{ij}^{H}，其中 i，$j=1,...,N$，$i \neq j$。

根据各银行之间的传染变量构建 VAR 模型，可以得到它们之间的关联性：

$$x_t = \sum_{i=1}^{P} \phi_i \, x_{t-i} + \mu_t \, , \, \mu_t \sim (0, \, \Sigma) \tag{3.25}$$

方程（3.25）可以等价表示成移动平均方程，即一个带有正交冲击的 N 维协方差平稳数据生成过程：

$$x_t = \theta(L) \, u_t \, , \, \theta(L) = \theta_0 + \theta_1 L + \theta_2 L^2 + \cdots \, , \, E(u_t u'_t) = I \tag{3.26}$$

其中，x_t 是银行的传染变量，L 是滞后算子，$\theta(L)$ 是变量的动态过程。关联度的所有方面都包含在这个非常一般的式子中。特别地，即期的关联度表现在 θ_0 中，动态方面表现在 $\{\theta_1, \theta_2,... \}$ 中。然而，试图通过

$\{\theta_0, \theta_1, \theta_2, ...\}$ 中潜在的数百个系数来理解关联度是很困难的，因此，需要将 $\{\theta_0, \theta_1, \theta_2, ...\}$ 转换成另一种形式以便更好地揭示并更简洁的总结关联度。而方差分解实现了这一点，以方程（3.26）为基础，采用广义方差分解的形式计算连续时间内（向前 H 步）各银行之间的有向关联度。向前 H 步广义方差分解矩阵 $D^{gH} = [d_{ij}^{gH}]$ 满足：

$$d_{ij}^{gH} = \frac{\sigma_{jj}^{-1} \sum_{h=0}^{H-1} (e'_i \theta_h \sum e_j)^2}{\sum_{h=0}^{H-1} (e'_i \theta_h \sum \theta'_h e_j)} \qquad (3.27)$$

其中，e_j 是一个选择向量，其中第 j 个元素为整数，其他元素均为 0；θ_h 是系数矩阵乘以非正交 VAR 的无限移动平均表达式中的 h 阶滞后冲击向量；Σ 是非正交 VAR 中冲击向量的协方差矩阵；σ_{jj} 是 Σ 的第 j 个对角元素；H 是向前预测的步数。

根据以上介绍，可以基于方差分解矩阵，将各银行之间的关联度用系统性关联度表（表 3-19）展示出来，这是理解各种关联度测量及其关系的核心。

表 3-19　网络关联度表

	x_1	x_2	...	x_N	其他银行对该银行的影响
x_1	d_{11}^{gH}	d_{12}^{gH}	...	d_{1N}^{gH}	$\sum_{j=1}^{N} d_{1j}^{gH}, j \neq 1$
x_2	d_{21}^{gH}	d_{22}^{gH}	...	d_{2N}^{gH}	$\sum_{j=1}^{N} d_{2j}^{gH}, j \neq 2$
⋮	⋮	⋮	⋱	⋮	⋮
x_N	d_{N1}^{gH}	d_{N2}^{gH}	...	d_{NN}^{gH}	$\sum_{j=1}^{N} d_{Nj}^{gH}, j \neq N$
该银行对其他银行的影响	$\sum_{i=1}^{N} d_{i1}^{gH}$ $i \neq 1$	$\sum_{i=1}^{N} d_{i2}^{gH}$ $i \neq 2$	...	$\sum_{i=1}^{N} d_{iN}^{gH}$ $i \neq N$	$\frac{1}{N} \sum_{i,j=1}^{N} d_{ij}^{gH}$ $i \neq j$

表 3-19 左上的 N×N 块是根据方差分解得到的,可将其称为"方差分解矩阵",用 $D^{gH} = [d_{ij}^{gH}]$ 来表示。D^{gH} 的非对角线元素从关联度角度看是 H 步预测误差方差分解的部分,它们测量成对方向的关联度。因此,可将从 j 到 i 方向的成对关联度定义为:

$$C_{i \leftarrow j}^{gH} = d_{ij}^{gH} \tag{3.28}$$

注意,通常 $C_{i \leftarrow j}^{gH} \neq C_{j \leftarrow i}^{gH}$,所以有 $N^2 - N$ 个不同的成对方向的关联度测量。网络关联度表 D^{gH} 最右边简单的增加了一列表示每一行的和,底部增加一行表示每一列的和,右下角的元素表示平均数,在所有情况下 $i \neq j$,即不包括对角线行或列的和。以第一行为例,其非对角线元素的总和给出变量 x_1 的 H 步预测误差方差的份额来自其他所有变量而非单一变量带来的冲击,也就是说,在关联度表总有向关联度的测量中,本书将不包括对角线行以及列的和分别用"其他银行对该银行的影响"和"该银行对其他银行的影响"来表示。因此,可以将其他变量对 i 的总的有向关联度定义为:

$$C_{i \leftarrow \cdot}^{gH} = \sum_{\substack{j=1 \\ j \neq i}}^{N} d_{ij}^{gH} \tag{3.29}$$

变量 j 对其他变量的总的有向关联度为

$$C_{\cdot \leftarrow j}^{gH} = \sum_{\substack{i=1 \\ i \neq j}}^{N} d_{ij}^{gH} \tag{3.30}$$

有 2N 个总的有向关联度度量,N 个对"其他因素的影响"或"传送",N 个来自"其他因素的影响"或"接受",类似于 N 个银行的风险吸收效应和风险外溢效应。

最后,D^{gH} 中非对角线元素的总和(相当于列和或行和)为总关联度,即

$$C^{gH} = \frac{1}{N} \sum_{\substack{i,j=1 \\ i \neq j}}^{N} d_{ij}^{gH} \tag{3.31}$$

表3-20　2012年我国14家上市商业银行关联度

	工商	建设	中国	农业	交通	招商	中信	浦发	兴业	民生	光大	平安	华夏	北京	From
工商	44.1	6.8	3.8	4.6	3.1	6.0	4.9	3.2	1.9	8.2	5.3	2.3	2.7	3.2	55.9
建设	18.3	32.9	4.5	4.2	3.6	3.4	7.6	4.3	2.8	7.3	2.8	3.2	1.9	3.3	67.1
中国	18.3	6.9	28.4	4.4	3.7	4.1	7.6	3.7	6.5	2.6	4.0	3.7	3.7	2.2	71.6
农业	18.0	12.1	5.7	26.4	3.1	5.7	2.4	2.9	2.9	7.0	4.3	3.9	3.4	2.3	73.6
交通	23.1	8.3	6.1	7.4	24.5	4.5	3.4	2.5	3.8	4.7	4.5	1.8	2.2	3.2	75.5
招商	28.0	5.6	3.6	8.4	5.0	25.4	3.2	2.5	3.6	6.5	2.9	2.1	1.4	1.7	74.6
中信	15.7	6.6	6.2	12.1	6.8	7.1	24.8	2.3	4.1	3.3	2.8	2.5	3.0	2.7	75.2
浦发	25.1	5.6	4.2	6.6	5.7	18.4	3.4	10.9	5.4	4.3	4.1	2.2	1.7	2.4	89.1
兴业	13.5	4.7	6.2	8.8	5.7	12.4	8.2	3.6	18.7	6.1	4.5	2.4	2.3	3.0	81.3
民生	13.0	10.7	4.3	10.8	4.4	11.3	4.8	5.5	3.7	20.3	2.4	2.7	2.2	3.5	79.7
光大	11.8	7.2	3.4	6.3	5.0	4.1	13.8	2.2	6.8	8.7	22.7	2.1	3.2	2.7	77.3
平安	10.3	9.3	4.8	9.8	5.5	11.5	9.3	3.1	5.3	10.6	3.2	12.2	1.6	3.5	87.8
华夏	19.0	12.3	5.1	8.8	5.0	10.2	4.5	5.5	4.2	4.5	4.9	1.9	11.4	2.7	88.6
北京	24.3	4.3	6.6	6.6	5.1	10.1	7.8	4.2	8.6	2.8	5.0	1.5	2.9	10.1	89.9
To	238.4	100.5	64.4	98.9	61.7	108.7	80.8	45.5	59.5	76.6	50.9	32.4	32.4	36.5	77.7

表3-21 2013年我国14家上市商业银行关联度

	工商	建设	中国	农业	交通	招商	中信	浦发	兴业	民生	光大	平安	华夏	北京	From
工商	38.1	4.7	8.0	6.3	6.9	5.5	3.5	2.6	6.8	4.9	3.7	2.0	2.8	4.2	61.9
建设	27.8	18.7	6.9	5.4	6.0	6.1	4.2	2.5	6.0	4.1	4.2	2.1	2.5	3.3	81.3
中国	27.5	8.2	16.6	4.8	6.0	7.3	4.3	4.0	3.9	5.0	3.9	2.7	2.5	3.3	83.4
农业	25.3	6.2	9.1	11.5	7.0	8.5	6.5	2.6	5.3	5.2	4.1	3.5	2.2	3.1	88.5
交通	21.0	10.8	10.7	5.6	14.4	5.5	6.0	3.3	5.7	4.2	5.1	2.6	2.5	2.6	85.6
招商	19.4	6.1	8.1	9.3	9.4	13.1	5.4	2.5	5.9	6.2	5.9	3.6	2.3	2.8	86.9
中信	18.9	8.8	9.7	5.6	9.9	5.2	18.3	2.4	3.9	4.6	4.7	3.1	2.3	2.7	81.7
浦发	17.5	8.0	9.5	11.9	9.9	7.1	4.9	7.0	4.6	5.1	4.9	3.2	3.3	3.2	93.0
兴业	19.7	5.3	7.7	14.1	9.7	6.3	5.8	3.7	7.8	5.7	4.8	3.1	2.5	3.7	92.2
民生	17.3	11.8	7.5	11.0	9.0	5.6	5.8	5.3	5.3	7.4	4.6	4.9	2.4	2.2	92.6
光大	22.5	7.9	10.1	7.6	10.0	6.2	6.6	3.9	5.4	3.9	6.9	3.5	2.2	3.3	93.1
平安	13.0	7.3	7.9	11.9	7.6	5.8	7.0	3.5	4.8	5.8	5.1	15.1	2.7	2.7	84.9
华夏	19.1	9.7	8.8	10.3	8.5	6.0	5.6	5.0	5.6	4.5	4.7	3.6	5.7	2.9	94.3
北京	20.3	8.3	9.2	10.1	8.5	6.3	5.0	5.3	5.3	5.2	5.9	3.1	2.0	5.4	94.6
To	269.4	103.1	113.0	113.8	108.3	81.5	70.7	46.5	68.5	64.4	61.6	41.1	32.1	39.9	86.7

表3-22 2014年我国14家上市商业银行关联度

	工商	建设	中国	农业	交通	招商	中信	浦发	兴业	民生	光大	平安	华夏	北京	From
工商	36.3	7.4	5.8	2.2	6.7	7.1	7.4	3.8	4.0	3.2	5.4	4.1	3.0	3.6	63.7
建设	11.2	30.8	4.6	3.3	4.9	10.9	7.5	5.6	4.7	3.3	5.2	3.2	2.8	2.0	69.2
中国	14.4	14.4	19.5	2.0	4.4	10.6	8.4	4.7	4.8	2.2	4.4	4.2	3.4	2.6	80.5
农业	14.7	16.2	6.6	8.9	5.4	13.9	7.2	2.7	5.8	3.0	7.6	2.7	2.5	2.8	91.1
交通	10.8	21.1	7.0	4.1	11.5	13.6	7.1	4.0	6.1	2.8	4.5	1.9	3.1	2.2	88.5
招商	10.7	12.7	5.8	3.4	11.9	22.5	5.7	4.7	5.8	2.9	4.5	3.8	2.7	2.7	77.5
中信	5.1	8.2	7.6	3.3	7.0	10.3	32.3	4.4	4.8	3.9	4.3	2.8	3.7	2.2	67.7
浦发	8.4	10.8	9.6	6.9	9.9	14.9	11.6	7.9	4.2	2.9	5.3	2.0	3.0	2.7	92.1
兴业	9.2	8.2	7.3	5.3	10.3	18.0	7.6	3.2	13.0	3.0	4.4	5.0	2.8	2.8	87.0
民生	7.5	6.4	7.4	3.6	13.0	16.3	9.4	3.0	8.1	10.1	6.6	3.5	3.2	2.0	89.9
光大	10.9	19.4	8.6	3.4	8.3	14.2	9.1	3.2	4.9	3.0	7.0	2.6	3.6	1.7	93.0
平安	11.1	10.5	8.0	4.5	9.0	13.5	8.8	3.7	6.5	3.4	5.4	9.3	3.5	2.7	90.7
华夏	8.9	13.2	8.0	4.2	7.1	16.1	7.6	5.4	7.1	2.8	4.9	2.6	8.6	3.4	91.4
北京	7.1	7.7	9.3	5.1	6.8	11.6	14.4	3.3	5.4	4.2	6.0	2.6	5.5	11.1	88.9
To	130.1	156.3	95.7	51.3	104.6	171.1	111.7	51.5	72.1	40.7	68.6	41.1	42.8	33.4	83.6

表 3-23　2015 年我国 14 家上市商业银行关联度

	工商	建设	中国	农业	交通	招商	中信	浦发	兴业	民生	光大	平安	华夏	北京	From
工商	34.5	7.5	6.2	4.5	6.8	5.6	6.9	2.5	5.7	3.4	4.9	6.8	2.0	2.8	65.5
建设	25.1	15.6	4.9	4.6	6.9	5.8	7.2	3.3	6.6	3.8	4.6	6.6	2.3	2.7	84.4
中国	29.7	11.3	11.4	5.2	5.4	4.1	4.3	3.2	6.9	3.6	3.4	6.5	2.4	2.5	88.6
农业	30.7	12.4	7.4	6.1	5.9	4.7	5.4	3.2	6.6	3.2	4.9	4.9	2.3	2.3	93.9
交通	26.7	10.8	6.1	4.2	12.3	4.6	4.6	4.6	8.8	3.5	4.5	5.0	2.1	2.1	87.7
招商	25.5	12.3	5.1	3.6	7.6	8.3	6.5	3.1	5.9	3.9	4.0	9.5	2.2	2.5	91.7
中信	21.0	15.0	5.7	4.8	7.8	5.0	14.5	4.0	4.6	3.4	3.8	5.6	2.5	2.4	85.5
浦发	24.5	15.9	4.1	3.5	8.8	4.2	8.7	6.7	5.3	2.6	4.0	5.8	2.4	3.5	93.3
兴业	23.4	18.0	3.2	3.9	8.2	4.6	5.6	4.5	8.1	2.9	4.5	4.9	3.1	5.2	91.9
民生	28.1	9.9	4.3	4.8	8.9	5.4	7.7	4.4	6.5	5.8	4.1	5.3	2.6	2.2	94.2
光大	20.2	16.1	7.1	3.3	8.8	4.9	5.1	4.6	7.7	3.5	9.6	4.6	2.4	2.2	90.4
平安	22.0	13.8	3.9	2.9	8.0	6.2	7.7	4.4	6.2	3.0	4.3	10.5	2.2	4.8	89.5
华夏	24.5	12.9	4.2	3.8	7.9	6.1	6.9	4.5	5.9	4.0	5.3	8.3	3.5	2.0	96.5
北京	25.6	14.0	7.1	4.1	6.6	4.8	9.8	2.9	5.7	2.5	4.2	5.4	2.7	4.6	95.4
To	326.9	169.9	69.3	53.1	97.6	66.0	86.2	49.3	82.3	43.4	56.7	79.3	31.4	37.2	89.2

表 3-24　2016 年我国 14 家上市商业银行关联度

	工商	建设	中国	农业	交通	招商	中信	浦发	兴业	民生	光大	平安	华夏	北京	From
工商	35.0	6.6	5.7	4.0	4.5	5.8	6.1	3.4	7.0	4.2	4.9	5.4	5.8	1.7	65.0
建设	19.6	24.7	6.4	3.7	3.2	6.8	5.5	6.5	4.6	3.1	4.9	4.7	4.4	1.8	75.3
中国	20.2	12.4	16.2	4.0	3.7	5.5	6.0	5.0	4.4	3.9	4.7	6.8	4.9	2.2	83.8
农业	27.6	13.7	8.5	10.6	2.9	3.1	5.4	3.4	7.8	3.4	3.3	5.0	3.0	2.3	89.4
交通	20.5	11.2	10.6	4.9	13.2	4.5	5.2	3.7	6.2	3.8	4.0	5.0	4.7	2.4	86.8
招商	15.0	9.4	6.8	6.3	4.2	19.7	6.9	3.4	11.6	1.9	2.2	4.9	5.6	2.0	80.3
中信	16.9	10.7	9.6	4.1	3.8	8.6	21.0	4.6	3.4	2.7	3.7	4.8	4.2	1.7	79.0
浦发	12.7	10.5	7.6	8.5	3.5	4.1	8.2	23.1	2.9	1.9	3.6	5.9	3.6	3.8	76.9
兴业	16.0	14.1	6.7	4.0	3.9	5.2	8.1	4.2	20.1	1.8	3.7	5.0	5.7	1.6	79.9
民生	7.1	7.7	4.3	11.9	3.1	14.2	5.7	4.9	11.8	16.0	4.1	4.8	1.9	2.6	84.0
光大	16.3	15.5	11.7	3.8	4.6	6.7	6.7	5.0	7.0	3.3	6.1	6.2	5.0	2.1	93.9
平安	14.5	22.0	9.8	3.7	3.1	5.4	6.4	5.3	6.4	3.8	2.7	11.4	3.6	1.8	88.6
华夏	15.3	13.4	9.5	6.3	3.3	7.2	9.1	5.4	6.8	3.3	3.5	6.0	9.3	1.8	90.7
北京	8.8	5.9	8.7	8.3	3.0	3.4	16.6	4.2	11.8	3.6	4.7	5.2	3.8	11.9	88.1
To	210.5	153.1	105.9	73.5	46.7	80.5	95.9	59.0	91.9	40.9	50.0	69.7	56.2	27.8	83.0

表 3-25 2017 年我国 14 家上市商业银行关联度

	工商	建设	中国	农业	交通	招商	中信	浦发	兴业	民生	光大	平安	华夏	北京	From
工商	42.2	5.6	4.7	3.8	3.6	5.6	3.5	4.2	2.3	4.2	5.4	7.5	3.0	4.2	57.8
建设	22.8	24.2	3.5	5.0	3.1	5.4	6.0	4.1	2.7	3.1	6.8	6.4	2.9	4.0	75.8
中国	17.7	10.1	16.0	6.9	4.3	5.6	3.8	3.7	3.8	4.9	4.0	11.6	2.2	5.3	84.0
农业	21.3	9.3	6.2	19.1	4.4	5.1	5.7	4.7	1.8	3.7	3.1	7.9	4.5	3.1	80.9
交通	17.3	8.7	6.9	5.8	15.2	7.4	5.2	3.2	3.0	6.8	3.2	8.0	3.4	5.8	84.8
招商	12.8	7.0	7.0	6.2	3.4	37.6	2.8	3.0	3.2	2.9	4.7	2.8	3.1	3.6	62.4
中信	8.8	5.9	5.7	6.6	5.2	7.5	28.8	4.2	3.1	3.3	4.4	10.0	3.2	3.3	71.2
浦发	14.4	4.8	5.5	7.8	5.5	9.9	10.2	18.1	3.4	3.9	5.0	4.0	2.3	5.2	81.9
兴业	19.3	7.1	5.8	9.6	9.0	8.0	6.0	7.2	10.6	3.8	3.3	3.1	2.8	4.3	89.4
民生	11.6	4.1	6.0	9.6	6.1	7.1	10.2	9.2	4.5	12.1	4.6	6.0	3.1	5.8	87.9
光大	12.2	6.8	7.6	9.2	5.6	6.9	8.2	5.1	3.5	5.0	13.5	9.2	2.9	4.4	86.5
平安	8.7	9.5	5.6	5.6	4.2	8.1	5.0	9.4	4.9	3.4	9.4	21.4	2.7	2.0	78.6
华夏	8.3	6.6	6.7	7.1	5.3	10.5	11.2	5.4	3.0	5.2	7.0	12.1	8.3	3.3	91.7
北京	9.8	4.8	5.3	9.4	3.4	3.1	10.9	6.3	3.5	4.6	8.9	4.7	5.1	20.1	79.9
To	185.0	90.4	76.7	92.4	63.2	90.2	88.8	69.7	42.8	55.0	69.9	93.4	41.1	54.3	79.5

（二）数据的选取及实证结果

本书选取的是 2012 年 1 月 1 日至 2017 年 12 月 31 日我国 14 家上市商业银行所有交易日的股票价格日波动率作为衡量其关联的代理变量，数据来自于 Wind 数据库的前复权收盘价。使用的模型是 VAR（3），且广义方差分解的向前预测阶数 $H = 10$ 天①。此外，本书还采用了"滚动窗口"的方法，以便可以得到随时间变化的关联度，窗口长度 w 为 100 天。该过程使用 Python 软件编程完成，结果如表 3-20 至表 3-25 所示（均为百分比，并保留一位小数）。

四、我国上市商业银行的政府或有债务规模估计及分析

综上所述，可以得到计算 2012—2017 年我国 14 家上市商业银行相互独立及相互关联时各变量的所有数据。根据方程（4.6.2）、方程（4.7.2）、方程（4.8）和方程（4.14）并使用 Python 软件编程可以获得各银行 6 年相互独立时的预期成本、非预期成本和政府或有债务的规模，如表 3-26 所示。

表 3-26　2012—2017 年我国 14 家上市商业银行独立的政府或有债务规模

单位：元

年份 / 或有债务	2012	2013	2014	2015	2016	2017
预期成本	3.2455E+10	1.6750E+11	3.9494E+10	8.2117E+10	3.5485E+05	1.2950E+06
非预期成本	1.0129E+11	2.7477E+11	1.4309E+11	4.2977E+11	1.1001E+09	1.3038E+09
政府或有债务规模	2.3504E+11	7.1704E+11	3.2568E+11	9.4166E+11	2.2005E+09	2.6088E+09

同时，根据方程（4.6.2）、方程（4.13.2）、方程（4.13.3）和方程

---

① 本书选择的向前预测阶数为 10 天，通过考察，预测阶数过小时银行对自身的影响太显著而失去意义，预测阶数过大就会丢失有用的信息。

（4.14）可以获得 2012—2017 年我国 14 家上市商业银行相互关联时的预期成本、非预期成本和政府或有债务的规模，如表 3-27 所示。

表 3-27　2012—2017 年我国 14 家上市商业银行关联的政府或有债务规模

单位：元

年份 或有债务	2012	2013	2014	2015	2016	2017
预期成本	3.2455E+10	1.6750E+11	3.9494E+10	8.2117E+10	3.5485E+05	1.2950E+06
非预期成本	6.0453E+10	1.9197E+11	1.0867E+11	3.9154E+11	6.8689E+08	7.4731E+08
政府或有债务 规模	1.5336E+11	5.5143E+11	2.5683E+11	8.6519E+11	1.3741E+09	1.4959E+09

　　通过对比表 3-26 和表 3-27 的数据，可以很明显地发现，非预期成本均大于预期成本，且当银行相互关联时，其政府或有债务水平低于相互独立时。为更直观的展现，本书将两种银行业的政府或有债务规模用折线图表示出来，如图 3-8 所示，单位为亿元，结果保留两位小数。银行相互独立时的政府或有债务始终在相互关联时的之上，从图中也可以发现，2014 年的银行业政府或有债务的规模大幅降低，这与一些银行的预期违约频率降低有关。如表 3-15 所示，2012—2014 年除个别银行的 EDF 略微变大之外，大部分银行的 EDF 均有不同程度的降低。以兴业银行为例，其 2013 年的 EDF 为 0.1058，2014 年的 EDF 仅为 2.25E-05，而其 2013 年的调整后的总负债为 34641.61 亿元，2014 年的总负债为 41344.3 亿元。在政府救助的概率和银行的关联度保持基本不变的情况下，EDF 的大幅降低使得兴业银行的 2014 年政府或有债务水平远低于 2013 年的。造成其 EDF 大幅降低的原因是兴业银行 2014 年资产价值波动率 σ_A 的降低导致其违约距离 DD 的增加。根据方程（4.17）可知兴业银行 2013 年的 DD 为 1.2491，2014 年的 DD 增加至 4.0799，DD 与 EDF 呈负相关，最终 EDF 变小。2013 年和 2014 年兴业银行的资产价值 V_A 分别为 35873.7 亿元和

42216.5 亿元，资产价值波动率 σ_A 分别为 0.0340 和 0.0142，违约点 DP 分别为 34349.60 亿元和 39768.96 元。同理，造成 2015 年银行业的政府或有债务上升及 2016 年、2017 年下降的原因均是由于部分银行的预期违约频率和违约距离发生了很大的变化。

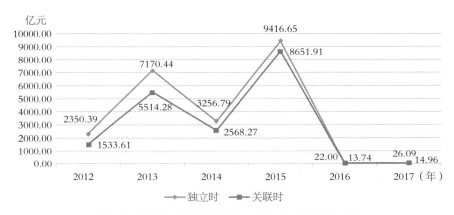

图 3-8 2012—2017 年银行业的政府或有债务规模

为进一步深层次分析上市商业银行的预期违约频率的变化原因，在这里，本书将这 14 家上市商业银行分为 5 家大型商业银行，包括中、农、工、建、交，剩下 9 家为中小型商业银行。下面将分析与预期违约频率呈负相关的违约距离变化的原因，此处将这两类上市商业银行的加权平均违约距离用图 3-9 表示，结果保留两位小数。

由图 3-9 可以观察到，2012—2015 年，无论是大型商业银行还是中小型商业银行，其加权平均违约距离总体呈下降的趋势，2015 年以后回升，说明我国商业银行的信用风险先增加后减少，造成这一特征的原因可能与我国经济新常态和产业结构的调整有关。2008 年的全球金融危机和 2009 年的欧洲主权债务危机席卷全球时，中国经济在积极财政政策的调控下，以最快的速度实现了复苏，保持了自身较高的经济增长速度，但好景不长，2012 年中国经济的增长速度为 7.9%，首次跌到 8% 以下，经济进入新常态。从 2012 年开始，"四万亿"财政政策的延缓效应开始显现，

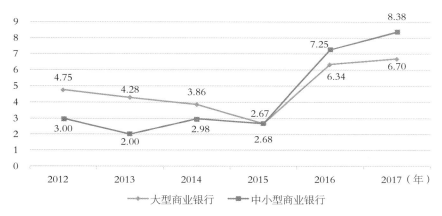

图 3-9 2012—2017 年两类商业银行加权违约距离

我国一些高污染高能耗行业开始出现产能过剩。以钢铁行业为例，国家统计局公布的粗钢产量增长率由 2012 年的 5.63% 下降到 2015 年的 -2.25%。类似这些行业的不景气造成了无法按时偿还银行的贷款，导致银行不良贷款率不断攀升，银行的信用风险不断加大。2015 年年末，我国政府提出结构性改革，控制过多过度生产，实现国有企业由"量"到"质"的转变。2016 年粗钢产量增长率慢慢回升到 0.56%，我国商业银行的信用风险也逐步降低，加权平均违约距离也在变大。除此之外，由图 3-9 中可以看出，大型商业银行的加权平均违约距离的波动幅度明显小于中小型商业银行，这说明大型商业银行更能抵抗外界条件变化所带来的干扰，而中小型银行更容易受到外界冲击的影响。

因此，造成我国 2014 年银行业政府或有债务规模下降的原因可能是中小型商业银行加权违约距离增大了 0.98，而大型商业银行仅降低了 0.42，中小型商业银行占据主导地位，银行业总体风险略微降低。2015 年银行业违约距离均呈现下降趋势，总风险大幅上升，导致 2015 年或有债务规模也随之增加。随着 2016 年我国供给侧结构性改革力度加强以及对金融风险和银行监管的重视性不断提高，2016 年和 2017 年我国银行业的政府或有债务规模不断下降。

本章附录　银行业风险积累的原因

对于银行业风险产生的原因，现有的文献已经阐明了一些风险驱动因素，但明确其更深层次原因仍然是一个挑战。多年来，有关风险根本原因的理论已经有了发展。虽然基本因素如宏观经济失衡，内部或外部冲击通常被视为银行风险的原因，但仍然存在许多有关银行业风险确切原因的问题。银行业危机有时似乎是"非理性"因素所驱动。这些因素包括银行的突然挤兑，金融市场之间的蔓延和溢出，压力时期的有限套利，资产泡沫破灭的出现，信贷紧缩和膨胀，以及与金融风暴有关的其他方面。事实上，"动物精神"（animal spirits）① 在试图解释危机的文献中长期占据显著的位置（Minsky，1975；Kindleberger，1999）。

金融危机之前往往是资产价格的上升和信贷的繁荣并最终转变成萧条。许多关于危机来源的理论已经认识到资产和信贷市场繁荣的重要性。然而，在解释为什么资产价格泡沫或信贷繁荣能够存续下去并最终变得不可持续甚至是萧条和震荡却是一个挑战。实际上，对这个问题的解释也就是回答金融市场参与者和决策者为什么不能预见风险或者试图减缓信贷扩张和资产价格上涨的趋势。

围绕着危机的宏观经济和金融变量的动态学已经被广泛研究。实证研究记录了金融危机的各个阶段，从最初的小规模金融混乱到大规模的国家层面、区域层面乃至全球危机。它们还描述了金融危机之后，资产价格和

---

① 所谓"动物精神"（animal spirits），是指人类经济决策的非理性。该词源于 Akerlof 和 Shiller 出版的著作《动物精神》。该书的结论很明确，在一个充满了动物精神的不靠谱的世界里，政府的角色就是应该设定条件，制定游戏规则，使动物精神更好地创造性地发挥作用。那些说经济应该自由放任的人是没有充分地理解不靠谱的人们形成的这个社会是有多么的不靠谱！在这里，"动物精神"这种非理性被认为是全球金融危机的根源，是市场经济体系脆弱性的基础。

信贷增长如何长期保持低迷，以及危机如何对实体经济造成持久的后果。鉴于资产价格和信贷增长的中心作用，我们接下来简要讨论金融危机中资产和信贷市场的发展。

A. 资产价格的繁荣和萧条

在资产价格的上涨即所谓的"泡沫"破裂后，通常"大跌"也紧随而至，这种现象已经存在了近几个世纪。资产价格有时看起来偏离了基本原理所展示的方式，并不同于完全金融市场下标准模型的预测。这种偏离的极端形式即泡沫可以被定义为"基于基本面无法解释的资产价格的大幅上涨的部分"（Garber，2001）。回顾 20 世纪末，资产价格的大幅上涨往往跟随着以后的崩盘，金融不稳定下的许多账户数据显著表明，发达的和新兴的市场国家是一样的。历史上的一些资产价格泡沫和崩盘是众所周知的。这些案例包括 1634—1637 年的荷兰郁金香泡沫，1719—1920 年的法国密西西比泡沫以及 1720 年的英国南海泡沫（Garber，2001）①。在其中一些时期，某些资产价格在短时间内急剧上涨，紧接着大幅调整。这些极端情况往往不止一次地发生。

从历史上来看，试图解释资产价格泡沫的模型已经出现了一段时间。

---

① 荷兰郁金香泡沫、法国密西西比泡沫以及英国南海泡沫并称欧洲早期的三大经济泡沫。经济泡沫一语即源于南海泡沫事件。荷兰郁金香泡沫源于当时由鄂图曼土耳其引进的郁金香球根异常地吸引人，引起大众抢购，导致价格疯狂飙高，在泡沫化过后，价格仅剩下泡沫时的百分之一，让荷兰各大都市陷入混乱。在荷兰郁金香泡沫迸裂 80 年后，又出现了著名的法国密西西比泡沫。从 1719 年 5 月开始，法国股票价格连续上升了 13 个月，股票价格从 500 里弗尔涨到 1 万多里弗尔，涨幅超过了 20 倍。法国股市从 1720 年 5 月开始崩溃，连续下跌 13 个月，跌幅为 95%。南海泡沫起因于 1711 年西班牙王位继承战争中成立的南海公司。该公司表面上是一间专营英国与南美洲等地贸易的特许公司，但实际上是一所协助政府融资的私人机构，分担政府因战争而欠下的债务。南海公司在夸大业务前景及进行舞弊的情况下被外界看好，到 1720 年，南海公司更是通过贿赂政府，向国会推出以南海股票换取国债的计划，促使南海公司股票大受追捧，股价由原本 1720 年年初约 120 英镑急升至同年 7 月的 1000 镑以上，全民疯狂炒股。然而，市场上随即出现不少"泡沫公司"浑水摸鱼，试图趁南海股价上升的同时分一杯羹。为规制这些不法公司的出现，国会在 6 月通过《泡沫法案》，炒股热潮随之减退，并连带触发南海公司股价急挫，至 9 月暴跌回 190 镑以下的水平，不少人血本无归。

其中一些模型考虑了个人理性行为如何导致集体错误定价，反过来又如何会导致泡沫。其他的一些模型则依靠导致错误定价的微观经济扭曲。也有些归因于投资者"非理性"。虽然存在相似之处，但与解释资产价格泡沫相比，解释资产价格崩盘的往往依赖于不同的因素。一些以理性投资者为假定的模型可以解释没有扭曲的泡沫。他们把资产价格泡沫当作对未来回报的"合理"期望。例如，布兰查德和沃森（Blanchard，Watson，1982）认为在理性预期下，资产价格不需要等于其基本价值，这会导致"理性泡沫（rational bubbles）"。因此，观察到的价格虽然表现出极大的波动，但不一定是过度的或不合理的。这些模型已经相对成功地应用于解释20世纪90年代末的互联网"泡沫"。帕斯特和维罗内西（Pástor，Veronesi，2006）展示了一个标准模型来再现20世纪90年代后期互联网股票的估值和波动，并认为没有理由可解释"网络泡沫"。

投资者的行为也可能使资产价格远离基本面，至少是暂时的。金融市场（特别是与信息不对称相关的）和制度因素的摩擦可能会影响资产价格。例如，理论认为，投资者之间的信息和意见的差异（与资产估值的分歧有关）、短期销售限制和其他套利限制是资产价格偏离基本面的可能原因。一系列的机制，如在金融市场参与者之间羊群效应，信息轰炸和市场情绪，可能会影响资产价格。正向反馈循环——资产价格上涨，净值头寸增加，允许金融中介机构增加杠杆并且购买更多相同的资产——在推动泡沫的演变中发挥重要作用。

布鲁纳迈尔（Brunnermeier，2001）评论了这些模型，并展示了他们如何帮助理解泡沫，崩盘和其他市场低效率和摩擦。实证工作证实了这些渠道中的一些渠道，但是正式的计量经济学验证通常并不足以将泡沫与理性价格上涨分开来，更不用说检测造成泡沫的原因（Gürkaynak，2008）。

泡沫后的破裂可以由小的冲击触发。资产价格可能会出现小幅下滑，无论是由于基本价值的改变还是情绪变化。例如，国际金融和经济形势的变化可能会导致价格下滑。资产价格小幅下滑可能引发危机的渠道现在已经很好理解了。鉴于信息不对称，例如，小的冲击可能导致市场萧条。然后出现"逆向反馈循环"，资产价格呈现快速下滑和螺旋下降趋势。值得注意的是，随着资产价值下降的金融机构难以吸引短期融资，价格的下滑可能引发甩卖（fire sale）。这种"资本骤停"可能导致一连串的强制销售和资产清算，价格进一步下降，对实体经济造成影响。

向优质资产出逃可进一步加剧金融风暴。金融中介机构之间的关系是多元且复杂的。信息不对称在中介机构和金融市场中普遍存在。这些问题很容易导致金融风暴。投资者的持有债权的偏好会加剧这个问题（Gorton，2008）。具体来说，债权债务正常状态是"低信息密集型"，因为违约风险遥不可及，所以无须对基本资产价值进行分析。然而，随着风险的增加，金融风暴时期，它们就变成了"高信息密集型"（high information-intensive），然而，在风险积聚成今日风暴时，要求投资者对违约风险进行评估，而这是一个牵扯众多信息问题的复杂任务。会导致对安全的追求并产生螺旋式下跌。随着投资者转向优质资产出逃（例如政府债券），他们可以避免一些较低质量的债务类型，从而导致它们的价格大幅下滑（Gorton，Ordonez，2012）。

B. 信贷的繁荣与萧条

信贷快速增长是金融危机爆发前的另一个共同的主线。通过迅速的信贷扩张，与资产价格上涨相呼应，杠杆化和风险加重。早期和更多最近的危机事件典型地见证了信贷（和外部融资）的大幅增长，接着就是信贷市场的破产以及资产价格的大幅调整。例如，在许多方面，澳大利亚1880—1990年的繁荣和萧条与最近发生的金融不稳定局面相适应。同样，20世纪90年代后期的东南亚金融危机之前的模式与北欧国家早先的模式类似，随着与房地产投资相关的信贷迅速增长，银行体系崩溃。美国在20世纪20年代末和30年代初的经验表现出一些类似于近期全球金融危机爆发前的特征，除了资产价格和土地投机的快速增长，（家庭）杠杆的大幅增长。这些文献也记录了其他危机所伴随的各种其他宏观经济和财务变量的常见模式。

信贷繁荣可以由各种因素触发，包括市场的冲击和结构调整。可能导致信贷繁荣的冲击包括生产率，资本流动的变化和经济政策。一些信贷繁荣通常与正向的生产率冲击有关。这些通常开始于经济蓬勃发展期间或之后。戴尔·阿里西亚等（Dell'Ariccia，et al.，2008）发现，GDP 增长滞后与信贷繁荣的概率呈正相关：在繁荣之前的 3 年里实际 GDP 平均增长率是 5.1%，而在一个普通的 3 年里却是 3.4%。

国际资金流动急剧上升，可以放大信贷繁荣。大多数国家金融市场都会受到全球态势的影响，今天更是如此，这使得资产泡沫很容易溢出国界。当资本流入导致银行可用资金大幅增加时，资本流动的波动可以放大当地金融市场的流动，放松对公司和家庭的信贷限制（Claessens，et al.，2011）。信贷迅速扩张以及房地产和其他资产价格大幅增长的确与许多国家在最近的金融危机之前大量资本流入有关。

融通性的货币政策，特别是长期存在的货币政策，与信贷繁荣和过度的风险挂钩。其传导渠道如下：利率影响资产价格和借款人的净值，反过来影响贷款条件。包括代理问题与利率之间关系（Stiglitz 和 Weiss，1981）的分析模型揭示了当利率下降时会从事更高的风险，利率上升时转向优质资产，从而对外部融资的可用性产生影响。经验证明，支持这样一个方式，当政策利率下降时，信贷标准往往放松。在 2001—2004 年期间，美国相对较低的利率往往被认为是房价和家庭杠杆迅速上涨的一个主要因素（Lansing，2008；Hirata et al.，2012）。

结构因素包括金融自由化和创新。金融自由化，特别是在设计不当或改革顺序方面，金融创新可能引发信贷繁荣，并导致借款人和贷款人的杠杆作用过度增加，从而增加风险。事实上，实证研究表明金融自由化经常发生在危机之前（Kaminsky 和 Reinhart，1999）。戴尔·阿里西亚等（Dell'Ariccia，et al.，2008）认为，他们认定的大约三分之一的繁荣与金融自由化时期相符。

第 四 章

银行业风险与政府债务风险的"反馈循环"

我们在前面重点分析了银行业对政府债务的单向关系，无论是从理论上的银行业政府或有债务形成机理的分析还是从实证上我国银行业政府或有债务规模的测度，其重心都是从银行到政府债务或者从金融到政府财政。实际上，除了这一单向关系，反过来，从政府债务到银行业也存在着某种单向关系。对看似与银行体系毫不相关的政府财政稳健性的怀疑，也可能影响银行业的绩效；在政府主权债务违约的极端情形下，因银行持有政府发行债券而产生的损失会威胁到银行的偿付能力。这样，在银行业风险与政府债务风险之间就存在着双向关系，如图 4-1 所示。甚至从另一个角度来看，二者之间的联动也可能进入一个方向单一的闭循环，形成一种相互传导促进的"反馈循环"（feedback loop）[1]，如图 4-2 所示。

第一节 "反馈循环"问题的提出

在过去近两个世纪中，政府债务危机层出不穷（Reinhart，Rogoff，2009）。起先，这些危机主要与规模巨大和代价高昂的历史事件如战争和

---

① 　财政风险与金融风险之间的"反馈循环"与财政风险向金融风险或金融风险向财政风险的"单向传导"最大的区别在于"单向传导下"财政风险向金融风险的转移一定程度上能够减轻财政风险，而金融风险向财政风险的转移也一定程度上能够降低金融风险，即财政风险和金融风险在某种程度上存在着"此消彼长"的关系，而在"反馈循环"下，财政风险和金融风险彼此恶化，彼此积聚，迅速滑向财政金融全面危机。

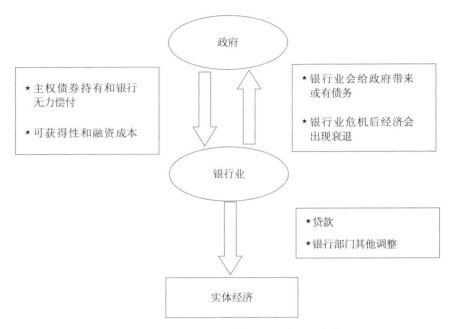

图 4-1　银行业风险与政府债务风险的双向传导

商品价格波动有关；最近，政府债务危机与银行业危机的联动日益密切。如同莱因哈特和罗戈夫（Reinhart，Rogoff，2011）所指，政府债务危机一般发生在银行业危机之后或与其同时发生。虽然政府债务危机和银行业危机的"孪生"频率比不上银行业危机和货币危机那样高（Laeven，Valencia，2012），但是最近欧洲政府债务动荡揭示了这一类型"孪生"危机的经济影响深远且长久。自 2008 年秋季以来，尤其是欧洲国家，政府信用风险已成为许多发达国家的一个重大问题。而政府信用风险是财政风险的重要表现之一。鉴于全球金融危机后许多经济体滑入一个财政困境与金融困境交替出现的螺旋上升阶段，金融部门和政府之间的相互影响到底会产生什么样的影响对人们来说充满未知数。格雷和乔布斯（Gray，Jobst，2010）认为，政府和中央银行没有充分关注金融部门风险敞口和财政部门风险敞口之间的相互关系，以及它们与本国经济体或国际中的其他

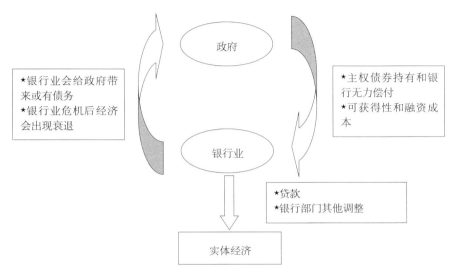

图 4-2　银行业风险与政府债务风险的"反馈循环"

部门的潜在互动和影响。由于缺乏能够整合政府和金融部门之间传染机制的宏观经济理论模型，加剧了与政府相关干预影响的不确定性。因此，银行和政府的交互关系吸引了越来越多的注意力。但监管者和政策制定者只有在充分认识到这种风险传导的动态复杂性后，才能制定有效的政策。

在 2008 年金融危机之前，发达经济体基本上没有出现政府信用风险的迹象，当时的观点是，这种风险不太可能在未来成为发达经济体关注的问题。然而，许多国家面临着严重的银行业危机，对其管理有可能导致银行风险沿着管理方式扩散到财政领域，而财政危机相比金融危机更容易造成社会的动荡，影响更为深远，因为这会降低人们对收入的预期从而产生银行挤兑，使银行处境进一步恶化。一场系统性的银行危机可能会导致整个经济的收缩，这将削弱公共财政实力而将危机转嫁给政府。当国家为金融部门提供担保时，这种传染效应会进一步扩大。作为一种反馈效应，风险进一步传递给政府债务持有人。政府债务成本的增加将导致政府债务贬值，这将损害持有这些资产的银行的资产负债表。拉加德（Lagarde，

2012）曾说过："……我们还必须打破银行债务风险和政府债务风险相互伤害的恶性循环。"① 拉加德认为这种风险反馈是由政府拯救银行的动机与其自身违约的动机之间产生的恶性循环。通常来看，尽管直接违约很少发生，但关于违约的预期与中介过程作为反馈循环的一部分，已成为两者联通的桥梁。一旦银行陷入困境，势必产生连锁反应，以或有债务等形式将风险传递到政府部门。

相关研究已经确认，政府债务风险对银行风险的强力传导是存在的（Correa，Sapriza，2014）。马格科尼斯和索帕纳基斯（Magkonis，Tso-panakis，2016）也曾指出，金融压力与财政压力之间存在密切的联系，不可持续的财政状况会影响银行，不仅会通过整个金融联系进一步传播到整个经济领域，而且还会传播到国外。并且，当一国负有较大规模公共债务存量时会导致政府债务风险上升和财政缓冲（fiscal buffer）能力下降②，或银行业体系过度暴露导致政府债务较大以及国家丧失投资等级评价时，政府债务风险对银行业风险的反馈效应从数量上来看更强烈。也有证据表明银行风险对主权风险的反馈效应。然而，在这种情形下，显著的传导只

---

① 拉加德为国际货币基金组织总裁。其还认为有两种有效防范能打破这种恶性循环，一是恢复充足的资本水平，使银行变得更强健，防止银行通过更高的债务和或有负债损害财政；二是恢复对主权债务的信心也可以有效的帮助银行，因为它们是此类债务的重要持有人，通常受益于政府明确的隐性担保。

② 公共债务和赤字仍然是反映财政弹性（fiscal elasticity）或财政缓冲（fiscal buffer）能力的最重要的指标。实际上，在 2007 年全球金融危机之前，以公共债务和赤字为特征指标的财政缓冲区已经非常有限，但十年的发展使得这些缓冲区更加有限。如美国、日本、英国、法国和意大利等一些发达国家在经历了多年的繁荣后，2007 年的财政赤字仍然相当可观。七国集团的平均赤字占 GDP 的 2.2%。七国集团的政府债务总额平均占 GDP 的 80.6%，日本的峰值为 175%。而到 2017 年，尽管所有发达国家都经历了几年的复苏，其中一些国家经历了十年的增长，但财政缓冲区却要小得多。七国集团 2017 年的财政赤字平均为 3.4%，日本和美国超过 4%。除了德国，其他七国集团国家的财政赤字占 GDP 的比例在 1% 到 3% 之间。更令人担忧的是，2017 年的公共债务比 2007 年高得多。七国集团的债务由平均占 GDP 的 38% 增加到几乎占 GDP 的 120%。日本、美国和英国的增幅更大。除德国外，所有七国集团国家的公共债务比率都接近或高于意大利 2007 年的水平。[舒克内希特（Schuknecht），2019]。

发生在特定宏观经济环境下且明显较小。当一国银行不良贷款或外债规模较大时，银行风险对政府债务风险的反馈效应显得更强。至于银行救助的作用，结果表明这一政策实施有助于更强反馈效果的出现。

我们的问题是，银行业风险与政府债务风险的反馈循环形成机理如何？传播渠道有哪些？为了更好地进行研究并明确实施经验分析的变量选择，我们必须讨论一下有关金融和财政压力交织在一起相互传导的渠道。为弥补这一空白，阿查里亚等（Acharya，et al.,2014）通过 CDS 利差的使用对银行和政府债务风险进行实证分析，他们还将二者的协动性与解决政策和宏观因素联系起来。结果显示，对银行的救助导致主权风险增加。此外，他们的研究还表明，即使在控制了银行特定变量和宏观经济变量之后，政府和银行 CDS 利差之间的同期关系依然存在，证实了政府与银行间风险反馈的存在。与阿查里亚等（Acharya，et al.,2014）相似，阿里特（Aitor，2015）提供了一个以不同经济要素强度为条件的反馈循环框架。他给出了对政府债务风险和银行风险恶性反馈出现的理解。

第二节 银行业风险与政府债务风险的"反馈循环"

正如第二章所述，政府债务违约经常伴随着信贷繁荣和大规模资本流入而群集发生，而后期信贷市场的平静反映了债权人更加谨慎的借贷行为和资本市场对风险债务人的限制。与大衰退和第二次世界大战密切相关的政府债务违约风波可以说是西欧国家在 20 世纪最后的一波违约潮。在那期间，发展中国家政府债务违约数量更多，以至于之后很多违约国多年无法进入国际资本市场进行融资。发展中国家的贷款在 20 世纪 70 年代以辛迪加银团的形式复活，这与以前主要靠债券发行这一借款工具有明显不同。其后，发展中国家又经历了一大波始于 20 世纪 80 年代的主权债务违约。这些由 55 个国家发行的政府违约债务在 1990 年达到 3350 亿美元的历史峰值（Beers，Chambers，2006）。而在俄罗斯 1998 年政府债务危机之后，几个新型市场国家很快也经历了政府债务违约。这些新兴市场国家的违约以及 2009—2012 年的欧洲政府债务危机掀起了对政府债务违约的热潮，并激发一些试图改进国际金融架构包括有效处置危机有的政策措施。

许多外部环境因素都可能引发政府债务危机。从历史上来看，政治因素可能是债务事件的重要决定因素，最近发生的欧洲债务危机就是一个典型的证明。通过文献梳理，我们也发现存在大量讨论政治风险和政府违约关系的文献（Bilson，et al.，2002；Cuadra，Spriza，2008；Hatchondo，et al.，2009）。经验性研究也揭示了外部因素在各国日益增长借款成本中的重要性，因为其会增加政府违约的概率。例如，阿罗拉和凯里索纳尔（Arora，Cerisonla，2001）、乌里韦和约（Uribe，Yue，2006）发现新兴市场国家支付的利率倾向于和美国的利率保持相同的方向移动。

经验分析也揭示了政府倾向于在其掌握较低可利用资源时出现违约，而政府所掌握的资源在经济周期性下降时会较低。汤姆斯和赖特（Tomz，Wright，2007）总结了过去 200 年间的政府债务违约，发现 62% 的违约发生在违约国产出水平低于其长期发展趋势线之下时。在一些新兴经济中，贸易的起伏波动（出口价格对进口价格的比率）是商业周期背后的主要驱动力量（Mendoza，1995；Broda，2004）。与此同时，新兴经济通常主要依赖于商品税作为其公共收入来源并且主要依赖于没有近似替代品的进口中间产品作为征税对象。甚至一些学者发现，在新兴经济中，贸易波动指数是主权违约和利差的重要预测指标（Sturzenegger，Zettelmeyer，2006）。

当然，政府债务违约也可能由本国货币贬值所引发，特别是当政府债务的相当大部分以外币标价且其偿债收入主要依赖于非贸易产品的税收时。由本币贬值所引发的政府债务危机会被家庭、非金融企业部门或银行部门之间的货币错配进一步放大。

一、银行业风险向政府债务风险的"反馈"

银行业问题对政府境况影响的传导可以通过两条传导路径。第一条传导路径与政府作为银行业系统"安全网"的提供者有关，这会导致政府或有债务的存在。第二条传导路径与银行业危机期间现有的国内结构性宏观经济条件有关。对于第一条传导路径来说，政府又主要通过三种机制来实现对银行体系"安全网"作用的发挥：首先，政府通过对银行债务提供显性或隐性担保来兑现其支持银行业的承诺会使其承担大量来自银行的债务，而这会导致财政脆弱性。例如，欧盟 27 个成员国在 2008 年一季度到 2012 年三季度共批准规模总计达 2011 年欧盟 GDP 的 30%的银行债务担保；在这些国家之间，就担保价值而言又存在显著的差异，如爱尔兰提供的担保占 2011 年该国 GDP 的 250%（Ricardo，Horacio，2014）。如同阿查里亚等（Acharya，et al.，2014）所强调，爱尔兰于 2008 年 9 月 30 日对其 6 个最大银行储蓄的一揽子担保导致银行的信用违约互换 CDS 点差迅速下降而政府的信用违约互换点差迅速上升，在接下来的 6 个月期间，点差从 100 上升到 400。爱尔兰主权 CDS 点差的迅速逆转揭示了由政府对银行部门提供的担保导致了银行部门风险向财政风险的转移，最终导致爱尔兰在 2010 年对外申请援助。其次，政府对银行的救助也会降低政府财政可持续性。银行部门债务社会化程度的大小以及被转嫁到纳税人身上的多少主要取决于对困境银行的解决机制（Laeven，Valencia，2010）。而用以解决资不抵债金融机构相关机制的缺失可能导致银行部门对政府产生巨大的或有债务。因此，政府经常采取广泛的支持措施包括资本重组、资产减持和流动性措施而不仅仅是提供担保。例如，从 2008 年一季度开始到 2012 年三季度，被欧盟成员国所批准采取的不同形式的政府救助累计达到 5 万亿欧元，占 2011 年欧盟 GDP 的 40%（Laeven，Valencia，2010）。最后，在许多经济中，由银行部门持有的政府债券往往占据了相当一部分的银行总资产，这可能因政府在银行业危机期间采取逆向资产价格策略而加大政府的救助成本。对银行部门的救助会降低政府债券价格，那些持有政府债券的银行资产负债表的恶化会导致范围更广、代价更广的政府救助，甚至是政府债务违约。

对于第二条传导路径来说，首先，如同卡明斯基和莱因哈特（Kaminsky，Reinhart，1999）所讨论，银行危机通常先于货币危机。因此，承担外币债务的政府或银行其风险暴露会弱化政府作为银行部门"安全网"的实施能力，增加银行问题引发政府债务危机的可能。其次，银行危机一般会导致弱化政府财政境况的严重经济衰退，因为银行危机会导致对企业信贷配额的收缩和更高的借款成本。例如，规模较大的生产性企业在银行危机后也许不得不改变它们的融资来源并更多利用债券市场，而这一转变对中小企业来说是不可能的，特别是在危机期间。故这些中小企业将不得不更加依赖其他非金融企业更高的融资资本。税收收入的骤降和源于自动稳定器的公共支出的增加通常伴以政府债务的上升以及主权信用评级的下降。莱文和瓦伦西亚（Laeven，Valencia，2013）揭示了在发达经济体中，银行危机所导致的产出损失和政府债务倾向于更大，这部分源于更加深化的金融系统容易导致更具破坏性的银行危机。有趣的是，他们还发现，对银行危机进行救助所导致的与 GDP 或金融系统资产相比的财政成本，在发展中国家更大，因为发展中国家的财政支出主要与银行业救助相关，而在发达国家，这些财政成本仅代表了公共债务增长的一小部分，相机抉择的财政政策和自动的财政稳定器所导致的财政支出构成了财政成本的最大部分。

二、政府债务风险向银行业风险的"反馈"

前文讨论了银行业危机对政府偿付能力的影响。反过来，政府困境也能对银行偿付能力及其融资产生显著影响，其传导路径也主要有两条：第一条传导路径主要源于政府债务风险对银行偿付能力的削弱；第二条传导路径主要是政府债务风险对银行融资成本的推高。其最终结果都会导致银行面临更大的风险甚至陷入危机。财政风险对银行偿付能力最直接的传导路径源于银行对政府债券的持有。当然，银行持有政府债券可能出于不同的原因。在一些国家，政府债券是银行可获得的最具流动性的资产，银行通常使用这些资产来进行流动性储备以备储蓄赎回之需。银行持有政府债券也可能是出于投资目的。银行监管者传统上认为政府债券比企业债券风险更低，因此允许银行用资金投资一个较低比例水平的政府债券。并且，银行有时也使用政府债券来为融资交易如回购协议提供担保。相似地，政府债券也被在衍生品交易中作为抵押品，甚至一些银行在其资产负债表中保持一定的政府债券作为其在政府债券市场进行市场开拓的表现。一旦发行政府债券的政府陷入困境，政府债务的违约可能导致银行的损失。实际上，这一类型的银行损失无论是在新兴经济体还是发达经济体的政府债务危机中都非常普遍。以 2010 年欧洲债务危机为例，在这次危机之前或期间，很多欧洲国家银行集聚了大量由深陷债务危机国家发行的政府债券（Acharya，Steffen，2013）。而随着危机不断深化以及这些国家如希腊等对其政府债务的重构，那些在其资产负债表中拥有这类债券的银行必然会产生重大损失。

　　理论上来说，在政府债券偿还违约发生时，银行部门的偿付能力会因其持有政府债券而受到严重影响。然而，在财政困境期间（不包括违约或重构），银行持有政府债券到底会对其产生什么样的影响，经验上的分析结论却也有所差异。有学者研究发现，在政府财政困境严重期间，银行持有政府债券与其股票价格以及 CDS 点差之间存在着显著的关系（Angeloni，Wolff，2012）。但也有学者发现，当集中于主权评级事件时，银行持有政府债券对其股票收益的影响比较弱。如科雷亚等（Correa，et al.，2014）通过使用参与 2011 年欧盟压力测试的银行样本，验证了持有更多政府债券的银行在其主权债务评级改变后股票回报的反应，他们发现在一国评级宣布前后一天的窗口期内债务违约的银行其回报与评级改变并没有显著的负相关。这些不同的分析结论可能是源于政府债券的特殊性，因为政府债券作为与中央银行交易的抵押品，其可以被用于多数情况。这样，在流动性压力期间，银行还能使用其持有的政府债券作为抵押品为中央银行融资并能生存下来（Drechsler，et al.，2016）。

就第二条传导路径而言，财政风险向金融风险的传导不仅仅局限于在政府债券违约事件中银行所面临的潜在损失。即使持有政府债券没有导致银行资产负债表损失，银行的融资成本也可能会上升。理论上来说，至少存在三个与政府财政紧密相关的渠道，即抵押品渠道、政府债券信用评级渠道以及政府支持渠道会影响银行的融资成本。抵押品渠道是指因银行持有的抵押品质量变化而导致的银行融资条件的改变。银行融资的一个重要来源是通过有担保的交易如回购协议或债券赎回，而通常被用于这些交易的主要抵押品就是政府债券。在政府债券赎回交易中，银行靠债券组合能借到的资金数量将依赖于抵押品的信用状况和流动性状况。在政府财政困境期间，那些依赖于政府债券作为抵押品来实施融资交易的银行会面临明显的融资约束。一般来说，政府抵押品价值的恶化最容易影响那些处于政府财政困境发生国境内的银行，但其也能影响处于财政困境发生国境外持有该国政府债券的银行，进而将这种融资冲击进行跨境传导。

评级渠道是指因评级机构对银行所在国政府债券信用评级的降低或提高而引发的银行融资成本和融资路径的改变。通常，评级机构在对东道国政府债券信用评级调整后，也会相应调整企业债券的评级。一些评级机构将对政府债券的评级作为评级天花板（country ceiling），这也决定了它们能对银行外币债券的最高评级。政府债券评级的改变紧跟着银行评级的改变，而银行评级的改变会影响其股票，进而影响银行的融资成本。当然，政府债券评级的改变对银行的影响也可能来自政府债券利息的上升及其对银行借款成本的影响。布莱克等（Black，et al.，2013）揭示了在最近的欧元区政府债务危机中，欧元区政府债券风险溢价很好地解释了欧洲银行系统性风险。这显然是因为政府债券风险溢价被定价到银行融资成本中。虽然从经验上来说很难理清那些由政府债券评级所解释的银行融资成本改变与由政府债券利息实际改变所解释的银行融资成本改变，但政府债券信用评级对银行融资成本有重要影响是非常明确的。

对于财政风险和银行融资成本之间的最后传导渠道为政府支持渠道。一般来说，获得国内政府支持的金融机构具有融资成本优势。这一政府支持允许银行在资本市场以相比于没有获得政府支持的金融机构更低的利率来融资。而政府对银行的支持又依赖于三个因素：政府支持银行的意愿，政府提供这一支持的能力或财力以及银行的规模。政府支持银行的意愿和银行的规模和结构从短期或中期来说是相对固定的因素。因此，短期内政府支持和银行融资之间的联系主要受政府对银行提供支持的能力或财力改变的影响。而在财政出现风险或陷入财政困境时，政府对银行提供支持财力明显减弱，而这会降低市场对政府支持银行的预期并提高银行的融资成本。政府财力减弱对融资成本的影响不仅仅限于对银行发行债券成本的影响，而可能影响到银行的整个资本结构组成包括股权成本。并且，这种影响在一国之内也因银行不同而不同。那些被认为过多受到政府支持的金融机构其融资成本会增加更多。这些金融机构一般规模巨大或者其股份部分或完全部由政府所拥有。随着它们融资成本的上升，银行将不得不调整它们的资产负债表以应对日益增加的融资成本。

三、打破政府——银行间"反馈循环"

政府债务风险和银行业风险之间的"反馈循环"是后金融危机时代的客观现象，反映了政府和银行之间日益紧密的联系和交互影响。对这一现象的认识实际上也是对传统上政府债务风险和银行业风险间"双向传导"关系的拓展和延伸。这也意味着传统上对政府债务风险和银行业风险的应对措施可能不再适用。例如，传统上我们认为政府债务风险和银行业风险的"双向传导"相当程度上反映了政府的一种无奈选择，因为作为防范"公共风险"的主体，政府面临着在不同风险之间的主动权衡：为了防止银行业风险或政府债务风险积聚到爆发危机的程度，政府会有意识地将风险由某一种形式向另外一种形式转移。银行业风险的政府债务化可以暂时抑制银行业风险，政府债务风险的金融化也会暂时抑制政府债务风险。然而，政府债务风险和银行业风险之间的"反馈循环"告诉我们，银行业风险转化为政府债务风险后会进一步加剧银行业风险，也就是我们前面所说的交互螺旋式上升。我国近年来债务风险虽然在一系列管理政策的出台下有所缓释，但前景仍不乐观，特别是这次新冠肺炎疫情后，各级政府的财政压力凸显。我国特有的高储蓄、经常账户盈余、外债规模不大以及各种政策缓冲尽管可以帮助缓解一定的短期风险，但如果不加以解决，这些银行业风险和政府债务风险就可能不会消除，而是在相互反馈的路径上扩张。因此需要采取果断的政策措施来遏制银行业风险与政府债务风险之间"反馈循环"，遏制信贷过度供应和偿债能力恶化之间的"反馈循环"。

（一）通过财政和金融报告披露银行业风险和政府债务风险

在财政报告中披露金融风险和在金融报告中披露财政风险是应对银行业风险和政府债务风险"反馈循环"最有力的举措，因为这种信息披露非常有助于财政和银行部门及其利益相关者及早关注和预防政府债务和银行业风险之间的相互转嫁。当然，这种信息的整理和编制比较复杂，特别是政府债务风险向银行业风险的传导，对风险识别技术要求比较高。按照先易后难的原则，我们可以先在财政报告中对银行业风险进行披露。披露的内容应该包括任何有关银行部门造成的政府债务风险的信息，包括银行部门问题导致或加剧经济衰退的可能性以及政府提供的存款保险等明确担保所带来的风险。尽管政府对银行业的"隐性担保"不像显性担保那样可以明确列出来，是最难描述的风险，但其披露所包含的内容可能与典型的显性担保报告相似。在显性担保的情况下，政府通常会披露担保债务的数额作为政府风险的警示。关于银行部门稳定性的详细报告通常包括衡量银行盈利能力、杠杆率和流动性的许多指标，并可能包括压力测试的结果，这些压力测试可以估算出银行是否能够承受各种冲击。在财政报告中甚至还可以讨论政府对自身信用风险的估计，如果政府债务和赤字适度而其债券的收益率或主权信用评级不佳，这可能是政府有大量未确认负债的信号，其中就可能包括政府财政对银行部门的隐性担保。在此基础上，我们应再加强在金融报告中对财政风险及其对银行业影响的披露。

（二）对银行业"安全网"进行系统性重构

"安全网"通常是由政府保护一国银行基础设施免于系统事件而提供的显性或隐性担保。其最普遍的形式是存款保险计划，即试图在万一银行破产时给储户提供担保。而其他的担保一般是隐性的或仅在系统性压力期间实施。对于大范围的银行破产事件，这些隐性担保有可能变成显性的，进而导致政府财政状况的恶化。考虑到当前金融"安全网"的特征和其对政府的影响，我们面临的问题是：如何最小化银行危机对一国宏观经济的影响，同时减少给政府带来的财政成本。假设银行危机能在没有任何宏观经济影响下解决是不切实际的。然而，"安全网"的一些方面如果没有得到很好的设计，也许通过其对政府财政的影响而加剧这些危机。一般来说，至少存在三个对"安全网"的调整能最小化政府债务风险和银行业风险反馈回路的影响：一个是设计良好且公开透明的银行危机解决机制，一个是最优定价的存款保险计划，还有一个是降低银行破产概率的资本充足率要求。目前，欧盟已经采取了一些措施以应对自欧洲债务危机后的财政困境。甚至有人建议成立包括一个单一监督者、一个良好界定的解决机制和整个欧盟地区统一的存款保险计划在内的欧盟"银联"。虽然在"安全网"问题上已经取得一些进展并减轻了银行融资的压力，但仍存在一些不得不对"安全网"的调整以打破财政金融间的"反馈循环"。

对"安全网"的调整首先是建立一个银行处置机制，特别是对于一些规模庞大的银行来说，以最小化银行破产对财政进而纳税人导致的成本。目前，一些国家已经在欧洲债务危机后通过规则设计建立起了比较容易地处置大规模银行破产的机制，从而朝着这一方向迈出了实质性一步。一个设计良好的处置机制，其有可能包括次级债甚至一些情形下优先债的自救条款，也有加强市场纪律的额外收益。随着政府越来越依赖于这一工具而不是通过注资或其他途径救助来解决银行业危机，投资者将在对银行债券定价时考虑每一机构所导致的信贷风险，减少所谓的"太大不能倒闭"财政支持。另一个对"安全网"的调整是设计一个良好的存款保险计划。一个设计不好的存款保险计划会导致金融不稳定甚至在银行破产时显著增加财政成本。如果在这一类型的担保环境下，银行在经营过程中会因道德风险倾向于增加它们资产的风险，这又反过来会增加银行爆发危机的概率。为限制危机事件中的政府财政成本，存款保险计划应该是显性的，其应该清晰地界定所涵盖的金融机构和存款人。而且，为限制银行从事冒险行为的激励，存款保险费的定价应该对每一个金融机构自身的风险具有敏感性。这些条件对减轻储户损失对政府财政的影响是必要的，然而也不是充分的。

（三）提高银行业对外部冲击的弹性

为了提高银行自我救助和抵御风险的能力，政府可以针对银行部门出台限制政策，包括限制银行的杠杆作用，旨在确保银行能够承受损失——特别是股权与资产的最低比率，而不会随着经济周期变化而出现问题；政府也可以要求银行拥有一些"或有"债务资本，当其股价低于阈值时自动转换为股权；政府对高资本充足率要求的设立被认为是对大银行破产所产生的外部性进行内部化的机制；政府也可以制定确保银行能够度过临时流动性危机的政策，例如最低准备金率或短期大规模使用资金的限制；政府也可以制定限制银行操作风险的政策，例如可以向任何单一借款人或部门贷款的限制，以及提高抵押贷款的价值占抵押财产价值的比例。同时，政府还可以制定一些不是为了降低银行倒闭风险，而是减少金融部门破产给政府带来问题的风险政策，例如增加对银行规模、破产清算的限制，以及将零售银行和支付服务与其他活动的强制性分离；或者参考欧盟巴塞尔协议 III 等做法，在巴塞尔协议 II 已经实施的最低风险加权资产的 8% 之上引入了 2.5% 的风险加权资产资本保护缓冲区，以提高银行应该留出的资本质量和数量，使银行能够承受压力期的损失。

第三节　银行业风险与政府债务风险反馈循环的实证分析

在验证银行业风险与政府债务风险的反馈循环时，能对两类风险测算同时适用的方法十分重要。在对我国地方政府债务风险的研究文献中，近些年来相当多的借用西方发达国家开发的评价模型进行研究，我们在此重点借鉴了 KMV 模型，并在样本选择上还是选用了如前文中的 14 家上市银行，以保持前后的对应性和连续性。由于在第三章中已经对 KMV 模型的理论基础进行了详细的讲述，因此本章不再赘述，重点强调对 KMV 模型的修正。

一、KMV 模型修正与风险测算

（一）KMV 模型的修正

我国政府债务的统计审查起步较晚，从 2013 年才进行一次大规模的债务审计，因此相关的债务数据十分缺乏，而统计计算的模型却要求大量的数据作为测算的参考，因此使用统计模型测算我国政府债务存在一定的局限性。在这种情况下，KMV 这种对数据要求较为宽裕的模型比较符合本书对测算政府债务风险的需求。

当然，KMV 模型最开始是被用于金融系统中测算金融风险，简单地将 KMV 模型运用于对政府债务风险的测度是不够准确的，需要对其进行一定的修正，以符合本书对债务风险测算的需求。修正的 KMV 模型可以理解为：由于用于政府偿债的财政收入具有波动性，有时会使得政府的财政收入小于到期应偿还的债务，从而导致政府违约，用于偿债的财政收入与债务额之间的差额可以简单地认为是政府债务的违约距离，以此距离来测算政府债务风险。

按照修正的 KMV 模型的思想，政府债务违约距离 DD 和违约概率 P

的公式表达如下：

$$DD = \frac{\ln\left(\frac{F_T}{E_T}\right) + \mu\Delta t - \frac{1}{2}\sigma^2\Delta t}{\sigma\sqrt{T}} \qquad (4.1)$$

$$P = P[F < E] = P[lnF < lnE] = N\left(-\frac{\ln\left(\frac{F_T}{B_T}\right) + \mu\Delta t - \frac{1}{2}\sigma_g^2\Delta t}{\sigma_g\sqrt{T}}\right) =$$

$$N(-DD)d \qquad (4.2)$$

其中，Δt 为所考察的债务的期间，$\Delta t = T - t$，而 t 为当前的时期，即 $t = 0$，所以 $T = \Delta t$，F_T 为 T 时期地方政府用于偿还债务的财政收入，B_T 为地方政府所需偿还的债务，μ 为财政收入的增长率，σ_g 为地方政府财政收入的变动率。

（二）银行业风险的测算

由于本部分计算银行业风险的月波动率，每个周期的时段较短，不符合 Garch（1，1）模型的要求，因此本部分利用历史波动率法与 14 家上市银行 2017—2019 年股票的日对数收益率计算收益对数，进而得到月收益率的标准差，即股权价值波动率。在计算出股权价值的前提下，通过 Black-Scholes-Merton 期权定价模型建立联立方程式，然后解出方程得到银行的资产价值及其波动率。

将计算出来的资产价值及其波动率代入违约距离公式，使用 Matlab 软件得到了上市银行的违约距离与违约概率，由于篇幅问题，表 4-1 仅列出各个银行测算结果的平均值（详细测算数据见附表）。

表 4-1　14 家上市银行的风险测算结果均值

	V_E	V_A	σ_E	σ_A	DD	P
工商	4.3201E+12	2.0880E+12	0.0546	0.0270	20.7603	6.4489E-05
北京	9.1332E+11	1.3003E+11	0.0449	0.0064	19.1487	5.6300E-08
光大	1.3581E+12	2.0672E+11	0.0581	0.0090	15.9009	2.4213E-05
华夏	9.1025E+11	1.1249E+11	0.0497	0.0061	17.4792	3.3097E-05

续表

	V_E	V_A	σ_E	σ_A	DD	P
建设	4.6982E+12	1.7288E+12	0.0648	0.0240	17.1283	2.1371E−08
交通	2.3027E+12	4.4421E+11	0.0448	0.0086	21.6904	1.3169E−08
中银	4.5264E+12	1.1005E+12	0.0436	0.0108	24.2756	4.1350E−11
中信	1.8817E+12	2.8256E+11	0.0612	0.0094	15.0663	6.4217E−04
农业	4.0800E+12	1.2734E+12	0.0502	0.0161	22.1897	1.8524E−07
招商	2.0953E+12	8.0896E+11	0.0772	0.0297	12.8475	2.8521E−09
浦发	2.3732E+12	3.3577E+11	0.0572	0.0081	14.6874	1.3264E−05
兴业	2.6470E+12	3.5722E+11	0.0609	0.0083	14.0683	3.1987E−04
平安	1.3872E+12	2.1879E+11	0.0928	0.0164	9.0923	5.5796E−04
民生	2.2083E+12	2.7759E+11	0.0462	0.0059	19.0313	3.5038E−04

纵向比较表 4-1 中的数据，14 家银行的波动率差异较大，大型商业银行在各个年份的波动率整体上明显低于中小型商业银行的波动率，体现了雄厚的经济实力对抵御经济冲击的重要作用。同样的，相比于中小型银行，大型银行往往违约距离远，违约概率低，应该在接下来的银行风险管理工作中重视对中小型银行的监管，可以提高风险防范效率。最后，为获得整体银行业风险数据，本书按照各银行资产规模对各银行违约概率进行加权。

（三）政府债务风险的测算

由政府债务相关数据的可得性，本书选取 2017—2019 年我国政府的相关月度数据为作为 KMV 模型的样本数据，基础数据来源于财政部及统计局公布数据。同样，由于篇幅问题，表 4-2 仅以年份为单位列出测算结果（详细测算数据见本章附录）。

表 4-2　我国政府债务风险测算结果均值

年份	μ	σ_g	DD	P
2017—2019	0.0371	0.3179	2.0673	0.0982

从测量结果中可以看出，我国政府的债务风险水平明显小于银行业风险水平，这与我国政府经济实力强劲，公信力强息息相关。在测算出银行业和政府债务风险的具体数值后，可以将两者进行回归，以便准确地描述两者的定量关系。

二、VAR 模型的理论基础

VAR 向量自回归模型是一种 AR 模型的推广形式。它通过对当期变量与其他变量的滞后变量进行回归，来估计各个变量之间的协动关系。

为直观的了解 VAR 模型对本书的适用性，图 4-3 画出了银行业风险和政府债务风险的时间趋势图。需要注意的是，该模型对资产价值的假设是符合正态分布，而实际中的资产价值会呈现非正态的统计特征，且由于缺少大量违约公司历史样本库，使得违约概率的测算结果不够准确，进而银行业风险与政府债务风险的可比性较差，因此本部分采用违约距离的数据进行实证分析。即便如此，不失一般性的，分析图 4-3 可以认为政府债务风险的变化会随着银行业风险变动而滞后几期变动，本书推测该特点是风险由银行业向政府传导所致，两者相关性较强，可以尝试使用 VAR模型进行分析。

三、VAR 模型的相关检验及响应结果

（一）平稳性检验与单位根检验

VAR 要求的是对平稳的序列进行分析，所以不需要进行协整检验，但使用 VAR 要判断稳定性。其结果如图 4-4 所示。可以看出，所有的特征根均在单位圆之内，故此 VAR 系统是稳定的。

时间序列里非平稳的变量会误导作用，进行平稳性检验可以避免伪回归，因此使用时间序列之前需要先进行平稳性检验，通常使用的方法是单位根检验。单位根检验的常用方法主要包括 *DF* 检验、*ADF* 检验等，*ADF*检验为 *DF* 检验的拓展，适用于防止扰动项存在自相关。本书采取 *ADF* 检

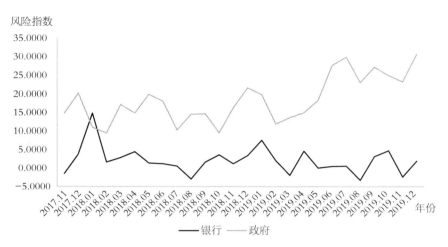

图 4-3　银行业风险和政府债务风险的时间趋势图

验法，考虑到如下风险增长过程：

$$\begin{cases} y_{1,\,t} = \alpha_0 + \alpha_2\,y_{1,\,t-1} + \cdots + \alpha_2\,y_{1,\,t-p} + \gamma_1 t + \varepsilon_{1,\,t} \\ y_{2,\,t} = \beta_0 + \beta_1\,y_{2,\,t-1} + \cdots + \beta_2\,y_{2,\,t-p} + \gamma_2 t + \varepsilon_{2,\,t} \end{cases}$$

其中，$y_{1,\,t}$ 表示 t 期银行业风险，$y_{2,\,t}$ 表示 t 期的政府债务风险。本书假设由于金融市场本身具有较强的波动性，存在初始风险，$\alpha_0 \neq 0$，$\beta_0 \neq 0$；值得一提的是，相比其他经济变量，债务利息支出会随着时间的变化而增长，因此风险的增长应包含时间趋势，即 $\gamma \neq 0$。检验结果如表 4-3 所示。

表 4-3　ADF 单位根检验结果

变量	检验类型（ c，t，p ）	检验统计值	临界值			结论
			1%	5%	10%	
Bank	（ 1，1，1 ）	−3.532	−4.380	−3.600	−3.240	平稳
Gov	（ 1，1，1 ）	−4.712	−4.380	−3.600	−3.240	平稳

银行业风险和政府债务风险序列的 ADF 检验统计值分别在 10% 和 1%

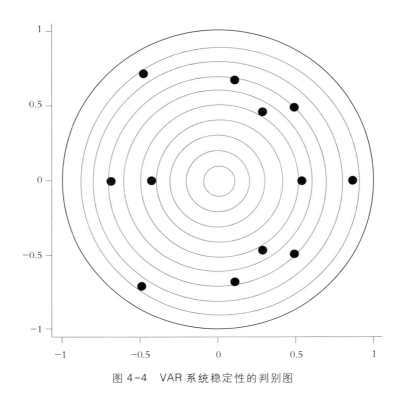

图 4-4   VAR 系统稳定性的判别图

的水平上拒绝存在单位根的原假设，则序列为平稳序列。

（二）VAR 模型最优滞后阶数的确定

VAR 模型需要确定最优滞后阶数来提高模型的显著性和准确性，确定最优滞后阶数常用的方法为使用 FPE、AIC、HQIC 和 SBIC 多项准则进行综合判断。表 4-4 显示，本书运用 Stata 确定 VAR 模型阶数时发现不同信息准则所选择的滞后阶数并不一致。如果根据 FPE 和 SBIC 准则，不需要滞后阶数，会导致过于简洁；而根据 AIC 和 HQIC 准则则需要滞后 4 阶，但根据卢特克波尔（Lutkepohl，2005）所述，AIC 准则可能高估滞后阶数。同时，考虑到本书算选时间序列较短，过高的阶数会损失太多参数，因此选择 3 阶作为滞后阶数。

表 4-4 VAR 模型最优滞后阶数选择

Lag	LL	LR	p	FPE	AIC	HQIC	SBIC
0	-14.7603				1.7055	1.7522	1.9039*
1	0.7767	31.074	0.013	0.00007	1.7476	1.9812	2.7394
2	17.0291	32.505	0.009	0.000081	1.7246	2.1452	3.5100
3	34.9319	35.805	0.003	0.000112	1.5517	2.1591	4.1305
4	69.7253	69.587*	0.000	0.000077	-0.1568*	0.6376*	3.2155

注：* 表示最适合的滞后期。

由于 VAR 模型的参数众多，因此无法解释其经济含义。故在此不汇报 VAR 的回归系数，而着重分析其变量的因果关系与脉冲响应函数。在此之前，需要检验各阶系数的联合显著性，结果如表 4-5 所示。

表 4-5 各阶系数的联合显著性

Lag	Chi2	Df	P
1	70.9071	16	0.000
2	52.0889	16	0.000
3	31.7797	16	0.011

尽管有少数几个变量的某阶系数不显著（并未列出），但作为三个方程的整体，各阶系数均高度显著。接下来检验残差是否为白噪声，即残差是否存在自相关，结果图表 4-6 所示。

表 4-6 残差自相关检验

Lag	Chi2	Df	P
1	10.4134	16	0.84417
2	6.8001	16	0.97692

结果显示，可以接受残差无自相关的原假设，即认为扰动项为白

噪声。

（三）格兰杰检验

格兰杰因果检验是计量经济学中用来检验变量之间是否存在因果关系的一种常用的方法，本质是测试一个变量的滞后变量是否可以引入其他变量的方程并影响该变量，如果存在，则称变量之间就存在格兰杰因果关系。本书将银行业风险水平与政府债务风险水平，同时辅以控制变量全球冲击[1]与通货膨胀率[2]数据导入该模型。在滞后 3 期阶数的基础上，运用 Stata 得出银行业风险水平和政府债务风险水平的格兰杰因果关系检验结果，如表 4-7 所示。

表 4-7　格兰杰因果关系

原假设	Chi2	P
Bank 是 Gov 的格兰杰原因	6.6101	0.085
Gov 是 Bank 的格兰杰原因	11.409	0.010
Gov 是 Global 的格兰杰原因	18.078	0.000
Inf 是 Gov 的格兰杰原因	12.661	0.005

由表 4-7 可见，银行业风险与政府债务风险互为格兰杰原因，二者之间具有双向格兰杰因果关系。但计量经济学是一门以估计性、预测性、统计性为主的学科，所以即使上述模型验证了两者具有因果关系，但该结论只是一种模糊性的预测，只能说两者具有"格兰杰因果性"，而非真正的因果关系。即便如此，该结果仍具有一定的参考价值，说明银行业与政府之间存在着很强的联动关系，一方风险的爆发势必牵动另一方的变化。

（四）冲击的动态响应结果

基于上述 VAR 模型，分别给政府债务风险和银行业风险施加一外部

---

①　用进出口贸易总额的变化率来体现。

②　通过居民消费价格指数计算。

的正向冲击，通过观察银行业风险和政府债务风险对该冲击的反应及变化趋势，画出两者的脉冲响应图，如图4-5和图4-6所示。图中的横坐标为以期为单位的冲击响应时间，其中 $n = 20$ 期，纵坐标为银行业风险和政府债务风险对该随机冲击的响应程度。

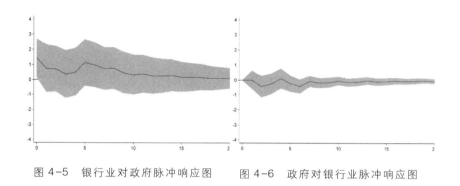

图4-5 银行业对政府脉冲响应图 图4-6 政府对银行业脉冲响应图

图4-5显示银行业风险对其本身的一个扰动冲击在对政府债务风险产生的影响，可以看出，随着冲击扰动的发生，政府债务风险在短期内急剧上升，但随着时间的推移会逐渐调整到正常水平，这表明目前来说，我国政府债务风险的应急处理能力不足，但政府本身实力强，有实力负担银行业产生的风险。这要求我们提高风险预警与处置应急风险的能力。而图4-6同样显示在长期内政府债务风险的扰动冲击对银行业影响很小，政府债务风险第一时间内并不会对银行业风险产生显著的影响，且总体上不如银行业风险向政府债务风险反馈的强烈。这表明政府债务风险向银行业风险的传递强度低于另一方向。

接下来，通过方差分解就可以来分析每一个单独的冲击分别对银行业风险和政府债务风险变化的贡献程度，进一步评估不同冲击对银行业风险和政府债务影响的强度，结果如图4-7和图4-8所示。

方差分解图的横轴代表时间，纵轴代表该变量对响应变量变化的贡献。由图4-7看出，银行业接受冲击的初期，其预测方差的绝大部分来

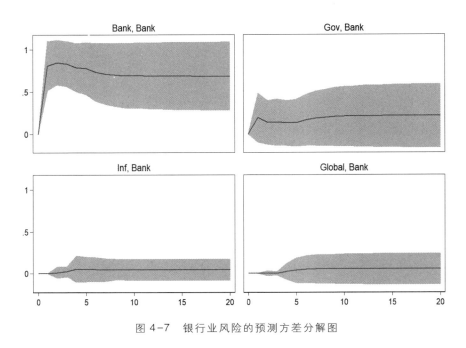

图 4-7   银行业风险的预测方差分解图

自于银行本身，达到 85%，向前做 20 期的预测后，虽然仍有约 68% 的预测方差来自于本身，但已降低了 17 个百分点；与此同时，政府债务风险的方差贡献从 13% 上升至 21%，这一变化体现了银行业风险向政府债务风险的转移。同样的，从政府债务风险的预测方差分解图中可以看出，当政府债务风险在接受冲击的初期，其产生的风险完全来自身，而随时间的向后不断推移，可以发现政府债务风险对自身贡献却降低了 45 个百分点，而银行对增加政府债务风险的影响逐渐体现，达到了 10%。这体现了银行业风险更容易向政府传导，是政府债务风险的重要来源之一。另外，图中显著的表明，通货膨胀率对政府债务风险的贡献很大，结合实际来看，推测是由于中央银行通过发行债券的方式偿还旧债，从而导致的自身债务向社会的稀释。

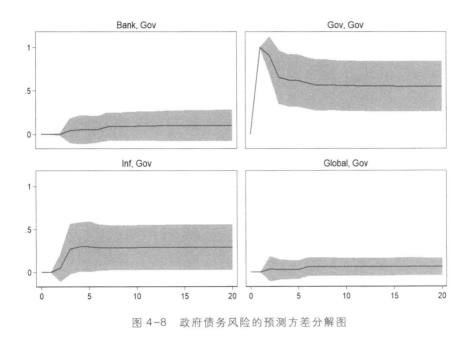

图 4-8 政府债务风险的预测方差分解图

本章附录 所有样本银行的测算结果

附表 1 工商银行的风险测算结果

Month	V_E	V_A	σ_E	σ_A	DD	P
201711	2.2597E+12	4.4102E+12	0.0616	0.0316	15.5390	2.2450E−08
201712	2.3461E+12	4.1745E+12	0.0417	0.0235	23.1308	3.3932E−19
201801	2.6171E+12	4.5071E+12	0.0890	0.0517	10.9248	5.1660E−06
201802	2.4002E+12	4.2902E+12	0.1016	0.0569	9.5444	1.4088E−03
201803	2.2361E+12	4.1261E+12	0.0666	0.0361	14.5339	1.7450E−09
201804	2.2058E+12	4.2961E+12	0.0792	0.0407	12.1632	6.2576E−06
201805	2.1109E+12	4.2011E+12	0.0424	0.0213	22.6948	1.1402E−20
201806	1.9803E+12	4.0705E+12	0.0585	0.0284	16.4176	1.2311E−10

Month	V_E	V_A	σ_E	σ_A	DD	P
201807	2.0150E+12	4.1994E+12	0.1030	0.0494	9.3037	2.2239E-04
201808	1.9665E+12	4.1509E+12	0.0574	0.0272	16.6867	9.4401E-12
201809	2.0425E+12	4.2269E+12	0.0602	0.0291	15.9202	1.3810E-09
201810	1.9781E+12	4.0081E+12	0.0841	0.0415	11.4174	2.8629E-05
201811	1.9108E+12	3.9407E+12	0.0469	0.0228	20.4385	5.8258E-17
201812	1.9072E+12	3.9371E+12	0.0332	0.0161	28.9345	2.3266E-29
201901	2.0250E+12	4.2924E+12	0.0457	0.0216	21.1826	5.0501E-20
201902	2.0697E+12	4.3371E+12	0.0770	0.0367	12.5765	5.4434E-06
201903	2.0193E+12	4.2867E+12	0.0550	0.0259	17.5905	6.2878E-15
201904	2.0811E+12	4.5904E+12	0.0558	0.0253	17.3090	5.1529E-14
201905	2.0006E+12	4.5100E+12	0.0402	0.0178	23.9790	1.3900E-25
201906	2.0870E+12	4.5963E+12	0.0278	0.0126	34.7664	6.7176E-49
201907	2.0002E+12	4.5238E+12	0.0261	0.0115	36.9799	5.6737E-66
201908	1.8855E+12	4.4091E+12	0.0340	0.0145	28.2806	4.5857E-38
201909	1.9456E+12	4.4692E+12	0.0263	0.0114	36.6669	7.0023E-57
201910	2.0654E+12	4.5890E+12	0.0343	0.0154	28.1518	6.1991E-31
201911	2.0592E+12	4.5828E+12	0.0410	0.0184	23.5501	1.3049E-25
201912	2.0721E+12	4.5957E+12	0.0310	0.0140	31.0857	4.1987E-45

附表2 北京银行的风险测算结果

Month	V_E	V_A	σ_E	σ_A	DD	P
201711	1.3540E+11	8.7146E+11	0.0392	0.0061	19.3088	2.9906E-09
201712	1.5117E+11	8.8723E+11	0.0402	0.0069	19.4713	4.7128E-13
201801	1.5878E+11	9.0676E+11	0.0477	0.0083	17.1947	1.3517E-30
201802	1.5456E+11	9.0253E+11	0.0620	0.0106	13.1479	4.6794E-13
201803	1.4546E+11	8.9344E+11	0.0408	0.0066	19.6702	5.1746E-37
201804	1.4377E+11	9.1114E+11	0.0375	0.0059	21.2391	1.8012E-34
201805	1.3997E+11	9.0733E+11	0.0324	0.0050	24.4258	3.3053E-53

续表

Month	V_E	V_A	σ_E	σ_A	DD	P
201806	1.2749E+11	8.9486E+11	0.0512	0.0073	15.0472	5.0246E-18
201807	1.2580E+11	9.1392E+11	0.0587	0.0081	12.9447	4.6529E-14
201808	1.2326E+11	9.1139E+11	0.0478	0.0065	15.8033	1.4013E-19
201809	1.2918E+11	9.1731E+11	0.0466	0.0066	16.4379	1.9466E-19
201810	1.2855E+11	9.4894E+11	0.0830	0.0112	9.1047	1.4608E-06
201811	1.2538E+11	9.4577E+11	0.0404	0.0054	18.5598	4.1835E-26
201812	1.1861E+11	9.3900E+11	0.0424	0.0054	17.3528	1.2331E-19
201901	1.2622E+11	9.0921E+11	0.0346	0.0048	23.7226	3.1856E-185
201902	1.3574E+11	9.1872E+11	0.0770	0.0114	10.8331	1.9228E-28
201903	1.3109E+11	9.1407E+11	0.0654	0.0094	12.6582	3.2689E-55
201904	1.3468E+11	9.1404E+11	0.0461	0.0068	18.0772	6.4987E-103
201905	1.2263E+11	9.0199E+11	0.0462	0.0063	17.6730	7.3771E-106
201906	1.2496E+11	9.0432E+11	0.0277	0.0038	29.5952	6.5493E-274
201907	1.1904E+11	9.2483E+11	0.0258	0.0033	31.1864	0
201908	1.1100E+11	9.1680E+11	0.0369	0.0045	21.4425	5.0080E-191
201909	1.1333E+11	9.1912E+11	0.0350	0.0043	22.7423	1.4394E-191
201910	1.1713E+11	9.2293E+11	0.0369	0.0047	21.7637	1.1626E-153
201911	1.1755E+11	9.2335E+11	0.0354	0.0045	22.7036	7.7910E-194
201912	1.2009E+11	9.2589E+11	0.0313	0.0041	25.7613	9.1986E-256

附表3　光大银行的风险测算结果

Month	V_E	V_A	σ_E	σ_A	DD	P
201711	2.1349E+11	1.4600E+12	0.0476	0.0070	15.5498	2.7586E-04
201712	2.0764E+11	1.4541E+12	0.0336	0.0048	21.7851	1.2848E-05
201801	2.3807E+11	1.4919E+12	0.0846	0.0135	9.4373	3.2665E-09
201802	2.2500E+11	1.4788E+12	0.1062	0.0162	7.4074	3.4064E-04
201803	2.1255E+11	1.4663E+12	0.0359	0.0052	21.5639	2.2853E-36
201804	2.1056E+11	1.4474E+12	0.0429	0.0062	18.0954	5.2237E-22

Month	V_E	V_A	σ_E	σ_A	DD	P
201805	2.0895E+11	1.4458E+12	0.0326	0.0047	23.7619	8.1551E−44
201806	1.9407E+11	1.4309E+12	0.0351	0.0048	21.5554	2.2823E−30
201807	1.8896E+11	1.4518E+12	0.0723	0.0094	10.2922	3.1288E−08
201808	1.9076E+11	1.4536E+12	0.0583	0.0076	12.8153	5.0906E−12
201809	1.9855E+11	1.4614E+12	0.0393	0.0053	19.2792	4.8141E−23
201810	2.0307E+11	1.3709E+12	0.0932	0.0138	8.3667	1.6623E−07
201811	1.9813E+11	1.3659E+12	0.0507	0.0074	15.2855	5.5830E−26
201812	1.9150E+11	1.3593E+12	0.0423	0.0060	18.1363	5.1779E−32
201901	2.0827E+11	1.2624E+12	0.0588	0.0097	14.5294	2.4464E−61
201902	2.1689E+11	1.2710E+12	0.0733	0.0125	11.7388	7.1427E−30
201903	2.1272E+11	1.2668E+12	0.0834	0.0140	10.2859	1.8827E−32
201904	2.1528E+11	1.2700E+12	0.0671	0.0114	12.8054	4.2460E−47
201905	1.9955E+11	1.2542E+12	0.0472	0.0075	17.9650	2.1644E−95
201906	1.9672E+11	1.2514E+12	0.0261	0.0041	32.3868	1.6248E−292
201907	2.0238E+11	1.2611E+12	0.0344	0.0055	24.6648	1.2488E−202
201908	1.9181E+11	1.2505E+12	0.0463	0.0071	18.1798	2.2109E−110
201909	2.0059E+11	1.2593E+12	0.0634	0.0101	13.3891	8.2816E−54
201910	2.1836E+11	1.2770E+12	0.0974	0.0167	8.8334	3.5165E−20
201911	2.1078E+11	1.2695E+12	0.0785	0.0130	10.8951	1.2386E−36
201912	2.1998E+11	1.2786E+12	0.0598	0.0103	14.4182	2.9344E−64

附表 4 华夏银行的风险测算结果

Month	V_E	V_A	σ_E	σ_A	DD	P
201711	1.1887E+11	8.2215E+11	0.0423	0.0061	17.4090	1.0844E−05
201712	1.1540E+11	8.1868E+11	0.0334	0.0047	21.7847	1.6196E−06
201801	1.2630E+11	8.9113E+11	0.0562	0.0080	13.6804	4.6257E−17
201802	1.1925E+11	8.8407E+11	0.0924	0.0125	8.1656	7.3767E−05
201803	1.1425E+11	8.7907E+11	0.0338	0.0044	22.0248	9.3110E−37

Month	V_E	V_A	σ_E	σ_A	DD	P
201804	1.1169E+11	8.9608E+11	0.0418	0.0052	17.4800	1.0888E−18
201805	1.0681E+11	8.9121E+11	0.0431	0.0052	16.6892	2.4923E−19
201806	9.5529E+10	8.7992E+11	0.0454	0.0049	15.1067	2.7371E−12
201807	9.7581E+10	8.9614E+11	0.0661	0.0072	10.3906	4.5288E−07
201808	9.9376E+10	8.9793E+11	0.0710	0.0079	9.7593	1.2699E−06
201809	1.0476E+11	9.0332E+11	0.0620	0.0072	11.4260	3.1164E−08
201810	1.0258E+11	9.1628E+11	0.0935	0.0105	7.4500	7.7253E−04
201811	9.9889E+10	9.1359E+11	0.0507	0.0055	13.5921	6.5642E−11
201812	9.4760E+10	9.0846E+11	0.0345	0.0036	19.4449	1.2850E−16
201901	1.1648E+11	9.2237E+11	0.0360	0.0045	22.2558	4.5559E−179
201902	1.2802E+11	9.3391E+11	0.0786	0.0108	10.4220	4.6828E−28
201903	1.2694E+11	9.3283E+11	0.0710	0.0097	11.5141	3.9669E−48
201904	1.2341E+11	9.4607E+11	0.0626	0.0082	12.9075	1.1168E−59
201905	1.1540E+11	9.3807E+11	0.0538	0.0066	14.7851	1.9041E−82
201906	1.1848E+11	9.4115E+11	0.0270	0.0034	29.6492	3.1907E−301
201907	1.1633E+11	9.4385E+11	0.0267	0.0033	29.8215	0.0000E+00
201908	1.1140E+11	9.3893E+11	0.0358	0.0042	21.9698	7.4559E−205
201909	1.1356E+11	9.4108E+11	0.0326	0.0039	24.2141	7.1140E−222
201910	1.1525E+11	9.4277E+11	0.0402	0.0049	19.7551	5.0486E−132
201911	1.1433E+11	9.4185E+11	0.0329	0.0040	24.0368	4.9598E−228
201912	1.1802E+11	9.4554E+11	0.0278	0.0035	28.7246	0

附表 5　建设银行的风险测算结果

Month	V_E	V_A	σ_E	σ_A	DD	P
201711	1.7139E+12	4.7528E+12	0.0645	0.0233	14.2759	5.2944E−16
201712	1.7313E+12	4.7702E+12	0.0598	0.0217	15.4206	8.5388E−18
201801	2.0565E+12	5.0801E+12	0.1170	0.0474	8.0650	3.3889E−08
201802	2.0812E+12	5.1048E+12	0.1045	0.0426	9.0407	3.0100E−07

续表

Month	V_E	V_A	σ_E	σ_A	DD	P
201803	2.0564E+12	5.0800E+12	0.0746	0.0302	12.6449	7.9892E-18
201804	2.0114E+12	4.9431E+12	0.0962	0.0392	9.8137	5.8091E-10
201805	2.0165E+12	4.9481E+12	0.0591	0.0241	15.9864	1.8567E-28
201806	1.9187E+12	4.8504E+12	0.0635	0.0251	14.8385	3.6809E-22
201807	1.7488E+12	4.9773E+12	0.1171	0.0411	7.9394	1.8129E-07
201808	1.7390E+12	4.9674E+12	0.0653	0.0229	14.2216	1.8669E-20
201809	1.6783E+12	4.9067E+12	0.0720	0.0246	12.8633	1.1798E-14
201810	1.5725E+12	4.6908E+12	0.1048	0.0351	8.8183	3.8883E-08
201811	1.6317E+12	4.7499E+12	0.0502	0.0173	18.4483	3.1318E-37
201812	1.6183E+12	4.7366E+12	0.0487	0.0167	19.0043	7.6956E-36
201901	1.6594E+12	4.5144E+12	0.0552	0.0203	17.2203	1.6884E-45
201902	1.7420E+12	4.5970E+12	0.0786	0.0298	12.1285	4.6630E-18
201903	1.7415E+12	4.5965E+12	0.0703	0.0266	13.5615	2.5757E-30
201904	1.7465E+12	4.6802E+12	0.0816	0.0305	11.6608	8.8177E-23
201905	1.6086E+12	4.5424E+12	0.0533	0.0189	17.7731	1.2925E-50
201906	1.6133E+12	4.5470E+12	0.0392	0.0139	24.1565	3.3871E-87
201907	1.5636E+12	4.3726E+12	0.0378	0.0135	25.0562	6.9926E-112
201908	1.4516E+12	4.2606E+12	0.0375	0.0128	25.1499	2.7241E-108
201909	1.5078E+12	4.3168E+12	0.0356	0.0124	26.5619	1.4217E-109
201910	1.5571E+12	4.3661E+12	0.0340	0.0121	27.8570	2.5305E-108
201911	1.5972E+12	4.4062E+12	0.0383	0.0139	24.7637	6.2975E-100
201912	1.5868E+12	4.3959E+12	0.0249	0.0090	38.0666	5.0931E-244

附表 6　交通银行的风险测算结果

Month	V_E	V_A	σ_E	σ_A	DD	P
201711	4.3206E+11	2.3509E+12	0.0427	0.0079	18.7618	8.6891E-11
201712	4.3375E+11	2.3526E+12	0.0370	0.0068	21.6979	1.8613E-13
201801	4.4895E+11	2.3952E+12	0.0648	0.0122	12.8660	2.6870E-15

续表

Month	V_E	V_A	σ_E	σ_A	DD	P
201802	4.4094E+11	2.3872E+12	0.0821	0.0152	10.1305	3.4230E-07
201803	4.3619E+11	2.3824E+12	0.0302	0.0055	27.5090	2.5941E-61
201804	4.5185E+11	2.3532E+12	0.0364	0.0070	23.0252	1.8342E-37
201805	4.5638E+11	2.3578E+12	0.0330	0.0064	25.4554	1.9021E-55
201806	4.4952E+11	2.3509E+12	0.0327	0.0063	25.6150	1.6604E-50
201807	4.5690E+11	2.4380E+12	0.0644	0.0121	12.9573	4.1528E-15
201808	4.5532E+11	2.4364E+12	0.0490	0.0092	17.0022	1.3422E-24
201809	4.5975E+11	2.4409E+12	0.0482	0.0091	17.3318	1.7833E-22
201810	4.5080E+11	2.3679E+12	0.0698	0.0133	11.9978	4.1332E-15
201811	4.3866E+11	2.3557E+12	0.0442	0.0082	18.8340	2.6363E-41
201812	4.3242E+11	2.3495E+12	0.0384	0.0071	21.6403	7.8600E-49
201901	4.4510E+11	2.2182E+12	0.0489	0.0098	18.1166	2.0717E-78
201902	4.5038E+11	2.2235E+12	0.0750	0.0152	11.8301	5.9050E-26
201903	4.4203E+11	2.2151E+12	0.0747	0.0149	11.8428	2.6012E-36
201904	4.4442E+11	2.1714E+12	0.0486	0.0100	18.2701	3.7406E-78
201905	4.5547E+11	2.1824E+12	0.0270	0.0056	33.0130	2.7177E-247
201906	4.6301E+11	2.1900E+12	0.0379	0.0080	23.5322	9.8161E-120
201907	4.4855E+11	2.2394E+12	0.0240	0.0048	36.8836	0.0000E+00
201908	4.3553E+11	2.2264E+12	0.0316	0.0062	27.8946	1.0704E-202
201909	4.4473E+11	2.2356E+12	0.0325	0.0065	27.2424	2.4271E-174
201910	4.2962E+11	2.2205E+12	0.0369	0.0071	23.8353	8.0110E-123
201911	4.2045E+11	2.2113E+12	0.0306	0.0058	28.6519	1.2153E-207
201912	4.2660E+11	2.2175E+12	0.0231	0.0045	38.0129	0

附表 7 中国银行的风险测算结果

Month	V_E	V_A	σ_E	σ_A	DD	P
201711	1.1500E+12	4.2918E+12	0.0475	0.0127	18.4954	1.8979E-25
201712	1.1559E+12	4.2977E+12	0.0306	0.0082	28.7367	2.3707E-56

Month	V_E	V_A	σ_E	σ_A	DD	P
201801	1.3195E+12	4.6594E+12	0.0820	0.0232	11.0183	1.0563E−15
201802	1.2606E+12	4.6005E+12	0.0876	0.0240	10.2613	1.0751E−09
201803	1.1892E+12	4.5291E+12	0.0432	0.0114	20.6459	3.2919E−48
201804	1.1581E+12	4.4656E+12	0.0483	0.0125	18.4406	2.8479E−31
201805	1.1463E+12	4.4538E+12	0.0341	0.0088	26.0664	5.1366E−73
201806	1.1013E+12	4.4088E+12	0.0337	0.0084	26.2375	5.3571E−66
201807	1.0720E+12	4.6797E+12	0.0766	0.0175	11.3796	1.1813E−14
201808	1.0502E+12	4.6579E+12	0.0453	0.0102	19.1651	1.0875E−37
201809	1.0736E+12	4.6813E+12	0.0433	0.0099	20.1211	1.8450E−36
201810	1.0621E+12	4.4663E+12	0.0678	0.0161	12.9475	1.2458E−19
201811	1.0466E+12	4.4509E+12	0.0387	0.0091	22.6023	1.4447E−67
201812	1.0425E+12	4.4468E+12	0.0261	0.0061	33.5658	4.2340E−133
201901	1.0672E+12	4.2447E+12	0.0337	0.0085	27.1350	1.2250E−157
201902	1.1138E+12	4.2913E+12	0.0596	0.0155	15.3927	4.7709E−39
201903	1.1027E+12	4.2802E+12	0.0560	0.0144	16.3707	6.6848E−61
201904	1.1357E+12	4.6607E+12	0.0483	0.0118	18.8487	2.1062E−78
201905	1.1101E+12	4.6351E+12	0.0569	0.0136	15.9728	2.1388E−57
201906	1.0610E+12	4.5860E+12	0.0224	0.0052	40.4420	0.0000E+00
201907	1.0565E+12	4.6736E+12	0.0204	0.0046	44.2770	0.0000E+00
201908	9.9736E+11	4.6144E+12	0.0330	0.0071	27.1494	1.1465E−188
201909	1.0154E+12	4.6325E+12	0.0254	0.0056	35.3496	4.0091E−287
201910	1.0457E+12	4.6628E+12	0.0247	0.0055	36.3959	1.5904E−270
201911	1.0370E+12	4.6541E+12	0.0275	0.0061	32.7261	3.0317E−256
201912	1.0439E+12	4.6609E+12	0.0217	0.0049	41.4231	0

附表 8　中信银行的风险测算结果

Month	V_E	V_A	σ_E	σ_A	DD	P
201711	2.9195E+11	1.8056E+12	0.0647	0.0105	11.8891	3.8385E−05
201712	2.8450E+11	1.7981E+12	0.0391	0.0062	19.5128	9.8677E−10

续表

Month	V_E	V_A	σ_E	σ_A	DD	P
201801	3.3240E+11	1.8306E+12	0.0763	0.0139	10.8504	2.9898E−13
201802	3.2203E+11	1.8202E+12	0.1539	0.0272	5.3419	1.6658E−02
201803	3.0277E+11	1.8010E+12	0.0569	0.0096	14.2381	3.2158E−20
201804	2.9992E+11	1.8261E+12	0.0687	0.0113	11.7243	5.5224E−12
201805	3.0290E+11	1.8291E+12	0.0598	0.0099	13.5112	1.5722E−18
201806	2.8894E+11	1.8151E+12	0.0393	0.0062	20.3325	8.9778E−35
201807	2.8589E+11	1.8286E+12	0.0683	0.0107	11.6203	2.8595E−13
201808	2.7673E+11	1.8194E+12	0.0785	0.0119	10.0258	5.1921E−10
201809	2.7845E+11	1.8211E+12	0.0587	0.0090	13.4195	1.0988E−14
201810	2.7379E+11	1.8667E+12	0.0808	0.0118	9.6266	1.5360E−09
201811	2.6736E+11	1.8602E+12	0.0474	0.0068	16.2998	5.2611E−29
201812	2.5732E+11	1.8502E+12	0.0390	0.0054	19.5789	1.6650E−36
201901	2.6696E+11	1.9659E+12	0.0448	0.0061	18.2507	7.2229E−113
201902	2.9849E+11	1.9974E+12	0.1042	0.0156	8.0236	7.7744E−15
201903	2.9208E+11	1.9910E+12	0.0997	0.0146	8.3537	1.0425E−23
201904	2.8996E+11	1.9507E+12	0.0642	0.0095	13.0131	7.0401E−54
201905	2.6684E+11	1.9276E+12	0.0503	0.0070	16.3372	2.8359E−89
201906	2.6913E+11	1.9299E+12	0.0346	0.0048	23.7559	7.7895E−176
201907	2.6877E+11	1.9341E+12	0.0416	0.0058	19.7652	4.0520E−148
201908	2.5144E+11	1.9167E+12	0.0418	0.0055	19.3862	3.6426E−144
201909	2.5544E+11	1.9207E+12	0.0358	0.0048	22.7283	3.5399E−177
201910	2.7449E+11	1.9398E+12	0.0605	0.0086	13.6468	1.2436E−55
201911	2.7234E+11	1.9376E+12	0.0474	0.0067	17.3934	2.6051E−104
201912	2.7570E+11	1.9410E+12	0.0358	0.0051	23.0993	5.7830E−189

附表 9 农业银行的风险测算结果

Month	V_E	V_A	σ_E	σ_A	DD	P
201711	1.2140E+12	3.6716E+12	0.0550	0.0182	16.5310	5.2986E−15

Month	V_E	V_A	σ_E	σ_A	DD	P
201712	1.2398E+12	3.6974E+12	0.0406	0.0136	22.4787	6.1300E−26
201801	1.4461E+12	3.9309E+12	0.0721	0.0265	12.9589	2.2234E−17
201802	1.3533E+12	3.8382E+12	0.1075	0.0379	8.6453	4.8162E−06
201803	1.2900E+12	3.7749E+12	0.0646	0.0221	14.3461	2.5400E−19
201804	1.2578E+12	3.8423E+12	0.0588	0.0192	15.6791	1.2969E−18
201805	1.1902E+12	3.7746E+12	0.0438	0.0138	20.9456	1.3986E−36
201806	1.1350E+12	3.7194E+12	0.0456	0.0139	20.0012	2.2391E−29
201807	1.2771E+12	4.1917E+12	0.0865	0.0264	10.5465	6.7103E−11
201808	1.2766E+12	4.1912E+12	0.0573	0.0175	15.9198	1.3955E−22
201809	1.3589E+12	4.2735E+12	0.0772	0.0245	11.8940	2.3568E−12
201810	1.3466E+12	4.0310E+12	0.0802	0.0268	11.5248	7.5210E−14
201811	1.2504E+12	3.9349E+12	0.0534	0.0170	17.2050	1.8469E−33
201812	1.2571E+12	3.9415E+12	0.0273	0.0087	33.5994	4.0772E−111
201901	1.2987E+12	3.9096E+12	0.0423	0.0140	22.2909	5.7091E−80
201902	1.3295E+12	3.9405E+12	0.0675	0.0228	13.9698	6.6422E−25
201903	1.3075E+12	3.9184E+12	0.0482	0.0161	19.5445	6.1711E−65
201904	1.3151E+12	4.1571E+12	0.0448	0.0142	20.9312	3.8647E−73
201905	1.2819E+12	4.1239E+12	0.0472	0.0147	19.8282	4.8212E−66
201906	1.2524E+12	4.0944E+12	0.0275	0.0084	34.0488	1.8046E−181
201907	1.2509E+12	4.5334E+12	0.0223	0.0062	41.4387	2.3290E−271
201908	1.1798E+12	4.4623E+12	0.0286	0.0076	32.1906	5.2756E−157
201909	1.2014E+12	4.4839E+12	0.0274	0.0073	33.6262	5.7585E−156
201910	1.2612E+12	4.5437E+12	0.0230	0.0064	40.2673	2.8347E−201
201911	1.2573E+12	4.5398E+12	0.0308	0.0085	30.0458	1.5739E−131
201912	1.2787E+12	4.5612E+12	0.0254	0.0071	36.4756	4.9490E−202

附表 10   招商银行的风险测算结果

Month	V_E	V_A	σ_E	σ_A	DD	P
201711	7.4124E+11	1.9239E+12	0.0853	0.0329	10.8921	9.8426E−15

Month	V_E	V_A	σ_E	σ_A	DD	P
201712	7.3997E+11	1.9226E+12	0.0795	0.0306	11.6749	5.6455E-16
201801	8.6399E+11	1.9931E+12	0.0766	0.0332	12.4103	4.7718E-23
201802	7.8484E+11	1.9140E+12	0.0924	0.0379	10.2304	2.1529E-11
201803	7.5522E+11	1.8843E+12	0.0718	0.0288	13.1335	5.4467E-25
201804	7.5671E+11	1.9852E+12	0.0844	0.0322	11.1102	2.9033E-15
201805	7.4917E+11	1.9776E+12	0.0684	0.0259	13.7077	8.4702E-27
201806	6.8923E+11	1.9177E+12	0.0728	0.0262	12.8027	2.8685E-21
201807	7.1862E+11	1.9347E+12	0.1015	0.0377	9.2134	8.9398E-13
201808	7.2094E+11	1.9370E+12	0.0819	0.0305	11.4176	9.3956E-19
201809	7.7080E+11	1.9868E+12	0.0943	0.0366	9.9624	4.4389E-13
201810	7.3375E+11	2.0646E+12	0.1228	0.0436	7.5795	7.4131E-08
201811	7.3713E+11	2.0680E+12	0.0810	0.0289	11.4901	9.2790E-20
201812	6.6421E+11	1.9951E+12	0.0728	0.0242	12.6909	2.7299E-21
201901	7.4446E+11	2.0014E+12	0.0687	0.0255	13.8530	5.0638E-35
201902	8.1525E+11	2.0722E+12	0.0811	0.0319	11.7889	1.5092E-19
201903	8.6894E+11	2.1259E+12	0.0902	0.0369	10.6260	7.6365E-22
201904	8.9639E+11	2.3184E+12	0.0816	0.0315	11.6964	2.1797E-25
201905	8.8003E+11	2.3021E+12	0.0706	0.0270	13.5145	2.2412E-33
201906	9.2285E+11	2.3449E+12	0.0890	0.0350	10.7399	1.4259E-20
201907	9.3464E+11	2.3228E+12	0.0634	0.0255	15.1027	2.1408E-46
201908	8.7623E+11	2.2644E+12	0.0655	0.0254	14.5684	6.4387E-42
201909	8.8945E+11	2.2776E+12	0.0513	0.0200	18.6244	3.9526E-61
201910	9.0692E+11	2.2951E+12	0.0531	0.0210	17.9938	1.5366E-51
201911	9.2247E+11	2.3107E+12	0.0632	0.0252	15.1352	8.5364E-43
201912	9.4945E+11	2.3376E+12	0.0434	0.0176	22.0753	2.2349E-92

附表 11　浦发银行的风险测算结果

Month	V_E	V_A	σ_E	σ_A	DD	P
201711	3.7894E+11	2.5582E+12	0.0537	0.0080	13.8372	3.4171E-04

Month	V_E	V_A	σ_E	σ_A	DD	P
201712	3.6954E+11	2.5488E+12	0.0347	0.0050	21.2437	1.6046E-06
201801	3.8657E+11	2.4443E+12	0.0810	0.0128	9.8312	1.9554E-09
201802	3.6573E+11	2.4234E+12	0.0582	0.0088	13.4759	4.6584E-11
201803	3.4195E+11	2.3997E+12	0.0474	0.0068	16.2478	6.0310E-20
201804	3.4078E+11	2.3668E+12	0.0478	0.0069	16.1538	6.3022E-16
201805	3.0966E+11	2.3357E+12	0.0602	0.0080	12.4601	1.4546E-10
201806	2.8061E+11	2.3066E+12	0.0558	0.0068	12.9726	8.6041E-09
201807	2.9851E+11	2.2622E+12	0.0629	0.0083	11.9058	3.1059E-10
201808	3.0321E+11	2.2669E+12	0.0589	0.0079	12.7713	8.7969E-12
201809	3.1172E+11	2.2754E+12	0.0567	0.0078	13.3942	1.0335E-11
201810	3.2229E+11	2.4489E+12	0.0852	0.0112	8.7780	1.5397E-06
201811	3.1436E+11	2.4410E+12	0.0558	0.0072	13.2951	2.6208E-15
201812	2.8765E+11	2.4143E+12	0.0609	0.0073	11.7801	2.5782E-10
201901	3.1495E+11	2.3941E+12	0.0447	0.0059	18.1212	4.3774E-109
201902	3.4459E+11	2.4238E+12	0.0913	0.0130	9.0579	2.2622E-19
201903	3.3109E+11	2.4103E+12	0.0615	0.0085	13.3145	2.3665E-60
201904	3.5134E+11	2.2829E+12	0.0740	0.0114	11.3828	7.5818E-37
201905	3.2669E+11	2.2582E+12	0.0558	0.0081	14.8813	8.0959E-65
201906	3.4283E+11	2.2744E+12	0.0516	0.0078	16.2516	6.3706E-71
201907	3.4841E+11	2.3585E+12	0.0394	0.0058	21.1666	4.7484E-146
201908	3.3109E+11	2.3411E+12	0.0538	0.0076	15.3386	4.7864E-77
201909	3.4753E+11	2.3576E+12	0.0356	0.0052	23.4349	8.7336E-156
201910	3.6719E+11	2.3772E+12	0.0748	0.0116	11.2639	1.3434E-32
201911	3.4958E+11	2.3596E+12	0.0451	0.0067	18.5265	1.2830E-102
201912	3.6309E+11	2.3731E+12	0.0401	0.0061	20.9861	7.2829E-134

附表 12　兴业银行的风险测算结果

Month	V_E	V_A	σ_E	σ_A	DD	P
201711	3.6334E+11	2.6909E+12	0.0539	0.0073	13.2477	8.3147E-03

续表

Month	V_E	V_A	σ_E	σ_A	DD	P
201712	3.5295E+11	2.6410E+12	0.0350	0.0047	20.2827	1.1433E-06
201801	3.8806E+11	2.8666E+12	0.0794	0.0107	9.5219	1.0571E-08
201802	3.7103E+11	2.8495E+12	0.0709	0.0092	10.5020	3.9096E-07
201803	3.4672E+11	2.8252E+12	0.0357	0.0044	20.3282	4.6143E-29
201804	3.3467E+11	2.7892E+12	0.0481	0.0058	14.9548	1.0886E-13
201805	3.3093E+11	2.7855E+12	0.0326	0.0039	21.9836	1.6107E-32
201806	2.9915E+11	2.7537E+12	0.0426	0.0046	16.1249	3.0763E-14
201807	3.2096E+11	2.5345E+12	0.0794	0.0101	9.2782	1.6935E-07
201808	3.1327E+11	2.5268E+12	0.0605	0.0075	12.0712	3.0192E-11
201809	3.3135E+11	2.5449E+12	0.0539	0.0070	13.8129	2.0227E-13
201810	3.3488E+11	2.6202E+12	0.0839	0.0107	8.8124	1.9836E-07
201811	3.3114E+11	2.6164E+12	0.0608	0.0077	12.1025	3.8868E-15
201812	3.1037E+11	2.5956E+12	0.0361	0.0043	19.9133	1.6013E-32
201901	3.4070E+11	2.5665E+12	0.0476	0.0063	17.0586	6.2909E-99
201902	3.7103E+11	2.5969E+12	0.0797	0.0114	10.3896	2.2415E-26
201903	3.7747E+11	2.6033E+12	0.1140	0.0165	7.2873	1.4866E-17
201904	4.1382E+11	2.6570E+12	0.1038	0.0162	8.1290	9.6342E-20
201905	3.6500E+11	2.6082E+12	0.0684	0.0096	12.0298	2.9905E-47
201906	3.7996E+11	2.6231E+12	0.0537	0.0078	15.4730	3.6284E-71
201907	3.9741E+11	2.6000E+12	0.0627	0.0096	13.4165	1.1735E-62
201908	3.5669E+11	2.5593E+12	0.0736	0.0103	11.1691	2.0395E-45
201909	3.6417E+11	2.5667E+12	0.0419	0.0060	19.6997	3.9656E-123
201910	3.8889E+11	2.5915E+12	0.0498	0.0075	16.8144	1.0342E-77
201911	3.9242E+11	2.5950E+12	0.0715	0.0108	11.7291	1.3801E-44
201912	4.1133E+11	2.6139E+12	0.0431	0.0068	19.6444	2.4554E-123

附表 13　平安银行的风险测算结果

Month	V_E	V_A	σ_E	σ_A	DD	P
201711	2.2974E+11	1.1458E+12	0.1453	0.0291	5.6588	1.0086E-02

Month	V_E	V_A	σ_E	σ_A	DD	P
201712	2.2837E+11	1.1444E+12	0.1003	0.0200	8.1847	1.8928E−04
201801	2.4124E+11	1.2261E+12	0.1019	0.0201	8.2780	3.3226E−08
201802	2.0690E+11	1.1917E+12	0.1329	0.0231	6.1546	4.1218E−03
201803	1.8716E+11	1.1720E+12	0.0633	0.0101	12.6189	3.9510E−14
201804	1.8630E+11	1.1454E+12	0.1113	0.0181	7.2156	9.6734E−05
201805	1.7479E+11	1.1339E+12	0.0582	0.0090	13.5880	9.9025E−16
201806	1.5608E+11	1.1152E+12	0.0750	0.0105	10.2024	7.5340E−08
201807	1.6175E+11	1.0591E+12	0.1008	0.0154	7.8199	5.5677E−06
201808	1.7394E+11	1.0712E+12	0.1078	0.0175	7.4484	7.4154E−06
201809	1.8973E+11	1.0870E+12	0.0861	0.0150	9.5130	2.2670E−08
201810	1.8733E+11	3.1894E+12	0.1419	0.0083	2.7286	1.2996E−148
201811	1.7789E+11	3.1799E+12	0.0710	0.0040	4.9971	0
201812	1.6106E+11	3.1631E+12	0.0617	0.0031	4.6610	0
201901	1.9059E+11	1.0487E+12	0.0825	0.0150	10.5466	9.1731E−29
201902	2.1223E+11	1.0703E+12	0.1056	0.0209	8.3693	8.9720E−13
201903	2.2012E+11	1.0782E+12	0.0973	0.0199	9.1220	2.7755E−21
201904	2.3781E+11	1.0842E+12	0.1080	0.0237	8.3134	3.1186E−16
201905	2.0914E+11	1.0555E+12	0.1153	0.0228	7.6653	2.2387E−14
201906	2.3661E+11	1.0830E+12	0.0832	0.0182	10.7790	7.8842E−26
201907	2.4262E+11	1.1925E+12	0.0719	0.0146	12.3358	1.6713E−38
201908	2.4314E+11	1.1930E+12	0.1034	0.0211	8.5855	2.7166E−18
201909	3.0254E+11	1.2524E+12	0.0751	0.0181	12.1133	2.1344E−30
201910	3.1554E+11	1.3332E+12	0.0869	0.0206	10.4402	1.3163E−21
201911	2.9672E+11	1.3143E+12	0.0673	0.0152	13.3905	3.8289E−41
201912	3.1923E+11	1.3369E+12	0.0580	0.0138	15.6691	9.2973E−57

附表14 民生银行的风险测算结果

Month	V_E	V_A	σ_E	σ_A	DD	P
201711	3.2525E+11	2.2775E+12	0.0692	0.0099	10.5784	7.7694E−03

续表

Month	V_E	V_A	σ_E	σ_A	DD	P
201712	3.1270E+11	2.2650E+12	0.0454	0.0063	15.8895	1.2914E−03
201801	3.3765E+11	2.4047E+12	0.0570	0.0080	13.4286	1.9814E−16
201802	3.2079E+11	2.3878E+12	0.0904	0.0122	8.3330	4.9140E−05
201803	3.0270E+11	2.3698E+12	0.0408	0.0052	18.1059	4.9039E−25
201804	2.9006E+11	2.2895E+12	0.0435	0.0055	16.9243	6.4122E−18
201805	2.8800E+11	2.2874E+12	0.0354	0.0045	20.7714	4.4275E−31
201806	2.6421E+11	2.2637E+12	0.0457	0.0053	15.5507	8.7409E−15
201807	2.6279E+11	2.1646E+12	0.0629	0.0076	11.5059	4.1686E−10
201808	2.5896E+11	2.1608E+12	0.0545	0.0065	13.1950	1.7620E−12
201809	2.7159E+11	2.1735E+12	0.0488	0.0061	14.9972	1.1034E−14
201810	2.7337E+11	2.1160E+12	0.0788	0.0102	9.4203	1.9163E−08
201811	2.6482E+11	2.1074E+12	0.0412	0.0052	17.8091	1.3252E−30
201812	2.4965E+11	2.2127E+12	0.0306	0.0035	22.8317	1.2635E−39
201901	2.5805E+11	2.1389E+12	0.0338	0.0041	23.4183	3.4304E−207
201902	2.8150E+11	2.1624E+12	0.0718	0.0093	11.2520	2.5932E−34
201903	2.7491E+11	2.1558E+12	0.0616	0.0079	13.0320	4.9257E−65
201904	2.7686E+11	2.1707E+12	0.0513	0.0065	15.6729	9.3585E−89
201905	2.6413E+11	2.1580E+12	0.0384	0.0047	20.6745	2.1170E−159
201906	2.7216E+11	2.1660E+12	0.0206	0.0026	38.8516	0.0000E+00
201907	2.6081E+11	2.1633E+12	0.0264	0.0032	29.9380	0.0000E+00
201908	2.4881E+11	2.1513E+12	0.0332	0.0038	23.4948	1.1832E−239
201909	2.5836E+11	2.1609E+12	0.0307	0.0037	25.6867	7.7665E−251
201910	2.6355E+11	2.1661E+12	0.0358	0.0044	22.1171	4.7769E−165
201911	2.6515E+11	2.1677E+12	0.0298	0.0036	26.6059	1.9170E−275
201912	2.7048E+11	2.1730E+12	0.0230	0.0029	34.7288	0

附表 15 我国政府债务风险测算结果

Month	μ	σ_g	DD	P
201711	−0.2987	0.3179	−1.4451	1.40E−01

续表

Month	μ	σ_g	DD	P
201712	−0.0497	0.3179	3.8271	2.63E−04
201801	1.1833	0.3179	14.8142	8.83E−49
201802	−0.4525	0.3179	1.6347	1.05E−01
201803	0.0820	0.3179	2.8398	7.08E−03
201804	0.3202	0.3179	4.4091	2.40E−05
201805	−0.0456	0.3179	1.3642	1.57E−01
201806	0.0028	0.3179	1.1849	1.98E−01
201807	−0.0124	0.3179	0.5757	3.38E−01
201808	−0.3656	0.3179	−2.9444	5.23E−03
201809	0.1703	0.3179	1.6279	1.06E−01
201810	0.2132	0.3179	3.5849	6.46E−04
201811	−0.3149	0.3179	1.1807	1.99E−01
201812	0.0226	0.3179	3.4120	1.18E−03
201901	0.7243	0.3179	7.5706	1.43E−13
201902	0.0581	0.3179	2.0151	5.24E−02
201903	−0.2762	0.3179	−1.8927	6.65E−02
201904	0.3053	0.3179	4.6327	8.72E−06
201905	−0.0909	0.3179	0.0351	3.99E−01
201906	0.0382	0.3179	0.5214	3.48E−01
201907	−0.0084	0.3179	0.5365	3.45E−01
201908	−0.3566	0.3179	−3.2842	1.81E−03
201909	0.1905	0.3179	3.1835	2.51E−03
201910	0.2503	0.3179	4.7856	4.24E−06
201911	−0.3385	0.3179	−2.3924	2.28E−02
201912	0.0135	0.3179	1.9740	5.69E−02

第 五 章

银行业危机与财政成本

近几十年来，许多发达国家和发展中国家都经历了银行业危机，这种危机具有很强的破坏性，导致很多国家对其银行系统进行了大规模调整，给政府带来了较高的财政风险并伴以较高的财政成本。关于政府财政风险的研究文献普遍认为，政府财政风险主要产生于金融业的或有债务、国有企业改革和社会保障体系改革引起的财政责任，以及中央和地方政府间财政关系的模糊性。故而，银行业危机的产生会直接引致政府或有债务和财政成本的增加。

在此，我们有必要先对银行业危机（banking crises）进行概念界定。第一章我们已经对银行业进行了范围界定，按照广义理解，银行业（banking industry）是指这样一个整体，它包括：（1）中国人民银行，（2）监管机构，（3）自律组织，（4）政策性银行，（5）在中华人民共和国境内设立的商业银行、城市信用合作社、农村信用合作社等吸收公众存款的金融机构和非银行金融机构。对于银行业危机的概念界定，国际货币基金组织 IMF（1998）、卡明斯基和莱因哈特（Kaminsky, Reinhart, 2001）都认为，银行业危机源于实际的或者潜在的银行挤兑与银行失败：实际发生了银行挤兑，并导致银行被关闭、合并或接管的；没有发生挤兑、关闭、合并或接管，但是为了避免银行停业偿还债务，出现了政府对某家或某些重要银行进行大规模援救的局面。国内外诸多学者也进行了研究，但对其定义多从银行业危机的界定标准进行，因而算不上是规范性的定义。能够形成共识的是，银行支付失败和政府干预是银行业危机出现的必要条件，并且多数学者认为银行业危机的出现是大规模的、系统性的，并非单个银行出现问题。

另外，银行业危机是金融危机的一种类型，金融危机还包括货币危机、主权债务危机和次贷危机等类型。在研究银行业危机的影响及救助时，不能忽略其他类型的金融危机同时爆发的可能性，进而产生较大的成本。并且如果一家银行的危机发展到比较严重的程度，也可能导致整个银行业发生危机，进而引发金融危机。

第一节　银行业危机与政府或有债务的关系

银行危机对公共财政影响的综合指示器是总公共债务的变化。公共债务涵盖了银行危机的总财政成本，包括政府直接干预成本和因危机对实体经济影响而产生的间接成本的具体化，甚至于经济复苏而产生的一些成本。虽然通过公共债务的变化来衡量银行危机的财政成本不一定精确——由于其也涵盖了并不必然归因于银行危机的自身变动——但公共债务的变化确实有助于阐明危机前风险因素和政策选择对总财政成本的影响。

银行危机具有很强的破坏性，因为它会引起经济产出的下降，并给政府带来很高的财政成本。自 2007 年开始，全球已经爆发过约 25 起系统性银行危机事件，这些危机大多数发生于发达国家，并给当地政府带来了巨额的财政成本。仅以冰岛和爱尔兰金融危机为例，两国政府为解决其问题银行而进行干预的财政成本超过了两国 GDP 的 40%，五年间两国公共债务增加都超过了本国 GDP 的 70%（Laeven，Valencia，2010）。2008 年以来的全球金融危机和欧洲债务危机再次表明，银行危机往往最终会导致政府的债务危机。可以说，2008 年以后发生的金融危机与之前的金融危机相比，其所导致的财政成本量级非比寻常，银行业危机已经成为导致政府或有债务的最重要原因。

一、银行业政府或有债务的界定

正如第一章所述，政府或有债务是政府承诺所产生的义务，其时间和金额取决于一些不确定的未来事件的发生，而这种基于某些特定事件的发生而带来的支出责任往往是难以预测的，只有其在具体化或直接化之后才可能被认可。而这通常涉及政府对国有银行等金融机构债务的隐性担保①，用以降低发债主体与债券投资者之间的信息不对称。经合组织金融市场委员会（CMF）关于金融部门政府担保相关工作的一个重要见地是：这些政府担保安排可能是有益的，但具体实施存在成本，特别是当担保没有恰当定价时，成本就会上升，从而扭曲竞争并给公共财政带来大量的或有债务。而这种或有债务一旦直接化后，就会以直接债务形式出现在政府资产负债表中，给政府财政状况带来严重的影响，故要想准确界定和衡量政府或有债务的确并不容易。

近年来，对金融部门债权的担保和其他或有安排已成为越来越重要的政策工具。银行"太大而不能倒闭""过于关联而不能倒""太相似而不能倒""太重要而不能倒"等等这些传统原则使得政府不得不在银行出现问题时采取外部救助措施，否则仅靠银行的内部纾困措施很难过关，而这种救助所带来的政府或有债务和财政成本最有可能引致财政危机。政府因努力弥补或尽量减少不同风险对经济稳定和经济增长影响而产生的或有债务越来越引起人们关注。

当银行业出现危机时，政府将面对来自多方面的财政压力和财政危机。首先，财政作为收支主体，其实际财政收支压力会受到较大影响，一

---

① 国有企业在我国公司债券发行主体中占主导地位，尤其是扮演政府融资平台角色的城投公司，与政府存在密切联系。出于保护国有资产、维持经济稳定或缓解地方财政困境等原因，一旦这些企业遭受违约危机，即使政府并未对其提供法律意义上的直接担保，但仍可能通过注入资本、财政补贴或利用自身控制的国有银行资源等方式对其进行某种意义上的兜底，即隐性担保。隐性担保可能会降低债券违约风险，削弱盈余信息在公司债券市场中的作用效率。

方面金融机构的不良资产损失增加、业务萎缩，必然影响税收收入；另一方面，政府在危机期间为解决失业、社会稳定问题，各种转移支出会增加。与此同时，危机期间本国货币大幅度贬值，政府偿还外债本息的支出也会大大增加。其次，金融机构倒闭会使国有资产权益遭受损失，政府作为产权主体，一方面政府直接持有的银行机构的股权会在银行机构破产时化为乌有，另一方面商业银行倒闭将可能危及财政存款的安全。再次，政府作为调控主体，要为其不适当地干预行为可能造成的金融风险承担责任，例如政府前期可能制定了并不适当的产业政策或税收优惠政策，导致某些产业在前期获得了较多的金融支持后，高速发展，但随着产业降温和政策阶段性结束，金融风险逐渐显现出来。最后，政府作为公共主体，要承担金融风险的负外部性所造成的外源性财政风险。金融风险的负外部性效应比较显著，其产生的私人成本向社会成本的溢出现象明显，极易造成公共财富和社会福利的损失。

银行业政府或有债务的形成主要有两种渠道：事前担保和事后救助，无论是事前还是事后，都与财政资金支持密不可分，极易造成财政支出压力。丹克等（Denk，et al.，2015）发现，银行业对外部财政救助的预期越来越强烈，政府对银行往往采取外部救助而不是内部纾困的方式更是强化了人们对政府隐性担保的预期。而隐性担保行为虽然给银行带来了好处，但是无形之中增加了纳税人的隐性成本，甚至可能会对政府乃至实体经济产生严重的成本。

虽然社会公众预期形成的政府支出未必会发生，这种可能发生的政府偿付支出经常被忽略，但是一旦发生就可能较大程度地冲击政府财政收支，造成财政风险和财政危机。因此，在分析政府债务时，这种由于公众预期所形成的政府偿付责任不可忽略，也即政府有可能承担的债务也需要被关注和重视，而不仅仅是只分析政府现有债务总量（存量）。例如政府对国有银行和国有企业的救助都有可能形成偿付责任和财政支出。依据汉娜（Hana，1998）和IMF（1998）对政府债务的分类和定义，由社会公众预期形成的，未来发生与否取决于国有企业、银行的经营情况，具有不确定性的政府支出责任为政府隐性或有债务。在四类财政风险类型中，或有隐性负债是最为隐蔽的一种，然而相比于显性债务和直接债务，这种形式的债务却通常会对政府财政构成最大的威胁。而在大多数的国家中，产生或有隐性债务的最严重的领域往往是以银行系统为主体的金融体系。除此之外，公开的存款保险制度框架结构是政府构建对银行体系债务显性担保的一种方式，克莱森和克林格比尔（Claessens，Klingebiel，2005）认为，显性担保往往会导致政府在银行部门中积累或有债务。而当一国金融系统中出现了扰动因素时，为了维持住社会公众对银行系统的信任水平，政府还有可能超越其法定的职责去承担存款保险范围之外的银行债务，抑或是为这些债务提供隐性担保。出于道义和社会责任，政府在特定的环境下去救助有困难的银行，保护储户和债权人权益的行为，反映了公众预期和公共利益，也往往是受到利益集团压力影响的结果。

近些年我国由于经济结构转换和产能过剩问题的存在，国有企业的盈利水平和偿债能力都明显下降，但相较于非国有企业而言，国有企业还是更容易配合地方政府。地方政府为了促进当地经济增长，缓解财政收支压力，故而存在干预银行贷款行为的动机，尤其是保持对国有企业的贷款偏好的动机。政府干预下我国银行贷款大多流向国有企业，进而造成政府隐性或有债务增加。虽具有一定合理性，但是循环中银行贷款不断增加会逐渐积累风险，进而威胁系统的长期稳定运行，造成系统性风险。一旦风险暴露，债务危机和财政危机将不可避免。

二、源于对银行业担保的政府或有债务

国外学者较早地注意到政府对银行业的担保是政府或有债务的重要来源，如汉娜（Hana，1998）、汉娜和希克（Hana，Schick，2002）等。一方面，这些学者承认政府担保行为的积极贡献，认为政府对银行业的担保的确可以预防大规模的银行破产和倒闭；另一方面，他们更多的是对政府

担保行为所产生的政府或有债务表示出了质疑，特别是对政府财政兜底可能引致的道德风险和财政风险表现出了担忧。

经验证据揭示了危机之前银行脆弱性和制度特征对源于银行业的政府或有债务形成非常关键。二元和多元分析揭示了这些因素有助于解释跨国之间在衰退深度上以及由政府招致的直接财政支出和总公共债务增长上的不同。回归分析可以揭示银行业脆弱性影响经济衰退的深度，以及产出恢复到衰退前水平的持续时间。特别是，银行业杠杆的增加和对大额融资的依赖（由信贷规模占 GDP 比率和存贷比表示）、银行业规模的扩张（通过银行业资产占 GDP 比重表示）、更高的对外资的依赖度（相比于内部储蓄），更有助于揭示衰退的深度。一些冒险活动的其他指标（如股权收益、非利率收入、净利差、资不抵债衡量）也与更深的收缩和更长期的复苏相关。而且，资产多元化和债务美元化的程度与更深的衰退和更长的复苏各自呈反向和正向关系。

三、源于对银行业救助的政府或有债务

丹尼尔（Daniel，2001）认为政府对危机银行进行救助是因为害怕银行倒闭的后果，这种后果就是银行失败所产生的外部性。一种外部性是银行倒闭后的经济联动作用，又称"多米诺骨牌效应"，一旦银行无法偿付债权人的权益或者是提前收回贷款，就会波及或者冲击到一些健康的、偿付能力良好的银行或者企业。如果一个银行发生破产，或者是公众预期到这家银行要破产，债权人就会把自己存放在银行的存款转移出去，即使这家银行暂时没有问题。由于信息不对称的存在，债权人已经无法分辨哪些银行有偿债能力，哪些银行已经资不抵债。这也是戴蒙德和迪布维格（Diamond，Dybvig，1983）在"银行挤兑"模型中特别强调的公众的预期和从众心理在银行危机中起到的加剧危机蔓延的作用。第二种外部性是银行倒闭会造成社会支付和清算体系的中断，有可能导致整个社会信用体系和经济运转的崩溃。因此，从本质上讲，银行危机是一种系统性风险

（system risk），也是一种典型的公共风险（public risk）。当整个社会面临银行危机带来的负外部性时，只有政府有能力来承担起消除这种威胁、救助银行体系的职责。而政府救助困难银行的表现形式，就是政府救助的或有债务，最终归于公共债务和财政成本。

第二节 政府干预银行业危机对财政成本的影响

亚洲金融危机向人们展示了以或有形式存在的政府债务如何导致了市场上的道德灾害以及严重的财政不稳定性。历史上，几乎每次银行业危机都离不开政府担保和救助，而政府对银行业进行危机救助后导致巨额财政成本的例子也比比皆是。根据世界银行（World Bank）的统计，1997 年，瑞典、波兰、意大利、阿根廷和匈牙利等国家，支持银行体系发展的财政成本约占到其 GDP 的 10%，美国、英国、希腊、菲律宾和新加坡等国家支持银行体系的财政成本约占其 GDP 的 10%至 20%，中国、朝鲜、马来西亚、泰国和捷克等国家的银行业财政成本约占其 GDP 的 30%以上。为应对 2008 年全球金融危机，许多国家从 2008 年一季度到 2012 年三季度对银行业进行担保和救助，欧盟由于担保和救助所致的财政成本为 2011 年欧盟 GDP 的 30%，爱尔兰为其 GDP 的 250%（Correa，Sapriza，2014）。除了现实中的例子，一些学者还从技术上证明这一点。赫里基维奇（Hryckiewicz，2014）通过对一系列文献的归纳总结，发现政府对银行的救助行为会使得主权债务风险增加，给政府财政带来极大的压力。而就政府担保与政府或有债务和财政成本的传导机制而言，离不开与系统性银行危机所致财政成本相关的风险因素，阿马格洛贝利等（Amaglobeli，et al.,2015）使用跨国数据检验了这些因素，发现影响显著的三个风险因素是依赖外部资金、对非金融私人部门有较大杠杆和危机期间对银行债务提供担保，这三类风险因素会导致银行业危机产生的直接的和总的财政成本非常高。表 5-1 展示了世界范围内源于金融部门政府或有债务及其财政

表 5-1　世界范围内源于金融部门政府或有债务及其财政成本的事例

国家	开始年份	结束年份	财政影响	事例来源（相关文献）	简单描述
阿尔及利亚	1991	2002	48.0	SR 2003；SR 2000；SR 1995；Laeven, Valencia (2012)	自 1991 年开始，国有银行请求政府提供了许多救助。1991—2002 年的总成本差不多达到 2003 年 GDP 的 48%
安哥拉	1991		/	World Bank (2003)	两个国有商业银行出现了偿付问题
阿根廷	1989	1991	6.0	Laeven, Valencia (2008), Laeven, Valencia (2012)	为了对其信贷业务进行融资，中央银行对储户存款强加储备和投资要求。为了实现货币控制的目的，中央银行的储蓄业务被冻结。为了实现货币控制的目的，中央银行对一些金融实体发行短期票据，导致其激增。1989 年 6 月，中央银行的准财政赤字（quasi-fiscal deficit）达到 GDP 的 30%。1990 年 1 月，政府宣布对储蓄和到期公共短期债务实行债券转换。中央银行累积的损失达到 1989 年 GDP 的 6%
阿根廷	1995	1995	2.0	Laeven, Valencia (2012)	国有地方银行遭受为地方政府融资高企的不良贷款的困扰。另外，随着墨西哥货币贬值现象涌来减轻流动性压力。危机中较小的外资银行被视为有更强偿债能力的大银行。八家银行被临取了几项措施来减轻成本。1994 年年底的 205 家银行到了 1997 年年底有 63 家银行倒闭，三家银行通过兼并，吸收或清算退出了市场
阿根廷	2001	2003	9.6	Laeven, Valencia (2012)	阿根廷已经形成了严重的财政不平衡，并在巴西危机后面临着竞争力向问子组重组和可转换计划修正在一揽子（公共债务组（从盯住美元到盯住美元计划住一揽子美元和欧元）引发了 2001 年底的银行挤兑，导致美元储蓄冻结，银行清算和政治混乱。然而，许多银行没有清算而继续运营。最终酿成了 2001 年底的骚乱和政治冻结，克制而继续运营，许多银行差不多其储蓄的 12% 被强行介入或被其他国有银行所接管

续表

国家	开始年份	结束年份	财政影响	事例来源（相关文献）	简单描述
澳大利亚	1989	1992	2.0	World Bank (2003)	两家大银行收到来自政府的资本以弥补其损失。不良贷款上升到1991—1992年资产的6%。对国有银行的救助成本据估计占到GDP的2%
奥地利	2008	2014	8.4	Eurostat (2015)	紧随全球金融危机而至的是对金融部门的大规模支持
阿塞拜疆	1995	1995	/	Laeven, Valencia (2012)	大量的国有银行问题
阿塞拜疆	1999	2002	3.8	World Bank (2002), SR2000	国有银行资本重组所产生的财政成本据估计为175万—200万美元
白俄罗斯	1995	1995	/	Laeven, Valencia (2012)	国有银行资本不足
白俄罗斯	1999	1999	2.4	SR1999, SR2000	两家主要的国有银行（Belarusbank和Belagroprombank）于1999年进行资本重组，其成本大约占GDP的2.4%。
白俄罗斯	2008	2011	13.5	SR2013, World Bank (2012)	2008—2011年的国有银行资本重组
比利时	2008	2011	6.4	Eurostat (2015)	该国最大银行的救助
波黑	2004	2004	0.5	SR2005	国有银行资本重构
巴西	1990	1994	/	Laeven, Valencia (2012)	公共银行的问题引发了公共银行的重构和私人机构的处置。大多数停业的是中小规模银行，而大银行在一个"好银行差银行"方法下进行处置
巴西	1994	1998	13.2	Laeven, Valencia (2012)	银行部门的问题引发了公共银行的重构和私人机构的处置。大多数停业的是中小规模银行，而大银行在一个"好银行差银行"方法下进行处置

国家	开始年份	结束年份	财政影响	事例来源（相关文献）	简单描述
巴西	2001	2001	0.9	MEFP2001	在对四家主要联邦州银行检查后，达成125亿迪亚尔资本重构，约占GDP的1%
保加利亚	1996	1997	14.0	Laeven, Valencia（2012）	主要救助和重构国有银行（两家问题银行要求来自保加利亚国家银行BNB和国家储蓄银行SSBD不间断融资，直到它们于1995年6月被解救成功）
智利	2008	2009	0.3	SR2009	国有银行的资本重构
中国	1998	1998	18.0	Laeven, Valencia（2012）；SR 1998；2003 SIP	1998年，对占据银行系统资产70%的最大国有银行进行注资和重构，财政成本据估计占GDP的3.4%（SIP，2003）。Laeven and Valencia（2012）估计1998年的财政成本占GDP的比重为18%
中国	2003	2005	9.0	SR2006, SR2005, SIP2005	中国银行和中国建设银行于2003年获得450亿美元外汇储备注资。中国工商银行于2005年获得150亿美元外汇储备的注资。对中国工商银行总的金融支持据估计达到800亿美元（占GDP的4.3%）。对农村信用合作社支持估计为240亿美元（SIP2005）
哥伦比亚	1998	2000	6.3	Laeven, Valencia（2012）	资产价值下降和真实利率上升导致大范围的银行的弱化。已经弱化的大体量公共银行面临着严重的资产质量退化，这也延伸到私人银行和其他金融机构
克罗地亚	1998	1999	6.9	Laeven, Valencia（2012）	主要对国有银行进行救助。四家占银行总资产46%的国有银行，占据46%的总银行资产进入资本重组，总成本约为GDP的6.1%。1998年3月，占银行总资产5%的第五大银行DUbrovacka又破产，同期基至引发了政治混乱，又引起了对其他银行的冲击。1998年7月，第六家最大银行出现问题目且几家中小机构也在1998年二季度和1999年早期出现了流动性困难

续表

国家	开始年份	结束年份	财政影响	事例来源（相关文献）	简单描述
塞浦路斯	2012	2012	9.7	Eurostat (2015)，2014 SIP	塞浦路斯银行对希腊以及高杠杆地产开发商的风险暴露导致了地方银行部门的严重问题，引发大规模资产重组
捷克共和国	1996	2000	6.8	Laeven，Valencia（2012），BIS（2006）	对小型私人银行进行注资和重构以避免其对金融体系和大型国有银行的负面影响。1994年，小型银行Banka Bohemia因涉嫌欺诈倒闭。部分储蓄保险在银行第一次破产后被引入，也引发了其他小型银行的倒闭可能。1995年，两家小型银行Ceska和AB Banka倒闭，这引发银行重构的第二阶段，目标是18家小银行
丹麦	1987	1992	/	World Bank（2003）	1990—1992年累积的贷款损失占到贷款总额的9%，60家银行中的40家被合并
丹麦	2008	2009	4.4	Eurostat（2015）	2008—2009年两个连续的银行支持计划
多米尼加	2003	2004	22	Laeven，Valencia（2012）；SR 2003；SR 2005	银行危机期间的公共救助最终占GDP的22%，包括空前使用15%的GDP用以解决一家金融机构问题
厄瓜多尔	1998	2002	21.7	Laeven，Valencia（2012）	1998年4月，一家小型银行的倒闭引发连锁反应。8月，当另一家银行倒闭后出现蔓延，该国最大银行提供流动性支持。40家银行中的16家出现问题，包括大多数的大型机构。占资产总额65%的这16家金融机构不得不关闭或者被政府接管
埃及	1991	1991	4.5	World Bank（2003），SR1992	四家公共银行被给予资本支持。政府对公共部门银行进行资本充足并通过提供美元标称的债券（达到2090百万美元）关闭了外汇交易
爱沙尼亚	1992	1994	1.9	Laeven，Valencia（2012）	1992年秋，许多国有银行出现流动性困难。一家重要的银行被关闭和清算，其他两家重要的银行被合并到North Estonia Bank。1993年，问题波及更小规模的银行。20家小型信贷机构被清算或者合并

续表

国家	开始年份	结束年份	财政影响	事例来源（相关文献）	简单描述
法国	1994	1995	0.7	World Bank (2003)	里昂信贷银行面临严重的偿付问题。根据非官方的估计，损失达到 100 亿美元，使其成为目前法国历史上最大的银行倒闭
法国	2008	2008	0.6	Eurostat (2015)	全球金融危机后紧随而至的一些支持
德国	2008	2010	11.9	Eurostat (2015)	全球金融危机后的大量银行救助
希腊	1991	1995	/	World Bank (2003)	本地化问题要求公共基金对特别信贷机构进行重大注资
希腊	2009	2013	23.1	Eurostat (2015)	2012—2013 年，大银行进行资本重组
匈牙利	1991	1995	10	Laeven, Valencia (2012)	八家银行破产。国有银行资产组合进行清理和重组
匈牙利	2009	2009	1.8	Eurostat (2015)	全球金融危机后金融部门支持
匈牙利	2011	2011	1.3	SR2011	公共交通和国家铁路公司 MAV 和 BKV 的债务承担，总财政成本为 2011 年 GDP 的 1.3%
冰岛	1993	1993	1.0	World Bank (2003)	在最大的一家国有商业银行遭受严重的信贷损失后，政府被迫向其进行注资。在 1992 年后期至 1993 年 3 月，最大银行 Landsbanki 共接收总计 4.25 百万冰岛克朗的注资以满足资本充足率要求
冰岛	2008	2012	44.2	Laeven, Valencia (2012)	大规模的系统银行危机。大多数金融机构受影响，大规模中央银行资本重组。至少以 1990 年以来发达经济体遭受的最高财政成本
印度	1993	1993	/	Laeven, Valencia (2012)	1993 年的不良资产率达到 11%
印度	2008	2008	0.4	SR2008	危机后的稳定措施包括对公共银行 0.4%GDP 的注资

续表

国家	开始年份	结束年份	财政影响	事例来源（相关文献）	简单描述
印度尼西亚	1994	1994	2.0	World Bank (2003)	不良资产超过14%的银行系统资产，超过70%的国有银行资本占到近乎2%的GDP。对5家国有银行的注资计划
印度尼西亚	1997	2001	56.8	World Bank (2003)	广泛的系统性银行危机伴随着亚洲危机。国有银行也影响私人商业银行。政府宣布一揽子的银行担保和银行重构计划，最终导致超过60家银行的倒闭，超过GDP50%的总支出
印度尼西亚	2005	2007	0.7	EM-DAT International Disasters Database	总的损失估计占GDP的1.6%。总的重建成本估计是45亿美元，但更大部分是捐赠者融资。对2005—2009年预算平衡的总影响占到GDP的0.7%
爱尔兰	2008	2011	38.9	Eurostat (2015)	最大规模的银行救助；注资最大的三家银行
意大利	2009	2009	0.3	Eurostat (2015)	全球金融危机后对金融部门的支持
日本	1997	2001	14.0	Laeven (2008); Laeven, Valencia (2012)	大量的公共资金被用于弥补贷款损失，银行资本重组和储蓄者保护，1990年股票市场崩溃以及紧随的衰退和房地产价格下跌导致银行资产质量弱化，银行降级，最终1995年银行倒闭
约旦	2004	2005	0.3	SR2004	在一家银行被重构后，需要的注资占GDP的0.3%—0.8%。
哈萨克斯坦	1997	1997	0.4	SR1997	在努力处置银行系统困境中，两家重要的国有银行Turan、Alem被合并成Turan-Alem银行，并于1997年一季度注资达到6.5百万哈萨克斯坦坚戈，之后该银行1998年私有化
哈萨克斯坦	2008	2012	3.7	Laeven, Valencia (2012)	全球金融危机后对不同银行的注资

续表

国家	开始年份	结束年份	财政影响	事例来源（相关文献）	简单描述
韩国	1997	1998	31.2	Laeven, Valencia (2008); Laeven, Valencia (2012)	与亚洲金融危机相关的大规模系统性银行危机导致银行陷入困境，银行不得不借新债还旧债
科威特	2008	2009	1.6	SR2010	科威特投资机构参与了对海湾银行 Gulf Bank32%的注资
拉脱维亚	1995	1996	3.0	Laeven, Valencia (2008); Laeven, Valencia (2012); Fleming, et al. (1997)	大规模系统性银行危机导致了银行资产 40%的损失。政府在法律、管理，监督以及制度框架等方面实施了紧急改革。为恢复对银行机构的信心，政府承诺补偿家庭储户，在银行倒闭中，政府损失的资金达到500拉脱维亚拉特（Fleming, et al., 1997）
拉脱维亚	2008	2010	9.5	Eurostat (2015)	该国第二大银行的国有化
立陶宛	1995	1996	3.1	Laeven, Valencia (2008); Laeven, Valencia (2012); Fleming, et al. (1997)	银行危机迫使政府对私人和国有银行提供支持。这一计划设想对主要的国有银行进行再次和再次国有化，清算或合并现有股权，并且通过政府对私人银行的支持将不良贷款转移给新创建的政府所有的资产管理机构
立陶宛	2010	2011	2.8	Eurostat (2015)	全球金融危机后金融部门支持
卢森堡	2008	2009	6.9	Eurostat (2015)	卢森堡参与了对 Fortis 和 Dexia 的救助
马其顿	2005	2005	0.4	SR2006	政府对中央银行的一次性注资

续表

国家	开始年份	结束年份	财政影响	事例来源（相关文献）	简单描述
马来西亚	1997	1999	16.4	Laeven, Valencia (2008)；Laeven, Valencia (2012)	大规模系统性银行危机（伴随着亚洲危机）导致不良贷款峰值达到25%—30%，导致大量的政府支持
墨西哥	1994	1996	19.3	Laeven, Valencia (2008)；Laeven, Valencia (2012)	到1994年年底，许多脆弱性发展成货币和银行危机。为牵制系统性银行危机和保护外汇支付体系，政府给银行提供了重要的直接支持和流动性融通。这些政策措施包括一揽子担保、银行注资、特别信用额度和对15家银行的干预（1994—2001年）。
墨西哥	1995	1999	4.2	SR2000	对严重受损的有选择债权人群体（如抵押贷款人）进行直接帮助
摩尔多瓦	2006	2006	0.3	SR2007	摩尔多瓦国家银行的资本重组（占到该国GDP的0.3%）
荷兰	2008	2008	12.8	Eurostat (2015)	在金融危机峰时对大型银行救助
新西兰	1987	1990	1.0	World Bank (2003)	由于过高的不良贷款率，巨大的国有银行BNZ四分之一的资产经历了严重的偿付问题由于高的不良贷款。银行要求注资达到GDP的1%
新西兰	2008	2010	1.0	SR2011	从2008年10月零星存款担保计划的引入到2010年12月该计划的结束，政府共支付了18亿新西兰元（约占GDP的0.9%）给那些破产的非银行金融机构的储户
挪威	1991	1993	2.7	Laeven, Valencia (2008)；Laeven, Valencia (2012)	金融自由化导致贷款繁荣和德国利率高企，影响到包括挪威在内的三个北欧国家。紧随而来的是一家重要银行发生危机，导致政府不得不对四家最大银行中的三家进行资本重组
挪威	2009	2010	0.3	SR2009	全球金融危机后的资本注入。公共资金注入采取一级资本优先股或混合一级资本

国家	开始年份	结束年份	财政影响	事例来源（相关文献）	简单描述
菲律宾	1997	2001	13.2	Laeven，Valencia（2008）；Laeven，Valencia（2012）	危机导致银行产生了巨量的不良贷款。这反过来需要注资以恢复资产质量
波兰	1992	1994	3.5	Laeven，Valencia（2008）；Laeven，Valencia（2012）	1991年，信贷规模占90%的国有银行伴以商业银行面临偿付问题并在来年受到政府流动性支持
葡萄牙	2007	2014	11.0	Eurostat（2015）	对所有的主要银行注资
罗马尼亚	1990	1992	0.6	Laeven，Valencia（2008）；Laeven，Valencia（2012）	国有银行产生了很高的不良贷款，许多对国有企业的贷款难以确定。农业银行基于流动性进行了资本重组
罗马尼亚	1999	1999	2.0	https：//en.wikipedia.org/wiki/Bancorex	银行因不良贷款与幕后政治交易而破产。银行被罗马尼亚政府救助，其优良资产被合并到更有偿债能力的Banca Comeriala Romana
俄罗斯	1998	1998	6.0	Laeven，Valencia（2008）；Laeven，Valencia（2012）	720家银行（占到该部门资产的4%和小额存款的32%）被认为资不抵债
俄罗斯	2008	2012	2.3	Laeven，Valencia（2012）	对不同银行的注资
塞尔维亚	2012	2012	0.8	SR2013	对无法生存的国有银行的注资
斯洛伐克	1998	2002	/	Laeven，Valencia（2008）；Laeven，Valencia（2012）	主要国有银行的银行重构计划

续表

国家	开始年份	结束年份	财政影响	事例来源（相关文献）	简单描述
斯洛文尼亚	1992	1994	14.6	World Bank (2003)	三家银行（占据整个银行系统资产的三分之一）被重构
斯洛文尼亚	2009	2014	18.2	Euostat (2015)	三家最大的银行（都是公共的）需要大量注资，最大成本发生在2012—2014年
西班牙	2008	2013	5.0	Euostat (2015)	在欧债危机顶峰实现对金融部门支持。巨额不良贷款是房地产泡沫破灭的结果
斯里兰卡	1993	1996	5.2	SR1997	1993年，政府注资国有银行达GDP的3.4%，因此它们能满足8%的资本充足率要求。其后，政治干预持续加强，政府被迫于1996年发行约占GDP的1.8%的次级债券以调换因政治目的而变质的贷款
瑞典	1991	1995	3.6	Laeven, Valencia (2008); Laeven, Valencia (2012)	与芬兰和挪威的情形相同，瑞典在危机前期的典型特征也是因金融自由化而产生的信贷的扩张以及德国利息的高。三家重要的银行（其中一家重要的国有银行）因大规模贷款损失，政府在1992年秋宣布一揽子担保计划。鉴于正式储蓄保险计划面的缺失，商业地产化。
瑞士	2008	2012	1.1	Laeven, Valencia (2012)	瑞士联合银行UBS资本重组
泰国	1997	2000	43.8	Laeven, Valencia (2008); Laeven, Valencia (2012)	金融公司大规模暴露于不动产部门并深受经济下行的严重影响。系统危机中，大范围的国有化和银行倒闭发生，不良贷款高企
土耳其	1994	1994	1.0	World Bank (2003)	1994年4月，三家银行因短期外币头寸倒闭。政府宣布对储蓄提供全部担保以避免银行危机

续表

国家	开始年份	结束年份	财政影响	事例来源（相关文献）	简单描述
土耳其	2000	2001	32	Laeven, Valencia (2008)；Laeven, Valencia (2012)	银行因持有公共债券、巨量到期债务和回来风险错配而对政府有更高的暴露，使得它们用信用有更高额度分配给几家小型银行，这反过来导致外国投资者的流张进而引共债券所应对。一债券流动的逆转、利率的急剧上升和货币价值的下跌，19家银行因此倒闭，被储蓄保险基金（savings deposit insurance fund）接管。2000年11月，一家大型公司暴露
乌克兰	2008	2012	4.5	SR2009, SR2010, Laeven, Valencia (2012)	公共资本重组计划
英国	2008	2010	11.4	Eurostat (2015)	在金融危机高峰，部分地购买有问题银行股份
美国	1988	1991	3.2	World Bank (2003)	由于1980—1990年美国的储蓄和贷款危机，超过1400个储蓄和贷款机构和1300个银行倒闭。清理储蓄和贷款机构的成本大约占到GDP的3%
美国	2008	2012	4.0	Laeven, Valencia (2012)	金融危机救助支持，但排除了对汽车工业的支持
乌拉圭	2002	2005	20.0	Laeven, Valencia (2008)；Laeven, Valencia (2012)	储蓄高度美元化，资本控制和储蓄冻结的引入导致私人最大私人银行 BancoGalicia Uruguay 和 Banco Comercial（占据总资产的20%）的流动性问题。私人和公共银行的挤兑需要政府加强力干预。2001年12月，其中很大一部分是非居民即非阿根廷人所有。2001年，从投资等级的角度来看，乌拉圭降级了

续表

国家	开始年份	结束年份	财政影响	事例来源（相关文献）	简单描述
委内瑞拉	1994	1998	15.0	Laeven, Valencia (2008)；Laeven, Valencia (2012)	在20世纪90年代早期，石油市场的疲软伴以该国宽松的财政政策，利率的高企和政治的日益紧张加重了该国经济问题的严重性。银行资产质量也明显恶化。危机的触发器是Banco Latino（第二大储蓄银行）在1994年1月中旬的关闭。其后，19家银行（占整个储蓄系统的55%）或者国有化或者倒闭

数据来源：Elva Bova, et al., "The Fiscal Costs of Contingent Liabilities: A New Dataset", IMF Working Paper WP/16/14, 2016。

一、对总财政成本的影响

银行危机对财政风险的影响程度，最终要体现在治理金融风险所发生的财政支出上。当一国金融体系出现问题时，市场对政府提供财政的支持预期要远远超过政府按法律规定所应承担的义务。政府解决金融风险尤其是不良资产问题一般有两种形式：一种是通货膨胀，相当于政府通过征收"通货膨胀税"为金融风险的解决提供资金。国际经验表明，通过通货膨胀的方式化解银行危机是一个不得已而为之的危险措施。另一种是财政，通过财政解决金融危机又有两种方式：一是对问题金融机构清盘，由财政出面解决清算中的债权债务关系；另一个是进行财政救助，救助的形式包括流动性支持、存款保险等。具体选择哪种方式要看成本对比情况。

正如前文所述，在危机发生后对银行债务提供担保的国家，平均来说有更高的财政成本。因此一揽子担保也许避免预先的垫付或债务发行，但并不必然有助于减少整个危机期间的直接财政成本。表5-2将财政成本划分为直接财政成本和间接财政成本，并解释了其缘由。这看起来很难解释，也许是由于反向因果关系（更严重的危机也许迫使政府实施更多的担保），或用一揽子担保来抑制危机经常是不可靠的或不充足的（由于财政空间或美元体系下国际储备的缺失），因此促成了担保的兑现。其也许是因为当存在债务担保时，银行有从事更高风险的激励，再次增加了担保实现的可能。如果没有复杂的战略相伴来解决破产银行的颓势，事后担保仅可以看作零碎的解决措施。可吸取的教训看起来是在危机发生前建立储蓄保险计划作为保障措施比危机期间新提供的担保更有效（虽然储蓄保险计划主要用于解决单个银行破产而不是系统银行危机问题）。

表 5-2　财政成本的类型及具体例证

财政成本	例证
直接财政成本	银行资本重组 资产收购 政府担保实现 对储蓄者支出 中央银行资本重组
间接财政成本	因增长和资产价格下滑而产生的收入效应 因自动稳定器而产生的支出效应 应对经济增长趋缓的相机抉择财政政策（收入和支出） 关于借贷成本的显著效应 因汇率改变而产生的效应

银行危机所导致的财政成本，无论是直接的还是总的，其规模总是巨大的。已有文献从理论和经验上对与危机发生规模和概率相关的因素进行了识别。这些因素有助于解释银行危机所导致的直接财政成本的量级；直接财政成本可以看作是在资本缓冲和私人参与等之后落在政府身上的剩余成本（Honohan，Klingebiel，2003）。因此，导致银行危机的因素有可能解释银行危机直接财政成本的量级。

有关银行危机的文献提到，危机前的经济和制度因素有助于解释银行危机的发生和量级：①危机前宏观经济环境。银行危机的前兆是信用膨胀、资产价格和经济增速膨胀、财政绩效改善。初始不平衡越大，银行危机的可能性越大（IADB，2005）。然而，更好的外部绩效，反映出更好的基本账户平衡，对金融业的冲击提供了更好的回弹性（IMF，1998）。②银行业危机前特征和脆弱性。基于道德风险下的简单银行危机模型，霍诺汉和克林格比尔（Honohan，Klingebiel，2003）揭示了财力雄厚银行的存在将降低干预的可能性。其他研究揭示了银行系统的规模和银行杠杆放大了银行业的困境及其可能性（Boissay，et al.,2013；IMF，2011；Kalemli-Ozcan，et al.,2012）。相似地，企业和家庭的过分杠杆化也加大了金融业的不平衡（Allen，Gale，2003），而国际互联性增加了系统风险（Cihak， et al.，2011），这两个因素都增加了银行危机的可能性。③制度设定。制度的建设水平特别是针对金融业的制度建设水平直接影响到银行危机爆发的可能性（Demirguc-Kunt，Detragiache，1997）和危机爆发后公共干预的规模（Claessens，et al.，2005）。包括银行处置框架在内的健全监管框架，期望通过限制银行系统的脆弱性来减少银行危机的概率和规模（Claessens，et al.，2005）。作为银行业稳定网重要构成部分的储蓄保险计划拥有影响危机可能性的反向力量。一方面，显性保险计划能减少银行挤兑事件；另一方面，其也可能因更严重的道德风险而增加危机的可能。另外，赢弱的制度会影响到危机的量级，因为它们导致效率低下的危机管理政策和危机发生后的更高财政成本。

霍诺汉和克林格比尔（Honohan，Klingebiel，2003）选取了34个国家的40次危机作为研究样本（见表5-3），也指出，银行危机所耗费的成本是十分巨大的，这些国家的政府平均运用了相当于GDP的12.8%的经济资源来清理他们的银行系统，尤其是阿根廷和印度尼西亚，由银行危机导致的财政成本高达GDP的50%以上。

表5-3　34个国家40次银行危机的发生时期及其财政成本

国家	时期	财政成本占GDP的比重（%）
阿根廷	1980—1982年	55.1
阿根廷	1995—1996年	0.5
澳大利亚	1989—1992年	1.9
巴西	1994—1996年	13.2
保加利亚	1996—1997年	13.0
智利	1981—1983年	41.2
哥伦比亚	1982—1987年	5.0
科特迪瓦	1988—1991年	25.0
捷克	1989—1991年	12.0
厄瓜多尔	1998—2001年	13.0

续表

国家	时期	财政成本占 GDP 的比重（%）
埃及	1991—1995 年	0.5
芬兰	1991—1994 年	11.0
法国	1994—1995 年	0.7
加纳	1982—1989 年	3.0
匈牙利	1991—1995 年	10.0
印度尼西亚	1992—1994 年	3.8
印度尼西亚	1997—2002 年	50.0
日本	1997—1998 年	20.0
马来西亚	1985—1988 年	4.7
马来西亚	1997—2001 年	16.4
墨西哥	1994—2000 年	19.3
新西兰	1987—1990 年	1.0
挪威	1987—1993 年	8.0
巴拉圭	1995—2000 年	5.1
菲律宾	1983—1987 年	13.2
菲律宾	1997—1998 年	0.5
波兰	1992—1995 年	3.5
塞内加尔	1988—1991 年	9.6
斯洛文尼亚	1992—1994 年	14.6
韩国	1997—2002 年	26.5
西班牙	1977—1985 年	5.6
斯里兰卡	1989—1993 年	5.0
瑞典	1991—1994 年	4.0
泰国	1983—1987 年	2.0
泰国	1997—2002 年	32.8
土耳其	1982—1985 年	2.5
土耳其	2000—2001 年	1.1
美国	1981—1991 年	3.2
乌拉圭	1981—1984 年	31.2

国家	时期	财政成本占 GDP 的比重（%）
委内瑞拉	1994—1997 年	22.0

数据来源：P. Honohan and D. Klingebiel, "The Fiscal Cost Implications of an Accommodating Approach to Banking Crises", *Journal of Banking and Finance*, Vol. 27, No. 8 (2003), pp. 1539-1560。

虽然很多文献注意到了直接财政成本的决定因素，但很少有关于影响银行危机总财政成本的因素以及危机中早期政策干预如何影响总财政成本的研究。然而，银行危机有不同的途径来超越即刻产生的直接财政成本（Reinhart, Rogoff, 2013）。最重要的，银行危机通常伴随着对增长（Boissay, et al. , 2013）甚至产出水平的滞后负面影响、资产价格下跌以及导致更低税收收入、更高公共支出甚至是公共债务支付系统的崩溃。例如，埃斯科拉诺等（Escolano, et al. , 2017）提供了银行危机特别是严重危机下高利率增长差异的证据。并且，较低初始成本的政策应对也许导致更高的没有计入直接财政成本的未来财政成本（如政府担保和管制宽容；Claessens, et al. , 2005）。或者说，成本高昂的初始干预也许熨平了危机所产生的宏观经济影响，进而导致长期来看较低的总成本（IMF, 2015）。

德米尔古斯·昆特和德格里亚切（Demirgüç-Kunt, Detragiache, 1997）首先验证了银行危机的潜在决定因素能否解释银行危机对主权信用所带来的问题严重性上的不同。他们揭示了与银行危机可能性相关的变量也与银行危机直接财政成本相关。更具体地，他们发现除了初始宏观经济条件之外，宽泛的制度设定和非金融业杠杆水平也对直接财政成本有所影响。霍格思等（Hoggarth, et al. , 2002）通过一系列更加有限的解释变量证实了这些发现。相比之下，弗莱德（Frydl, 1999）发现在危机长度和处置成本之间没有相关性。

后来的研究集中于政策应对和制度设定在解释银行危机财政成本上的作用。霍诺汉和克林格比尔（Honohan, Klingebiel, 2003）揭示了调节政策如一揽子储蓄担保，开放式的流动性支持、不断的资本重组、债务人救助和管制宽容（regulatory forbearance）——倾向于增加财政成本。他们的发现没有解释制度设计在银行危机中的作用。克莱森等（Claessens，et al.，2011）揭示了政策应对的有效性倾向于与一般制度如立法和司法环境有关。然而，他们实证结果并没有对初始宏观经济条件、金融业特征以及被认为导致银行危机的其他潜在原因进行控制。

实际上，自全球金融危机爆发以来，银行处置成本问题一直受到决策者和市场参与者的关注。银行处置成本既包括银行破产时可能产生的预期成本（即"事后"成本），也包括与有偿付能力的银行可能破产相关的年度费用成本（即"事前"成本）。除了评估这些成本的大小，我们还需要评估银行债权人和政府在承担银行处置成本中可能分担的份额。只有在政府隐性担保能被感知的情况下，政府才预期会承担相关成本。基于2008—2014年在25个经合组织国家设立的212家大中型银行的样本，我们可以获得如下结果，见图5-1和图5-2。

通过以上数据分析，我们可以获得如下结论：①隐性担保在2008—2009年显著上升，反映了银行破产风险和政府支持可能性的增加。截至2014年，总隐性担保估计为样本国家GDP的0.15%，低于2012年估计的0.18%的峰值。②与银行债权人相比，我们估计的银行处置成本风险（隐性或有债务）自2009年以来稳步下降至GDP的4%左右，但仍占样本中银行估计处置成本总额的一半以上。③样本期间所有银行的预期处置成本（事后成本）平均略高于GDP的7%。然而由于较高的平均资本比率和较低的银行债务水平（占GDP的百分比），这一指标在2014年降至GDP的6%。④这些预期处置成本（事前成本）的年化值在2008年后急剧上升，2012年达到GDP的0.24%。虽然这一措施从那时开始减弱，但仍高于2008年的水平。

在我们讨论银行危机中政府救助的财政成本时，面临的一个很重要的问题就是如何对银行危机中的财政成本进行界定，也就是说银行危机中哪

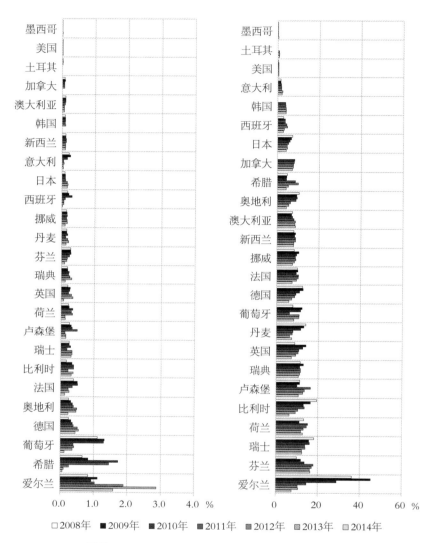

图 5-1　2008—2014 年各国隐性担保（左图）和
隐性或有债务（右图）（占 GDP 的%）

　　些开支和费用应当纳入财政成本的统计口径中来。在已有文献中，一些银
行危机国家的财政成本都得了明确的量化，但具体的财政成本范围，尚没
有文献给出准确界定。它们只是提到了哪些和银行危机相关的成本不应当

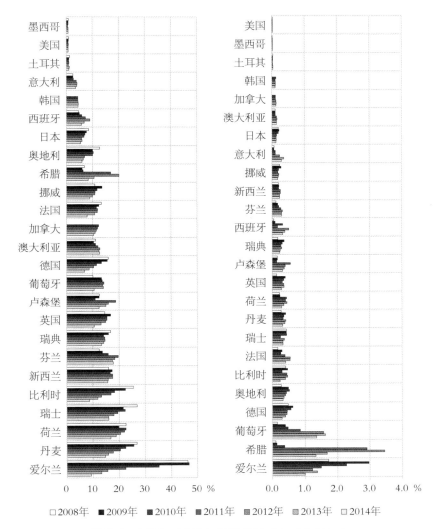

□2008年 ■2009年 ■2010年 ■2011年 ■2012年 ■2013年 □2014年

图 5-2 2008—2014 年预期事后成本（左图）和
预期事前成本（右图）（占 GDP 的%）

被列入财政成本的范畴，例如破产银行储户和债权人的损失、为了弥补困
难银行资产负债表上的坏账而增加的存贷利差所造成的银行债权人和债务
人的损失、银行为了增加借款企业的利润，使之能够归还贷款所赋予企业
的垄断性权利优惠对市场的扭曲等。

二、对直接财政成本的影响

随着人们倾向于将注意力集中在必须求助于国际货币基金组织
（IMF）资助项目的国家，人们很容易忘记过去十年欧洲出现的严重银行
问题有多普遍。作为问题规模和范围的粗略指标，约 15 个欧洲国家（包
括欧元区和其他地区）遭遇了银行倒闭，导致直接（总）财政成本超过
国家 GDP 的 5%，如图 5-3 所示。

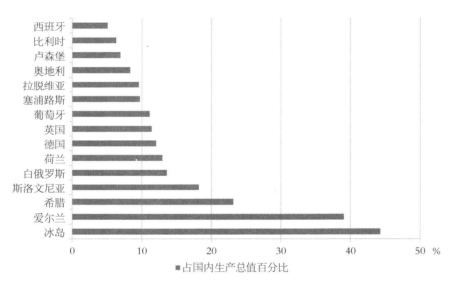

图 5-3 选定的欧洲国家 2007—2013 年银行业危机的总财政成本估算

数据来源： Elva Bova, "The Fiscal Costs of Contingent Liabilities: A New Dataset", IMF Working
Paper, WP/16/14, 2016。

不同国家之间在直接财政成本和公共债务动态性上的差异一直是显著
的。平均来说，新兴经济国家产生的直接财政成本是发达经济国家的两
倍；然而，他们在公共债务占 GDP 比率的增长上仅是发达国家一半，这
可能反映了新兴经济国家在引入反周期财政政策时更小的自动稳定器和更
小的空间。阿根廷、智利、冰岛、印度尼西亚、爱尔兰、牙买加和泰国的
直接财政成本一直特别高；这些国家面临着大规模的直接财政成本，超过

GDP 的 40%。然而，围绕着银行危机的公共债务增加超过占 GDP 比重 80% 的国家仅有阿根廷和智利，而其他国家都在大幅度下降。

银行危机中公共债务占 GDP 比重的增加看起来与直接财政成本密切相关。然而，这一总量相关关系隐藏了在初始直接财政成本和总财政成本之间进行权衡的可能。初始直接成本能反映出政府在遏制产出损失上的努力，进而导致政府债的较低增长。为什么高初始直接财政成本并不总是意味着高总成本？以下几方面可能有助于解释其中原委。例如，高初始财政支出有助于快速恢复金融业的自身职能。危机后的健康金融业意味着恢复率的改进、更少的担保实现、对利率的更少影响以及最重要的是，对产出负面影响的减弱。虽然在初始直接财政成本和总财政成本之间权衡的可能性没有出现在综合数据中，但这一权衡是明显可能的。

财政成本的量级也因银行危机浪潮而显著变化。在所有银行危机浪潮中，发生于 2000 年至 2003 年的第五次银行危机浪潮无论是直接的还是总的财政成本都是最高的。最近发生的 2007 年至 2011 年的银行危机浪潮中，包括 25 家系统和临界系统（borderline systemic）银行危机显著影响了发达经济国家，相对于以前的危机，占 GDP 比重 5% 的直接财政成本是较低的。然而，占 GDP 比重 20% 的公共债务增长是特别大的。直接财政成本在解释最近危机中公共债务增长上的有限作用可能反映了发达经济国家在追求反周期财政和货币政策上的更大能力，更大的自动稳定器或更大的银行系统。

对于直接财政成本来讲，预防和解决政策非常重要：

首先，那些具有更高政府监管质量和更多金融安全网如储蓄保险覆盖范围（通过保险储蓄占 GDP 的比率表示）较广的国家，其直接财政成本较低①。功能良好的银行监管框架有助于限制脆弱性的积累和抑制危机事

---

① 阿比亚德等（Abiad，et al.，2010）界定了一个银行监管指数。这一指数联合了关于以下信息如巴塞尔资本协议的风险基础资本充足率的采用、银行监管机构的独立性和法律权限、监管的制度范围和现场和非现场银行检查的有效性。

件中的直接财政成本。而更广储蓄保险涵盖范围的存在会减少挤兑风险进而抑制危机成本。然而值得注意的是，一些研究却发现有更广储蓄保险计划范围的国家更有可能在危机中倒塌（Demirgüc-Kunt，Huizinga，2004）。储蓄保险的净收益因此是模糊不清的，储蓄保险的覆盖范围不应被用于作为储蓄保险计划最优设计的目标，应该考虑道德风险和与较高覆盖范围相联系的更高成本。

其次，贷款损失的快速识别和破产银行的即刻资本重组或解决能使得危机更快解决，最终降低直接财政成本。来自银行案例的经验揭示了恰当的危机管理政策的价值。例如，日本于 20 世纪 90 年代初爆发了银行危机，直到 1999 年通过大规模政府优先持股计划对其进行资本重组。与此同时，银行一直推迟贷款损失的识别并将旧债转换成新债。许多学者认为这一拖延最终增加了财政成本。中央银行的行动也非常关键。中央银行快速应对流动性需求的能力能够预防银行流动性危机和取代将来对银行资本重组的需求。与此同时，对破产银行提供流动性只是延迟了问题的解决，会导致道德风险和更高的财政成本。

再次，银行业危机带来的直接财政成本（占 GDP 的百分比）在那些危机前银行业规模更大（通过银行资产占 GDP 比例衡量）、杠杆水平更高（由危机前信用占 GDP 比重表示）和对外部资金（用离岸存款占国内储蓄比率来代替）和外部大额资金（通过来自非居民银行的贷款占 GDP 比率来表示）依赖性更强的国家更高。依赖于外部大额资金的银行更容易暴露于可能导致展期付款困难的市场情绪的变化和迫使政府资本重组来取代进一步压力的偿付能力问题。在那些银行业规模较大且危机前杠杆较高的国家中，银行危机的总成本（由公共债务的改变代表）也非常高。这一结果也适用于 2007 年开始的银行危机浪潮。

最后，尽管采取解决策略导致了直接成本，然而银行危机总财政成本在那些采取解决策略导致直接成本的国家并不一定更高，这一结论支持对银行危机的快速解决。例如，虽然对银行债务提供担保通常伴随着更高的直接和总财政成本，但这种相关性对其他政策措施如资本重组和资产收购并不是很明显。在这些后面的情形中，一些导致初始直接财政成本的短期措施并不一定增加危机的总财政成本。这表明，如果需要公共支持来保持金融稳定，重构银行业充分功能的早期措施虽然会给政府带来较高的前期成本，但随着时间推移，其能产生大规模的收益，因为改进的经济绩效和资产复苏有助于弥补初始的财政成本。在债权人自救工具可供使用的范围内，那些前期财政成本能进一步减少。

三、救助成本与干预方式的密切联系

和一般经济主体相比，政府作为一个理性的政治主体有其特殊性，政府的立场和策略选择会受到多重因素的影响，除了预期财政成本大小，政府还要考量社会经济成本和政治成本因素。当出现银行业危机时，政府对财政成本、社会经济成本、政治成本等因素的综合权衡将直接决定是否对其进行救助，以及何时救助、如何救助等。

学术文献曾对银行危机的成因等（Heilpern，et al.，2009；Klomp，2010）、危机的社会成本（Honohan，Klingebiel，2003；Angkinand，2009），以及政府对危机银行的救助时机与方式（Rochet，2004）等进行了研究，但鲜有文献对银行危机的产出损失进行过国别分析。

经验研究认为，银行在危机期间的平均产出损失约占其年度 GDP 的 6%—8%（IMF，1998；Bordo，et al.，2001）。霍格思等（Hoggarth，et al.，2002）对一些发生银行危机国家的增长率序列进行了趋势分解，并认为银行危机引致了长期趋势下的成分偏离，发现银行危机期间的累积产出损失约占年度 GDP 的 15%—20%。姑且不论测度方法的合理性与适当性，这个测度结果至少揭示了银行危机引起的产出损失和社会成本是巨大的。如果监管当局或政府有关部门可以采取适当的干预措施和救助手段，避免银行危机的发生和蔓延，则可以缓解银行危机对经济和金融的不利冲击。因此，监管当局最好在银行发生危机之初就给予援助，最优援助规模应当

不低于其可能带来的产出损失和社会成本。

政府对银行业危机的处置主要有以下几种方式：①通货膨胀税。不良资产的规模过大是几乎每一个发生过银行业危机的国家的通病。对于政府来说，解决这个问题的最简单易行又比较隐蔽的方式就是增发货币，通过中央银行的货币发行向全体居民征收铸币税，即通过扩大分母的方式来缩减不良资产。比如在独联体国家、南斯拉夫和波兰等国家经济转轨的过程中，都发生过严重的通货膨胀，计划经济时代沉淀在国有银行中的不良资产价值大幅度降低，从而使得政府处置问题银行的财政成本降低。但一般来说，国家在采取这种方式时会非常谨慎，例如苏联和中东欧的一些转型国家，考虑到征收通货膨胀税的最终承担者是全体纳税人，担心对居民财富的侵占可能会削弱政府的合法性、权威性和公信力。②破产清算。对资不抵债的破产银行进行清算（liquidation）也是一些国家的政府经常采用的手段。参与银行体系的破产清算过程，并使用财政资源对银行倒闭造成的储户损失进行一定程度的补偿，这是许多国家常用的财政救助手段。破产清算需要付出一定的财政成本，但是相比较银行体系重构方式，这种方式下的财政成本还是要小很多。缺点是破产清算方式有很大的局限性，佐利（Zoli，2001）在研究转型国家银行部门重构的效率和成本问题时就明确指出这点。他发现，各个国家银行部门的特点不同，而银行部门的结构构成则决定了采用破产清算是否会对整个国家的银行体系造成冲击。例如，在波罗的海三国和一些独联体国家中，银行体系尚不完善，一些新生的小银行构成银行部门的主体，资本不足问题在这些小银行中普遍存在，针对私人部门的贷款占 GDP 的比重和 M2 占 GDP 的比重都比较低，金融深化程度较低。因此对个别小银行的破产清算不会对整个银行体系造成太大冲击。而在中东欧的一些国家情况则不完全相同，虽然银行体系也是由一些新兴小银行构成，数量不多但质量却较高，针对私人部门的信贷占 GDP 比重和 M2 占 GDP 比重都较高，金融深化程度较高。如果在这些国家中对有问题的银行进行破产清算，则意味着除掉了银行体系中的大多数，将对国家的政治、经济成本造成很大冲击。③私有化（privatization）和兼并（merger）。波兰和匈牙利两个国家的政府在处置银行危机的过程中就大量运用了这两种方式，通过鼓励外国的战略投资者、国内的健康银行或是民间资本收购兼并已经资不抵债的国有银行，可以减轻政府处置银行体系危机的财政压力，故而这两种处置方式在控制财政成本方面具有相当明显的优势。④重构。与前几种方式相比，由政府主导的银行体系重构是最为普遍，也是耗费财政成本较大的一种方式。最简单直接的方式是政府通过对资本严重不足的银行注资、承担有问题银行的部分债务的方式直接注入财政资金，还可以通过设立专门的机构处置银行体系的不良资产、向银行体系提供一揽子的政府担保、构建存款保险体系等手段，来帮助银行体系渡过难关。

从国际经验来看，政府对危机银行的救助成本与其救助方式有着紧密的联系。联邦储蓄保险公司（FDIC）是美国问题银行的监管救助与处置主体。当银行资不抵债时，FDIC 将对之进行接管或者清算，以资产清算的市场价值清偿其债务，并代为清偿其清算资产不足以偿付的保险债务。然而这种零监管宽容的危机介入与救助方式极大地增加了救助成本。为了降低对银行业的直接救助成本，"购买与承担"的救助机制开始实行，即鼓励健康银行以托管或合并问题银行的方式来对之进行间接救助。但问题在于，对于健康银行来讲，这种类似的"亏本"交易毫无吸引力，除非监管当局给予其"等价"的利益补偿或交易便利，激励其动机。在日本银行体系中，政府采取所谓的"护航制度"来维持政府既定的政策目标，由政府主导地鼓励健康银行对失败银行的并购，财政部通过授权并购发起行进入有利可图的领域、或使用监管租金来诱导健康银行去收购失败银行。日本政府是不轻易允许任何大型银行失败的。

美日的普遍经验表明，政府倾向于对问题银行采取以下两种监管与救助策略：一种是直接救助模式，政府接管或者清算资不抵债的问题银行，并代为清偿其清算资产不足以偿付的保险债务；另一种是间接救助模式，由政府主导来鼓励健康银行有条件地托管或合并问题银行。前者是一种零监管宽容下的显性救助模式，而后者是一种监管宽容下的间接救助模式。在监管宽容下的政府救助模式中，政府还需要考量银行资产价值（P1）、债务价值（P2）和政府可容忍的债务水平上限（P3）之间的关系，当P3<P1<P2，即政府可容忍的债务水平低于债务价值时，监管当局将通过隐性补贴的方式给予健康银行，实现对问题银行的间接救助。唯有当 P1<P3 时，政府才会直接对其实行破产清算程序，实行显性直接救助。

许友传等（2012）结合我国银行业特有的隐性保险和监管救助特点，在标准的期权定价方法和分析范式内，分别给出了零监管宽容和监管宽容下，政府对银行的各种隐性救助概率和救助成本的测度公式，并基于我国上市银行可观测的股权价值序列等信息，估计了政府对它们的隐性救助概率和救助成本。研究表明，较之美日政府直接与间接、显性与隐性相结合的监管与救助模式，我国政府更倾向于以一种隐性的方式对问题银行进行救助，主要表现在：①我国法律没有记载任何的法定救助承诺和法定义务，因此没有法定和制度意义上的监管救助主体。虽然法律和制度没有明确规定，但现实中我国政府更倾向于以一种"完全隐性保险"的方式对问题银行进行大包大揽式的救助（谢平、易诚，2004；许友传、何佳，2008）。②相较于美国和日本，我国的隐性、间接救助模式倾向于在更大程度的监管宽容下进行。即使银行已经资不抵债，在我国信用支持和隐性保险的保护下，政府通常也不会立刻对其进行法定破产清算，尤其是对国有银行特别是大型国有银行的托底。如果问题银行资不抵债、并出现严重挤兑风波，则政府可能会指定一家健康银行来托管或合并它们。在这个过程中，政府让健康银行"承担"了本应由政府承受的隐性救助成本，而政府可能并未给予健康银行直接的利益补偿或额外的隐性补贴，完全由其行政指令性操作完成。这是因为，我国银行的股权性质和国家控股的本质，虽然从形式上看政府的直接救助成本和间接救助成本都被降低，但始终未改变其最终"买受人"的角色。当然，这个结论仅适用于已经上市的大中型银行，这些银行基本满足隐性保险体制下"太大而不能倒闭"的隐含预期和前提条件。对于广大城市商业银行而言，数量多而质量并不高，规模较小，业务单一，其风险事件一般不会对银行体系和整个社会造成较大冲击，故而监管当局对他们的隐性救助意愿相对较低。且这些银行一般尚未上市，市场救助预期相对较低，没有可观测的股权价值序列等市场信息，也无法推断其资产价值序列和分布规律，进而难以测度其违约概率和救助规模。

第三节　银行业危机与财政危机的孪生性

一、银行业与政府财政的依存关系

财政与银行是社会经济发展过程中不可缺少的两翼，都承担着筹集和分配资金的功能，但二者的运行机制有着本质的不同。财政与银行是两种不同性质、不同职能、不同追求目标的事物，表现为：一是筹集和分配资金的主体不同。财政分配的主体是国家，信用分配的主体是银行。二是分配资金的原则不同。财政按无偿的原则组织、提供和调配国民经济发展所需的公共基础设施资金，它更多的是政府行为，银行信用分配的典型特征则是有偿性，根据市场原则还本付息。三是分配目的不同。财政分配的目的是实现国家职能，满足公共需求银行分配的目的是调剂资金余缺，提高资金使用效益，商业银行经营的直接目的是追求利润。

中国财政与银行间的密切关系，主要表现在银行业是应财政的需要而产生、发展的。1897 年，中国第一家银行——中国通商银行诞生，当时正值清政府财政入不敷出十分严重，由于银行可以发行货币、集聚资金，清政府便通过创办银行来印造钞票、调剂和汇解官款，以此缓解财政困难。最初的中国通商银行只有四项业务：一是发行钞票，铸造银元；二是仿借国债以代洋债，办理外汇；三是汇解和收存公款；四是铁路资金要由银行收付。这四项业务都与政府密不可分，可见其效力于财政的经营宗旨。其后，大清银行和交通银行相继成立，其业务也"多局促于官款之调拨一途"，取得了经理国库及公家一切款项、代公家经理公债及各项证券、发行纸币等特权。后来的浙江兴业银行、四明商业储蓄银行等民营银行，也都以存放官款、经办官款汇兑为主要业务。可见，银行业最初成立在很大程度上是为解决财政困难、以服务于财政政策为宗旨的，开展的银行业务也基本依附于财政需要。

在银行界，财政收支与政府发债是相互绞合、密不可分的。财政常常以债券作抵押进行借款，借款到期时又以抵押债券打折扣进行冲抵；发债时也往往是借新债还旧债，债券到期时若资金不足则通过银行借款来还本付息、维持债信。"银行家所期望者，乃在维持旧债，故不惜牺牲将来之利益，愿借新债抵扣旧债，不知愈陷愈深，不能脱出循环式之陷阱"[1]，银行界便由最初的自觉向财政借款而被不自觉地拖人了政府债务的泥潭中，以致最后沦落为积极主动地购买政府债券，成为"政府发行公债最有力之代理人"[2]。"借款公债化"是民国前期财政的一大特点，这"既为政府所乐为，也为金融界所乐受"。以借垫款和公债为纽带，财政与银行界的关系在自觉与不自觉中紧密地结合起来[3]。

纵观近代中国财政与银行的关系，在当时特殊社会环境下，财政需求在一定程度上推动了银行业的产生和发展，而银行业在弥补财政赤字、筹集财政建设资金方面也做出了很大的贡献。一般来说，发展中国家在工业化起步阶段，由于市场机制尚未健全，通常由政府出面，通过将国民收入剩余中可供利用的部分资金集中起来，利用公债收入的结构调整效应，投向有利于经济建设和发展的领域，从而推动国家的迅速工业化的实现。银

---

① 上海市档案馆编：《陈光甫日记》，上海书店出版社 2002 年版，第 51 页。

② 中国银行总管理处经济研究室编：《全国银行年鉴》（1934），汉文正楷印书局 1934 年版，第 A3 页。

③ 中国人民银行上海市分行金融研究室编：《上海商业储蓄银行史料》，上海人民出版社 1990 年版，第 617 页。

行业与财政关系密切，最直接的后果就是银行业务以财政政策为导向，深受财政影响，从而出现大量信贷资金财政化的现象。从这个角度讲，财政化的银行信贷资金会起到促进社会经济发展的作用。

当前，银行业已经发展到相当规模，且其社会功能和重要性日益凸显，此时如果政府仍然一味将银行业作为财政的辅助机构，始终将银行作为执行国家经济政策的重要工具，把通过银行筹集到的社会资金主要用于消耗性支出上，赤字债务化，债务消费化，这就扭曲了银行资本作为社会总资本的功能，极大地减低了资金使用效率，造成了资源浪费。例如，银行信贷资金的财政化会对其他社会资本形成"挤出效应"，扭曲了市场机制的基础配置作用，严重抑制了经济增长的内在动力。财政与金融的"相依为命"成为银行业发展的栓桔，并有引发通货膨胀的可能，通货膨胀带来的结果必定是银行对工商业的进一步"惜贷"，从而更多地转向投机事业。要想尽量避免公债"挤出效应"在经济发展中的消极作用，就必须对公债的职能进行重新定位。要想改变银行弥补财政赤字的基础职能，就应当充分发挥其对宏观经济调控的职能。要想正确处理财政与银行的关系，就必须明确财政和银行在社会经济发展过程中的不同职责，要根据政府与市场的分工来合理协调二者的关系，防止信贷资金财政化和银行挤占财政资金，合力支持国民经济持续快速健康地发展。

二、银行业危机传染机制

金融全球化进程的加速，一定程度上加剧了金融市场的波动性，金融机构的内在脆弱性更加凸显，从而使得现代金融危机的传染性更加显著。20 世纪 90 年代爆发的墨西哥金融危机、1997 年爆发的亚洲金融危机及随后的俄罗斯金融危机、2008 年的美国次贷危机都充分说明了金融危机传染性及其对全球经济造成的危害。银行业危机也不例外，它可以从一个银行蔓延至一个国家的银行体系甚至蔓延到全世界，实现空间地域上的跨越；也可以从当期推延至长期，实现时间上的蔓延；还有可能从银行危机发展成为银行危机与货币危机的双重危机，甚至还有可能伴随主权债务危机的三重危机，最终演变成宏观经济危机，造成整个经济的崩溃。

不仅如此，金融全球化进程的加速，还大大增强了国际金融的传递机制，全球经济一体化可以说是银行业危机传染性的最直接原因，这也是政府对银行业救助行为的一个最直接原因。通过各个经济部门之间存在的关联，银行业危机可以从单纯的银行业部门传播到其他经济部门，发展成经济危机；也可以从单一经济体传播到其他经济体，成为系统性危机；也可以从单一危机升级为区域性甚至全球性的金融危机。故而，这种强大的传染性给健康的经济部门或经济体造成了不必要的损害，破坏了市场效率，导致了市场失灵，那么公共部门必须对其救助来将这种损害降到最低。

然而，对银行业基本史实略有了解的人都会发现，主流银行危机理论有一个明显缺陷：它们都是普适性理论，认为导致银行危机的银行业因素在所有时间点不变。普适性银行危机理论指出了银行业特征的三个方面，认为这三个方面的某些组合导致危机：银行结构、银行间关联性以及人类本性。第一方面是银行结构，指银行在相对低流动性的长期贷款和相对高流动性的短期负债之间的期限错配和流动性错配。结构理论认为银行危机源自这类错配导致的内生性"流动性风险"暴露。第二方面是银行间关联性理论涉及外部性问题，即每家银行基于自身的最优化决定流动性资产的持有量和银行杠杆（即银行负债与权益资本的比值）。银行家们并不考虑溢出效应（外部性），该效应的产生是由于每家银行都是银行体系的一部分并因而彼此相关。具体而言，一家银行的倒闭会加剧其他银行的风险。根据这一危机理论，监管的主要作用是迫使银行持有比自愿水平更多的现金资产、维持更低的杠杆率，以实现外部性的"内部化"。缺乏充分的监管以内部化外部性时，银行危机就会发生。第三方面也是更为古老的观点，认为是人性的弱点引发了银行危机。根据这一观点——已故教授海曼·明斯基和查尔斯·金德尔伯格都认为：人类是短视的，金融市场和银行业在过度乐观和过度恐慌（也称为兴奋期和惊恐期）中往复波动。乐观情绪占主导时，银行无法充分管理风险，也即风险贷款发放过多，现金资产持有不足，杠杆过高，从而导致银行倒闭。

但正如我们在前文中阐释的，银行危机并非随着时间和国家有规律地发生，因此危机不由银行业普遍的经济特征引起，确切地说，危机是由银行业普遍经济特征与银行所处政治环境共同决定的。这三种普适性理论的共同问题在于，它们不能解释为什么银行危机在各国和近代历史中并非以同等概率发生。银行的资产负债表以及银行间复杂的关系网络存在了数百年。尽管这些致使危机的因素一直存在，但银行危机在很多时期和地方并未发生。

（一）时间推延

实证研究结果表明，在一种微观经济环境并不理想的状况下，政府对问题银行采取的"展期"政策的实施往往会增加金融危机的救助成本。伊斯特利（Easterly，1999）认为，对金融危机中问题银行的延缓处置是一种推迟政府支出的手段，无论是采用显性或是隐性担保手段，这种推迟关闭问题银行和注销贷款损失的方法，可能会激励银行继续产生不良贷款，无形中加大银行未来期的救助成本。故而，将"展期"政策视为财政机会主义的一种表现形式，也无可厚非。美国政府20世纪80年代处理储贷协会（Savings and Loans Association）危机的案例可以很好的验证这个论断。

（二）空间蔓延

有时规模巨大的银行扩张也许会演变成系统银行危机并通过直接和间接途径影响公共财政[1]。直接途径反映了政府的危机管理应对措施，包括政府对银行系统的直接支持，对银行债务提供担保以抑制流动性压力和使用广泛措施来对银行资本重组和支持经济增长。这些政策给政府带来巨大的成本并增加了公共债务[2]。间接渠道通过银行危机对经济的影响而产

---

[1] 银行危机显著跟随大的银行扩张，见克罗等（Crowe，et al.，2011）。

[2] 财政账户中的直接财政成本的处置因政府在银行业干预的类型不同而不一样。直接成本能导致公共支出（这会影响财政平衡）、纯粹金融交易（对财政平衡没有影响，但影响总债务）、或有债务（对财政账户没有立即的影响）。

生。危机增加了风险溢价并破坏了对依赖于银行的贷款人的信贷供给、减少了消费和投资，对总需求、增长和资产价值都是负面影响。这些利率、增长、资产价格以及通货膨胀和汇率的综合影响减少了政府收入，对公共支出产生了压力，导致财政可持续性面临压力。结果是，银行危机经常倾向于预示着主权债务危机。

当系统性银行危机发生时，能产生显著的财政成本。1970—2011年，与银行危机相关的公共债务和直接财政成本的总中位数增长大约分别占GDP的12%和7%。但财政成本因各国而不同，揭示了不同国家的特定因素起作用。与整个样本相比，发达国家的公共债务几乎增长了两倍，反映了发达国家在追求逆周期财政和货币政策上的更大力度，更大的自动稳定器，或更大的银行系统。最近的危机也没有除外，2007—2011年发生银行危机的25个样本国家中（一些仍在进行），主要涉及发达国家，公共债务中位数增长达到占GDP的18%。随着这些国家中资产复苏率的企高，直接财政成本对公共债务的影响减弱（Fiscal Monitor，2014）。虽然对整个样本来说，直接财政成本平均来说较大，但对发达国家来说相对较小（大约占GDP的4.2%），它们仅构成了总债务增长中的18%，尽管在发达国家内部国家之间有显著的不同。最近的危机浪潮进一步证实了这一结论。这些主要涉及发达国家的危机，揭示了一个相似的模式，直接财政成本（占GDP的4.2%）通常占据了危机导致的公共债务总增长的有限部分（大约25%）。

近年来发生的事件表明，系统性银行业破产可能带来巨大的财政成本，政府支持的预期会给具有系统重要的银行带来扭曲的隐性担保。作为回应，监管改革议程已经聚焦于减少政府对银行破产成本的风险暴露，以及减少银行债务的隐性担保。将银行破产风险重新转移给债权人的政策依据是很充分的。在其他方面，使用外部救助而不是内部纾困，会强化对隐性担保存在的预期，对于银行债务来说可能会产生严重的不利实体经济的成本（Denk，et al.，2015）。提供可行的外部救助替代方案也有助于减少政府资产负债表上的隐性或有债务。然而，需要注意的是，隐性担保的减少或消除并不能完全消除与银行破产相关的直接成本（Cariboni，et al.，2016）。无论银行如何解决，银行破产带来的成本终将必须由某人承担。近年来设计的一些内部纾困工具旨在确保债权人而不是政府对解决破产银行的成本负责。

（三）向债权人蔓延

为什么常常由纳税人承担救助资不抵债银行的包袱？原因在于，负责制定风险承担和损失分配规则的人不需要获得纳税人的明确同意。因为少数股东必然是主动购买银行股份的，储户也是主动将资金存入银行的，他们都是交易中的利益相关者。而纳税人却并非主动与银行发生关联。但这并不意味着纳税人的偏好可以被完全忽略。要求纳税人承担太多的损失会导致他们站起来反抗当权者。然而，这的确意味着由银行内部人、少数股东和储户组成的联盟有足够多的余地去诈取纳税人。

在思考这一疑问时，我们认为纳税人不会一直乐于付钱救助银行，毕竟是最近几年才开始由纳税人来承担银行业的救助成本。在 20 世纪中叶之前，银行失败的代价都是由银行家自己、银行股东和储户承担。直至 20 世纪中叶，银行救助成本才逐渐转移到纳税人身上。那么最初银行家、监管者和政治家是如何将这些成本转嫁到纳税人身上的呢？纳税人为什么会同意承担这个成本呢？

这种代价转移的确很让人费解，还因为这种成本分担模式相比较早期由股东和储户来承担损失的体制，可能带来更大的损失和更严重的经济整体衰退。大量金融经济学的文献都表明，如果由股东和储户来承担银行业风险，这样的体制可以对银行家行为构成严格的纪律约束，一旦出现危机，股东抛售股票，储户则将资金转至偿付能力更强的银行。结果是问题银行倒闭，问题银行的债权人（例如股东和储户）出局，银行家急于减少高风险贷款敞口，信贷规模收缩，经济增长放缓。这个结果虽然看起来很糟糕，但并不是悲剧，原因是银行家深知不审慎行为的后果，进而倾向于保留大量缓冲资本，并持有大量低风险资产组合。所以较少会出现系统性银行危机。而当银行失败的损失由纳税人来承担之后，股东和储户约束银行家行为的动力大大减弱，银行失败的概率迅速增加，银行家倾向于承担更高的风险，机会主义更加明显。这才导致 20 世纪中叶后，大多数发达经济体银行的杠杆率大幅上升，并且只持有较少的低风险资产。

三、银行业危机与主权债务危机的互联

杨攻研和刘洪钟（2015）采用多种方法考察了政府债务和私人债务与系统性银行业危机之间的关系。在银行业危机爆发之前，国内外居民或机构投资者是政府债务的主要持有者，银行业较少持有政府债务，在一定程度上可以远离主权债务风险。于是实证研究得出了政府债务规模与银行业危机爆发概率并不显著相关的结论。但是这两者并非毫无关联，政府债务规模对银行业的影响往往是在银行业危机爆发之后开始显现。政府对银行业危机的救助可以导致政府债务和私人债务迅速发生转化，为了确保政府债务的可持续性，银行系统被迫增持政府债务。而随着政府债务规模的不断攀升，银行业持有政府债务的风险随之增加，主权债务风险逐渐蔓延至银行业，这是当前欧元区国家正在上演的一幕。危机之后较高的政府债务进一步加剧了私人部门去杠杆化对经济所造成的不利影响，加剧衰退的深度（Jordà, et al.,2011）。2008 年全球金融危机的爆发及当前的缓慢复苏正是这一结论最好的注释。

相对于其他资产，银行对国内主权债务持有程度——银行对主权债务"本土偏好"——对公共债务有重要影响。银行总资产中的主权债务份额自全球危机后显著上升，特别是发达国家已经见识到最近几年公共债务的增长。银行对主权债务的本土偏好是政府——银行复杂关系的关键因素。其根植于经济困境期间银行监管框架中对主权债务的特惠待遇，主权债务作为抵押品的使用，以及其他因素如金融业的结构特征、主权债券市场流动性、国家储蓄率和政府政策。

　　高债务和高"本土偏好"的同时发生反映了可能存在的双向因果关系。一方面，政府所面临的财政调整困难也许致使政府通过道德劝说增加银行对国内主权债务的持有来实现对财政平衡融资；另一方面，银行对国内主权债务的更高需求有可能影响自行决定财政政策的实施从而促进公共债务发展。虽然承认两种效应的存在，本部分力图通过"本土偏好"对借债主权成本的影响来证实第二种效应，即从"本土偏好"到财政结果。

　　使用发达国家和新兴市场国家样本的经验分析揭示更高本土偏好的国家主权债务，可以面对更低的借贷成本、更低的基本财政平衡，以及有更高的债务水平和更高的债务承受能力。因为预期的高违约成本，更高本土偏好所导致的借贷成本的降低有可能反映了投资者对主权违约更低的预期，因为预期的高违约成本。这一反向关系在市场情绪（通过市场情绪指数 VIX 来表示）恶化时趋于减弱甚至会颠倒，因为风险规避的增加也许导致银行更高的风险溢价需求以购买主权债券。这对那些"安全港"国家是不可能的情形，因为风险规避的增加助长了对其主权债务的全球需求。那些本地偏好高于样本中位数的国家，其平均基本财政平衡实质上低于整个样本的水平。因为银行乐意吸收国内主权诉求和产生的额外财政空间（通过较低的利率），即使当债务非常高，财政政策对特定债务水平也缺乏敏感性。反向因果关系也许对这一结果起重要作用——一个试图推迟或避免实施艰难财政整顿的政府也许求助于道德劝说以说服银行对其财政赤字融资。2007 年，对于本土偏好分布首四分位国家的平均公共债务水平比那些在下四分位数国家的高出占 GDP 的 50%水平。高本土偏好国家也倾向于在非常高的债务水平下经历债务困难。在债务可持续性问题开始显现前，有更高本土偏好的国家看起来能忍受更高水平的债务，部分应归于相对较低的借债成本，在债务可持续性问题开始显现前。

　　"本土偏好"提供了"财政喘息"的空间，但会产生激励国家延迟解决问题直到债务达到非常高水平的风险。"喘息空间"主要是高本土偏好对展期交割风险和利率有利影响的结果。同样地，在允许政府灵活权衡衰退期财政整顿成本和收益的范围内，本土偏好也许是有帮助的。然而，在这个意义上，银行对主权债务的迫切需求减少了政府对债务积累的响应能力，因此本土偏好也许不会产生更好的财政结果。无需说，随着国内持有大量公共债务，债务压力对地方经济会产生巨大而广泛的影响，特别是如果有效的国内预防和危机管理机制还没有落实到位。而且，政府过度依靠于银行融资可能挤出国内私人信贷，进一步弱化经济行为和潜在增加公共债务。

第四节　不同银行危机对财政成本的影响

银行危机根据不同的判断标准可以划分为不同的类型：第一种，按危机性质，可分为系统性银行危机和非系统性银行危机；第二种，按危机起因，可分为内生性银行危机和外生性银行危机；第三种，按危机程度，可分为以流动性紧张为特征的银行危机和以丧失清偿力为特征的银行危机。

一、系统性银行危机和财政成本

大多数情况下系统性银行危机是由于公众普遍认识到具有系统重要性的金融机构陷入困境引起的。系统性银行危机影响较大，是指一个国家的企业和金融部门经历大量的违约，不良贷款急剧增加，银行体系的全部或大部分资金已经耗尽，金融机构和企业面临按时履约还款的困难。还可能同时伴随其他情况出现，如股票等资产价格的低迷、房地产价格的低迷、实际利率的急剧上升、经济放缓以及资本流动逆转等。可以通过是否伴随银行挤兑、存款冻结或全额担保、过多的流动性支持或银行干预来判断是否发生危机（Laeven，Valencia，2012）。当不存在上述情况时，则根据银行系统是否明显有很大比例的不良贷款，并且是否大部分资本被耗尽。

自从全球金融危机以来，一系列意图减轻未来银行危机对公共资金负担的危机管理措施取得进展。这些措施包括增强损失吸收能力、加强监管和完善有效清算制度和规划。最近，自救工具（如欧盟银行复苏和清算指令 BRRD）日益成为最小化银行危机对公共资金依赖性的清算策略①。一些国家也开始约束国家帮助银行的能力（如美国和欧盟）。

卡普里奥和克林格比尔（Caprio，Klingebiel，2002）对发生在 20 世纪 70 年代后期的 93 个国家中的 112 次系统性银行危机和 46 个国家中的 51 次边缘性银行危机进行研究的结果表明，几乎没有哪个国家没有为银行危机付出过代价，而且相对于工业化国家，银行危机案例在发展中国家和转型国家发生得更普遍一些。而在这些发生过危机的国家中，政府和最终的纳税人（ultimately taxpayer）直接承担了银行系统崩溃所导致的成本。

近期研究中，李娜（2011）运用 IMF 的数据，选取 1970—2007 年的 41 次系统性银行危机为样本进行研究，以产出损失作为危机成本的代理变量，以财政成本来衡量政府在救助过程中产生的成本，如表 5-4 所示。结论是人均 GDP 高的国家危机成本较低，人均 GDP 低一些的新兴市场国家危机成本就比较高。也即银行危机发生时发达国家遭受的损失比新兴国家的损失相对来说要低一些。可能的原因是发达国家的金融体系比较完善，预警机制比较健全，在银行危机的初始阶段或者危机爆发之前就能够及时的观测到，从而能够在危机前夕进行及时的救助。陈雨露和马勇（2011）以 20 世纪 80 年代以来世界范围内 40 次重要的系统性银行危机为基础，对金融危机后常见的 15 种应对措施进行了系统的实证评价。结果表明，系统性银行危机发生后，大规模政府干预、流动性支持（紧急贷款）、重新资本化、银行关闭和兼并是使用频率最高的 5 项措施，但大规模政府干预和流动性支持往往伴随着较高的财政成本，而重新资本化和兼并则分别伴随着危机持续时间的延长和产出损失的上升。一揽子担保计划

---

①　自救包括托管一个重构的未保险的银行债务通过勾销它们的价值或转换它们到股权，见 IMF（2012）。

虽有助于提高危机期间的经济增长率，但危机后的经济增长却相对较低。国有化措施不仅会产生较高的财政成本，通常还伴随着较高的产出损失。存款人承担损失和 IMF 援助这两种措施有助于缩短危机持续时间，但 IMF 援助通常伴随着较高的财政成本和危机期间较低的经济增长率。

表 5-4　系统性银行危机中的财政成本与产出损失的比较

	国家	财政余额（％）	财政成本（％）	产出损失（％）	人均 GDP（美元）
发达国家	美国	−2.61	10.89	5.24	46629.69
	日本	−5.13	13.91	17.56	33821.23
	瑞典	3.39	0.20	30.60	29899.78
	挪威	2.54	0.60	9.80	27996.21
	芬兰	5.56	11.08	59.08	24986.08
	捷克共和国	−1.29	5.80	0.00	12175.43
	韩国	0.24	23.20	50.10	11582.11
新兴市场国家	阿根廷	−2.65	55.10	10.81	7478.27
	阿根廷	0.03	2.00	7.13	7419.16
	阿根廷	−3.61	9.58	42.65	7235.16
	阿根廷	−4.42	6.00	10.70	2564.52
	克罗地亚	−2.01	6.90	25.00	5609.12
	马来西亚	1.98	5.10	50.04	4693.25
	土耳其	−14.97	30.70	5.35	4245.22
	乌拉圭	−0.22	10.83	28.79	4049.75
	巴西	0.27	10.20	0.00	3814.87
	墨西哥	−2.46	18.00	4.25	3446.32
	牙买加	1.99	38.95	30.08	3103.49
	加纳	−0.12	6.00	15.79	2986.50
	巴西	0.00	0.00	12.23	2986.31
	智利	4.99	16.80	92.35	2884.78
	哥伦比亚	−3.95	2.54	33.52	2770.56
	委内瑞拉	−2.92	12.50	9.62	2729.59
	泰国	2.40	34.80	97.66	2496.14
	多米尼加共和国	−1.37	20.80	15.51	2436.90
	拉脱维亚	−3.86	3.00	28.72	1982.47

续表

国家	财政余额（%）	财政成本（%）	产出损失（%）	人均GDP（美元）
厄瓜多尔	−3.02	16.26	6.49	1910.14
俄罗斯	−16.96	6.00	6.42	1852.62
立陶宛	−4.22	2.90	30.60	1741.55
哥伦比亚	−2.26	5.00	15.11	1714.66
巴拉圭	2.73	10.00	13.32	1683.62
保加利亚	−5.63	13.90	1.30	1203.66
印度尼西亚	−1.13	52.30	67.95	1184.03
菲律宾	−0.18	13.20	5.46	1170.32
科特迪瓦	−7.19	25.00	1.76	862.73
乌克兰	−5.56	0.00	0.00	845.53
玻利维亚	−3.00	2.65	0.00	831.23
尼加拉瓜	−3.30	12.57	13.94	779.31
斯里兰卡	−8.59	5.00	2.20	448.79
越南	−2.36	10.00	19.72	361.91
爱沙尼亚	5.25	1.63	N/a	N/a

数据来源：http：//en. citizendium. org/wiki/Bank _ failures _ and _ rescues/Timelines；Systemic Banking Crises：A New Database，Luc Laeven and Fabian Valencia；IMF，data and statistics，World Economic Outlook Databases（WEO）。

二、银行体系脆弱性和财政成本

一个国家的银行体系常常是孕育金融风险的主要领域，受各种内生、外生因素的共同作用，结果是在银行体系内部酝酿出金融风险。这里所说的内生影响因素通常包括银行体系脆弱性、银行体系顺周期性、银行体系的内部关联性和银行体系内的信息不对称性。其中金融机构的脆弱性被诸多研究一致认为是造成系统性风险的最大诱因。但从银行业本身的因素分析，这种固有的脆弱性通常表现为银行资产与负债业务的不匹配，这也是产生金融风险的重要物质基础。银行体系的这种脆弱性主要是缘于存款者流动性要求的不确定性以及银行资产较之负债缺乏流动性（Diamond，Dybvig，1983）。

由此可以看出，在分析银行业危机的产生根源问题上，资产负债结构的匹配是一种很好的视角。从这个视角审视，风险就可以视为由于资产负债结构或收入支出结构不匹配造成的经济主体未来融资的压力或紧张程度。银行业风险主要体现在银行机构的不良资产上，不良资产大量存在往往是引发金融危机的主要因素。根据 IMF 统计，1980 年以来，在 181 个成员国中有 70% 以上的国家都经历过严重的金融问题或金融危机。发生金融问题的 108 例中，由于银行不良资产引发的有 72 例，占 66% 以上。发生金融危机的有 31 个国家共 41 起，其中不良资产引发的有 24 起，占 58% 以上。

三、金融危机中的政策选择与财政成本

从目前世界范围内金融危机后常用的政策工具来看，基本上可以分为两大类：一是危机遏制阶段的相关措施，二是危机处置阶段的相关措施。前者主要包括存款冻结、银行休业、一揽子担保计划、流动性支持、降低储备要求等，后者主要包括政府干预、国有化、银行关闭、兼并、向外资出售、资产管理公司、重新资本化等。从已有文献来看，对这些措施的经济评价主要从其带来的收益和成本两个方面进行衡量，分析切入点包括经济增长的恢复情况、产出损失的大小、危机时间成本的大小和财政成本的高低等方面。尽管在评估银行援助的效果方面，各种实证研究的结果并不完全一致，但通常情况下，如果不首先恢复银行的清偿能力，那么诸如流动性支持和存款保险一类的临时性对策就很可能会阻碍经济的复苏并增加后续的财政负担。

霍诺汉和克林格比尔（Honohan，Klingebiel，2003）将政府干预银行危机的过程分为两个阶段：早期的遏制阶段（containment phrase）和中期的恢复重构阶段（rehabilitation and restructuring phrase）。然后分别总结了两个阶段中政府常用的政策工具：遏制阶段的流动性支持（liquidity support）和一揽子担保（blanket guarantee）；恢复重构阶段的展期（forbearance）政策、反复注资（repeated recapitalization）、资产管理公司（asset management company）和公债减免项目（public debt relief program）。他们

的研究还证实，无限制的存款担保（unlimited deposit guarantee）、无底线的流动性支持（open-ended liquidity support）、反复注资、对债务人的救助（debtor bail-outs）和监管中的展期政策（regulatory forbearance）是影响财政成本大小的最显著的政策变量。样本数据的回归结果表明，如果发生银行危机的国家没有采取上述五种救助政策，这些国家的平均财政成本将只占到 1%，这些数值是实际成本的十分之一；反过来，如果一国政府使用了所有上述五种政策工具，财政成本将会高达 GDP 的 60%。可以将 1980年以来全球发生的 40 次系统性金融危机的数据进行研究，对危机后被惯常使用的应对措施进行统计，如表 5-5 所示。其中大规模政府干预、紧急贷款和重新资本化是几乎每个国家都会采用的应对系统性银行业危机的举措，尤其是几乎每次危机发生后都离不开大规模的政府干预，足以体现出银行业危机对于财政成本的影响之巨大。

而如果区分危机阶段和国家不同，则我们对危机中的政府政策选择，可以得到表 5-6。显然，发达国家在救助时机的选择上主要是在危机解决阶段，并且在政策选择上更加倾向于通过一定的救助措施，能够使得银行继续维持经营，尽量避免破产清算。而新兴市场国家则更加重视强有力的有效解决措施，虽然短期成本可能较高，但是由此可以尽量降低危机救助中的长期成本。此外，不论发达国家还是新兴市场国家，都将向国外出售本国金融机构作为救助的最后选择。

表 5-5　系统性银行危机发生后各种应对措施被采用的情况

危机应对措施	被采用的国次	未被采用的国次	采用频次排序
大规模政府干预	36	4	1
紧急贷款	30	10	2
重新资本化	30	10	2
银行关闭	28	12	4
兼并	24	15	5
资产管理公司	24	16	5

危机应对措施	被采用的国次	未被采用的国次	采用频次排序
国有化	23	17	7
IMF 援助	22	18	8
向外资出售	19	16	9
降低储备要求	15	24	10
不干预技术破产银行	13	24	11
存款人承担损失	13	27	11
一揽子担保计划	12	28	13
存款冻结	5	35	14
银行休业	4	36	15

数据来源：陈雨露、马勇：《金融危机应对政策的有效性：基于40起事件的实证研究》，《财贸经济》2011年第1期。

表5-6 各阶段救助措施的使用情况

	各项措施	发达国家	新兴国家	总计
抑制危机阶段	流动性支持	5	26	31
	全额担保	4	8	12
	存款冻结	0	5	5
	银行休假	0	4	4
解决危机阶段	政府干预	6	30	36
	银行破产	3	25	28
	国有化	5	18	23
	并购	7	18	25
	资本重组	7	25	32
	宽容性监管	4	24	28
	对外出售	3	16	19
	存款保险	6	15	21
	银行重组	6	12	18
	资产管理公司	6	19	25

数据来源：L. Laeven and F. Valencia, "Resolution of Banking Crises: The Good, the Bad, and the Ugly", IMF Working Papers, No. WP/170/03, 2010。

　　银行危机的实际财政成本因采取的特定解决策略而不同。陈雨露和马勇（2011）的计量结果显示，大规模政府干预、流动性支持/紧急贷款、重新资本化、银行关闭和兼并是使用频率最高的五项危机应对措施，但大规模政府干预和流动性支持/紧急贷款往往伴随着较高的财政成本，而重新资本化和兼并则分别伴随着危机持续时间的延长和产出损失的上升。同时，对过去解决金融危机经验的回顾揭示了对改善资产负债表和预防道德风险的恰当激励对财政成本非常重要。解决金融危机的国际经验揭示了银行股东和次级债务持有者的损失（债权人进一步层级如果系统结果能被管理）能显著减少金融机构资本重组对纳税人资金的需要。

　　我们把这些政策措施根据发生在危机前还是后又分为事前措施和事后措施，而不同的政策措施导致的危机发生的财政成本不同。霍诺汉（Honohan，1999）分析了事前措施对未来金融危机未来所致财政成本进行估计所具有的重要性，当然这种估计要受到政府所掌握信息的约束。具体说来，一方面受到金融部门资产负债规模和构成的影响，另一方面还要受核算数据的精确性及金融部门所面对风险的制约。霍诺汉（1999）区分了金融部门已经明确造成的损失和近期风险造成的潜在损失，并认为虽然对金融部门危机进行有计划的准备可能会导致金融部门的道德风险，但政府如果不采取措施可能会造成更大的恐慌。他进而给出了"或有准备"（contingency planning）的三个目标：第一是要保护中小储户，降低危机对储户信心和支付系统的负面影响；第二是要最小化财政成本，通过减少道德风险和限制银行损失向财政的转移来实现；第三是尽可能对税收和其他支出起到"平滑"（smoothing）作用，以降低社会福利损失。

　　政府对金融部门的隐性担保也可以体现在政府对危机中的银行所采取的政策措施上。在亚洲金融危机爆发一年后的1998年，中国政府决定面向四大国有银行发行2700亿元人民币的特别国债，专门用于增加四家国有银行的资本充足率。在紧随其后的1999年，中国政府又决定成立四家资产管理公司专门处置四大国有银行和国家开发银行的不良资产问题。这些都体现了政府对金融部门隐性担保显性化所采取的措施。

四、银行业监管对财政成本的影响

一个更有趣和相关的问题是银行业监管框架和源于危机的财政成本之间是否有联系。在我们的案例中，更高质量的银行监管，通常由银行监管指数（Abiad，et al.，2010）来衡量，与财政成本是负相关的。这一关系揭示了，即使危机发生，功能良好的监督和管理框架仍有助于在危机发生时制约直接财政成本。相关数据也揭示了在那些提供了更多安全网的国家，直接财政成本变得更低。特别是在我们的案例中，更广的储蓄保险涵盖范围以人均 GDP 的保险储蓄率来表示，往往意味着更低的直接财政成本。这一发现揭示了意义深远的储蓄保险的存在也许减轻了挤兑的风险并有助于约束危机的成本。然而，这一关系和更广储蓄计划对危机财政成本的可能影响必须被谨慎解释。更广储蓄保险的国家也被发现更容易发生危机（Demirgüç-Kunt，Huizinga，2004）。因此，一旦考虑到危机概率，更广的保险计划也许并不必然导致更低的直接财政成本。

我们识别了有助于揭示财政成本规模的各种风险因素如危机前宏观经济环境、金融特征和制度条件。我们探究了政策选择对直接财政成本和总财政成本的影响，强调了较高初始成本并不必然意味着较高的总财政成本。我们发现，在银行业规模更大、更杠杆化、更多依赖于外部资金时，危机发生时的直接财政成本也较高。然而，更好的制度，特别是更好的银行监管和广泛的储蓄保险计划往往导致更低的危机直接财政成本。因此，一国对银行的监管框架能有助于减轻来自现代银行体系的财政风险。这些因素中大多数对总财政成本都很重要，但政策应对看起来对危机发生所导致的财政成本有不同的影响。例如，对银行的担保看起来增加了直接的和总的财政成本，但相对于其他政策措施如资本重组和资产收购来说，相关性较低。这些危机后的短缺措施虽然产生较大的初始成本，但并不必然增加以公共债务占 GDP 比率变化所反映的总财政成本。这一结果暗示了一些早期的初始成本较高的政策干预和后期实施的较高总财政成本的政策干预之间的权衡。

这些发现对政策制定者来说是非常重要的。尽管银行业存在损失吸收能力（loss-absorbing capacity），但从银行业向主权政府转移的风险和成本是不可完全消除的。我们的结果揭示了政府应该识别和监督来自银行业的特定风险指标并发展专门知识来评估银行脆弱性对财政和债务可持续性带来的影响。并且，政府能够从危机中的及早行动中获得好处。

进一步来说，未来研究可以从以下几方面展开，包括寻求一种更加精炼的衡量总财政成本的方法，识别公共债务的变化特别是由银行危机所引发的变化。而且，研究影响恢复率和危机持续性的因素也是非常关键的，这将有助于政策制定者判断其危机干预的成本和收益。最后，研究银行的所有权结构特别是外资或国有的存在是否对银行危机财政成本产生影响也是有趣的。

本章附录 银行处置成本的估计方法

对银行处置成本的估计一般有三种方法。第一种方法使用某些特定年份的横截面信息，并以斯内格拉奇（Snethlage，2015）应用于新西兰系统重要性银行的二项式期权定价模型为基础；第二种办法是利用或有索取权分析，从相对较高频率的金融市场数据中得出推断，来衡量与银行破产有关的风险和成本，瑞典国家债务办公室就采用了或有索取权分析作为案例研究给出了瑞典大型银行处置成本估计数；第三种方法以欧盟委员会的SYMBOL模型为基础，这种方法在卡里波尼等（Cariboni，et al.，2016）论文中得到体现。

为了评估银行业压力的财政成本，新西兰财政部提出了一个模型（Snethlage，2015），该模型使用银行信用评级中所包含的公开信息估算了银行破产成本在纳税人与银行债权人之间的分布。该模型区分了银行在特定时期内可能发生的金融风险所产生的成本（事前成本）、银行倒闭后处置恢复所导致成本（事后成本）以及政府隐性担保的价值。每个单独银行的成本受基于双态（破产 vs. 非破产）违约期权的二项式模型所驱使：银行债务以银行的负债总额作为替代；违约时的损失固定在某个阈值；违约概率由那些与穆迪评级相关的概率估算确定；外部纾困的概率来自对历史违约的概率，考虑到主要银行因其可能获得特别政府支持而使得信用评级提升。该方法相对容易实施，最初用于估算新西兰四大银行的银行破产成本，并应用于同一报告"估算经合组织国家特定银行的银行决议成本的规模和发生率"（Grimaldi，et al.，2016）来评估欧洲以外的更多经合组织国家的大量银行的银行倒闭解决方案成本的大小和分布变化。

一、或有索取权法

或有索取权法是布莱克和斯科尔斯（Black，Scholes，1973）开创性提出的期权定价理论的一般形式，该理论用于信用风险分析，通常被称为"默顿模型"。或有索取权法假设在任何 t 时刻，资产的总市值 A 等于股票市场价值 E 和在 T 时到期的风险债务 D 的总和。资产价值是一个对数正态分布的随机变量，可能会低于临界阈值 B，这构成了破产边界。通常，该阈值定义为 T 时到期的付款承诺值。一旦确定了此阈值，如果银行在 T 时到期时无法兑现付款承诺时，则该银行将破产。

股东权益被定义为债权人得到偿付后，对资产的剩余索取权。因此，公司股权可以被视为是行使价格等于 B 的公司资产的隐性看涨期权：

$$E(t) = A(t)N(d_1) - B e^{-r(T-t)} N(d_2)$$

其中，$d_1 = \dfrac{\ln\left(\dfrac{A(t)}{B}\right) + \left(r + \dfrac{1}{2}\sigma_A^2\right)(T-t)}{\sigma_A\sqrt{T-t}}$，$d_2 = 1 - d_1$。

股权价值波动率 σ_E 与资产价值波动率 σ_A 的关系可用下式表示：

$$\sigma_E E(t) = N(d_1)\,\sigma_A A(t)$$

可以使用历史股票价格的已实现波动率来衡量股票波动率，也可以使用交易性股票期权的隐含波动率来衡量股本波动率，这是一种更具前瞻性的度量方法。通过同时求解上述两个方程式，可以在模型内确定资产的市场价值及其波动率。在给定的时间范围 $\widetilde{T}$ 内，破产的事前成本等于行使价为 B 的公司资产 A 的看跌期权的价值：

事前成本 $(t, \widetilde{T}) = B e^{-rT} N(d_2) - A(t) N(-d_1)$

破产的概率为

$$P(A(\widetilde{T}) \leq B) = N(-\frac{\ln\left(\frac{A(t)}{B}\right) + \left(r - \frac{1}{2}\sigma_A^2\right)(\widetilde{T} - t)}{\sigma_A \sqrt{\widetilde{T} - t}})$$

考虑到事前成本和破产的可能性，事后破产成本必须等于以下方程：

事后成本 $(t, \bar{T}) = \dfrac{\text{事前成本}(t, \widetilde{T})}{P(A(\widetilde{T}) \leq B)}$

注意，上述基本模型中的描述中未考虑股权收益的偏度和峰度。默顿模型的这些缺点可以通过几种方式解决，包括通过观察到的波动率微笑[①]来修正。

欧盟委员会与学术界专家合作，开发了一种微观模拟模型即银行引发损失系统性模型（systemic model of bank originate losses，SYMBOL）（De Lisa，et al.，2011），使用各银行资产负债表数据模拟银行系统的损失分布。该模型符合巴塞尔框架，适用于银行最低资本要求，某个银行的亏损取决于单家银行投资组合中债务人平均违约风险的估计，基本上是其总资产和风险加权资产的函数。银行的破产由模取决于模拟的损失和可用于吸

---

① 波动率微笑（volatility smiles）指期权隐含波动率（implied volatility）与行权价格（strike price）之间的关系。其是指具有相同到期日和标的资产而执行价格不同的期权，其执行价格偏离标的资产现货价格越远，隐含波动率越大。波动率微笑现象是期权市场中常见的现象，对指导期权投资具有重要意义。

收意外冲击的监管资本的规模，损失由使用基于巴塞尔内部评级（IRB）函数的蒙特卡罗模拟生成。

欧盟委员会模型的主要特征包括：①该模型允许通过汇总各个银行的损失来估计系统层面（例如单个国家或欧洲）的损失分布，银行资产相互关联，形成一种结构，既代表了银行对同一借款人的共同风险，也代表了商业周期的共同影响。②该模型依赖于资产负债表数据：有关最低资本需求和总资产的信息被用于估算银行的平均投资组合违约概率，然后使用该平均投资组合违约概率来模拟损失，并将其与声明的总监管资本进行比较。③它允许对银行安全网工具的干预进行建模，特别是如欧洲立法所设立的纾困和处置基金，尽管由于银行债权人结构的综合数据不是现成的，使得自我纾困影响程度的评估存在局限性。④模型足够灵活，可以通过修改输入数据来模拟"假设分析"场景（例如，增加最低资本水平或假设资产减少），这样就可以对即将进行的立法改革进行事前评估。

该模型被欧洲委员会用于《资本要求指令》和《银行恢复和处置指令》（European Parliament and Council，2014）和《金融监管日程经济评论》（Economic Review of the Financial Regulation Agenda，ERFRA）等政策的效果评估（European Parliament and Council，2014）。

二、SYMBOL 模型的技术细节

SYMBOL 模型依赖于以下假设：所有风险都是近似的是信用风险；模型中明确没有其他风险类别（如市场风险、流动性风险或交易对手风险）；隐性假设 IRB 公式充分代表了银行面临的（信贷）风险；模拟事件中未明确考虑时间维度，即在给定运行中所有损失同时发生。模拟步骤如下。

第一步：估计每家银行投资组合的隐含债务人违约概率（IOPD）。

该模型的主要组成部分是银行的平均隐含债务人违约概率。它是描述其整个损失分布的单个参数。它是根据资产负债表中公布的总最低资本金要求，通过对巴塞尔信用风险内部收益率公式的数值反演得到的。估计隐含债务人违约概率所需的个别银行数据是银行的风险加权资产和总资产。

对于银行 i 的投资组合中的每个风险敞口 l，巴塞尔内部收益率公式得出相应的资本要求 $CR_{i,l}$，用于覆盖一年时间范围内的意外损失[1]，具体的置信水平为 99.9%。计算 $CR_{i,l}$ 的公式如下：

$$CR_{i,l}(PD_{i,l}) =$$

$$\left[LGD \times N\left(\sqrt{\frac{1}{1 - R(PD_{i,l})}} N^{-1}(PD_{i,l}) + \sqrt{\frac{R(PD_{i,l})}{1 - R(PD_{i,l})}} N^{-1}(0.999) \right) - PD_{i,l} \times LGD \right]$$

$$\times M(PD_{i,l})$$

其中，$PD_{i,l}$ 是银行 i 风险敞口 l 的违约概率，R 是组合中风险敞口之间的相关函数，在巴塞尔规则中定义为

$$R(PD_{i,l}) = 0.12 \times \frac{1 - e^{-50PD_{i,l}}}{1 - e^{-50}} + 0.24 \times \left(1 - \frac{1 - e^{-50PD_{i,l}}}{1 - e^{-50}} \right) - 0.04 \times$$

$$\left(1 - \frac{S_i - 5}{45} \right)$$

在这个框架中，债务人规模 S_i 设定为监管值 50。

LGD 是违约损失[2]，$M(PD_{i,l})$ 是期限调整，定义为

$$M(PD_{i,l}) = \frac{(1 + (M - 2.5) \times b_i) \times 1.06}{1 - 1.5 \times b_i}$$

其中，$b_i = (0.11856 - 0.05478 \times \ln(PD_i))^2$，期限 $M = 2.5$。请注意，所有参数都设置为其监管默认值。

原则上，每个银行 i 的最低资本要求 MCR_i 是对所有风险敞口资本要求的总和：

---

① 银行预计将持续弥补其预期损失，例如通过准备金和减记。相反，意外损失与很少发生的潜在重大损失有关。根据这一概念，资本只用于吸收意外损失。

② 在巴塞尔协议中规定为 45%。

$$MCR_i = \sum_l CR_{i,l} \times A_{i,l}$$

其中，$A_{i,l}$ 是风险敞口 l 的总量。

由于没有关于银行对每个债务人的风险敞口的可用数据，该模型通过颠倒上述公式，估计单个债务人的违约概率（隐含债务人违约概率，IOPD），这相当于每个银行持有的风险敞口组合。从数学上讲，模型通过数值搜索满足以下方程的值来计算 IOPD：

$$IOPD_i : CR(IOPD_i) \times \sum_l A_{i,l} = MCR_i$$

其中，MCR_i 和 $\sum_l A_{i,l}$ 分别是巴塞尔最低资本要求，设定为风险加权资产和银行总资产的 8%。这些数据可以在银行的资产负债表中查到。

第二步：模拟系统中银行的相关损失。

基于估计的平均 $IOPD_i$，该模型通过 Monte Carlo 采用相同的 IRB 公式模拟银行遭受的相关损失，并加入银行间存在相关性的特征。这种相关性的存在是由于很多银行对同一借款人共同的敞口，或更普遍地说，对商业周期的某一特定的共同影响。在每次模拟中，$n = 1, \ldots, N_0$，银行 i 的损失可被表示为

$$L_{n,i} = LGD \times \left[\sqrt{\frac{1}{1 - R(IOPD_i)}} \, N^{-1}(IOPD_i) + \sqrt{\frac{R(IOPD_i)}{1 - R(IOPD_i)}} \, N^{-1}(\alpha_{n,i}) \right]$$

其中，N 是正态分布函数，$N^{-1}(\alpha_{n,i})$ 是具有预定义相关矩阵的相关正态随机冲击，$IOPD_i$ 是在第一步中为每个银行估计的平均隐含债务人违约概率。SYMBOL 通常设定所有银行间的相关系数为 50%，但该模型允许定义特定的相关矩阵。

第三步：确定破产事件。

当模拟经济损失超过其最低资本要求加上银行超额资本（如有）所给出的预期损失（EL）和总资本（K）之和时，则银行破产：

破产 $:= L_{n,i} - EL_i - K_i > 0$

预期损失等于损失的平均值，从模拟损失中减去，因为银行有义务留

出技术准备金以面对预期的短缺。

第四步：全系统损失汇总分布。

在每次模拟运行中，加总的损失是超过资本加上系统中所有陷入困境的银行（即破产银行和资本不足的银行）的潜在资本重组需求之和。

第 六 章

国外对银行业风险财政化的监管与控制

政府对银行业的显性或隐性担保使得大量的银行业风险转移给政府部门，增加了公共债务。尽管风险敞口不同，但是多数国家都会承担这类债务。莱文和瓦伦西亚（Laeven，Valencia，2010）对近 60 个国家样本的研究显示，过去的银行危机使得政府债务大约增加了 GDP 的 10%，并且其中有四分之三的国家由银行业危机导致的政府债务规模占 GDP 的比重达到 20%。政府救助问题银行的成本是政府或有债务风险的一个重要来源，因此，有必要对银行业风险进行控制，尤其是防止其转化为财政成本。本章我们整理了欧盟、美国、瑞典、哥伦比亚等国家和经济体应对银行业风险财政化的经验，为我国银行业风险财政化的监管与控制提供更多的借鉴。

第一节 来自欧盟的经验

欧洲金融监管的分散是导致欧债危机的重要原因，主权债务危机与银行风险交互传染、恶性循环，尤其银行危机带来严重的"惜贷"问题，推高了借贷成本，导致对实体经济支持不足，并给企业、居民的信心带来严重负面冲击。实体经济衰退，又进一步加剧政府债务危机。因此，欧洲迫切需要阻断这种恶性循环链条，形成系统性的危机解决方案。欧盟委员会（EC）是欧洲金融体系新政策和规则的制定者和关键决策者。2012

年，欧盟峰会力克立场分歧和不同方面利益纷争，就银行业单一监管机制（single supervisory mechanism，SSM）达成一致。这是建设欧洲银行联盟的重要一步，对解决欧债危机、推进欧洲一体化进程具有重大意义。为防止金融风险财政化，欧盟首先将各成员国在应对银行破产方面的法律制度逐步统一，并在欧盟层面上建立应对银行业危机的管理框架，由欧盟机构来处理陷入危机的具有系统重要性的银行，从而实现了银行危机处置机制的"联邦化"，这是欧洲一体化进程在经济金融方面的重要体现。

一、建立银行业风险财政化的监管与控制的制度框架

（一）单个国家层面——银行恢复和处置指令

银行恢复和处置指令（BRRD）在国别层面建立了一种可预期的解决陷入困境的银行问题的机制，有效地阻止了未来银行发生危机时政府动用财政资金救助，防止了金融风险向财政领域的渗透。BRRD 适用于所有欧盟成员国。

BRRD 明确规定，商业银行一旦发生危机，损失最初由银行股东和债权人承担。并授权危机处置当局将破产银行的股份和资产转移到其他活动领域，把银行或资产管理工具连接起来，以确保问题有序解决。此外，危机处置当局还可以通过所谓的自救工具转换为股东和无担保债权人，这些债权人是破产或可能破产的机构。通过这些法律规定，向市场传达一个明确信号——由银行及其股东承担破产损失（而非纳税人）成为处置银行危机的指导性原则。也就是说，政府救助陷入困境银行的可能微乎其微，除非发生大规模的系统性风险。

根据 BRRD 要求，欧盟成员国应设置处理银行业危机的专门机构——危机处置当局（resolution authority），并赋予危机处置当局共同解决危机的广泛的权力，包括任命或解除银行临时管理人、取代不称职的银行董事或其他高管、要求商业银行提供其所需的任何信息、接管银行、行使原本由股东享有的一切权力、调低债务总额或本金、将某些特

定债务转为股份或其他资本工具等，并要求各成员国在相同的原则、条件及程序下行使权力，确保能预先阻止危机并在银行破产时能够以有序方式进行救助或实施破产清算，力图把银行破产对金融体系甚至整个经济的影响最小化。

由危机处置当局敦促各商业银行拟定应对危机的解决办法——"复苏计划"，当商业银行陷入困境时，危机处置当局可以据此实施行动，以提早采取银行恢复活力的相关措施以防止问题继续恶化，"复苏计划"也增加了银行及其监管者的危机意识并促使他们做出必要准备。此外，危机处置当局还应为商业银行制定事后的"处置计划"，旨在快速、高效解决银行破产问题，更重要的是能够降低各商业银行的道德风险，避免"太大而不能倒闭"的现象的发生，从而降低银行破产的政府救助成本。

（二）共同体层面

欧盟成员国关于银行破产的法律法规及行政命令各有不同，各国监管当局干预危机的权力存在不同。成员国在面对银行业危机时各自为政使得解决银行危机缺乏效率，并且由于成员国监管当局通常只考虑本国利益而忽视欧盟层面上银行救助的意义，从而导致集体行动问题以及由此产生的负外部效应，可能造成整个欧盟成员国的金融稳定性都会受到影响。因此，停留在单个国家层面上的危机解决机制不但不能化解危机甚至可能使危机愈演愈烈，在整个欧盟国家蔓延。为了对各国银行业进行更为有效的监管，欧盟建立了在共同体层面的监管机制——单一监管机制（SSM）。同时，为降低银行破产对金融业以及实体经济的影响，最大程度上降低依赖政府财政资金救助的道德风险，欧盟在共同体层面上创立了一套有别于普通破产法的银行破产特殊处置机制——单一处置机制（SRM），包括单一处置委员会（SRB）和单一处置基金（SRF）。

1. 单一监管机制

单一监管机制（SSM）是欧盟超国家层面的银行监管的开始，SSM 的建立是银行联盟建设的第一步。它最初是由欧洲理事会主席于 2012 年 6 月提出的，此后不久便得到了欧洲理事会的认可。SSM 的建立是一项激进的举措，旨在重建金融市场对银行和主权国家的信心，稳定直接暴露于国际金融危机与欧元区主权债务危机的恶性循环之中的国家的银行体系，扭转欧洲金融市场的分化（Howarth，Quaglia，2013）。欧洲中央银行（ECB）负责 SSM 的整体有效运作和对欧元区银行的直接监管。但是这种监督以不同形式进行：一方面，欧洲央行通过"与国家监督部门的密切合作"进行监督；另一方面，欧洲央行将对一些银行进行直接监管（通过联合监管小组），包括资产超过 300 亿欧元的银行或资产至少占其本国年度 GDP 的 20% 的银行。在欧洲央行的监督下，国家主管部门（NCA）对次要银行进行监管（需要注意的是 NCA 并不同于欧盟成员国国家一级的监督）。

为了更好地实行监管，欧盟还起草了《监管手册》，以指导监督团队进行日常监督。《监管手册》是一份内部文件，描述了信贷机构监管的流程和方法，以及 SSM 内部与 SSM 外部机构合作的程序。SSM 开发了监督审查和评估方法（supervisory review and evaluation，SREP），专门用于评估和衡量单个银行的风险。SREP 的评估非常全面，除了最初的资产质量评估（AQR）和压力测试之外，还包括内部治理和风险管理的业务模型，以及资本、流动性和资金风险的评估。《资本要求指引》（CRD Ⅳ）要求主管方面发布 SREP 使用的一般标准和方法。SSM 已在其《银行监管指南》中对 SREP 的通用方法进行了详细的描述，这在很大程度上增强了相关风险的透明度，有助于避免道德风险。

2. 单一处置机制

2013 年 7 月，欧盟委员会提出建立单一处置机制作为单一监管机制的补充。单一处置委员会（SRB）可为陷入困境的银行制定破产计划、评估陷入困境银行的可处置性、决定其是否应进入破产程序、行使包括债务减记或将债务转变为资本等处置权、执行破产方案、决定是否适用"单一基金"以及行使与上述权力相关的调查权及处罚权等。

BRRD 要求成员国设立国家处置基金（RF），以便在其他工具之上使用。处置基金的规模通常占 GDP 的 1%—2%之间，根据银行风险水平向银行征收。但是这种国家处置基金会存在一个问题——银行与主权国家间的联系难以打破，投资者会继续根据银行所在国而非银行商誉来确定是否交易以及交易的条件。因此，欧盟决定由各银行共同出资组建一家银行破产清算基金，以有序解决陷入困境的银行问题，确保在银行重组期间能够获得资金支持。这一超越国家层面的，即欧盟层面的单一处置基金（SRF）的目标规模至少为成员国所有信贷机构承保存款的 1%。每个基金必须事先获得资金，并在 10 年内达到目标规模。根据单一处置机制（SRM）和单一处置基金条例，从 2016 年开始，银行业联盟各国的资金将汇集在一个单一处置基金（SRF）中，该基金将在短短 8 年内达到目标水平。需要注意的是，只有在股东和债权人为亏损吸收和资本重组做出了至少负债总额的 8%的贡献后，才允许基金介入。它可以提供给单个银行的金额上限为总负债的 5%。并且当可用的财务手段不足以弥补损失时，也可以向这些机构征收特别的事后捐款。

为了应对道德风险，各成员国会对银行进行征税，征税金额根据银行风险等级调整，风险更大的机构支付更高的费用，而谨慎经营的银行则支付较低的费用。因此，对一些银行征收的税款可能会很少，而对其他银行征收的税款可能要高得多。单一处置委员会（SRB）可用该基金在短期内确保陷入困境的银行的正常运营，对"桥梁银行"或重组机构的早期运营至关重要。一旦单一处置基金成为稳固性的标签，其他成员国可能会越来越多地选择参与单一处置机制（SRM），毕竟，泛欧决议方案相对于单个国家方案能够提供更大的规模经济。值得注意的是，单一处置基金并非意味着公共救助，它是基于银行部门通过事前和事后征税筹集的私人资金，这为政府救助的退出创造了条件，有效减少了银行业风险的财政化。

总体来说，欧盟银行危机应对机制可以概括为以下：

在准备和预防阶段，危机处置当局（包括欧盟和国家一级）将必须准备好处置计划，阐述如何解决银行问题，同时保护系统功能和金融稳定性，并最大程度减少纳税人的潜在负担。还要求处置机构明确可解决性的障碍，并采取措施加快解决包括改变银行结构以降低复杂性；风险敞口的限制；限制或禁止活动、金融产品和业务线等问题；还要求发行更多可转换资本工具。单一监管机制赋予欧洲央行强大的早期干预能力，其中包括：持有超过最低资本要求的自有资金的要求；启用特定的预先政策；限制活动和操作；限制或禁止股息分配；并更改管理权。

当银行倒闭或可能倒闭，没有任何可能通过私营部门或监管行动恢复其生存能力，需要采取决断行动以维持金融稳定和重要的系统功能时，处置方案便开始执行。欧盟一级的处置方案将委托给单一处置委员会。巴塞尔跨境银行处置小组和金融稳定委员会制定了指导这些程序的具体原则和工具。因此，单一处置委员会将能够使用行政处置工具，包括：出售业务，允许当局在未经股东批准的情况下出售机构或机构的一部分；设立过渡机构，也就是所谓的"桥梁银行"，以期在适当的市场条件下将其出售给私营部门；资产分离，要求将减值资产转移到资产管理工具，然后再将其出售给市场；自救（bail-in），赋予处置当局转换为权益或减记无担保债权人的债权的权力。

二、在国际层面上对救助成本进行分担

（一）EFSF、ESM 和 IMF 是主要的救助资金来源

欧盟及 IMF 在欧债危机救助中发挥了重要作用，通过提供贷款、担保、向金融机构注资等方式对重债国及其金融机构提供了多重途径救助。救助资金分别来源于双边贷款、IMF、世界银行、欧洲投资银行和欧洲复兴开发银行、国际收支平衡表援助项目、欧洲金融稳定机制（EFSM）、欧洲金融稳定基金（EFSF）和欧洲稳定机制（ESM）等。在欧元区之外

的欧盟成员国无权获得 EFSF/ESM 提供的资金，但可以获得欧盟的国际收支援助，IMF 贷款和双边贷款（其他可能的资金来源于世界银行/欧洲投资银行/欧洲复兴开发银行，获得此类贷款的国家一般被划为发展中国家）。2012 年 10 月以来，作为一个永久性新设金融稳定基金，ESM 对欧元区未来的潜在救助计划提供资金援助，目前 ESM 已经有效取代业已失效的"GLF+EFSM+EFSF"资金。

从救助资金构成来看，在所有 4846 亿欧元的实际救助金额中，IMF 的援助金额约占 25%，"EFSF+EFSM+ESM"的援助额约占 60%，欧盟国际收支援助项目提供的援助额约占 11%，这三者共占所有救助资金的96%，成为重债国外部援助的主要资金来源。

表 6-1　欧债危机国际救助措施及资金成本分担

欧盟成员	救助金融（10 亿欧元）	占比（%）
双边（Bilateral）	7.3	1.51
国际货币基金组织（IMF）	120.3	24.82
世界银行（World Bank）	2.4	0.49
欧洲投资银行/欧洲复兴开发银行（EIB/EBRD）	1.1	0.23
国际收支平衡表援助项目（Bop）	13.4	2.76
希腊贷款便利计划（GLF）	52.9	10.92
欧洲金融稳定机制（EFSM）	48.5	10.01
欧洲金融稳定基金（EFSF）	188.3	38.86
欧洲稳定机制（ESM）	50.4	10.40
总救助资金	484.6	100.00

注：时间跨度是 2008 年 11 月至 2016 年 3 月。

数据来源：袁佳等：《主权债务危机救助及成本分担研究——来自欧洲的经验与启示》，《区域金融研究》2017 年第 3 期。

（二）EFSF 和 ESM 出资主要来源于欧元区发达经济体

EFSF/ESM 中欧元区各国的承担份额主要是根据各国在欧洲中央银行

（ECB）实缴资本占比而来，但人均 GDP 低于欧盟平均水平 75%的那些国家，将在加入欧元区后的 12 年里减少出资。这些国家将依照以下公式出资救助：EFSF/ESM 份额＝ECB 原则份额－0.75×［ECB 原则份额－国民总收入（GNI）份额］。其中，EFSF 没有实缴资本，故其资金由欧元区国家根据其在 ECB 的实缴资本占比提供担保。担保资金的规模名义为 7800 亿欧元，其中德国的最大担保承诺为 2110.5 亿欧元，法国 1584.9 亿欧元，意大利 1392.7 亿欧元，荷兰 444.5 亿欧元，德国、法国、意大利、西班牙四国占比分别为 27.1%、20.3%、17.9%和 11.9%，四国最大担保承诺占比为 77%。由于希腊、葡萄牙、爱尔兰和塞浦路斯四国从 EFSF 的贷款均已超过本国最大担保额度，因此除去这四国的担保金额后，EFSF 实际规模降至 7245 亿欧元，德国、法国、意大利和西班牙的担保承诺占比分别上升为 29.1%、21.9%、19.2%和 12.8%。

ESM 的资本金规模为 7000 亿欧元，由于拉脱维亚于 2014 年加入欧元区，ESM 总额随后扩张为 7019.35 亿欧元。各国资本承担份额基本与 EFSF 中各国份额相同，不同的是 ESM 有 802 亿欧元的实缴资本和 6217 亿欧元的通知即可召回资本。实缴资本中，各国也是按照在 ESM 中的承担份额比重缴纳，其中德国缴纳 217.2 亿欧元，法国缴纳 163.1 亿欧元，意大利缴纳 143.3 亿欧元，西班牙缴纳 95.2 亿欧元。

表 6-2　欧债危机主要国家受助金额

	总救助资金（10 亿欧元）	占比（%）
塞浦路斯	12.50	2.58
希腊	245.60	50.68
匈牙利	15.60	3.22
爱尔兰	67.50	13.93
拉脱维亚	4.50	0.93
葡萄牙	78.00	16.10
罗马尼亚	19.60	4.04

	总救助资金（10 亿欧元）	占比（%）
西班牙	41.40	8.54
总救助资金	484.60	100.00

注：时间跨度是 2008 年 11 月至 2016 年 3 月。

数据来源：袁佳等：《主权债务危机救助及成本分担研究——来自欧洲的经验与启示》,《区域金融研究》2017 年第 3 期。

（三）私人部门是 EFSF/ESM 债券的主要投资者

从 EFSF/ESM 发债融资的交易对手方看，银行、基金经理等机构投资者占了绝大多数，各国政府部门也是主要投资者。超过 1000 名投资者购买了 EFSF 发行的债券，其中基金经理占 22%，银行占 40%，两者加总超过 60%，其余各国政府、央行和主权财富基金占 29%；ESM 发行的债券中基金经理占 17%，银行占 40%，两者加总也接近 60%。其余各国政府、央行和主权财富基金占 36%。此外，从 EFSF/ESM 债券投资者地域分布来看，欧洲和亚洲地区投资者是主力，占了 70%—80%的比重。

（四）欧洲央行救助成本

欧债危机爆发后，欧洲央行采取了一系列非常规货币政策，从而导致欧洲央行资产负债表迅速扩张。从 2008 年到 2012 年下半年，欧洲央行采取退出政策时，欧洲央行资产负债表规模扩张了近一倍以上，达到 2.6 万亿欧元。从欧洲央行的整体救助措施来看，增加流动性、放松抵押品条件、巨额资产购买等使得欧洲央行资产负债表的绝对规模大幅上升，与此同时，资产种类不断增加，资产质量有所下降，风险敞口不断增大。其带来的风险主要包括：第一，利率上升导致的直接或间接损失；第二，央行增持低利率的长期证券导致运营收入下降；第三，信贷风险可能带来资产减值损失。欧洲央行扩张性货币政策的结果导致 2012 年欧元系统的风险敞口上升。欧洲央行通过构建风险管理框架，使欧元区各国央行通过优化政策效率和风险之间的关系，有效支持实体经济发展。在欧洲央行风险管理框架下，能实时监测和评估风险，同时，风险管理框架的有效性也能得到动态评估和计算。

欧洲央行通过扩大合格抵押品范围提高银行获得欧元体系流动性供给的能力，但抵押品评级的下降将导致抵押品金融风险的提高，进而导致欧洲央行资产风险的上升。因此，在扩大合格抵押品范围的同时，欧洲央行提出了一系列风险防范与规避的措施。一是欧洲央行只接受财政状况良好的交易对手方的抵押品；二是要求交易对手方提供适当的抵押品，并根据每日可观测市场价格对抵押品进行价值重估；三是对抵押资产实行分级折扣，按折扣接受评级较低的资产抵押，以避免交易对手违约导致资产价格急剧下跌，从而给欧洲央行带来财务亏损。这一框架构建确保了欧洲央行在交易对手违约时仍可获得较高回收价值，从而使欧洲央行能有效管理其风险敞口。

三、重债国家自救资金及成本分担

在 IMF 和欧盟出台一系列紧急救助措施的同时，欧元区各成员国也出台了财政紧缩政策来降低主权债务危机的负面影响，如表 6-3 所示。通过增税、降低公务员工资、减少公共投资、调整财政预算结构、降低财政赤字和公共债务等措施，降低财政赤字和债务规模，推动欧盟经济快速复苏。

表 6-3　欧盟部分成员国财政紧缩措施一览

国家	时间	具体措施
希腊	2010 年 3 月 3 日	出台总金额为 48 亿欧元的财政紧缩计划
	2010 年 5 月 2 日	作为获得 EU 及 IMF 提供的 1100 亿欧元救助资金的条件，希腊公布了 300 亿欧元的财政紧缩计划，期望将财政赤字占 GDP 的比重控制在 3% 以内
	2011 年 6 月 30 日	出台了新一轮长达五年的财政紧缩方案，包括 280 亿欧元的财政紧缩以及 500 亿欧元的国有企业私有化方案

国家	时间	具体措施
爱尔兰	2010 年 11 月 24 日	为满足救助条件，该国政府采取多项增收减支措施以减少赤字 150 亿欧元，使财政赤字占 GDP 的比重在 2011 年降至 9.1%，2014 年减至欧盟要求的 3% 以内，该计划将持续四年
	2010 年 12 月 7 日	通过了下一年削减 60 亿欧元的紧缩计划，这是为期四年的财政紧缩计划中最强硬的一项方案，也是该国历史上最苛刻的预算方案
	2011 年 12 月 6 日	总理宣布了下一年削减公共支出约 22 亿欧元和增加税收约 16 亿欧元
葡萄牙	2011 年	该国削减 50 亿欧元的财政预算，使一般政府财政赤字占国内生产总值的比重减至 4.6%
	2010—2013 年	期望通过出售国有企业股权以获得约 60 亿欧元的收入
	2011 年 9 月 15 日	宣布缩减公共部门规模，节省开支近 1 亿欧元
意大利	2010 年 5 月 27 日	该国决定启动总额 250 亿欧元的赤字削减方案，将一般政府财政赤字占 GDP 的比重在 2010 年由 2009 年的 5.3% 降至 5%，2011 年降至 3.9%，到 2012 年最终降至 2.7%
	2011 年 8 月 12 日	意大利内阁公布了一项总额为 455 亿欧元的财政紧缩计划
西班牙	2010 年 5 月 27 日	国家通过了规模为 150 亿欧元的财政紧缩法案，期望将财政赤字占 GDP 的比例由 2009 年的 11.2% 降至 2010 年 9.3%，2011 年降至 6%
	2011 年 8 月	在欧洲央行的敦促下，西班牙发布了进一步的财政紧缩方案，即政府计划节约 50 亿欧元的成本，期望将预算赤字占 GDP 比例减低 0.5 个百分点，以达到在 2011 年将该比例削减至 6%
	2011 年 12 月 30 日	该国决定在 2012 年实施 89 亿欧元的公共开支削减计划和其他增税措施，这是新政府就职以来出台的首个紧缩方案，这份紧缩方案期望将财政赤字占 GDP 的比重在 2012 年降至 4.4%

数据来源：袁佳等：《主权债务危机救助及成本分担研究——来自欧洲的经验与启示》，《区域金融研究》2017 年第 3 期。

四、实施存款保险计划

欧盟建立了统一的存款保险计划，来保障存款人权益和整个银行体系稳定。存款保险计划（DGS）的主要目标是承担一部分受保护存款人的有限金额的存款损失，在欧盟，这一数额最高是 10 万欧元。从存款人的角度来看，这种安排可以保护他们的部分财产免受银行倒闭造成的损失。从整个经济社会的角度讲，这种安排往往可以阻止储户在恐慌时从银行提取存款，也就是避免"挤兑"事件的发生，从而避免金融不稳定和相关的严重经济后果。存款保险计划虽然给政府带来了一定的财政成本，但是能够避免发生银行危机之后产生一系列不良反应给政府带来更大的社会和经济成本，减少了银行风险带来的财政成本。

2014 年通过的 2014/49/EU 指令协调了欧洲国家存款保险安排的运作。在关于存款担保计划功能的新统一规则中，该指令设定了存款担保计划资金的目标水平，相当于 2024 年 7 月 3 日前收集的总存款的 0.8%。银行将每年向基金支付事前捐款，捐款应反映银行持有的存款金额及其风险状况。收集的资金主要用于偿还存款人（见 2014/49/EU 指令第 11（1）条），但在特定条件下，DGS 资金也可用于其他目的，详见第 11（3）条。此外，第 11（2）条允许 DGS 资金（部分）为破产银行的结算提供资金（参见指令 2014/59/EU 第 109 条）。关于 DGS 干预的决定和 DGS 将承担的责任由结算机构自行决定，并根据具体情况决定，然而，DGS 为解决破产机构所承担的费用不能超过 DGS 为同一金融机构的正常破产程序承担的费用，由 DGS 承担的成本还有另一个上限：根据指令 2014/59/EU 第109（5）条，DGS 在结算中承担的部分不能超过其目标水平的 50%。最后，在一整套政策措施的框架内，为解决与金融机构相关的重大风险，金融稳定理事会（FSB）和巴塞尔银行监管委员会制定了一种方法来确定"全球系统重要性银行"（G-SIBs），这些银行被要求在 2019 年 1 月之前增加损失承受能力，直到达到要求水平。这些附加要求的大小针对每个系统重要性银行 G-SIBs 单独计算，并定期重新评估。最新数据可在 Financial Stability Board（2012）中找到。

第二节　来自美国的经验

美国历史上先后经历过两次比较严重的银行业危机，一次是 20 世纪 80 年代爆发的储蓄贷款危机，给美国银行业造成了巨大损失，直接导致 1300 多家商业银行和 1400 多家储贷协会破产，约占美国同期商业银行和储贷协会总数的 14%。同时，为应对危机，美国政府付出了高昂的救助成本，累计支出 1800 多亿美元用于清理破产机构。第二次危机爆发于 20 多年后，同样始于房地产市场的次贷危机也对美国银行业的正常运营构成了巨大威胁。特别是 2009 年以来，破产银行数目急剧上升，截至 2009 年 5 月 1 日，美国破产银行账面总资产占美国联邦存款保险公司投保银行总资产的比例升至 4.8%，已发展成一场严重的银行业危机。而这次银行业危机不仅造成了巨额信贷损失，还使宏观经济急剧下滑，美国陷入 60 年来最严重的经济衰退。为此，美国政府出台了多项救助计划，但美国经济并未出现实质性好转。因此，从危机成本角度出发，比较分析两次银行业危机的各项成本，在此基础上寻求合理有效的危机处理模式，将对我国完善银行业危机管理体制提供宝贵的经验。

一、两次危机的救助成本对比

胡海峰和孙飞（2010）认为银行业危机成本可以划分为经济成本和公共成本两方面。所谓经济成本，是指由于银行经营失败所导致的各类经济损失，主要包括信贷损失和产出损失等；所谓公共成本，是指危机中由政府救助引致的各种社会资源损耗，例如救助中人力、物力、财力的耗费，财政赤字、道德风险上升引发的潜在损失等，如表 6-4 和表 6-5 所示。

表6-4　美国两次银行业危机的成本比较（经济成本）

		储贷危机	次贷危机
经济成本	信贷损失	仅在20世纪80年代，美国就有约1100家商业银行破产，630家兼并重组，通过救助的储贷协会要求美国政府施以援手。存款机构的大量倒闭使美国政府和破产清算，80年代美国储贷协会数量也下降了14%左右。存款机构的大量贷款激增。参加联邦存款保险的机构在1984—1993年十年间平均不良贷款率达3.34%，若加上未参加保险的机构，该比例还要上升	美国联邦储蓄保险公司的数据显示，2008年1月—2009年5月，共有57家美国银行宣布破产。其中，2009年4月新增银行破产数8家，高于2009年一季度月均7.3家的破产水平，更远高于2008年月均2.1家的破产水平。美国花旗银行等著名商业银行税后均损失惨重。美国银行2003年6月以来4年的净利润为400亿美元（约368亿美元）（仅相当于其在2007年8月公布的信贷损失额；而花旗集团2007年8月公布的信贷损失则足以消灭其连续3年的盈利
	产出损失	受银行大量破产、房地产投资下滑、金融市场持续动荡等因素的综合影响，美国经济增速不断下降。据IMF估计，储贷危机期间的产出损失率约为4.1%。因此，若以1994年为危机结束年，其产出损失高达3631.27亿美元	2008年下半年以来，美国经济陷入衰退，2009年一季度实际GDP增长率下降5.5%，为60多年来最严重的经济萎缩。由于某些指标增长趋势缺失，若将危机前3年（2004—2006年）的年平均实际GDP增长率3.12%作为趋势增长率，根据危机开始以后GDP的比重测算此次危机带来的损失。结果显示，截至2008年年底，产出损失率为3.08%，2010年产出损失率达到12.48%

表6-5 美国两次银行业危机的成本比较（公共成本）

		储贷危机	次贷危机
公共成本	政府救助损失	由于危机前期处置措施的不当，美国政府承担了巨大的救助损失。截至1991年年底，美国大概有800亿美元的财政资金用于清理倒闭的储蓄和贷款机构，联邦存款保险公司约向存款保险基金注资700亿美元。这些救助措施加重了美国的财政负担，在一定程度上导致其财政赤字迅速增加，截至1994年年底，美国政府用于清理储蓄贷款协会的累计支出多达1600多亿美元，占当年GDP的3%左右。直至1995年，这次持续16年、花费高达1800亿美元的银行业危机才得以完全平息	截至2009年2月6日，获得注资的银行总数达到386家，涉及金额约1950亿美元。此外，为避免金融危机深度演变扩散，2009年2月，美国政府公布了总额为7870亿美元的经济刺激计划。该计划将为美国创造约350万个工作岗位。2008年，美国财政赤字升至4550亿美元，占其GDP的比重为3.2%。据IMF2009年4月《全球金融稳定报告》的初步估计，若不考虑政府对银行资产负债表上某些不良资产提供的担保及优先股转化为普通股等技术性操作措施；若使银行系统杠杆率回到危机前4%的水平，美国银行业还需2750亿美元的注资。可预测的银行业总救助成本将超过12950亿美元
	道德风险损失	曾有专家估计，若1983年对破产银行及时处理，政府救助成本约为300多亿美元，这与政府的实际累积支出为1600多亿美元，而1994年时的差额有很大一部分是因为道德风险上引起的损失	在2009年5月完成的19家全美最大银行的压力测试中，美国政府表示，如果政府救助政策的10家银行无法从民间筹集新资，政府将帮助其弥补资本缺口。而这种基金援助政策，很可能会引发潜在的道德风险，使企业尤其是大型金融机构产生"依赖"心理，在业务发展中不但不重视风险管理，反而更倾向于从事高风险的业务活动。而在金融风险机构面临的风险水平或风险偏好保持不变的情况下，高风险偏好会导致其风险绝对量得以增加，从而使潜在危机损失增加

二、设立存款保险基金

美国联邦存款保险公司（Federal Deposit Insurance Corporation，FDIC）明确表示存款保险基金（DIF）的主要目的是：①为存款提供保险并保护被保险银行的存款人；②处理破产银行。存款保险基金的主要资金来源是会员银行支付的保费，保费主要根据被保险银行的季度评估情况来确定，也将其证券投资中获得的利息收入作为存款保险基金。在全球金融危机最严重的时候，FDIC 要求银行提前支付三年的保费（总计 450 亿美元）。存款保险基金主要用于倒闭银行相关的损失准备金和联邦存款保险公司的运营支出。

《联邦存款保险法》要求 FDIC 董事会每年为 DIF 设定目标或存款准备金率（准备金比率是 DIF 余额除以估计的保险存款）。自 2010 年以来，董事会每年采用 2.0% 的存款准备金率。并且使用历史基金损失和模拟1950—2010 年的收入数据的分析表明，存款准备金率必须在过去 30 年发生的两次危机来临之前超过 2%，才能达到保持既有积极的资金余额和稳定两次危机期间的评估率。FDIC 将 2% 的 DRR 视为长期目标（超过 2028年），这是联邦存款保险公司认为能够在经济危机期间保持正的资金平衡以及稳定的目标。为了避免顺周期性（繁荣时期保费较低，萧条时期保费较高），2% 的目标被视为软目标，而不是硬目标。一旦存款准备金率达到目标利率，联邦存款保险公司规定利率应逐步降低，但不得降至零。

2008 年全球金融危机之后，银行倒闭情形的加剧，导致存款准备金率下降。《多德—弗兰克法案》（Dodd-Frank Act，DFA）将存款准备金率的最低目标水平设定为覆盖存款的 1.35%，并要求联邦存款保险公司在2020 年 9 月 30 日之前将准备金率恢复到该水平。2010 年 10 月联邦存款保险公司通过了一项恢复计划，以确保在这一截止日期之前，准备金率能够达到 1.35%。根据恢复计划，FDIC 董事会采用了当前的分摊比率，其目的是确保准备金率在法定期限之前达到法定最低限额。根据长期基金管理计划，董事会还采用了较低的分摊比率，一旦准备金率达到 1.15%，该比率将自动生效。事实上，2018 年 9 月 30 日，DIF 存款准备金率达到了 1.36%。

尽管 DFA 允许储备金比率超过 1.5% 的美国联邦存款保险公司董事会从 DIF 发行股息，但根据全面计划，董事会已无限期暂停股息，以增加储备金比率达到足以抵御未来可能危机的外汇储备水平。当准备金率分别超过 2% 和 2.5% 时，董事会将采用一系列逐渐降低的评估率来代替股息。这些较低的利率与股息具有相同的功能，但提供了更稳定和可预测的有效评估率。

FDIC 使用 DIF 中的可用资金为银行和储蓄机构的存款提供保险。国家信用社管理局（NCUA）通过国家信用社股份保险基金（SIF）为大多数信用社的存款提供保险。

三、建立风险处置基金

美国建立了提供临时公共资金的机制，以支持银行破产处置。2010 年起实施的 DFA 建立了有序清算基金（orderly liquidation fund，OLF），这是具有财政支持的事后处置基金，如果无法从私人部门获得资金，则可以用作临时流动性来源（根据 DFA 第 210 条，在寻求 OLF 之前，应首先寻求商业融资或债务人融资）。DFA 授权美国联邦存款保险公司通过有序清算基金向美国财政部借款，以解决某些具有系统重要性的非银行金融机构（包括银行控股公司）的临时资金短缺问题。财政部的任何资金都必须用出售破产银行业务的收益来偿还。如果这些收益不足以完全偿还所有从财政部借来的款项，则将对破产银行的某些债权人以及必要时对总资产超过 500 亿美元的银行进行评估。

四、引入有序破产处置机制

美国联邦存款保险法就相当于银行破产法，联邦存款保险公司负责运行银行破产处置程序，这种制度设计在很大程度上是为了"存款人保护"（存款人比其他无担保债权人优先获得问题银行资产分配），因此由联邦存款保险公司负责问题银行的处置可以更好地实施"存款人保护"。美国在《联邦存款保险改进法案》中明确规定：对于资本存在根本性不足，即净资产等于或者小于总资产2%的银行，应限制其业务，禁止偿还次级债，任命财产看护人、接管人或采取其他措施。

美国对于银行破产的处置一般分为三个程序：第一，前期决定是否救助。FDIC会对一些处于困境的银行提供资金支持。第二，对银行是否需要关闭进行确认。银行的主要监管机构拥有宣布银行倒闭的绝对权力，股东无权获得银行关闭的事先通知。第三，对于破产银行的清算，FDIC一般采用"风险最小化"（risk minimizer）模式来解决问题银行的破产，即在所有可能的方案中选择对联邦存款保险资金成本最小的方案。为防止银行股东逃脱，同时明确了"交叉保证"原则和"力量之源"原则。如果数家存款机构受同一家控股公司控制，在立法上，它们被视同于同一家银行的分支机构。处于健康运营状态的存款机构，其资产可以被联邦存款保险公司用于抵消为清算另一家倒闭的子公司所支付的成本。"力量之源"原则要求银行控股公司对陷入困境银行子公司提供注资来维持银行子公司的清偿能力。

五、对银行业可能带来的财政风险进行披露

不可否认，通过披露财政风险并无法完全预防危机，但是却可以有效减轻风险，对财政风险的披露可以刺激政府采取行动来缓解可能发生的危机，特别是对于隐性担保的财政风险，可能使各国政府在金融业出现问题之前解决它们，美国就是在这方面做得比较好的国家。

美国金融稳定监督委员会（Financial Stability Oversight Council, FSOC）负责监视金融系统中的潜在风险，协调几个联邦金融监管机构，并消除公众金融机构"太大而不能倒闭"的救助预期。FSOC每年都会发

布《美国金融稳定监督委员会年度报告》，对美国金融部门的状况进行书面报告，并且报告政府的风险缓解政策。此外，它将信贷机构对银行隐性政府担保价值的估计作为参考引入报告，以向公众披露、警示可能的风险。FSOC 的金融研究办公室（OFR）中拥有自己的固定员工，该办公室负责收集有关金融系统的数据，向 FSOC 提供信息和技术分析，并且开发风险检测工具。

此外，美国在年度预算报告《分析视角》中也详细讨论了与政府信贷和保险计划有关的风险①，并将银行业有关的或有债务的分析纳入其预算框架。这种识别并预警可能出现的金融风险的前瞻性做法，能够有效的缓解银行业风险对联邦财政的冲击。

美联储发布其对大型银行控股公司的资本计划程序和资本充足率的年度评估。不同于欧盟，它没有发布压力测试方法，以避免在风险模型构建过程中出现"羊群行为"，但它确实公开了对银行资本计划的定性评估。

第三节　来自瑞典的经验②

瑞典自 20 世纪 90 年代以来，一直集中于缓解银行业危机。瑞典国家债务办公室（Sweden Nation Debt Office）负责跟踪和管理与银行业有关的或有债务风险，主要是政府对银行的各种担保。

一、建立一套严格的政府担保体系

20 世纪 90 年代的金融危机之后，瑞典对银行业担保的风险管理框架最大的特点是引入了强有力的法律框架和治理机制。瑞典的政府担保发行

---

① Analytical Perspectives：Budget of the United States Government。Government of the U-nited States，2005，Analytical Perspectives：Budget of the United States Government，Fiscal Year 2006.

② 尽管瑞典是欧盟成员国之一，但由于其没有加入欧元区，因此很多债务货币政策有其自身的特色，因此我们将其单独拿出来进一步分析。

的具体程序为：议会批准由政府委托的担保和贷款，并决定担保的数量和目的，政府决定 SNDO 的谈判准则，然后 SNDO 开始进行谈判事项，分析实体、评估抵押品和潜在风险，基于政府的谈判准则计算担保费，然后政府申请欧盟委员会的批准，SNDO 向政府发送关于条款的议案，政府做出担保决定，并委托 SNDO 发行和管理担保。

在瑞典，对银行业的担保受到严格的控制，担保必须由议会批准，并决定应将担保扩大到哪些领域。中央政府还必须评估自己是否能够为商业银行的债务提供担保，只有对被担保银行进行长期评估，证明其可以产生足够的收入回收成本时，才能够确定实行担保。为此，它考虑了以现值计算的任何项目的年度担保费和补贴，以便可以与其他经济激励措施的成本进行比较。

关于担保费的定价完全由 SNDO 负责，议会和政府都没有权力在定价决策中直接发表意见。为了确定适当的费用，SNDO 通过参考评级分析、期权定价或模拟模型来分析担保风险。一般来说，担保费包括担保操作的相关费用（包括首次风险评估的成本和持续的管理成本）以及信用风险的成本（预期损失）。如果银行在此过程中风险状况发生变化，那么政府有重新协商费用的权利。担保费的资金投入到建立的"名义应急基金"中，这样当需要履行担保义务时，由应急基金支付，而不是由预算支付。应急基金账户可以无限制透支。

SNDO 的担保和贷款部门负责管理非标准化担保的信贷风险。该部门管理着大约 44 亿美元的担保组合（约 40 家实体）。担保和贷款部门管理的担保和贷款通常是非标准化工具和一次性交易（SNDO 对违约事件的界定遵循穆迪的定义。）

SNDO 采用各种风险缓解工具来管理担保的信贷风险而产生的财政风险。具体有担保费、部分担保范围、名义储备账户拨款、风险报告。值得注意的是，瑞典目前尚未设定担保的流量或存量的总限额。但是，有针对特定机构的年度限额。

SNDO 将根据担保的信用风险对受益人收费。将预期财政成本的全部现值先期支付到储备金中，除非国会另有决定，否则所有担保必须收取一定费用。如果议会决定不收取费用（是国家援助规则允许的），则由预算资金支付该笔费用。向受益人收取的费用将用于支付预期费用，其中包括担保业务的预期损失以及发放和监督担保的行政费用。费用大多是按年收取。议会有权决定减少或免除受益人支付的费用。在这种情况下，补贴必须记为预算支出。在 SNDO 的投资组合中，大约一半的风险来自提供担保所收取的费用（部分或全部）。如果欧盟（EU）国家援助规则适用（例如受益人的运营具有跨境效应），则必须向受益人收取反映担保市场价值的费用，且最高风，则必须向受益人收取反映担保市场价值的费用。此外，如果适用欧盟国家援助规则，最高风险承保范围为 80%。

需要注意的是，担保费是根据名义应急储备账户记入的。该账户没有资金（即会计分录），只有预期的损失被划拨到基金，基金拨款用于偿还主权债务，从而为承担违约贷款或债券创造边际借款空间。收取的管理费用在一个单独的账户中支付，并且超出预期损失的费用部分（例如，如果收取基于市场的费用）转移到国家预算。

SNDO 建立了一个损益账户，记录担保产生的所有成本和收入：收入主要指受益人缴纳的担保金。主要成本是担保的付款，在发生重大履约风险时（而不是在实际支付后）将其作为准备金记入账户，这激励了政府对未偿还债务进行风险评估。政府承诺风险评估至少一年一次。

二、对信用风险进行量化

SNDO 计算担保的预期损失或市场价值。计算运用评级方法分析时的预期损失，需要估算违约概率和违约损失率。基于相似类型实体的历史数据，从评级机构的违约率表中获得违约概率。违约损失率也来自评级机构关于历史债券和贷款回收的信息。违约损失率通过相应协议中规定的债券/贷款进行区分。如果 SNDO 担保时要求抵押品，则违约损失率估计可能会相应调整。抵押品的估价可以外包给第三方。此外，SNDO 有时会根据定性评估调整违约损失率的估算值。

如果使用模拟模型来估计损失函数的分布，则从导致违约的损失频率推断出预期损失。违约损失率可以从违约事件中的损失严重程度推断出来。

为进行市场价值评估，SNDO 将公司债券和可比政府债券的收益率与到期日进行比较。公司债券的收益率来自具有与 SNDO 评估的担保受益人内部信用评级相同的信用评级的公司。因此，收益率差异反映了信贷和流动性溢价。SNDO 还通过研究信用违约互换（CDS）来进行市场价值评估。

三、对信用风险进行评级

SNDO 对担保进行风险评估，并进行持续的担保风险分析。通过半年度风险评估（例如更新应用信用评分卡的风险评级）密切监控担保受益人。SNDO 还发布了汇总担保和贷款组合的年度报告，包括总体风险、发行担保和风险管理的治理原则以及预期损失。SNDO 采用"方法工具箱"的方式来分析信用风险，即采用多种信用风险评估方法：基于评级方法的基本风险分析、模拟模型的使用以及结构模型等其他方法。基于评级的方法是 SNDO 信用风险评估的首选方法，因为：其易于复制，透明，并且是从评级机构等第三方获取信息；由于需要大量的资源投入（定量技能，时间和费用），模拟模型（例如蒙特卡罗模型）主要用于复杂且较大的风险；基于期权定价理论的结构模型过去几乎没有使用过。通过适当调整，这些模型可用于公开交易公司的风险监控（例如穆迪的公共预期违约频率模型）。然而，结构模型被认为对定价不太有用，因为此模型所需的假设在现实中很少有。

基于评级的方法主要依赖于国际评级机构使用的评级方法。如果受益人有知名评级机构的公共评级，那么 SNDO 主要依靠这些评级，但是，由于政府会承担一定的风险，SNDO 可能会偏离评级机构的评估；如果没有可用的公共评级，SNDO 会根据穆迪开发的记分卡来自行进行信用评级评估。此外，SNDO 订阅了穆迪和标准普尔，以获取评级方法等信息和技能。有时员工还会参加评级机构提供的信用风险分析课程。

在开发模拟模型时，SNDO 分析师采用七步法。其中包括确定与特定担保有关的重大风险驱动因素；根据这些风险驱动因素之间的关系构建损失函数（例如，构造一个确定违约值的因变量）；对风险因素的随机行为（即概率分布）做出假设；考虑风险因素之间的潜在相关性；收集和调整可用数据以估计参数分布；通过模拟来估计所构造的损失函数的预期值；并对模型进行压力测试以验证它。

SNDO 为丹麦和瑞典之间的厄勒海峡（Öresundsbron）大桥开发了一个模拟模型。该项目存在约 25 亿美元的风险敞口，是 SNDO 担保和贷款部门管理的最大担保。确定的主要风险驱动因素是交通收入，运营和财务成本，特殊事件（例如灾害），还有红利。SNDO 与几家咨询公司签订合同，对各自风险驱动因素的行为进行建模，然后在损失函数中模拟其行为，以估计违约概率，从而确定担保金。

除了分析单个担保的风险之外，瑞典政府还要求 SNDO 对政府的综合担保组合进行分析。该分析包括对信用风险和流动性风险的分析（即如果担保的支付非常大或需要在非常短的时间内执行，则借贷成本略高的风险）。该分析包括风险驱动因素在特殊风险方面的行为（即关注占总风险敞口份额较大的个体实体），以及系统风险，如地理集中度、行业集中度和总体经济波动性。此外，存款保险计划和新的银行恢复和结算框架也包括在分析中。

第四节　来自哥伦比亚的经验

由于 20 世纪 90 年代末的经济衰退引发了几项政府对银行贷款担保的

实现，到 2004 年，政府的累计支付达到了 GDP 的 2%。危机过后，哥伦比亚政府通过立法，要求改进银行业带来的政府或有债务风险管理，并且建立起一整套关于银行业或有债务的估计、预算和控制的方法和程序。包括将银行业有关的或有债务、债务服务拨款（debt service appropriations）纳入预算内，以覆盖与银行业有关的或有债务的潜在损失；设立应急储备金（contingent reserve arrangement，CRA），以应对在发生银行业危机时给公共部门带来的财政损失；规范来自银行业的政府或有债务的批准和控制（主要是指政府对商业银行的担保）；授予公共信贷和国库总局（DGCPTN）每个州实体的计划办公室监管权；要求报告与银行业有关的或有债务风险等。

一、量化政府对银行担保的或有债务风险

DGCPTN 通过国内外评级机构的担保对风险进行评估。这些公共评级构成了量化风险的基础。如果受益人未得到该国认可的任何评级机构的评级，则 DGCPTN 会采用高于默认值的最低评级。

DGCPTN 估算了哥伦比亚的偿付能力曲线。偿付能力曲线描绘了主权随时间的非违约概率。根据主权的偿付能力曲线，每个评级类别的偿付能力曲线将根据其相对于主权的评级进行估算并应用于各自的担保受益人。如果受益人未发布足够的反担保（即抵押品或担保品），则估计违约损失为 75%。但是，如果有足够的（数量和质量）反担保，DGCPTN 可能会降低违约损失率的估计。也就是说，违约损失率的调整基于 DGCPTN 对反保证的评估。意外损失的估计则遵循巴塞尔银行监管委员会所概述的基于内部评级的方法。巴塞尔银行监管委员会提供了一个公式，假设损失的正常分布来估计意外损失。DGCPTN 选择估计损失分布的 99.9%（即置信水平为 99.9%）作为或有债务的价值，构成预期和意外损失的总和。

预期损失计算用于设置担保费。预期和意外损失的总和代表政府报告的或有债务的价值。预期损失是违约风险敞口/违约概率和违约损失的乘

积。违约风险的定义是未偿还本金乘以哥伦比亚比索和借款货币之间的汇率的乘积。为了计算预期损失和意外损失，需要对汇率施加冲击，假设哥伦比亚比索贬值了年度历史汇率波动性的一个标准差。违约概率的估算是基于哥伦比亚主权国家的违约概率。

二、控制银行业的政府或有债务风险

DGCPTN 在政府对银行的担保方面拥有广泛的权力，并有权批准或拒绝任何产生政府或有债务的信贷业务。它还设定担保费用、风险监控和报告。DGCPTN 会对信用担保的预期和意外损失进行估计，其中通过计算预期损失来设定担保费用。预期和意外损失的总和代表政府报告的或有债务的价值，还会报告担保债务的总风险敞口。其中，预期损失是违约风险，违约概率和违约损失的乘积。

为了应对银行业的政府或有债务风险，DGCPTN 还运用各种风险管理工具。包括受益人抵押品的要求、担保费用、应急储备账户以及风险监控和报告。抵押品通常至少涵盖特定年度最高担保偿还债务的 100%。担保费用将取决于预计的预期损失。由于预期损失基于违约概率和违约损失率的估计，从受益人收取的费用将取决于其信用评级以及所发布的反担保的数量和质量。较高的信用评级将对应较低的违约概率，更好的反担保将降低估计的违约损失率，从而降低收取的担保费。费用应每年或每半年支付一次，第一期付款必须在首次支付担保贷款之前支付。哥伦比亚为应对银行危机所产生的政府或有债务，建立了应急基金存款，由 DGCPTN 批准这项存款计划，并确定应急基金存款的金额和时间。这种安排应确保流动性，从而保证有足够的资源来支付未来一两年内出现的突发事件。应急储备账户是一种实际基金，旨在通过设立缓冲资金来减少预算支出的波动性。创建储备金的好处在于，它为将来的付款创建了缓冲，避免了突然借入或预算负荷突然增加带来的冲击。该基金的资金来源除担保费用外，还有预算拨款和收取已承担担保（贷款回收）的应收款。此外，这类基金可以投资于金融资产，因此固定收益工具投资的投资收益也可以计入该基金。另一种风险管理工具是通过法律规定担保限额，哥伦比亚政府确定的担保限额为 9 亿美元。

DGCPTN 还负责监控并报告担保风险。具体措施为监测追踪最大年度预期损失和十年期间个别担保的或有债务总额，以此作为信贷风险的潜在信号；向公众报告根据评级确定的担保金额的估计值。

第五节　对中国的启示

通过总结以上国家对银行业危机财政化的控制的经验，我们发现建立良好的银行业或有债务风险管理框架来披露、量化、监控来自银行业的财政风险十分重要。同时，加强监管是保持银行业健康发展并降低纳税人因银行倒闭而遭受损失的风险的根本方法。从以上的国家案例中我们都可以看到它们在金融危机之后对银行业监管的重视，欧盟更是在共同体层面建立起了一套监管机制，瑞典、哥伦比亚，包括美国在内都通过立法对银行业可能带来的财政风险进行监测和披露。

对于来自银行业的或有债务的管理，应将与银行部门重组成本相关的财政风险纳入财政分析和预算流程。在编制政府预算时，应充分考虑银行业风险带来或有债务的可能性，并制定有关财政政策应对政府持有的金融资产价值意外下降（或者或有债务实现的可能性增加）。比如可以在预算中设置应急准备金，以反映未来潜在政府救助义务的现值。以下是我们总结出的几个清晰的过程和原则，如果在银行业危机的遏制阶段采用这些过程和原则，它们将控制危机的财政成本。

一、继续加强对银行业的监管

采用适当的宏观审慎监管政策将有助于建立缓冲，以帮助维持金融系统稳定。作为对宏观经济政策和微观审慎监管的补充，有效的宏观审慎政策可以缓解资产价格与信贷之间的顺周期反馈循环，并增强金融系统吸收负面冲击的能力。而强有力的体制框架对于确保宏观审慎政策能够有效发挥作用至关重要。我国应该建立起一整套宏观审慎监管框架，完善对银行业的监管，由此减少银行系统过度顺周期性，提高银行亏损吸收能力以及有效的处置能力，实现在银行业繁荣期间逆风而行，以建立财政缓冲，以便在经济低迷时期制定适当的反周期政策。这一体制框架应该注重于增强识别和监控银行业风险的能力、风险评估以及缓解风险。可以设计诊断工具来帮助评估银行业风险向财政风险的传导，例如建立预警模型或者监测银行业或有债务分析的触发因素。或有债务分析的触发因素可能包括杠杆率、国内主权债务持有量、融资组合和全球避险指数。此外，还应鼓励银行提高资本充足率，以提高银行的风险和缓释的能力。很多国家当局通过提高资本充足率建立了银行业进入壁垒，它们强制执行适度资本要求，通常高于国际清算银行（BIS）的8%。

二、对银行业实施更为谨慎的流动性支持

流动性压力通常是银行业危机的第一个明显迹象。因此，当银行发生流动性压力时，政府通常试图遏制。严格执行标准审慎法规、要求采取干预措施，以限制陷入严重而长期的流动性困境，无法为任何流动性贷款提供一流抵押品的银行的行为。如果要允许银行继续接受存款，就必须采取强制性的纠正措施。然而，实际上，一国政府通常采取更为宽松的方法，甚至向偿付能力不佳的银行提供大量流动性贷款，以使流动性不佳的银行能够在产生现金时履行其现金义务。这无疑会扩大其财政成本。在危机的早期或遏制阶段，政府不应为弱小金融机构提供流动性支持以延迟问题的识别，而应及早解决问题并制定全面、可靠的解决该问题的策略。

为了控制银行危机造成的财政成本，政府在确定银行可以生存并且监管充分之前，不应持续提供流动性支持。政府经常使用流动性支持来延迟危机、识别并干预事实上的无力偿债机构。但是这种策略注定要失败，因

为当金融机构资不抵债时，管理人员和股东的激励机制就会迅速转移：管理人员没有动力在可行的基础上经营该机构，他们的行动往往会迅速消耗掉资源，包括中央银行的流动性支持。在 1997 年，这种情况在泰国被灾难性地证明了，泰国高达 GDP 的 10% 的流动性支持被证明是救助了破产黑洞的金融公司。

如果确定实行公共救助，应要求受救助银行制定切实可行的业务计划，并由第三方核实，包括资本重组和运营重组，以降低成本和改善利润前景，尽最大努力减少额外风险承担。另外，需要有足够的保障措施，以确保银行随后不会资金不足，并应实行场内和场外严格的定期监督。过去，许多国家未能遵循这些原则。它们通过部分或全面的公共救助来解决它们的金融危机，这加强了人们对存款和其他银行负债隐性政府担保的看法，破坏了市场纪律，从而导致了更大的危机。

三、降低政府对银行业的担保限额

无论是瑞典还是哥伦比亚，我们都可以看到它们对政府对银行业的担保有着严格的限制和审批标准，以此控制因政府担保带来的银行业或有债务风险。因为，虽然商业银行面临货币和资本市场双重纪律约束，并且还会受到一个或多个政府机构的监督，但是通常还是会被显性或隐性的政府担保削弱。瑞典和哥伦比亚的经验向我们显示政府不应该诉诸快速解决办法——向存款人和债权人提供全面的担保来阻止信心丧失。这样的担保限制了它们在将来陷入困境时向股东和存款人分配损失的可操作性。更重要的是，如果担保是可信的，则会减少债权人对金融机构进行监督的动力，并且银行也更有动机去冒险，也就是产生所谓的道德风险。结果就是增加银行危机的财政成本。我国当前正处于经济转型时期，加之金融市场不够成熟，所以面临的风险更大，冲击往往更大，波动性更大，而且市场监测银行的能力受到信息不良的阻碍，因此，我国政府应避免因发布全面的政府担保而扭曲激励机制，促使银行的管理人员和股东采取审慎的行为，也促使债权人严密监视银行机构的过度冒险行为，及时发现问题，减少银行管理者道德风险的发生，从根本上减少银行风险财政化的概率。建议我国建立起一整套对银行担保的审批以及风险评估体系，并由专门部门负责。无论何时发行新的银行负债显性担保，都应估计对政府或有债务的潜在影响。

除了对银行的显性担保外，隐性担保也应该得到有效控制，消除市场参与者"太大而不能倒闭"的预期。实现减少隐性担保的一项关键政策要求，就是要有可利用的工具，允许金融机构有序地破产。相比之下，有效的处置（resolution）工具的可用性降低了经济损失和银行倒闭的财政成本。由于让银行陷入困境的选择变得更加可信，因此减少了对隐含担保的看法。

四、完善银行破产处置机制

由于商业银行具有显著的内生脆弱性和外部效应，相对于其他工商企业，商业银行破产会对整个经济社会带来很大的负外部性，并且对公共财政也会产生相当大的冲击，特别是当前虚拟经济日益扩大的情况下，经济金融系统的脆弱性更大，建立区别于普通企业的问题银行处置机制、保证问题银行有序破产是减少银行破产的财政成本的必要选择。

当前我国在发生银行业风险时财政救助的比例几乎能达到百分之百，这种政府"全兜底"式的解决方法增加了道德风险的概率，欧盟 BRRD 在国家法律框架下明确银行破产的损失由银行股东和债权人共同承担，这能够增强银行审慎经营以及有效监督的动机，能够有效减少道德风险的发生。因此，我国应建立一种法律层面的制度，规定银行破产时不仅向现有股东分配损失，而且应该分配给债权人、存款人，以强化金融秩序。有研究表明，向债权人或存款人分配损失不一定会导致银行挤兑，也不会导致总货币和信贷以及产出的收缩。在过去的一些危机中，政府向存款人分配了损失，而且几乎没有不利的宏观经济后果或货币贬值（Baer,

Klingebiel，1995）。而现实中，向债权人分配损失却存在一些难度，一方面，虽然建立了破产处置机制，但是存在技术上的问题，缺乏可操作性的破产处置程序；另一方面，危机之初政府之所以会进行救助而不愿让债权人蒙受损失，是因为担心风险会蔓延、引起公众恐慌。但是传染不是自动的。我们需要明确风险之所以蔓延是因为市场参与者对银行的真实状况不确定，担心一家银行的倒闭可能导致另一家银行倒闭，给其债权人造成损失。如果可以通过可靠的压力测试等措施来减少其他银行的不确定性，以帮助市场参与者区分有生存能力的银行和会产生问题的银行，而这样就可以不牺牲金融市场的稳定性让个别银行破产、将银行破产的损失在股东和债权人间分配，从而减少财政干预的成本。

我国虽然从 2015 年开始实施《存款保险条例》，但是在破产银行处置方面缺乏成熟的处置办法和流程，所以我国应结合《存款保险条例》和《企业破产法》建立银行业有序的破产处置法律。

五、设立银行危机处置基金

欧盟、美国以及其他对银行业或有债务管理有经验的国家都设置了关于银行危机处置基金，旨在减少银行危机带来的财政成本、减少其对财政稳定性的冲击。根据国际经验，我们认为我国也应设立银行危机处置基金，以减少政府动用公共资源进行救助的可能。主要支付基金费用的银行应至少包括处置制度所涵盖的所有系统性银行。更广泛的范围可以将所有金融机构囊括其中，因为对于所有银行来说，这项基金可以解决它们对系统性风险转移相关的担忧，所有机构都将从增强的金融稳定性中受益。

根据银行贷款的评级及风险程度大小向银行收取资金，风险大的银行收取较多的资金、风险小的银行则可以缴纳相对少的资金。并且根据权威机构的风险评级定期调整。此外，银行危机处置基金的资金来源还可以是政府担保的费用。

对于处置基金的使用，可以向"桥梁银行"或自救机构或资产管理机构提供资金；也可以为破产处置中的系统性金融机构（包括子公司、桥梁银行或资管公司）提供贷款；甚至在万不得已的情况下，还可以为没有进行破产处置的系统性金融机构的资产或负债进行担保或为其提供资本，成为"公开银行援助"。

尽管破产处置基金跟存款保险基金在使用功能上可能存在重合，但是在计划资金不足且国家支持存款保险基金的能力有限的国家中，依靠存款保险基金为系统性银行的破产处置提供资金的可行性将受到限制。根据金融系统的复杂性和存款保险基金使用的管理框架，有理由建立一个单独的处置基金来填补破产银行处置资金缺口。通过向银行收取资金的处置机制也将有助于限制政府的或有债务风险，特别是在建立足够的资金来支持银行处置而又无需过度利用公共资金。

建立起单独的处置基金对于应对系统性风险是十分有用的。处置基金可作"存款保险基金"的补充，可以保护无担保债权人，并在银行破产处置时防止危机蔓延、保护金融系统稳定性。通过使存款保险制度与系统性银行破产时通常会产生的大量或有债务相隔离，增强存款人对存款保险制度的信心。它也可以用作更广泛的稳定计划的一部分，以维护金融稳定。

六、平衡银行作为公共融资渠道的收益和风险

不仅在我国，对于大多数国家来说，其税收制度仍然偏爱债务而非股权融资，税收制度允许扣除债务支付的利息，而没有类似的权益类扣除。这意味着债务相对于股票而言是廉价的，这扭曲了激励措施并违反了资金来源的中立原则（Sorensen，2014）。因此，在存在这种激励机制的时候，一个追求利润最大化的公司更倾向于承担更多的债务，这种效应被称为"债务偏向"。对于银行业的常规监管，比如资本和偿付能力监管，目的是增加股本和准备金缓冲，从而限制杠杆作用，增强金融公司的弹性并减少上述负外部性。但税收政策却朝相反的方向发展。债务利息的税收减免

会导致银行系统的杠杆增加，因此减少了缓冲，并且过度依赖银行融资可能会导致对债务可持续性甚至银行与政府之间联系的错误认识。消除债务偏见的税收改革可以大大降低金融危机的风险和成本。因此，减少或消除这种债务偏见将有助于监管改革，从而降低金融危机的成本。应该通过税收政策对银行业的负外部性进行调控，考虑能减少杠杆和债务融资偏好（银行贷款）的税收政策。建立健全金融资产税收机制，包括金融业的收入确认机制以及不良贷款防控机制等。通过取消银行贷款的税收优惠政策和引入 IMF 建议的金融稳定贡献税（financial stability contribution）来减少银行的债务偏见，可以降低银行业的风险，并且一旦金融机构发生危机，可以作为救助基金，有助于建立财政缓冲，减少危机时的财政救助支出。此外，银行税还具有较大的警示意义。

七、适度财政风险披露

政府对银行系统进行的公共干预措施（主要是政府担保）存在重大的财政风险，因为此过程不仅是由政府进行，而且还由一国中央银行、金融和非金融机构等其他机构共同进行。许多表外业务并未直接反映在政府账目上，但可能会因为危机的实现计入政府资产负债表。忽略财政风险将削弱应对冲击的能力，并损害政府财政的可持续性。全面的报告将有助于政府确定其在资产负债表上所采用的资产和负债的管理策略，并制定退出策略以减少其在金融部门的业务并最终退出支持。因此，应该对政府的干预发布报告，准确反映政府干预可能产生的财政风险。这可以使公众更好地了解政府财政的真实状况；可以帮助政府获得公众支持，实现突发事件时公众的适当响应。

更好的监督和透明度可能会在某种程度上阻止公共财政遭受重大冲击。建立起政府和金融监管机构定期就金融风险进行信息交流的制度框架以及信息共享机制，以帮助内部化银行部门风险对财政的潜在影响。从长远来看，这种信息披露有助于降低借贷成本。透明度还加强了对有效风险管理的责任感，提高了政府是否应该承担风险的决策质量，并有助于尽早做出政策回应。这种机制应适当考虑信息的保密性以及监管者和管理者之间的独立性；对来自银行业的政府债务风险进行充分的监控和评估，并定期发布财政风险报告，声明政府干预支持银行业的风险，并附有预算文件；适当考虑市场敏感信息的发布。

报告应给出金融部门造成的风险的现状，包括金融部门的问题引起或加剧衰退的可能性，以及由政府提供的存款保险等显性担保所产生的风险（包括政府干预措施的主要特征，其对公共部门资产负债表的影响以及相关的财政风险估计）。对于隐性担保的报告，可以提供如下信息：比如政府风险敞口的评估，要求担保的可能性以及担保价值等。有关政府干预产生的财政风险的详细信息，不仅应在首次产生这些风险时予以披露，而且应定期进行更新，并以"财政风险声明"的形式发布。

披露危机可能性指标。并非所有危机都具有这些特征，但是许多共有这些特征。报告中建议涉及以下指标：①经常账户赤字，外债和货币实际升值；②股票，房屋和商业物业的价格增长以及这些价格相对于公允价值的估计；③银行提供给其他经济体的存量和近期信贷增长，信贷规模占GDP的比重；④银行和其他杠杆贷方的杠杆率和流动性，以及不良贷款的水平以及承受利率、抵押品价值、资金可得性和其他风险因素的冲击的能力。

报告中还可以对政府自身信用风险进行估计。当政府的债务和赤字适度时，其债券的高收益率或较差的主权信用评级可能反映出政府拥有大量无法识别的债务，其中可能包括对金融部门的隐性担保。

八、量化银行业的政府或有债务风险

当前我国对银行业隐性或有债务的评估非常少，通常是在迫在眉睫的情况下才进行。评估银行业产生的财政风险，以及如何使用相关的风险信息，变得尤为重要。可以使用多种方式来估计或有债务给公共财政带来的风险：量化或有债务的最基本方法是确定担保债务的面值（或者担保下的最大损失），这通常适用于显性担保定价。在不确定性较大的情况下，比如隐性担保，可以使用或有债权分析（contingent claims analysis，CCA）或银行的信用评级信息来估计隐性担保的相关净现值以及或有债务的预期成本、非预期成本（在特定的置信区间内的最大损失）、估计的担保市场价值。其中，CCA 是使用银行股票市场信息以及资产负债表数据来估计违约概率和预期损失。信用评级信息也可以用于衡量或有债务，信用评级机构给予银行普通信用评级和"独立"评级，两种信用评级的差异，再加上借款成本与信用评级之间关系的信息，可以估算出政府的隐性担保的价值。

金融部门的债务可以大致反映出政府在金融部门的风险敞口。该金额可以分为由政府明确担保支持的部分和没有政府担保的部分。没有明确的政府担保支持的债务可以进一步分为与私人银行有关的债务和与国有银行有关的债务，牢固的隐性担保对后者更加有利。负债也可以分为存款负债和非存款负债，并根据银行的规模和系统重要性进行分类——存款和大型银行的负债，这些银行与通常受益于较牢固担保的其他大型公司具有多种财务联系。与披露明确担保的面值一样，这些金额并不表示发生危机的可能性或其预期的财务成本，而仅表示最坏情况下的成本。

需要注意的是，对银行的信用评级和风险评估要充分反映出某些银行的债务是否受益于政府的隐性担保。毕竟银行违约不仅是因为它们缺乏流动性、资不抵债，而且还因为政府已做出决定不支持或无法支持它们。因此，对银行风险的准确评估需要考虑两个方面：一是银行自身的信贷实力，二是政府提供的外部支持。也就是区分债务人的"独立信用强度评级"和"所谓的全面信用评级"。两种等级之间的差异在这里被称为信用等级"提升"，这种"提升"就像担保一样，增加了有关债务的价值。外部支持取决于政府的救助能力和救助意愿，救助能力可以从政府的评级来反映，救助意愿则要取决于一国的银行业处置机制。因此对银行的处置机制影响了对银行风险的评估。

九、成立专门的债务管理办公室

越来越多的国家开始重视来自银行业的政府或有债务的管理，很多国家把管理或有债务风险的任务交给政府债务管理办公室（DMO），无论是瑞典国家债务办公室（SNDO）还是哥伦比亚公共信贷和国库总局（DGCPTN），都体现了其在或有债务管理方面的专业性，以及具有对国家债务整体认识的优势。因此，在机构设置上，我们建议成立专门的债务管理办公室，负责管理包括银行业风险在内的政府或有债务。并且债务管理办公室与预算办公室密切协调。预算办公室主要负责促进预算的透明度和纪律，而政府债务管理办公室负责主权风险以及金融风险的量化和管理，他们共同参与设计来自银行业的政府或有债务政策。政府债务管理办公室要有衡量和管理或有债务风险所需的财务技能和风险管理技术，能够从政府资产和负债管理的角度负责风险管理。我国虽然在财政部门内部设立债务管理办公室，但从权限来看级别较低，仅是财政部门的一个内设机构，从其业务来看主要是对地方政府债务特别是专项债券的管理，对来自银行业的或有债务缺少必要的关注。

第 七 章

我国银行业政府或有债务风险及其财政成本控制

要对银行业政府或有债务及其财政成本施以有效的控制，离不开金融手段和财政手段的协调配合。实际上，从前面对银行业风险与政府债务风险的"反馈循环"分析中，我们也发现金融与财政之间存在着密切关系。这种密切关系不仅表现为两种风险相互之间的被动转移，而且还表现为主动转移即财政风险金融化或金融风险财政化①。因此，我们在应对上既要加强对银行业的监管，避免银行业由风险向危机的转化，也要加强政府或有债务管理，通过银行业政府或有债务指数及时掌握银行业的风险态势并对其进行遏制，更要在银行业一旦陷入危机后及时进行救助，以较小的财政成本换取银行业危机的解决。为此，我们首先建立了一个应对银行业政府或有债务风险的统一分析框架。在此框架内，通过对银行业监管和对政府或有债务管理的协调配合，来实现我国银行业政府或有债务及其财政成本的控制。

---

① 我国财政风险与金融风险之间的"反馈循环"有其特殊性：一方面财政风险间接地表现为金融风险。比如国家对国有企业实行"拨改贷"制度、要求国有商业银行去实现政府的经济职能、为维护社会稳定而强迫银行发放"安定团结"贷款、依靠银行信贷资金来解决大型公共建设项目投资问题等，导致银行的大量信贷资金"财政化"，产生巨额的不良贷款。另一方面，也有许多金融风险常常以财政风险的形式释放。比如对国有商业银行注资、债权转股权、中央银行贷款损失、地方财政的额外支付、中央财政偿付被关闭金融机构的外债等。

第一节　建立一个统一的或有债务风险监管框架

无论是新兴市场经济国家还是发达国家，在新一轮应对金融危机中的表现均揭示了其在管理财政风险特别是来自银行业或有债务风险上仍存在许多不足，即使是在金融危机发生十几年后。李和巴赫迈尔（Lee，Bachmair，2019）通过对 43 个国家的债务管理者进行问卷调查后发现：大多数债务管理者虽然承认或有债务风险管理的重要性，但相当一部分认为其政府在管理相应风险上能力有限。并且大多数债务管理者主要关心那些相对容易监督的或有债务，而政府更偏好于使用风险监督而不是风险缓解工具。因此要设计一个统一的或有债务风险监管框架也并不是很容易。许多国家尽管已经建立了允许信息在政府机构和银行业风险监管者之间正常流动的制度框架，且有关信息能通过正式或非正式的机制如谅解备忘录（memorandum of understandings，MOU）或机构间金融稳定委员会的讨论来实现共享。然而，就一国当局如何评估来自于银行部门的财政风险特别是有关风险的信息如何使用，仍然存在着改进的空间。这包括两个方面：一是对来自银行业的公共债务的风险在其具体化之前没有足够的监督和评估。即使在该国的危机解决框架允许政府进行干预的情况下，这些隐性或有债务也并没有得到完全的监督和评估。通常情况下，只有在压力非常迫近的时候才进行这样的评估。二是一国债务可持续分析（DSA）很少包括对银行业或有债务的压力测试（虽然它们一般包含几个其他关于贷款成本的压力测试）。即使在一些或有债务被严格监督和量化的国家，这些估计也很少被纳入公共债务可持续性分析的压力测试中，这可能是出于对市场形成银行被救助预期的担心。因此，为实现对源于银行业政府或有债务及其财政成本的控制，亟须我们设计一个良好的风险管理框架来识别、量化、监督和最终转移这些风险。

理论上来说，一个来自于或有债务财政风险的典型风险管理框架起始于经济政策的制定，如图 7-1 所示。比如说，政府决定为农村地区架设电网，需要制定相关政策，与此同时，为实现架设电网的目标，政府就可能决定承担某种形式的或有债务，比如为电力公司提供政府担保。这一或有债务风险管理应该被恰当地嵌入政府治理安排中，包括法律框架和制度安排。

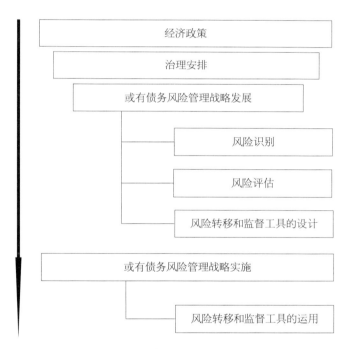

图 7-1 适用于不同类型或有债务管理的典型框架

从图中可以看出，或有债务风险管理战略发展包括三个步骤：风险识别（risk identification）、风险评估（risk assessment）或风险分析与量化（risk analysis and quantification）以及风险转移和监督工具（risk mitigation and monitoring tools）的设计。风险识别要求对来自各个领域的风险暴露有充分的理解。为识别风险，风险管理者不仅仅需要知道风险暴露而且对引发风险具体化的驱动力量也要有完全的理解。在决定采取什么风险评估方法之前，政府风险管理者需要理解相关内容，包括数据和信息的可获得性、资源和能力等。为进行风险评估，除了我们前文所重点强调的针对银行业的或有债务指数法，还有其他四种方法如信用评级、统计模型、金融模拟和结构模型①可以用来对或有债务风险进行量化分析②。通过对风险评估如从低风险等级到中风险等级甚至高风险等级的风险评级，我们可以将其定量转换成对风险的测度如预期损失或市场价值，以有助于为政府决策提供更直观的展示和为风险管理工具如预算条款和担保费等的运用奠定基础。风险转移和监督工具能有效降低风险的暴露及其对预算和财政前景的影响，这有助于实现政府财政的可持续性以及对冲击的缓冲。

管理政府或有债务风险的良好治理安排有助于预防新的风险和处置已存在的风险。或有债务风险管理的典型治理框架（见图7-2）包括以下内容：立法机构如议会制定风险管理政策并授权政府作为执行主体来进行风险管理，这一风险管理政策以《公共财政管理法案》或相似的基本立法来确定；反过来，政府作为执行主体有执行政策并报告给立法机构的责任，以方便立法机构更好的问责。当然，这些报告也会经由内部审计或外部审计。在一个执行主体如财政部内部，财政部长也许会将运营任务授权给一个风险管理单位，风险管理单位执行运营任务，协调不同利害关系

---

① 信用评级（credit rating）是指通过对关键风险因素进行赋分并综合得分以实现一个综合的风险等级；统计模型（statistical models）是指通过计量经济分析基于银行特征（自变量）来预测金融困顿（因变量）；金融模拟（financial modeling）是指通过对可选择情形（确定的或随机的）下的银行资金进行模拟以评估其偿还债务的能力；结构化模型（structural models）是指基于期权定价理论的视角并基于银行杠杆和资产灵活性来估计金融困顿的概率。

② 对于银行业来说，中央银行或其他金融监管机构通常评估金融部门的稳定性，进而分析和理解不同因素对银行业的影响。其中，使用的比较多的方法是金融压力测试。在压力测试中，监管机构会界定某个极端但似乎可信的情形。这些情形一般基于历史经验如1998年俄罗斯债务违约、"9·11"事件或雷曼兄弟倒闭。金融机构被要求在其内部进行压力情景模拟以理解其对资产负债表的影响和自身的损失吸收能力。监管者也会对所使用的模拟进行质询，整合部门范围的稳定评估结果并予以公布。

人，并为部长提供制定风险管理战略的建议，治理框架如图 7-2 所示。当然，或有债务风险管理框架中的权利配置各个国家也有所不同。在美国，国会扮演着重要的角色。例如，国会在 1913 年建立联邦储备系统（federal reserve system，FRS），后又于 1933 年建立了联邦存款保险公司（FDIC）。有几次，政府行政试图通过建立特别的"总统工作小组"（presidential task force）来获得主动权，一个典型例子就是总统工作小组调查了 1987 年的股市崩盘。但真正的权力还在于国会。尽管奥巴马政府在金融危机后提出了《重大改革法案》，但参议院银行委员会主席克里斯·多德（Chris Dodd）和众议院金融服务委员会主席巴尼·弗兰克（Barney Frank）对该法案进行了修订并通过了修订版。该法案随后以这两位国会议员的名字命名，即《多德—弗兰克法案》。而在亚洲和欧洲，政府行政更坚定地处于领导地位。例如，英国财政部在 1997 年工党取得压倒性胜利后，创建了英国金融服务管理局。亚洲和欧洲很多国家紧紧遵循了这一标准模式，行政部门（总统/总理办公室或财政部）提出新规则，议会修订和批准这些新规则。在欧盟，欧盟委员会有权提出新的立法。在国际层面，欧盟委员会在过去几年与第三国特别是美国、日本、中国、印度和俄罗斯，开展了若干监管对话。

　　一个强壮稳健的政府或有债务风险治理框架有利于确保透明度和苛责性。典型地，该框架应该清晰地界定风险管理的范围，并在决策机构之间配置各自的角色和职责。首先，应该存在规则和审批程序，因为政府授权承担新的风险（如政府担保的提供）；其次，也应该存在一些显性机制以确保在不同相关利益人（如包括行业主管部门、代理机构和财政部）之间的协调和合作。这一法律框架也能阐明风险是如何被纳入预算中的，支出又是如何被授权的，以及风险报告和风险管理职能审计是如何被实施的。IMF 曾建议设立一个中央级别的风险监督主体，方便对政府全部风险进行评估和对不同风险间相互关系进行识别。现实中，各国政府通常以财政风险管理办公室的名义设立这一监督单位。类似地，导致政府暴露于财

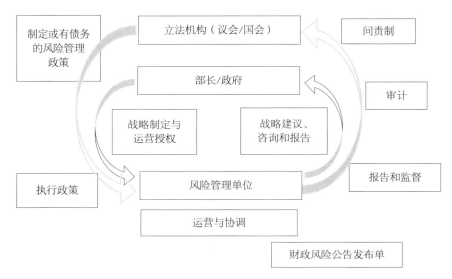

图 7-2　或有债务风险管理的典型治理框架

政风险的协议的批准权力一般也属于中央政府，通常是在财政部下。而识别、评估和监督特定财政风险的权力则存在于独立单位和行业主管部门。例如，来自信贷担保的风险通常被债务管理办公室管理。为更好地理解在其各自领域的特定风险，相关专家需要得到良好的配置。例如，在新西兰，财政部对借款、签订责任协议和评估财政风险有追责的权力，并且定期发布有关管理财政风险的公告，各个机构则主要负责监督和在职责范围内为或有债务和不同风险提取准备金，同时所有的显性财政风险都需要得到议会的批准（IMF，2016）。

第二节　加强对银行业的监管

尽管早期的金融危机也引起部分国家对其财政风险管理的改进，但是最近的全球金融危机再次揭示了各国对来自银行业财政风险管理的空白仍然存在。早在东南亚金融危机和其他金融危机的浪潮中，IMF、世界银行以及许多国家的政府就投入大量资源和精力用于改进对财政风险的识别、量化、监督、报告和转移的制度设计。但近期的全球金融危机仍使得政府、市场和其他无从准备的主体深陷其中，特别由于以前很少考虑银行业风险对公共财政的潜在影响，导致在许多情形下，财政空间不足以吸收来自银行业的或有债务进而引发公共财政的恶化。这次金融危机再次为一些国家的财政部门和其他相关部门（如银行监管机构）敲响了警钟，迫使它们试图通过某些制度改进将这些或有债务风险内部化并提升对银行业健康审查程度。然而这种改进也并不均衡的，因此需要各国政府财政部门聚焦于如何更好监督和评估来自银行业的风险，聚焦于如何更好地在衰退期实施反周期的政策。

一、银行业监管缺失与全球金融危机

应该说，银行业政府或有债务风险首先还是一个金融问题，因此加强对银行业的金融监管是控制我国银行业政府或有债务及其财政成本的最直接的手段。实际上，2008 年全球的金融危机很大程度上是源于金融规制和监管的失败。如同 The Financial Crisis Inquiry Commission （2010）所指出，金融规制及监管的失败对国家金融市场的稳定性而言被证明是破坏性的。主要是因为人们普遍相信市场自我纠正的本性和金融机构有效自我管理的能力，30 多年的放松管制和依赖金融机构自我管理的观念，为美联储前主席格林斯潘及其他一些人所倡导，为历届政府与国会所支持，并常常为强大的金融产业所推动，最终解除了本可以帮助避免这次灾难的关键性防护措施，这种监管方法导致数万亿美元风险资产的关键领域（比如影子银行系统和场外交易衍生品市场）出现监管缺口。卡洛米里斯和哈伯（Calomiris，Haber，2015）也认为，银行业政策制定者和监管部门虽有所作为，但作为的结果却使糟糕的境况变得更糟。第一，他们很有效率地将监管工作转包给了私人公司即评级机构，例如穆迪、惠誉和标准普尔，评级机构的业务是评估公司债券的信用级别。第二，评级机构做出精确评级的行为动机本已不足，而决策者和监管者的一系列措施进一步弱化了这一动机。第三，美联储的货币政策改变了购房者的行为动机，鼓励他们承担更大的风险。决策者和监管者的作为本身不可能引发次贷危机，但就美国当时的住房金融政策和薄弱的审慎监管而言，他们却为这场灾难起到了推波助澜的作用。

尼尔和鲍曼（Nier，Baumann，2006）认为市场经济下，债权人要求更高的回报作为银行风险过高的惩罚，这在本质上相当于市场对银行的约束。但哈马莱宁等（Hamalainen，et al.，2005）提出，只有在储户能够意识到他们的存款面临风险，并能够及时监测到银行风险然后采取有效措施时，市场才能对银行形成有效约束。尼尔和鲍曼（Nier，Baumann，2006）也提出有效的市场约束，建立在债权人能够在银行出现支付危机或破产情况时意识到自己的资产处于风险之中的基础上。这表明，市场对银行的确具有约束作用，约束是否有效取决于储户对银行风险状况的敏感度，而储户对银行风险状况的评估受以下两个因素制约：一是银行本身风险状况及风险承担行为；二是政府对银行的隐性担保。政府的担保会使债权人从主观上降低对银行风险状况的敏感度，若银行获得更高的政府支持，市场约束功能将减弱。

无论如何，理论界中的大多数还是对银行业政策制定者和监管部门持有肯定的态度。现实中一系列加强金融监管的举措也正在如火如荼地开展。例如，欧洲实施了《金融工具市场指令》（Markets in Financial Instruments Directive）和《欧洲市场基础设施监管》（European Market Infrastructure Regulation）。除此之外，欧盟已批准实施巴塞尔协议 III 关于资本要求的国际规则《资本要求指令》（Capital Requirements Directive IV，CRDIV）和《资本要求规范》（Capital Requirements Regulation，CRR）（European Parliament and Council，2013）；《银行恢复和处置指令》（Bank Recovery and Resolution Directive，BRRD）（European Parliament and Council，2014）和《单一处置机制》（Single Resolution Mechanism，SRM）

（European Parliament and Council，2014）①。第一项举措是将《巴塞尔协议Ⅲ》转变为立法，从而提高银行应对非预期损失的预留资本的数量和质量，特别是该指令在《巴塞尔协议Ⅱ》已经实施的最低风险加权资产的 8% 之上引入了 2.5% 的风险加权资产资本保护缓冲区。

二、巴塞尔 III 框架的实施

巴塞尔 I 和巴塞尔 II 假设单家金融机构安全能够维持金融体系稳定，且单家金融机构倒闭无法反向破坏金融体系稳定。而单家金融机构的安全是通过确定单家银行债务清偿力的下限计算并监管资本充足率来实现的。这是一种经典的"合成谬误"（fallacy of composition）②。二十国集团（G20）领导人峰会确定对危机后金融监管进行改革，以调整危机后的金融体系断层线（fault lines）。要系统进行对银行业的审慎监管，筑牢资本并前移监管关口，增强银行风险抵御力的同时建立针对性的监管标准，更早地防控银行过度承担风险；确保单家银行的稳健与安全，并从整体上防止金融体系脆弱性累积，降低其负外部性（王胜邦和朱太辉，2018）。

基于 G20 领导人峰会确定的改革方向，巴塞尔委员会历经 7 年的研究讨论、评估和博弈，最终发布了全面改造后的巴塞尔 III，在全球范围内正式形成了统一的多重约束审慎监管框架。相比巴塞尔 II，巴塞尔 III 更加注重资本充足率的审慎监管，主要做出了以下改进：一是适时加强银行各类资本工具的吸收损失能力，二是有效实施多层次的资本充足率要求

---

① 《银行恢复和处置指令》授权决策机构将倒闭银行的股份和资产转移到其他实体，将银行或资产管理工具连接起来，以确保问题有序解决。此外，政府还可以通过所谓的内部纾困工具减少或转移股东或无担保债权人的权益。从 2016 年 1 月起，银行将不得不使用此类工具。此外，《银行恢复和处置指令》要求成员国在其他工具之外还设立国家处置基金（resolution fund，RF）。
② 合成谬误（fallacy of composition）是萨缪尔森提出来的。意即，它是一种谬误，对局部说来是对的东西，仅仅由于它对局部而言是对的，便说它对总体而言也必然是对的。在经济学领域中，十分肯定的是：微观上而言是对的东西，在宏观上并不总是对的；反之，在宏观上是对的东西，在微观上可能是十分错误的。

表 7-1　巴塞尔 III 审慎监管基本要素概览

审慎监管指标		监管要求	基本功能描述
资本充足率	最低要求 — 核心一级资本/RWA	4.5%	确定银行随时吸收损失能力的底线
	最低要求 — 一级资本/RWA	6%	确定银行持续经营条件下吸收损失能力的底线
	最低要求 — 总资本/RWA	8%	确定银行破产清算条件下吸收损失能力的底线
	储备资本要求 — 核心一级资本/RWA	2.5%	增强银行吸收损失能力的底线
	逆周期资本要求 — 核心一级资本/RWA	0—2.5%	增强银行应对信贷周期周转换的能力
	G-SIBs 附加资本要求 — 核心一级资本/RWA	1%—2.5%	降低 G-SIBs 破产的概率
G-SIBs 总损失吸收能力	(各类资本+符合条件的债务工具)/RWA	18%	缓解 G-SIBs 破产的负外部性
	(各类资本+符合条件的债务工具)/总风险暴露	6.75%	
杠杆率	一级资本/总风险暴露	3%	抑制银行财务杠杆的累积
	G-SIBs 附加杠杆率要求 — 一级资本/总风险暴露	0.5%—1.25%	
流动性	LCR：高质量流动性资产/未来 30 天现金净流出	100%	增强银行应对流动性冲击的能力
	NSFR：可用的稳定资金/所需的稳定资金	100%	降低银行资金来源于资金运用的期限错配
大额风险暴露	单个交易对手总风险暴露/一级资本	25%	缓解单个交易对手违约对银行的负面冲击，抑制
	G-SIBs 之间风险暴露 — 总风险暴露/一级资本	15%	同业风险扩散可能诱发的系统性风险

（BCBS，2010），三是确立全球系统重要性银行（global systemically important banks，G-SIBs）附加资本要求（BCBS，2011）和总损失能力（total loss absorbency capacity，TLAC）监管要求（FSB，2015），四是全面修订风险加权资产计量方法（BCBS，2017）。除此以外，巴塞尔 III 将两个流动性监管标准引入其中，包括流动性覆盖率（liquidity coverage ratio，LCR）和净稳定融资比例（net stable funding ratio，NSFR）（BCBS，2010，2013，2014），并建立了杠杆率监管标准（BCBS，2010，2017），设置了单一交易对手大额风险暴露监管限额（BCBS，2014）。这意味着，银行受到了更为严格的监管，其资本充足率、杠杆率、流动性覆盖率、净稳定融资比例、大额风险暴露限额以及总损失吸收能力充足率等要素均受到监管要求的约束。我国银行要与世界其他国家银行有业务交割，因此也要严格遵守巴塞尔 III。巴塞尔 III 审慎监管要素如表 7-1 所示。

三、加强对银行业的外部监管

想要合理控制我国银行业政府或有债务及其财政成本，我们首先要从外部入手，通过严格的外部监管，打造一个良好的银行业经营环境。对于银行业的外部监管主要分为政府及其国家金融监管机构的监管和社会公众对于银行业金融机构的监管。

（一）政府及其国家金融监管机构的监管

对于政府及其国家金融监管机构对银行业的监管主要改进以下几个方面：

1. 完善对银行业监管的法律制度

对于银行业的外部监管，政府及其国家金融监管机构首先要制定合理严谨的法律制度。全面依法治国是当今我国的治国方针，这不仅要体现在对国家整体的依法治理，还要体现在国家内部各个细节要依法治理。制定合理严谨的银行业监管法律制度，使政府部门在监管过程中做到有法可依。虽然《中华人民共和国银行业监督管理法》在 2004 年已开始实施，但由于其所立时间久远，加上现阶段银行业政府或有债务的多样性特征，缺乏对银行业政府或有债务的有效监督，仍需要进一步完善。

对于银行业监管的法律制度的进一步完善，首先要符合合理的原则，要依据现实情况来制定相关的监管条例，特别是对银行业政府或有债务的监管要具体问题具体分析，能够切实合理有效的保证对银行业监管。其次要依据合法的原则，在宪法的领导下对银行业进行监管。我国一切法律的制定都要在宪法的管理下，不可与宪法相冲突，同样，完善监管法律也要符合宪法的要求。最后，对于银行业监管法律制度的制定，要与时俱进。法律的完善属于理论层面的指导，在具体实施时，难免会遇到这样或者那样的问题，这就需要不断的探索，保持一切从实践中来到实践中去的理念，从而得出最优的解决方法，因此监管法的完善需要与时俱进，在实践中得到创新，从而得出最优最适合的法律，切实有效的保证对银行业监管。

对于银行业监管法关于完善政府或有债务方面的监管，要参考往年的数据，依据现实情况，制定合理的银行业政府或有债务的指标，同时也要借鉴国外发达国家的经验，从而为银行业政府或有债务的发展提出更高的要求。合理的指标设定可以有效的对银行业进行监管，不仅有利于银行业政府或有债务的控制，而且有利于我国财政成本的控制。指标的制定要具有合理性，并且要不断细化，保证每一步都可以对银行业政府或有债务进行监管。

对于银行业监管法的完善，要明确银行业的规则限制（Irwin，2016）。一是对银行杠杆的限制。对银行业杠杆的限制目的在于确保银行能够承受损失而不会陷入困境，其中最重要的是要加强对最低股本与资产比率的限制，当然这种限制并不是一成不变的，这些限制与经济周期以及国家经济形势紧密相关。二是要求银行拥有一些"或有"债务资本，当其股价低于一个门槛时，这些资本将自动转换为股权。资本与股权的合理转化，不仅可以确保银行业平稳发展，而且有利于经济的发展，降低形成财政风险的可能性。三是要建立确保银行能够经受住暂时性流动性危机冲击的规则，例如提高最低存款准备金率或限制使用短期融资。确保银行业的安全是加强银行业监管的首要前提，制定这一规则能够使银行业经受得住冲击，从而确保对我国银行业政府或有债务及其财政成本的控制。四是限制银行承担经营风险的规则，例如限制银行向任何单一借款人或部门提供贷款的数额，以及限制按揭贷款价值占按揭物业价值的比例。五是要求银行向储户和其他债权人披露其财务状况，目的是帮助债权人更好地监控银行的信用可靠性。设定以上这些规则的目标不仅仅是降低银行倒闭的风险，更重要的是降低银行业特别是银行业政府或有债务带来的财政风险。

对于银行业监管法的完善，要明确对银行业政府或有债务进行分类，划定界限。哪些属于银行业政府或有债务，哪些不属于银行业政府或有债务的名目要明确，对于银行业乱列政府或有债务等违法行为要从严从重处罚。

2. 健全金融监管体制

研究表明，金融监管体制的差别安排可以影响金融监管的效率与效力（Goodhart，1998）。要在有效推动金融体系发展的同时维持金融体系稳定，则各国金融监管体制的安排必须要适应本国金融体系的发展，监管体制不存在一个完美适配所有国家或地区的"最优"方案。目前，各国金融监管体制的模式主要有以下四种：机构型监管、功能型监管、综合型监管和双峰型监管（Group of Thirty，2008），每种监管模式既有优点又有缺点，如表7-2所示。

机构型监管模式又称分业监管模式，是根据金融机构（如银行、证券公司、保险公司等）的牌照类型和法律属性将其划分为独立的监管机构，并同时实施审慎监管和行为监管。功能型监管模式根据金融业务的类型划分监管机构，不同监管机构对应不同的业务类型。综合型监管模式，整个金融体系中的审慎监管和行为监管均由一家综合性监管机构统一进行。双峰型监管模式又称目标型监管模式，设两类监管机构分别进行审慎监管和行为监管。

表7-2　四种不同监管模式的比较

监管模式	代表国家或地区	主要特征	主要优点	主要缺点
机构监管	中国内地、中国香港特别行政区和墨西哥	根据金融机构的牌照类型和法律属性来划分监管机构	机关机构分工明确、专业化强；有助于防止监管单点失效	对金融机构间的交叉业务易出现无人或过度监管；监管者不一致问题；监管协调成本较高
功能监管	巴西、法国、意大利和西班牙	根据金融业务的类型来分别设置不同的监管机构	易保持监管一致性和专业化；有助于提高监管效率	难以界定监管机构管辖范围；协调成本大；易造成监管过度竞争；监管规则适用性低；难以有效防范系统性风险
综合监管	加拿大、德国、日本、卡塔尔、新加坡、瑞士和英国	由一个单独的综合性监管机构从防范金融业务系统性风险和保护消费者利益两方面对所有金融部门进行监管	保持监管统一性；监管视角更为全面；避免监管过度竞争；强化监管问责制；更有效地配置监管资源	可能产生监管的单点失效；权力过于集中而造成监管效率下降；内部门沟通困难，监管者易形成"团体思维"
双峰监管	澳大利亚和荷兰	一类监管机构主要通过审慎监管维护金融安全稳健，另一类监管机构主要通过行为监管保护消费者利益	缓和监管目标内在矛盾，获得综合监管全部优点；给予消费者充分保护	优先考虑哪个目标主观性强，有时无法两者兼顾；金融机构管理成本上升

3. 多部门联合监管

银行业的外部监管需要多部门进行联合监管，仅依靠政府和国家金融监管机构的单一部门监管是不够的。地方政府债务的测度以及风险的防范是需要在财政部门的带领下，结合多部门进行准确的测度以及风险的防范，而银行业政府或有债务又是其重要组成部分，因此，银行业政府或有债务并不是由单一部门来进行监管，而是需要各个部门联合监管。

而银行业的监管，首先，国家金融监管机构的监管职责要认真落实。国家金融监管机构应严格遵循《银行监管法》，对银行业进行有效的监督管理，因此要充分发挥国家金融监管机制的职责，切实保证银行业的正常运转。其次，要发挥政府财政部门的作用，政府财政部门有对政府债务进行测度以及风险防范的功能，财政部门可以对政府或有债务进行准确的预算以及决算，从而通过预算和决算来有效的测度以及防范政府的债务风险；因此，要发挥政府财政部门的职责，对于银行业政府或有债务进行有效的监管。再次，单纯依靠政府财政部门以及国家金融监管机构，无法对银行业政府或有债务进行准确合理的监管，因此还需要与公检法等部门进行联合，来共同监管银行业以促进其良性发展。对于银行业发生的不合理甚至违法的行为，政府以及国家金融监管机构可以与公检法进行有效沟通，联合执法，在违法的初期进行有效的控制，从而避免损失的扩大以及违法人员的逃逸。最后，仅仅依靠以上三个部门并不能完成对银行业的有效监管，还需要税务部门、统计部门和审计部门等多部门进行联合监督和多部门的数据分析，发挥各个部门的职能作用，达到有效监管银行业的目的。

4. 注重监管效果和问责

巴塞尔银行监管委员会于2014年成立"银行监管效果评估和问责机制工作组"，对各国监管机构开展调查研究。于2015年发布了《银行监管效果评估和问责机制报告》，该报告对各国银行监管目标、效果评估、问责机制进行了深入分析，提出：监管当局应当明确监管目标，并通过清晰的结构化流程，将长期的战略目标转化成日常的监管行动；监管当局应在一个明确的评估框架下使用一系列清晰的指标评估监管成效；监管绩效评价应贯穿于监管的全过程，采用定量与定性指标相组合的方法，并建立良好的内部质量监控机制；监管者与利益相关者、被监管机构之间应建立清晰的沟通机制；应当设计良好的问责机制，这样有助于增强监管独立性，提高监管透明度，最终实现监管效力的提升。

随着监管范围的不断拓展，金融监管的设计和实施更加复杂，其效果也更加难以评估。为此，有必要建立结构化的框架对监管效果和影响进行评估。整体上，监管处于持续全面的循环之中，如图 7-3 所示。其中，监管循环中三大核心要素包括：第一，明确监管目标（我们想要实现什么），在此基础上通过结构化的规划流程将监管目标转化为监管行动。第二，评估监管效果（我们如何知道我们的监管活动有助于实现监管目标）。第三，问责机制（我们如何向关键利益相关者证明我们的监管是有效的）。

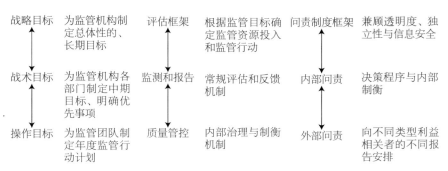

图 7-3　监管影响和问责机制框架示例

（二）社会公众的监管

政府及其国家金融监管机构等外部机构的硬性监管和社会公众的软性监督相协同，有助于更好地实现对银行业的有效监管。人民群众是国家的主人，是整个国家以及社会的主体，人民群众有权利有义务对各部门进行监督。

第一，社会公众对于银行业的监管要从培养意识做起。现阶段鉴于银行业的信息普及机制不完善及社会公众参与度不够，导致社会公众对银行业的监管意识不足，缺乏参与银行监管的积极性。大力普及我国政府债务的知识，来加深加强社会公众对银行业或有债务潜在风险的关注，从而培养社会公众对银行业的监管意识。银行业的或有债务与主权风险息息相关，甚至成为主权风险的重要决定因素。因此，培养公众银行业监管的意识，提高监管积极性是亟待解决的问题。

第二，社会公众对银行业的监管，主要是从生活中接触银行所披露的信息，采用多种不同的方式对银行业进行监管。首先，社会公众可以通过银行业所披露各种信息，从而参与到银行业的业务以及工作当中去。公众可以从银行业披露信息中进行重点分析，特别是对各种项目的投资（容易产生银行业政府或有债务的投资）进行分析，可以更有效地监管银行业的政府或有债务，规范银行业的行为。其次，社会公众对于银行业的监管，可以落实到实际生活当中去，社会公众与银行业紧密相关，每一笔资金业务的办理都与银行有着千丝万缕的联系，在实际生活中，社会公众可以从自身的实践中对银行业进行监管，在对银行业的各项业务中对银行业进行监管，在切实保障自身利益的同时，监管银行业确保银行业的规范运转。再次，社会公众可以自发成立对银行业监管的协会，通过自身与银行业的接触，对银行业所披露的信息进行进一步分析，将不合理以及违法的银行业行为及时上报或者曝光，利用法律手段维护自身的权利，同时，这也有助于维稳银行业，并推动银行业乃至整个国家的进一步发展。最后，社会公众获取监管信息的渠道有待拓宽。银行业监管信息不仅来自银行业所披露的财务报表（含年报、半年报、季报、月报等），社会公众还可以通过互联网技术等获取政府所披露的政府财务报告，在财务报告的基础上，将两者进行联合分析，进一步对银行业可能引发的政府或有债务进行监管，加深对银行业的深层次监管。

四、加强对银行业的内部监管

加强对银行业的监管，除了拥有良好大环境的监管之外，更要注重加强银行业的内部监管，从银行业内部入手，更好地规范银行业的行为。

（一）银行业内部要注重自身风险的管控

若银行业政府或有债务冗多且不合理，这不仅会给地方政府带来严重的债务风险，而且会危及银行业的生存。因此，银行业不仅要时刻关注地方政府财政的情况，更要注重自身的信贷风险，尤其是区域信贷风险、产品信贷风险和客户信贷风险等，做好计划，时时刻刻要对与地方政府债务相关的风险进行监督，对银行业政府或有债务进行全方位的风险识别、测算、分析和计量，对于银行业自身易导致政府或有债务的业务设定更加严苛的风险成本、交易成本和信息成本的贷款条件，降低银行业政府或有债务风险的发生概率，从而降低其所导致的银行损失。此外，还要与资本市场相结合，实施完善多元化的经营模式来解决不良贷款的历史遗留问题，进行新产品的研究和开发，以金融创新的手段来分散银行的系统风险。

（二）银行业要制定合理的内部（自律）监管制度

银行业对外要依法接受政府及国家金融监管机构等的外部监管，对银行业自身来讲，要制定合理的行规，制定合理的内部监管制度。

我国所建立的《银行监管法》仅仅是从外部监管的角度对银行业所提出的监管要求，对于银行业来说，其行业内部的自律制度更为重要。所谓自律监管制度，是指在国家立法的基础之上成立自律性组织，以自我约束和自我管理为主要方式，对银行业进行额外监管。

　　我国银行业已经有《中国银行业自律公约实施细则（试行）》（以下简称《细则》），但《细则》所涉及的内容仍不全面，对银行业政府或有债务部分关注较少且不够完善。《细则》多从银行业自身角度出发，约束银行业的行为，从而保证银行业的规范发展，虽然已经起到了一定的作用，但是《细则》仍不完善，特别是对银行业易导致政府或有债务的方面未充分体现也没有具体的细则及处理方法。因此，银行业内部仍需要进一步完善《细则》的内容，将《细则》所涉及的范围及内容扩大，要囊括银行业政府或有债务的问题，既能够保证银行业的发展，也可以有效的预防财政风险。

（三）银行内部之间即各银行之间要相互监管

　　我国银行业的种类繁多，具体包含一家中央银行，三家政策性银行以及许许多多的商业银行。银行与银行间的性质以及运营方式各不相同，但是对于银行业政府或有债务却保有相似性。

　　对于中央银行来说，秉持着促进经济发展、稳定货币、实现国家宏观调控的目的，作为银行业的领头羊，中央银行要加强对其他银行的监管，特别是对商业银行的监管，在确保商业银行平稳运行的前提下，合理对其政府或有债务进行监管，严格控制财政成本，降低银行业政府或有债务引致财政风险的概率。当然，中央银行也要接受来自各方银行的监督和建议，从而保证其监管的有效性，并可以根据实际情况与时俱进，进一步防范财政风险。

　　对于商业银行来说，鉴于我国商业银行的规模较大、数量较多、种类繁杂，因此，我国商业银行的政府或有债务占据我国银行业或有债务的绝大部分。商业银行不仅需要接受中央银行以及政府金融机构的监管，同时还要接受同一性质不同银行的监管。商业银行是以盈利为目的的银行，由于其目的的原因，商业银行会想方设法的获取政府的隐性担保，从而加大银行业政府或有债务。同时由于其目的影响，商业银行之间也会自发的产生竞标的行为来攀比其业绩的好坏，这种行为有其两面性，虽然在一定程度上可以促进各银行的发展，促进银行业的共同繁荣，但这种行为也会有一些不利的影响，容易导致银行过度追求业绩，从而过分寻求政府隐形担保或者进行不合理的操作，这样不仅仅会对银行的发展产生不利影响，还会加大银行业政府或有债务的数额，不利于对财政成本的控制，极易引发财政风险。因此，各商业银行之间要加强监管，在合理适度的情况下可以进行相互竞争。各商业银行之间的相互监管，不仅能够促进银行业的发展，更可以有效地控制银行业政府或有债务的规模，达到控制财政成本、防范财政风险的目的。

第三节　改革政府对银行业的担保机制

一、完善银行业中政府担保的设计

马格努森（Magnusson，1999）认为政府在以下两个条件得到满足时提供担保最为合适：一是担保关系的受益人有能力在长期内创造足够的收入以偿还其债务成本，而担保可以进一步刺激资本市场为其融资；二是政府担保是某项目进行市场融资的必要前提，例如一些规模较大、融资期长的项目若得不到政府担保则融资可能无法正常进行。在这两个前提下，兰托（Llanto，2006）认为政府处置其担保所导致的或有债务时必须做到以下三个方面：一是改善担保提供的框架，包括根据市场条件和相关风险对担保进行定价、在政府与私人主体之间实行风险共担、在担保契约中设计政府的退出策略、根据合作期限制定担保费用并对担保项目进行检查；二是对或有债务进行会计核算、预算管理、监督检查，实行收付实现制并将为担保所提供的风险准备金纳入到其中；三是执行降低风险暴露的政策，包括增进竞争、发展有效的债务管理框架和保持稳定的宏观环境。因此，完善政府担保设计，在合理情况下提供合理的政府担保是有效降低政府或有债务风险的重要措施。

（一）利用市场进行风险分担

在政府担保中，风险承担与风险评估往往由同一机构来进行。例如，在美国，进行贷款担保的政府部门同时还通过评估违约概率来估计补贴成本，这就可能产生机会主义。让市场管理风险的主要优点是可以减少这种机会主义，分散风险和降低政府损失。政府提供保险的任何风险一般都可以由商业保险以一定的成本来提供，如果发生损失的概率非常大以至于没有一个私人保险商愿意提供保险的话，政府取代市场之后，就会把成本转移到自己身上；即使存在私人保险商愿意提供保险，其作为私人风险承担者也会积极寻求机会把成本转移给政府。因此，任何市场形式的救济方式都必须补偿私人风险承担者的全部或者部分成本。政府要达成此目标最简单的办法是停止进行贷款担保，或是采用严格的筛选标准。

政府处理或有债务可以采用风险分担或者是部分担保的方法，要求贷款人、借款人、进口商或出口商、企业或其他的寻求担保者分担风险，以降低道德风险。如果政府执行某一规则，比如它所承担的风险不超过50%，那么承担剩下一半（或者更多）风险的私人参与者在介入这项交易之前就会对自己的风险暴露状况做出考虑，比如银行会考虑借款人的信用状况，而不是仅仅关注担保者的资信状况。如果政府对所承担的责任做出限制，某些担保交易可能还会继续下去，但还有很多担保交易会终止。霍诺汉（Honohan，2008）认为对于信用担保，大多数担保方案都限制了政府在担保过程中所承担的损失比例，一般为70%—85%。而现实中很多政府提供的担保比例或限额确实在此范围内。例如，欧盟成员国的政府担保规则禁止政府担保的额度超过总贷款额度的80%；在加拿大，政府提供担保的贷款限额为总额的85%；而美国小企业利益保护局（Small Business Administration）也规定政府担保的上限为对中小企业贷款总额的85%；在捷克，政府提供的担保平均占贷款总额的70%—80%（Bennett，et al.，2005）。

政府风险的再保险是促进风险分担的一种手段。私人部门用来限制风险最常用的手段就是购买再保险，在政府提供贷款担保、农产品价格担保，或者任何其他事件或结果的担保时，也可为此购买再保险。在市场中，政府所需支付的金额将会反映其所承担的风险。再保险的成本不仅给政府提供了一个有关它所面临风险的强有力信号，而且有可能使其避免承担再保险费用很高的风险。及时进行再保险的做法可以防止政府为市场认为损失概率非常高的交易提供担保。再保险的一种方式是利用金融套期保值的方法处理其或有债务风险（例如对某种商品的最低担保间隔政策带来的风险），这就是政府或有债务的证券化。许多政府，如哥伦比亚、匈牙利、新西兰和瑞典等国家的政府，为了在资产负债组合中匹配货币风险、利率风险和到期风险，在负债组合中应用利率互换、货币互换、远期货币和其他衍生工具获得了满意的收益。

（二）担保费

像保险公司可以对投保者收取保险费一样，政府也可以对其提供的担保征收担保费。虽然担保费只是意味着受保主体必须在边际上放弃一些其他的成本支出，但它也许能促使受保主体的外部成本内部化（Kot-likoff，1989）。担保费的征收在某种程度上减少了对政府担保的盲目依靠和自身低水平的监管，更重要的是，对担保进行收费也会使得政府与其预期的担保成本建立某种联系。通过这样的定价机制，担保者必须更大程度上承担担保的成本，不能在政府支出中继续掩饰其担保的真实收支。可根据担保风险的可控程度设置相应的担保费率。一般而言，担保过程中的政治、政策及不可抗力风险，如国家征用、关税政策的调整和宏观经济衰退等，相应的政府担保费用比较低；而对于其他一些难以控制的风险，比如汇率风险和受保经济主体面临的市场风险，政府征收的担保费用就比较高。

当然了，随着担保计划的展开和风险的发生概率的变化，对担保征收的费用率也经常调整以使得其更接近于担保的真实成本。但被收费的担保目标有时可能因所收担保费用的折价或溢价而发生偏离。为使得担保目标发生偏离的可能性降到最低，实施担保的决策应与担保定价相分离，并披露足够的担保信息。如对于担保折价，当实施担保的部门对这些担保所可能导致的成本不负责时，它们可能就会倾向于低估担保成本以推动其所支持项目。因此，作为一个总原则，将对实施什么担保的决定与对担保的收费进行分离以确保对成本和风险的无偏见评估是重要的。在一些国家，评估担保的成本是由公共债务办公室来负责（如哥伦比亚和瑞典）。然而在美国，实施担保的部门本身也对担保进行评价，即对其所提供的担保征收担保费，预算管理办公室只是负有从总体上对此进行估计的义务。虽然担保实施部门也许有低估担保成本的激励，但由国会预算办公室和总会计办公室的研究发现，到现在还没有系统偏离担保目标的经验证据。

（三）加强政府担保的治理

功能良好的制度是担保有效管理的关键。在制度不健全的国家，应优先考虑在财政部建立一个政府或有债务管理单位以集中登记政府担保及其导致的债务，评价新的担保债务管理原则，这会为担保的集中控制建立良好的基础。在制度比较健全的国家，政府工作的重点应放在更准确测度担保及提高或有债务明确化的能力，并采取科学方法核算、报告和预算这些由担保导致的明确化债务（IMF，2005）。

与担保相关的潜在财政成本要求我们对政府担保必须严格控制，实践也证明应当对担保的实施进行集中控制。担保的集中控制依赖于从事担保的不同国家，也就意味着需要得到各国财政部立法机关的优先批准，专栏7-1总结了加拿大政府对担保的管理框架。对担保的决定应该被整合到年度预算周期，并伴随部门政策和预算的分析。一般情况，中央政府应该控制由地方政府机构所实施的担保，因为即使在显性担保缺失的情况下，中央政府也通常被认为是地方政府的背后支持者。

专栏 7-1　加拿大政府对借款担保的管理框架

> 　　为控制信用担保的增长，加拿大要求：
> 　　发起公共主体的一方必须揭示项目在没有政府借款或担保的情况下不可能通过合理的情况和条款来进行融资；
> 　　需要做一个经济分析以揭示项目的现金流是充分覆盖担保债务和其他成本的支付要求并产生一个足够的收益率；
> 　　项目的发起方必须从其自有资源中提供足够比例的基金；
> 　　出借方必须能忍受任何违约所导致的净损失的 15%；
> 　　政府在忍受大量的下行风险时，也要考虑其所可能共享的潜在上行收益；
> 　　设置费用以弥补未来损失的估计成本和管理成本；
> 　　所有的新的信用和担保必须得到财政部的同意；
> 　　议会有权设定新的信用和担保的最高限额。

数据来源：Aliona Cebotari，"Contingent Liabilites：Issues and Practice"，IMF Working Paper，No. WP/08/245，2008。

　　要想有效控制政府提供的担保数量，应该考虑通过最高限额来限制他们。对政府担保的存量或新增担保的实施数量设定一个最高限额能创造一个准预算约束，增加对其审查和控制的力度。当然了，任何担保的限额都应该被立法机构所批准，但可以通过不同的方式展现，如基于新担保存量的账面价值、总政府收入或支出的某一比例或者预期成本等。这一限额可以运用到整个政府担保的规模控制，也可仅运用到某一独立政府部门所实施的担保。在政府来自担保的风险暴露很难量化时，对担保设定限额有其优势。对担保进行控制的最重要和最困难的是如何控制隐性担保所导致的隐性或有债务。对隐性或有债务的控制特别具有挑战性，主要是因为这些债务可能有重大的财政意义，特别是当政府在宣称不再支持公共企业、公共金融机构、地方政府和私人企业的时候。而且，PPPs 模式在许多情形下负责社会基础设施和重要公共服务的垄断性供给，如果私人运营商在市场过程中出现风险且没有很好的风险规避措施，那么政府可能会面对重大财政成本。

二、逐渐推进国家隐性担保在银行业的淡出

　　隐性担保是政府对银行采取的一项重要制度安排，随着银行业的不断

发展，政府对银行业的控制应适时减轻，则政府隐性担保须逐渐淡出银行业，推动国有商业银行发展为完全独立的市场主体（刘睿，2008）。可以从以下几点建议入手，加快政府隐性担保适时淡出银行业的进程。

（一）深化国有商业银行的股份制改革

若国有商业银行自身信用水平稳步提升至足以维持银行业的稳步发展，则政府隐性担保可以适时淡出。国有商业银行治理结构的日益优化是提升其自身信用水平的关键，而股份制改革又是国有商业银行完善治理结构的重要渠道。深化国有商业银行的股份制改革，要从积极探索金融类国有企业国有资本管理的新模式以及捍卫国家金融控股公司的独立性入手。政府具有所有者和公共管理的双重职能，要合理划分并切实履行，以市场化手段进行股权管理。建立市场化的委托——代理机制，以最大限度地提高资本回报率为经营目标，对国有商业银行的经营进行绩效评估并公开披露评估结果。在法律层面上明确界定国有商业银行除经营目标以外的其他社会目标，以帮助减少或避免政策性融资任务对其实现经营目标产生的干扰。利用股东大会和任命董事会明确国有股东的权利，并通过控股公司对国有商业银行实施商业化管理。

（二）完善我国金融机构市场化退出的法律机制

首先，考虑制定针对金融机构市场化退出的专门法以及与之配套的实施细则，从法律层面规范金融机构市场化退出的方式方法和程序等，并详细规定市场化退出前金融机构的偿债及托管等问题的解决方法。其次，建设完整有序的金融机构破产法律体系：一要适应我国国情，明确界定破产企业，细化追责机制，防止债务人利用破产程序做出转移资产逃避债务等侵害债权人权益的行为。二要避免出现监管真空。为提高金融监管的效率和效力，我国金融监管进行了职能细分，银保监会监管银行业，中央银行监管我国金融的稳定性，人民银行还设有金融稳定局、征信局和反洗钱局。因此，防止监管真空，监管部门之间的沟通协作不可或缺。

（三） 加强对民众的风险教育

政府应该放弃对投资人的"过度保护"并通过对风险的防范，来探索政府、机构和个人合理分担金融风险的长效机制。2015 年所出台的保险存款制度仅仅是防止对投资人"过度保护"的开端，今后还要进一步完善，因此，加强民众的风险教育迫在眉睫，通过加强对民众的风险教育从而弱化民众对政府兜底的理念，从而有利于进一步推进国家隐性担保在银行业的淡出。

三、落实存款保险制度

存款保险制度的颁布有助于指导银行制定经营决策，但制度颁布并不等同于制度落实，仅依靠颁布的存款保险制度并不能一劳永逸。由于我国长时间依赖于政府对银行业的隐性担保，这一观念早已根深蒂固，尽管存款保险制度已经设立并推出，但其对我国隐性担保制度的影响是否真正取得成效还是要看制度落实的程度。存款保险制度可以转嫁金融机构的风险，提高机构自身信用水平，其对存款人的利益保护作用有助于减轻民众对政府银行业隐性担保的依赖，因此落实存款保险制度，对合理评估金融机构风险具有重要意义。事实上，存款保险制度的出台将政府银行业隐性担保显性化了，它打破了原有银行全额担保的刚性兑付，一定程度上对破除存款人政府隐性担保有积极作用，并且降低了银行承担的风险。此外，降低政府与市场的关联程度、减少政府银行业隐性担保可以削减一定比例的银行风险行为，有助于增强民众对银行的信任，维持金融体系稳定。因此，把握好政府和市场之间关系的尺度和精度，可以防止银行业风险蔓延。

四、强化宏观审慎监管并完善相关法律

强化宏观审慎监管有助于维稳银行业，减轻政府隐性担保压力。对于那些规模大、业务杂的系统重要性金融机构，经营不善可能导致系统性风

险，不利于政府和市场的稳定发展。因此，必须加强宏观审慎管理，预防系统性金融风险。法律环境建设是制度实施的最后保障，改革政府银行业担保机制的相关法律环境建设是必须要进行的。例如，存款保险制度是银行等金融机构破产时用以保障存款人利益的制度，此时，金融机构破产法律界定是至关重要的，它是制度有效实施的第一步。此外，破产机构如何规范地退出市场均需要一个完备的法律体系予以保障。首先，立足我国国情，吸取国外制度安排的先进经验，完善国内有关政府银行业担保机制的法律体系；其次，部门的设置要合理且高效，善于利用部门协作，例如，国有存款保险机构由政府独资成立并独立管理会造成较大的政府隐性担保成本，在存款保险机构成立和运行后期进行股份制改革，允许各商业银行入股管理，形成政府和商业银行协作管理的模式，有助于维持制度的长久稳定运行。

第四节　实现对金融危机的科学预测和防范

一、科学预测金融危机

长期以来，预测危机的发生时间一直是一个挑战。知道危机是否发生以及何时发生很显然具有极大的益处：首先，它可以帮助制定防止危机发生的措施，或者如果发生危机，可以规避损害。因此对我们来说，预测危机的发生时间有极大的益处，但随着时间的推移，仍然没有出现任何一套可以解释各种类型的危机的指标。这类危机通常是由研究人员在一系列事件的基础上使用定性方法进行预测的，这类事件一般包括：许多金融机构被强制关闭、被合并、被政府接管，不止一家银行发生挤兑，或政府向一个或多个金融机构提供政府援助等。另外，对财务状况的深入评估也被用作判断的标准。一般使用某一指标来计算解决这些事件所产生的财政成本，从而对财务状况进行深入评估。银行业危机的结束也难以确定，部分原因在于其影响可能会持续一段时间。

在不同的研究中，银行危机的开始时期存在着很大的重叠。莱因哈特和罗戈夫（Reinhart，Rogoff，2009）通过两类事件对银行危机的开始时期进行定义：一是发生银行挤兑，金融机构相继发生倒闭或出现公共部门合并、接管金融机构的现象；二是在没有发生挤兑的情况下，一家重要的金融机构关闭、合并、被接管或收到大规模的公共援助。正如他们所承认的那样，这种方法有一些明显的缺点：它可能判断的危机时间过迟（或过早），并且不会提供关于这些危机结束日期的信息。然而，尽管莱因哈特和罗戈夫（Reinhart，Rogoff，2013）的分类与莱文和瓦伦西亚（Laeven，Valencia，2012）的分类存在着很大程度上的重叠，但得出的危机发生的日期仍然存在着一些差异，这些差异会影响分析。一个不同的例子是莱因哈特和罗戈夫（Reinhart，Rogoff，2009）认为日本的银行业危机开始于1992年，而莱文和瓦伦西亚（Laeven，Valencia，2012）认为开始于1997年。还有另一个对分析有重要意义的例子：在分析过去60年美国金融市场困境的事件时，洛佩斯-萨利多和纳尔逊（Lopez-Salido，Nelson，2010）报告了三种截然不同的危机：1973—1975年、1982—1984年和1988—1991年危机。这不同于莱因哈特和罗戈夫，他们只识别了一次危机（1984—1991年），而相同的是莱文和瓦伦西亚（Laeven，Valencia，2012）也认为从1988年（从那时起至2007年）之后也只有一次危机。重要的是，洛佩斯-萨利多和纳尔逊（Lopez-Salido，Nelson，2010）利用他们的新数据进行了分析，认为危机不会影响经济复苏的强度，这与大多数人声称的金融危机后经济复苏系统缓慢的说法相反。这些差异清楚地表明了开始时间的重要性。

早期预警模型随着时间的推移而发展，第一代模型侧重于宏观经济失衡。在早期的危机预测模型中，通常是在新兴市场的背景下，主要针对银行和货币危机，其重点主要是宏观经济和金融失衡。卡明斯基和莱因哈特（Kaminsky，Reinhart，1999）表示，货币、信贷和其他一些变量的增长率超过某些阈值就会使得银行业危机更有可能发生。戈德斯坦和莱因哈特（Goldstein，Reinhart，2000）在综合报告中指出：各种月度指标有助于预测货币危机，包括实际汇率升值（相对于趋势）、银行危机、股票价格下跌、出口下降、广义货币（M2）与国际储备的比例过高以及经济衰退，在年度指标中，两个最好的都是经常项目指标，即与 GDP 和投资相关的巨额经常项目赤字。对于银行危机，最佳（按降序排列）月度指标是：实际汇率升值（相对于趋势）、股票价格下跌、货币（M2）乘数上升、实际产出下降、出口下滑和实际利率上升；经测试的八项年度指标中，最好的指标是短期资本流入与 GDP 的高比率，以及与投资相关的巨额经常项目赤字。

下一代模型仍然主要面向外部危机，资产负债表变量变得更加明显，相关指标显示包括大量短期债务即将到期。危机爆发前一年，广义货币与国际储备的比例被发现要高于（GDP 增长放缓）新兴市场发生危机时。然而，在这些模型中，财政赤字、公共债务、通货膨胀和真正的广义货币增长在发生严重危机之前，在危机和非危机国家之间经常并不一致。在货币和系统性银行危机的早期预警指标中，利率息差和主权信用评级通常都不高。危机更有可能发生在实际汇率快速上升、经常账户赤字、国内信贷扩张以及股价上涨之前。

后来的模型表明，变量的组合可以帮助识别金融压制和脆弱性的情况。弗兰克尔和萨拉韦洛斯（Frankel，Saravelos，2012）进行了一项基于回顾危机预测模型的元分析。他们认为，信贷增长率、外汇储备、实际汇率、GDP 增长率以及经常项目占 GDP 的比例是模型中最常见的重要指标。通常情况下，相对于历史平均水平，危机通常会出现在较大的经常账户赤字之前，尽管与外部不平衡相比信贷似乎是最佳预测指标。

全球因素在推动主权、货币、国际收支平衡和资本骤停危机方面发挥着重要作用。经常会有各种全球因素引发危机，包括贸易条件恶化，以及对世界利率和商品价格的冲击。例如，美国利率急剧上升已被确定为 20

世纪 80 年代拉丁美洲主权债务危机的触发因素。更普遍的情况是，危机往往发生在发达经济体的加息和大宗商品价格突然变化的情况下，特别是石油价格的变化。低利率也会产生很大的影响。例如，乔达等（Jordà，et al.,2011）报告说，全球金融危机往往是在低利率的环境下进行的。其他研究认为，21 世纪的全球失衡与近期的危机密切相关（Obstfeld，2012）。国际贸易和其他实际联系可以是传播渠道，金融市场的传染与危机相关。例如，研究突出了一个共同贷方在扩大东亚金融危机中的作用（Kaminsky，Reinhart，2001）。这些全球因素不仅仅会引发危机，它们同时也是危机的结果，就像最近的危机一样，在危机爆发后，利率和商品价格出现了大幅调整。

不过，总体而言，信贷和资产价格的快速增长与金融抑制和脆弱性的增加最为相关。洛和波里奥（Lowe，Borio，2002）的文章表明，基于信贷和资产价格的手段是最有用的：几乎有 80% 的危机可以在一年信贷繁荣的基础上预测，仅有 18% 的危机无法被预测。基于此，卡达雷利等（Cardarelli，et al.,2009）发现，银行业危机通常在信贷和资产价格急剧上升之前。其他许多学者发现，信贷和资产价格的异常快速增长、住宅投资的大幅增长以及经常账户余额恶化的存在，都导致了信贷紧缩和资产价格泡沫破裂的可能性。

最近的研究证实，信贷增长是最重要的，但仍然是不完美的预测指标。一旦有信贷繁荣的情况，如资产价格急剧上涨、贸易差额持续恶化和银行杠杆明显增加，就会失去预测意义，仍然有类型 I 和类型 II 错误。正如戴尔·阿里西亚等（Dell'Ariccia，et al.,2012）所表明的那样，并不是所有的繁荣都与危机相关：只有三分之一的繁荣最终导致金融危机，其他繁荣不会导致经济衰退，但随后会出现较长期的低于趋势的经济增长。结果是永久性的金融深化和长期的经济增长。虽然不是所有的繁荣都在危机中结束，但随着繁荣，危机的可能性也在增加。此外，繁荣的规模越大，其可能导致危机的可能性越大。戴尔·阿里西亚等（Dell'Ariccia，et al.，

2013）发现，接近一半或更多的繁荣持续时间比六年长（9个中的4个），超过了平均年增长率的25个百分点（18个中的8个），或者是从初始阶段开始信贷占GDP的比例高于60%（26个中的15个），最终导致危机。

实际上，最近的预警模型通常使用各种各样的定量脆弱性指标，重点放在国际方面。指标利用来自外部、公共、金融、非金融企业或家庭部门的集中的脆弱性，并将其与定性投入相结合。由于国际金融市场在传播和造成或触发各种类型危机方面可发挥多重作用，因此，通常使用若干国际关联措施。值得注意的是，银行系统的指标，如国际融资风险敞口以及非核心负债与核心负债的比率，已经被证明有助于发现显著的缺陷（Shin，2013）。由于国际市场也可以帮助风险分担，并能减少波动性，而经验证据是混合的，国际金融一体化和危机的总体关系是备受争议的（Lane，2012）。

二、科学防范金融危机

鉴于最新危机的经验教训，许多人认为资产价格泡沫和信贷繁荣迅速萎缩可能会带来巨大的成本。具体来说，很多人现在就资产价格泡沫和信贷繁荣问题达成一致：第一，资产价格和信贷的快速增长可能导致金融风暴和危机，并带来巨大的不利的宏观经济影响。第二，重要的是要监测这种急剧增长所产生的脆弱性，并确定是否可能伴随着经济大幅度的迅速下降（崩溃、萧条或衰退和资本外流）。第三，如果泡沫因为"扭曲"而产生，那么随后的萧条和危机可能会更加有害。第四，即使泡沫不是因为"扭曲"而产生的，一些不合理的证据也有可能是低效率和潜在的福利损失的信号。因此，泡沫和信贷繁荣可能需要干预。

政策制定者和研究人员面临的挑战有两方面：何时进行干预和如何干预。首先，他们需要确定资产价格何时（甚至在多大程度上）上涨，信贷在基本面可以解释的重大偏差是多少。其次，如果信贷和资产市场的行为表明了风险的迹象，他们需要确定什么是最优政策应对措施，以最大限度地减少风险，并在风险出现时减轻不利影响。

关于货币政策应如何应对资产价格和信贷的波动，学者们一直争论不休。危机前的共识是，制定货币政策只需要考虑资产价格达到的程度，以预测经济前景和通货膨胀，而不需要考虑其他因素。然而，危机已经明确（再次）金融稳定和经济活动可能受到资产价格变动的影响，一种观点认为货币政策在某种程度上应考虑资产价格的变动（Blanchard，et al.，2010）。如何进行操作仍在讨论中，虽然当银行系统直接涉及金融股泡沫时政策干预更强，但是其他资产价格泡沫很有可能自行解决，货币政策的确切调整仍不清楚。

最新的危机再次暴露了微观审慎监管和制度框架的缺陷，因此在这一方面，我们仍有重要的经验需要学习。危机的全球性也表明，金融市场一体化有好处，但也面临风险，国际金融架构远远达不到制度上符合紧密结合的金融体系的政策要求。因此，这场危机迫使人们在现有框架的基础上重新考虑监管政策并提出了许多公开的问题。尽管规则要求资本充足、流动性良好的银行保持信息透明，并且遵守正在实施中的健全的会计准则等（例如巴塞尔协议 III），但仍然需要明确如何处理跨越多个国家的大型且复杂的金融机构产生的问题。

虽然也有人要求使用宏观审慎政策，但这些政策的设计及其与其他政策，特别是货币政策的相互作用，仍然不清楚。通过约束金融市场参与者的行为，宏观审慎政策可以减少导致系统脆弱性的外部性和市场失灵的影响。这样就可以减少金融危机的风险，并有助于增强宏观经济的稳定性。但这些政策的具体设计仍未确定，因为设计该政策需要许多工具，过程也很复杂。第一，不同的金融扭曲可能导致不同类型的风险，这反过来又意味着存在多个中间目标。第二，相关的"扭曲"可能会随着时间的推移而变化，并因国家情况而异。例如，企业的过度杠杆可能会导致家庭部门过度杠杆化。金融部门和汇率制度发展等因素，可能会严重影响经济体面临的风险类型，但这些因素对宏观审慎政策制定的影响仍是未知的。随着新的宏观审慎框架的建立，决策者也越来越把注意力转向宏观审慎与货币政策之间的复杂动态关系。这些问题的关键是一个政策对另一个政策的"副作用"，但是这些问题的概念模型和实证证据仍然处于早期阶段。

此外，政策制定者和研究人员需要对这些问题进行进一步的分析和实证研究。目前，宏观经济模型往往会受到金融摩擦的影响/限制，因此需要优化模型来更好地反映金融中介的作用。相关人员普遍认为现有的工具可以充分抵消金融摩擦的影响，比如说货币政策就有稳定经济的作用。但现有的工具的作用是有限的，反映金融风暴期的实际校准模型仍然缺失，流动性和杠杆作用还需要用更适合解决相关政策问题的模型来检验，因此我们需要实证研究提供更多的信息来校准改进这些模型。只有在模型改进上取得进展，我们才能降低危机发生的可能性，才能在危机发生时制定更符合实际的政策，削弱危机带来的负面影响。

从应用的角度来看，仍然需要更好的早期预警模型。在政策论坛上广泛讨论并得到国际组织广泛关注的一个问题是需要改进对危机爆发的预测。正如这里的回顾显示一样，可用模型的预测能力仍然有限。历史记录表明，资产价格泡沫尤其难以预测，自1985年以来有大约一半的泡沫未被预测到，即使是最好的指标也没能在这些泡沫发生前的一至三年间拉响警报。在最近的危机中，情况又是如此。最近一些论文对各种模型预测危机的能力进行了分析并得出了否定结论，也有人研究出了新的预测模型，但无论旧的模型还是新研究出的模型均有改进的空间。

虽然已知风险正在得到解决，但可能会出现新的风险。为应对金融全球化和资本骤停的风险，许多新兴市场自20世纪90年代后期开始增加国际储备，这可能有助于一些国家免受了近期危机的影响（De Gregorio，2013）。同样，在过去几十年中，许多国家制度环境的改善也可能有助于降低危机的影响。但同时又出现了新的风险。在最近的危机中，复杂金融工具的爆炸性增长以及资产负债表的不透明和对高度一体化的全球金融市场的大规模融资的依赖导致了更大的危机。

第五节 完善银行业危机时期财政救助的制度安排

一、银行业危机的应对举措

尽管存在着对政府救助银行的疑惑①，但事实是无论是发达国家还是发展中国家，一旦银行业危机发生，政府还是义无反顾地对其进行救助。各国的应对措施可分为以下几类：

首先是货币政策。面对全球货币市场流动性的迅速降低以及信贷的大规模萎缩，各国央行放弃了之前治理通货膨胀的手段，转而采取积极的货币政策，形成全球一致的降息、向金融系统注资、对金融机构进行担保和制止卖空等政策行为。2008 年 10 月 8 日，全球六大央行（美国联邦储备委员会、欧洲央行、英国央行、瑞士央行、加拿大央行和瑞典央行）联手降息，基准利率下调 50 个基点，以缓解金融动荡对经济的不利影响，这在历史上尚属首次。2007 年 8 月以来，美联储联邦基金利率从 6.25%降至 0，率先实现零利率。金融危机爆发以来，美国在 2008 年向美国银行、AIG 等大型金融机构注资，随后在同年 10 月底提出 2500 亿美元的注资计划。截至 2009 年 1 月，美国累计向 215 家商业银行注资 1875 亿美

---

① 实际上，由政府或纳税人承担银行救助资金是近年来才出现的现象。直到 20 世纪中叶之前，银行破产的代价往往都由银行家自己、银行股东和储户承担；但从 20 世纪中叶起，救助成本逐步转移到政府乃至纳税人身上（Calomiris，Haber，2015）。而大量金融经济学文献表明，由股东和储户承担风险的体制对银行家行为构成了更严格的纪律约束：一旦出现危机迹象，股东抛售股票，储户则将资金转至偿付能力更强的银行。由此，一些银行倒闭，一些银行负债的持有者（例如股东和储户）出局，同时随着银行家急于减少高风险贷款敞口，信贷规模收缩，经济增长放缓。这个结果虽然痛苦，但不是悲剧。其中最重要的是，银行家深知不审慎行为的后果，进而倾向于暴露大量的缓冲资本，并持有大量低风险组合。在这种情况下，系统性银行危机非常罕见。让我们将这一结果同 20 世纪中叶以来成为常态的救助模式进行比较。当损失由纳税人承担时，股东和储户约束银行家行为的动力大大减弱，银行家愿意承担更高风险，银行破产的概率迅速增加。这导致 1945 年后，大多数发达经济体银行的杠杆率大幅上升，并且只持有较少的低风险资产（Schularick，Taylor，2012）。

元，俄罗斯向银行注资总额为 9500 亿卢比，英国英格兰银行提供 2000 亿英镑的短期信贷额以增加各银行的资金流动性，荷兰拨款 200 亿欧元支持金融市场，瑞典、日本、韩国和澳大利亚等国央行也向市场注入大量资金。此外，各主要经济体对金融机构进行担保，以保持整个银行体系的信用水平和流动性。同时，金融市场比较发达的国家还对卖空行为进行制止，以避免金融市场的稳定受到进一步的威胁。

其次是财政政策。各国除了运用货币政策对金融市场进行稳定外，还出台了积极的财政政策刺激经济发展。这些积极的财政政策主要包括减税和扩大政府支出等方面。美国、英国、日本、俄罗斯和新西兰等国希望通过减税来刺激消费，而其他国家则希望通过减税来促进特定产业的发展，例如巴西和德国就希望通过减税促进汽车的销售。政府支出方面，资金则主要流向基础设施建设和对企业、个人的补贴与转移支付，美国、中国、法国、澳大利亚、意大利、日本、墨西哥和马来西亚等国还宣布通过增加社会转移支付来帮助低收入家庭，这些措施包括直接或间接的现金支付以及社会福利项目等。美国的财政政策还包括大量发行国债、收购不良资产和接管企业等。

此外，产业振兴政策也频繁出台，很多国家都在金融危机后推出产业振兴政策，以扶持相关产业的发展。在美国产业振兴计划中，基础设施、道路交通建设资金为 512 亿美元，医疗信息化资金为 190 亿美元，宽带网络扩建投入 72 亿美元。德国除了对汽车产业进行救助振兴外，还增加对创新型公司的投资。法国方面，实施"2012 数字法国"计划，希望通过普及宽带接入，促进数字电视和移动电话的广泛使用发展数字技术。法国政府利用该计划扶持数字经济，以期拉动国民经济增长。俄罗斯批准了改善本国金融系统等方面的行动计划。印度则向汽车制造业、房地产业、城乡基础设施建设投入大量资金。同时，法国、日本、韩国和墨西哥等国的很多措施涉及促进中小企业发展，如法国政府与银行签署协议，以 220 亿欧元的专用款项支持中小企业融资，而日本则为陷入困境的中小企业提供信贷担保。

主要经济体通过降息、向金融系统注资、对金融机构进行担保和制止卖空行为等措施，有效地解决了银行的挤兑与居民储蓄保障的问题，也在一定程度上缓解了市场的流动性问题，再加上各国政府减税、扩大公共开支和转移支付等政策，对稳定市场需求也起到一定的作用。但同时，各国救市与经济刺激的部分政策中，补贴过多、贸易救助措施滥用以及进口的限制等手段，也给全球贸易设置了较高的壁垒。这些贸易保护主义的行为，在短期内会对世界贸易的复苏起到一定限制作用。不过，由于各国都采取了相应的救市措施和产业刺激和救助政策，以及全球化条件下跨国公司在全球范围内进行交易与投资的需要，使得绝大多数经济体在较短的时间内就实现了经济复苏。

同样，中国政府也迅速出台了一系列稳定外需扩大内需的政策措施：完善出口退税政策，确保及时退税，减轻企业负担；扩大出口信用保险规模，提高其覆盖面，落实好小微企业和大型出口贸易企业的双覆盖；改善海关、外汇等贸易管理服务，增进贸易便利化；鼓励进口以满足先进生产技术的需求和居民多样化的需求；同时实施连续下调的存款准备金率、降低存款利率水平、大幅度促进人民币信贷投放等宽松的货币政策。推出了总额达4万亿元人民币的两年投资计划，实施结构性减税，出台了中小企业、房地产业交易相关税收优惠政策，实施产业调整振兴规划等措施。

在各国政府的政策推动下，全球经济逐步回稳，急剧下降的进出口态势得到缓解。WTO公布的数据显示，2008年我国出口产品占全球市场份额的8.9%，2009年该比例上升至9.6%。随着一系列政策措施的贯彻落实，我国外贸交易抵挡住了国际需求低迷和贸易保护的双重冲击，出口额超越德国，成为世界第一出口大国，但货币的超发也为未来中国经济埋下了潜在的风险，需要引起我们的注意。

二、国外对银行业财政救助的措施

长久以来，金融部门特别是银行业一直在市场经济中发挥着重要的杠杆作用，是直接参与市场经济活动的主体。即使在 20 世纪 90 年代初自由化之后的欧洲，银行业危机爆发时，人们也理所当然的认为银行并不会存在危机，也就是银行不会倒闭。许多国家还采用各种各样的方式来规避银行业危机，其中包括在 20 世纪 90 年代早期，斯堪的纳维亚货币基金组织采用了国有化、全面担保银行负债和注资相结合的方式来管控银行业危机。但这个理念并没有持续太久，在经历 2007—2009 年经济大衰退后，欧洲对银行救助的态度开始有所改变。这场全球性的经济大危机也让许许多多的纳税人、政策制定者和监管者意识到，银行业也会陷入到危机中，并会产生关乎公众利益的各种问题，需要进一步来解决。

国际上，在经济危机发生之前，很多国家一直认为银行"太大而不能倒闭"，因此对这些银行采取外部纾困的方式进行救助，最终导致这些银行被规模更大的银行收购。辛格等（Singh，et al.，2019）将财政支持措施分为两类：直接支持（那些立即增加政府融资需求的支持措施）和或有担保（那些随着时间发展并且当损失具体化时增加融资需求的支持措施）。在最近的金融危机期间，各个国家的政府都实施了大量复杂的金融运作手段来支持陷于困境中的金融机构。对这些干预的潜在经济动态学的观察揭示了它们可以被分为两大类：一类是政府使用现金、发行债券或偿付一些其他的资产持有，促使问题资产从金融机构的账面转移到政府的资产负债表中，这也是使用较多的一类干预手段；另一类是政府以某种或有担保的形式提供"财政后盾"（fiscal backstop），但使用这类干预手段后，问题资产并未发生转移，仍然存在于金融机构的账面上。

（一）限制银行规模

限制银行规模要在符合一定的实际情况之下才能够实行。曾经美国出台的《多德—弗兰克法案》是通过禁止银行并购的方法来限制银行的规模，具体为：当并购后的银行持有全国银行存款总额的 10% 时将不被允许合并。此类限制对未来银行业的并购发展产生一定的阻碍作用。后来又有学者提出最简单的限制银行规模的方式是对银行规模设置一个硬性上限：不允许任何金融机构控制超过 GDP 固定百分比的资产。但是此类方法在很多国家都是不可能实现的，没有一条明确的界线可以让人们轻易区分银行业的系统性风险和非系统性风险。如果分界线选择好后又根据不同的标准进行调整，可能会再次导致一个"太大而不能倒闭"的问题。限制规模的一个潜在代价是，它们可能减少银行业的规模经济，乃至范围经济，对银行个体及整体产生不利的影响。因此，规模限制可能会增加银行服务的成本，除非规模经济和范围经济不是因为"太大而不能倒闭"这一原因导致融资的成本降低。权衡利弊之后，得出人们不应急于限制银行的规模，除非能够确信利大于弊的结论。因此，当银行业发生危机时，需要审时度势，根据情况来限制银行业的规模。

（二）限制银行活动的范围

通过将不同的业务划分为独立的法律和职能实体来限制银行活动的范围主要是指要求银行在法律上和职能上将某些特别"危险"的业务分开，或者干脆完全禁止银行从事这些业务。许多国家已经收到了这方面的建议，例如，欧盟委员会的埃尔基·利卡报告建议将证券和衍生品的"自营交易"，以及与这些市场有关的某些其他业务，与银行组织内的存款业务分开。威格士报告建议将英国的零售业务与批发以及投资业务分开。而在美国，《多德—弗兰克法案》下的沃尔克规则除了禁止投保存款机构或其附属机构从事"自营交易"，它还禁止受保机构赞助或收购对冲基金或私人股本基金。

提出对业务的划分主要有以下几个依据，最重要的一个依据是，虽然有些业务自身风险较大，但结构较简单的银行对市场参与者和银行监管者来说更加透明，所以结构较简单的银行使金融系统和更广泛的经济构成的风险较小。其次，参与投资业务的银行和交易业务的银行从存款保险系统中获益，存款保险系统的目的主要是保护银行系统中的债权人。此外，将非传统银行业务活动从业务和财务两方面分离，将简化解决方案，使参与这些活动的实体能够倒闭，而无须为债权人纾困。因此，市场对这些活动的风险承担纪律将会得到加强。从这个意义上说，对活动的限制可以看作对解决程序的补充。但这一规则的利用还是有一定的限定条件，例如如果在银行业发生危机时，政府救助的压力加大，很可能救助压力与银行业危机相持平，这样就无法将业务进行分离。

采用"生前遗嘱"或"复苏和清算计划"等具体做法，用以区分不同的金融业务活动，以此来保护陷入困境的银行核心活动，并简化破产银行的清算。《多德—弗兰克法案》要求银行制定自己的"生前遗嘱"，即计划通过减少银行对其他金融活动的投资以及有序关闭破产银行，来恢复银行的核心业务。这可能仅仅是一个象征性的步骤，因为没有人知道一旦发生真正的危机，这些计划将或是否或任何会奏效。然而，即便如此，"生前遗嘱"的准备工作可能会提供一个额外的信号，表明监管机构将来会让银行倒闭，而不是拯救它们。"生前遗嘱"需要得到监管机构的批准，并允许监管机构对单独的活动进行干预。政府可以设立或有基金，通过向银行收取主权担保的价值来筹集资金。例如，欧洲银行目前采用的单一清算框架，该框架引入了清算基金，清算基金在平时对银行进行收取，在银行落入危机时作为对银行纾困的纾困成本（Serkan，2014）。

（三）提高系统重要性银行机构的资本金水平

当银行破产或达到临界市值触发点时，将债券转换为股权，这意味着将迫使债券持有人向破产的大银行（而非纳税人）注资，作为结束"太大而不能倒闭"局面的额外措施。对大型或具有系统重要性的银行提出额外的资本金要求，会抑制其规模，甚至有可能会抑制银行间的相互关联性。这些要求也可能被视为一种"税收"，抵消了大型复杂银行可能获得的融资优势——这种优势抑制了全球系统重要性银行和系统重要性金融机构标准所界定的规模和复杂性。

三、明确相关救助主体及职权

权力是一把双刃剑，它可以用来为社会公众谋得福利，但权力配置不得当，则权力的执行就是一场零和博弈，会带来过多的"交易成本"。例如，国家政府部门的职责交叉不清，很可能会出现政府职责空白或职权冲突，甚至出现滥用职权以保证自身利益而损害他人或国家利益的乱象。若想要在银行业发生危机时给予有效的财政救助，需要每个环节的权责机关依法行使自己的职能。银行业发生危机的前兆、发生过程以及后期如何针对银行业给予财政救助的决策，都需要明确主体及其职权。主体及其职权明确，对迅速、准确地识别问题银行并在满足条件的情况下作出救助决策、采取救助措施至关重要。反之，会延误救助的最佳时间，对银行业乃至经济产生不利的影响（吴艳艳和俞冬来，2009）。

举一个未明确救助主体及职权的反例。2007 年，英国北岩银行挤兑事件发生后，在经过英格兰银行提供紧急贷款，英国财政部宣布对北岩银行 3.5 万英镑以内的存款给予全额担保并最终于 2008 年初将北岩银行国有化以来，英国的三个金融监管当局，即英格兰银行、财政部以及金融服务局，在北岩银行事件中争吵不休、相互指责。在北岩银行事件发生后，英国吸取教训并出台《2009 年银行法》，通过法律来建立特别处理机制以此干预和处置问题银行。该机制中有效划分了财政部、英格兰银行及金融服务局不同机构所承担的不同责任，并要求各个机构共同协调以采取相应措施。明确主体及其职权，是建立高效、有序的问题银行财政救助机制的前提。

借鉴英国《2009 年银行法》的做法，我国也应在职权及相关机构上进行进一步明确。首先，对我国现行法律下的银行业危机救助机构设置及其职权予以梳理：全国人民代表大会为最高权力机关，全国人大常委会为其常设机构，行使国家的预算审批权；国务院为国家最高行政机关，负责调节市场经济、实施市场监管、进行社会管理以及提供公共服务；中国人民银行作为中央银行，负责在国务院的领导下制定和执行货币政策以防范化解各类金融风险；财政部作为国务院的组成部门，负责制定并执行国家财政政策，主管国家财政收支工作；银保监会作为国务院直属事业单位，负责依据法律法规制定监管银行业金融机构的规章制度，并行使监管职能。

其次，通过总结国外经验并分析国内实践案例，在我国现行法律体系和制度安排的基础之上，可以从以下几个方面明晰相关救助主体及其权责要求，完善对银行业危机救助的相关制度安排：一是建立一个有效的银行危机识别制度。该制度以银保监会的监管作用为主，中国人民银行及财政部的政策制定及实施职能为辅。银保监会专门负责银行业金融机构的监督与管理，相较于其他部门，银保监会更易发现可能导致银行业危机的风险因素；而中国人民银行及财政部负责制定并采取财政及货币政策，可以从宏观调控层面把握经济的运行，预防系统性金融风险。这样一个宏观与微观相结合的银行危机识别制度有助于从源头把握并预防银行业危机的发生。二是提高政府预算审批成效，增强对财政预算的约束。全国人大及其常委会是审查批准政府财政预决算的主体，提高政府预算审批成效需要坚持并强化该主体地位，科学编制预算，良好衔接政府对银行业危机实施的财政救助。加强对预算执行的有效监督，杜绝资金浪费行为，使财政拨款落到实处，保证银行业危机发生时政府及时并高效地划拨财政救助资金，不影响政府其他预算执行和经济稳定。三是明确银行业危机救助时国务院和财政部的主体地位。国务院作为国家最高权力机关的执行机关，可以统筹协调各部门对银行业危机的应对及管理，而财政部是国务院的组成部门，专管政府财政收支并对其进行监督，是组织并实施银行业危机政府救助的部门。明确国务院和财政部的主体地位，切实做好银行业危机政府救助工作，预防银行业危机引发系统性风险，防范金融危机的发生。

最后，通过对中国法律规范、域外救助与立法实践的梳理和分析，在以尊重本国制度基础、以完善问题银行财政救助制度化为目的的基础上，对问题银行财政救助主体及其职权的配置得出如下结论：一是应当建立以银保监会为主，中国人民银行及财政部起辅助作用的银行危机识别制度。银保监会作为专门监管银行业的监督管理机构，对于识别银行业危机更具敏感性及信息优势。中国人民银行和财政部作为政府的宏观调控部门，不仅从宏观调控层面把握经济的运行，更容易把握系统性的金融风险。对于银行业危机的识别，一方面要遵循一定的微观量化标准，另一方面要结合对宏观形势的判断。二是应当完善全国人大及其常委会在预算审批中的主体地位。由于银行业发生危机时财政救助涉及财政资金的筹集与发放，所以只有强化权力机关在预算审批中的主体地位，才能够保证权力机关对财政预算形成强有力的约束，进而对行政权力予以制约和监督，提高行政权力对待财政资金的谨慎性，从而防止财政资金浪费情况发生，达到保护纳税人的利益的目的。三是要重点明确国务院及财政部在银行发生危机时财政救助中的主体地位。银行业发生危机时需要得到国家的财政救助，是因为若银行业未承受住风险发生破产的情形，将会引发系统性风险，进而威胁到金融稳定。金融稳定事关国计民生，其维护需要政府依法进行干预。国务院作为最高行政机关，具有最高行政权力。行政权力的灵活性、广泛性，能够满足问题银行财政救助中权责机关相机而择的需求。而财政部，作为国务院的财政部门，则是依照国务院的指示和授权，具体组织问题银行财政救助工作的部门。

四、建立财政救助主体间的制约与协调机制

全国人大及其常委会、国务院、中国人民银行和财政部都是对银行业危机进行救助的主体。避免各主体的非理性行为，保证职责与职权对等，需要在各主体之间建立良好的制约机制；降低行使权力时主体间相互摩擦形成的额外成本，则需要在各主体之间建立有效的协调机制。

首先，建立全国人大及其常委会与国务院之间的制约和协调机制。对于我国的预算管理，全国人大及其常委会具有按照宪法规定对政府预算编

制、审批、执行、调整和决算的全过程进行立法规范的权力，即全国人大的预算监督权，而国务院具有推进我国预算管理体制改革和运行的作用。国家进行预算改革，必然会涉及政府内部利益关系的调整，因此国务院进行体制改革会受到各种现实问题的制约而难以推进；如果从制度层面加以约束，即充分落实全国人大及其常委会的预算监督权，则能够形成对预算改革强有力的支撑。许多学者也对此问题进行了探究并提出以下建议：体制层面的改革一定是举步维艰的，完全依靠体制改革反而会适得其反，导致预算改革放缓。从制度层面进行改革，是一种正本清源的做法，更易取得实际效果。

其次，建立中国人民银行与财政部之间的制约和协调机制。作为我国四大宏观调控部门中的两个，中国人民银行主要通过制定和执行货币政策干预宏观经济，而财政部则通过制定和执行财政政策干预宏观经济。对银行业危机的政府担保会带来政府隐性债务，当银行业危机发生时，财政部划拨救助资金导致其确认为政府债务，因此，财政部良好的政府债务管理是政府实施财政政策救助银行业危机的一大先决条件。同时，银行业危机政府救助带来的大量财政救助资金流入也会对危机时的市场产生冲击。此时，中国人民银行作为我国中央银行，应迅速采取相应的货币政策，消除货币不稳定现象，预防通货膨胀的发生。

五、推进我国银行业重组

对于债务不合理的银行，政府将不再提供隐性担保，不再为其兜底，允许其破产重组。我们可以借鉴日本银行重组的经验来更好地推进我国银行业的重组。

首先，推进重组的基础在于制度体系的完善。银行业的重组不仅仅涉及自身的多个方面，更是涉及整个国家的经济发展。我国现阶段虽然实行了多种法律法规来为银行业的重组提供保障，例如《证券法》《商业银行法》《保险法》等，但这些法律仍旧存在覆盖面不广等缺陷。因此，我国必须根据我国国情，出台既符合世界潮流，又适合中国国情的金融机构重组法律法规体系。

其次，妥善处置银行业不良资产。银行业不良资产规模过大会阻碍银行业的稳定发展，给我国金融和经济发展埋下隐患。目前，我国银行的不良资产大多以组包处理转让给资产管理公司的方式进行处置，但在探讨如何处置不良资产的同时，更需要对不良资产增加的成因进行探讨，从根本上解决我国银行业不良资产过重问题。鼓励部分企业利用"债转股"降低企业债务率，减小企业杠杆率；放开不良资产证券化市场，丰富银行处置不良贷款的方式，降低不良资产对银行的经营冲击；增加银行自身抵抗不良资产的能力，提高银行经营水平，提取足额的坏账准备金，严禁银行为提升自身竞争力而重放轻收；对于重大不良资产，政府出资予以剥离，并完善社会信用系统，提升银行放贷前进行全面风险评估的能力。

此外，组建金融控股公司是银行业重组的重要形式。借鉴日本银行业重组是通过组建金融控股公司这一重要形式，结合我国实际情况，组建我国金融控股公司。金融控股公司有其独有的优势，具体体现在可以扩张资本、削减摩擦、实行全能化经营和银行经营机制变革等方面。金融控股公司采取一种以股权为纽带与各子公司联合经营的模式，可以有效推动银行业的股份制改革；我们要确保各子公司具有适度的产权自由，并设立严格的监管标准，对各子公司和金融控股公司进行监管；并坚持股份制改造，有机地对资产管理公司和国有商业银行的内部结构进行重组，以推动其向金融控股公司的平稳过渡，促进我国金融控股公司的进一步发展；而对于已成立的金融控股公司，要积极进行规范化改造，例如对于那些控股公司为商业银行的企业，我们可以尝试以商业银行为主体新设一家金融企业作为母公司，继而收购其他证券、保险等办理金融业务的公司，由母公司统一制定经营战略，分业经营并分业管理，降低银行业经营风险。

最后，顺应全球化趋势，可以采用吸引外资参与重组的形式促进银行业的重组。日本银行业的重组为我国提供了解决问题的思路，即可以通过吸引外资来重组银行业。加入 WTO 进一步开放了我国金融市场，在我国设立营业机构的外资银行增多。这些外资银行大多实力雄厚、管理先进且资产优良，有能力以参股或收购等方式加入并推动我国银行重组进程。我国银行业资产规模在外资银行的参与下进一步提升，其经营规模也稳步增加，通过借鉴外资银行的多元化经营理念和金融创新能力，我国银行业迎来了新的利润增长点，其改革受到强有力的推动。但是，目前我国银行业的综合管理水平有待提升，致使其开放市场的竞争力不足，因此，推进我国银行业的重组及改革，必须要在我国目前开放水平的基础上扩大对外开放的程度，不断扩大外资参与我国银行业重组的规模。

第六节　提高银行业政府或有债务的透明度

公开讨论银行业政府或有债务风险或提高其透明度，会使政府相关人员对来源于金融领域的政府或有债务保持清醒认识。然而，对于财政透明度，目前理论界却有两种观点：一种主张透明，另一种则建议采取一种模糊的态度。两者的目标都是为了防止道德风险，但是他们在如何最好完成这一问题上意见不同。后一种观点认为提高财政透明度会大大增加道德风险，因此政府不应公开其对于潜在风险的看法。这是 IMF 在其新公布的《财政透明度良好实践准则》中阐述的观点。IMF 强烈倡导财政事务的公开性，但是它仍然强调"诸如政府将来可能拯救一个公共企业或私人银行的隐性担保"不应包括在对或有债务的声明中。

一、提高透明度的双向影响

政府行为的好坏取决于政府财政信息的公开性与透明度。当银行陷入危机国家对其进行财政救助时，财政机关的信息公开和报告制度可以对财政风险实现提前预警，使得政府在预防财政风险转化为财政危机时仍有时间窗口采取纠正措施。1998 年 IMF 就发布了《财政透明度守则》，以此来指导各国政府提高财政透明度。2000 年后，IMF、世界银行和很多国家在具体国家技术援助和跨国分析工作中更是投入了相当大的努力以改善一国政府的财政报告特别是有关财政风险的报告，意图通过更科学的报告实现更好的风险管理，进而改善公共财政状况。2007 年，IMF 又对《财政透明度守则》进行了更新，作为全球财政透明度标准所不可或缺的核心架构，该守则强调问责制，认为政府制定政策以及安排公共资金使用时问责制是必不可少的，应通力加强。然而，2008—2009 年的金融危机及其带来的财政影响似乎揭示了财政报告效果值得商榷：在金融危机爆发之前，甚至有关财政风险的报告都没有提及银行业可能成为其重要来源。政府刻意隐瞒这一报告内容的原因之一可能是这些财政风险来自于隐性担保，政府担心相关信息的披露会增加道德风险①。然而，这场危机使得人们对政府意图控制风险而刻意隐瞒相关风险的有效性产生怀疑。在最近的风险评估中，IMF 要求进行更多的披露，同时要求政府承认道德风险问题，其认为政府应该"定期向公众报告银行业的财政风险，但注意不要加剧道德风险"，并指出"公众讨论银行业的财政风险可能有助于促进解决该问题的改革"，而且"披露可能产生意想不到的后果，特别是如果没有采取可靠的措施来限制财政风险时"（IMF，2015）。

---

① 通常认为，有三类情况可以不报告或报告时需要谨慎对待。这三类情况包括风险无足轻重、披露风险会引发银行挤兑、披露风险会加重道德风险或削弱政府抵制赔偿诉求能力。对于第一类情况，风险是否无足轻重取决于政府隐性担保兑付的概率以及兑付产生的成本。如果担保兑现时成本巨大，那么即使担保兑现的概率较低，也应该报告其风险；而如果担保兑现的成本较低，只有在兑现的概率较高时才进行报告。对于第二类情况，如果政府宣布某个银行陷入困境，这可能引发该银行存款或者其他债务的挤兑，特别是如果这些债务没有明确的政府担保。对于第三类情况，政府讨论隐性担保，可能无意中将其清晰明确，这会削弱政府在任何有关救助的谈判或诉讼中的地位，增加道德风险和政府的预期成本。这种担忧反映了某种"建设性模糊性（constructive ambiguity）"的优势。面对承诺金融恐慌的社会成本和鼓励冒险贷款的社会成本之间的权衡，金德尔伯格（Kindleberger，1978）认为，让投资者对他们是否获救在疑问可能是最好的选择。弗雷克斯（Freixas，1999）提出了一种正式模型，认为央行最好采用部分随机、不可预测的策略。同样的逻辑，政府不应该精确地披露它们意图保护银行债权人的情况。

从理论上讲，政府债务和赤字等财政风险指标会对潜在金融危机的预期财政成本起到一些警示作用。例如福普（Phaup，2009）认为美国政府应该在其国家账户中识别对房利美（Fannie Mae）和房地美（Freddie Mac）债务进行隐性担保的成本。财政统计和政府账户的国际标准也为将隐性担保纳入政府债务中提供了一些概念支持。然而，由于大多数隐性担保的估值很不确定，并且在传统的债务衡量标准中可靠性也比较低，所以很少有国家来报告政府对银行业隐性担保的风险。现实中，也曾有部分国家对此类风险进行预警，如危机前的澳大利亚、新西兰以及芬兰都在其预算文件中对相关财政风险进行了不同程度的讨论。在美国，年度预算报告《分析展望》详细讨论了与政府信贷和保险计划相关的财政风险。在欧洲，政府每年在更新稳定与趋同计划（stability and convergence programmes）时也都会提到财政风险。然而在危机之前，这些报告将显性担保一一披露，却没有披露银行业产生的大部分风险：如在美国，《分析展望》（Analytical Perspectives）详细讨论了政府的存款保险以及其他类型的明确保险和担保；澳大利亚和新西兰的财政风险报告也披露了各种可能导致支出增加或收入降低的来源，包括明确的担保和赔偿，但澳大利亚和新西兰政府都没有更广泛地讨论隐性担保或金融部门带来的风险（澳大利亚和新西兰的金融危机尽管没有像欧洲或美国那样严重，但政府都在危机最严重时为金融机构提供了担保，都经历了公共财政的严重恶化）；在欧洲，即使是相当敏感的风险报告也没有讨论金融危机及其可能增加财政成本的风险。

很多国家政府因担心财政披露会恶化道德风险和增加政府在危机事件中的财政成本而不要公开讨论来自银行业的财政风险，我们也不能指望报告财政风险可以预防危机，但公开讨论可能有助于减轻风险，促进政府采取缓解风险的措施。首先，对来自银行业的财政风险的公共讨论有助于形成对应对问题的改革的支持。IMF《财政透明度手册》（2007）指出，"提高财政透明度有助于引起对未来潜在财政风险的重视，进而可以更早地制定相对平滑的财政政策以应对经济条件的改变，因此降低了危机发生的概率和严重性"。其次，来自银行业的财政风险的所有信息的公开也会增加政府和公众对这一问题的认识，有助于建立支持政府财政政策（如其债务目标），与减少财政风险的改革相适应，与国际最优实践相一致的处置机制框架，报告也能揭示政府清醒地认识并采取措施来减少未来银行破产对公共资金需求的可能性。作为更广范围内财政风险的讨论，这些风险的日常报告有助于减少当讨论金融部门或有债务时对一些银行破产或政府干预即将来临的感知。与此同时，在采取一些特殊措施来限制财政风险时，信息披露可能会产生难以预测的结果。需要注意的是，信息披露不能形成一种政府即将救助银行的错觉，这会恶化道德风险，或无助于限制政府的干预选择。因此，公开发布的分析通常应该是没有限定的（非特定银行），应该是通过银行业压力测试结果来公开，并提供一系列的可选择情景，包括假设不适用公共资金来支持银行的情形。此外，有关银行问题的前期非公开信息的披露可能阻碍银行增加资金的努力，甚至会引发银行挤兑。

二、财政报告的内容

在收付实现制下，尽管或有债务没有被作为债务和支出计入政府账户，但是对每一类政府或有债务，理论上政府都应在财政声明中进行详细披露（除非或有债务的支付可能性非常低）。这些披露性描述包括：①一个对财政影响的估计，即任何政府未来支付的现值；②一个对政府未来支付有关数量和时间不确定的揭示；③偿还的可能性。另一方面，如果政府未来支付的可能性将超过 50%且能被可靠估计，那么该或有债务及其未来支出应在政府账户中进行披露。现实中，只有最发达国家提供对或有债务的综合概述，且对隐性或有债务常常也不能做到完全描述。实际上，政府是否应该披露和讨论所有的隐性或有债务也不是明确，因为模糊承诺可能更好，否则会导致道德风险（Irwin，2016）。

而对源于金融部门财政风险的报告通常因国别而不同，一些在具有创新性金融部门的大体量经济体中起作用的报告可能对那些相对保守金融部门的小体量经济体没有必要。即使对于同一国家，在繁荣期和萧条期的报告也会不一样，甚至因政府实施的为减轻金融危机的财政风险而制定的政策而有所不同。一个试图禁止未来实施救助的政府也许坚称自己已经减少甚至取消了隐性担保（例如，通过施行针对信用评级或基于市场的措施表明"太大而不会倒闭"的银行没有从与其他银行相比的明显优势中获益），这样的政府也可能只专注于描述其缓解风险的政策。其他政府可能使用该报告来解释他们正在制定的风险缓解政策并获取对自己的支持。尽管如此，大多数国家还是在大多数时期报告相关的一些信息和指标。

关于风险的讨论可以从解释由金融部门造成的财政风险的性质开始，需要注意的是，即使政府没有法律义务，金融危机仍能将政府推入一个最不期望的境地，即向银行提供财政支持。对于那些刚刚经历金融危机的国家，相关报告可以回顾危机期间政府给予银行的支持以及对危机最终的财政净成本的估计。在可能的情况下，报告可以参考市场数据分析或信用评级来表明某些银行的负债是否受益于隐性政府担保。报告的核心将主要是金融部门所创造的风险的现状。其中包括金融部门引发或加剧经济衰退的可能性以及政府提供的存款保险等显性担保所带来的风险。隐性担保是最难描述的风险，报告无论如何也不会将此类担保等同于显性担保。尽管隐性担保不像显性担保那样可以明确具体地表示出来，报告的一些要素也可能与显性担保的典型报告有些相似。在显性担保的情况下，政府通常会披露担保债务的数额，作为政府风险的警示，有时也会披露有助于评估担保兑现概率的信息，有时也会估计担保的价值。通过类比，关于隐性担保的报告也可以提供与评估政府风险、担保兑现的可能性和担保价值相关的信息。具体来说，财政报告主要包括以下三方面内容：

（一）有关政府债务风险暴露的指标

银行业政府或有债务指数应该算是政府暴露于银行业风险的一个关键

指标。实际上，金融部门债务数额可以分为由政府明确担保支持的部分和没有明确担保的部分。政府没有明确担保支持的负债可以进一步分为与私人银行有关的债务和与国有银行有关的债务，后者通常比前者能够获得更稳定的隐性担保。这些债务也可以进一步划分为存款和非存款负债，并根据银行存款的规模和系统重要性以及大型银行债务划分其类别。这些银行大多与其他大型公司存在金融业务往来，因此二者联系密切，通常会获得更稳固的担保。如同对显性担保表面价值的披露一样，这些数额不是表面危机发生的概率或其预期的成本，而仅是最坏情形的成本。

（二）有关金融危机概率指标

估计金融危机的概率比判断政府风险要困难得多，然而对先前危机的研究表明，某些指标尽管不能准确地预测危机，但可以揭示危机的风险是否高于平时。这些指标的变动尽管不是所有危机的共同特征，但对大多数危机来说也是普遍情况。一般来说，危机常发生在债务推动的资产价格泡沫破灭之后。在经过一段时间的谨小慎微之后，某个利好消息导致投资者信心上升。这个利好消息可能是紧随金融自由化之后的某项新技术或金融创新。无论是什么原因，投资者都会哄抬证券、房屋、商业地产或其他资产的价格，较高的资产价格抬高了贷款人的抵押品价值，使得现有贷款看起来更安全。信心的增加和抵押品价值的增加带动了贷款数额的增加，从而进一步增强信心和推动资产价格、投资和贷款的增加，进而推动经济增长并降低政府的赤字和债务与 GDP 之比。随着资产价格相对于其产生现金流的不断上涨，更多的借款人只能通过再融资来偿还贷款，但乐观的预期会允许再融资。一些融资来自受投资机会吸引的外国投资者，资本流入导致汇率升值并出现经常账户赤字，整个过程是自我强化的，资产价格超过了传统的公允价值衡量标准，并继续保持上升趋势，乐观主义者变得比怀疑论者更富有。然而，最终这个过程会发生逆转，泡沫破裂，其中包括债务泡沫的破裂，导致许多账务无法偿还，上升的指标必然会降下来。当然，这种论断有部分属于"事后聪明式偏见"。因此，我们建议报告以下格式化的风险预警指标：经常账户赤字、外债和实际升值的货币；证券、房屋和商业地产价格的增长以及这些价格相对于公允价值的估计；银行向其他经济体提供的股票和近期信贷增长；银行和其他杠杆贷方的杠杆作用和流动性，以及它们的不良贷款水平及其抵御利率冲击的能力，抵押品的价值，资金的可用性以及其他风险因素。

　　信用评级和市场价格也相关。评级机构会公布包含一系列银行信誉度指标的报告，其中还包含一些市场指标，如债券收益率和信用违约互换（CDS）差价，还会从这些指标中推断出众多大型银行同时违约的可能性。该报告还可以讨论政府对自身信用风险的估计，当政府有适度的债务和赤字时，其债券的高收益率或主权信用评级不佳可能是政府有大量未确认负债的信号，其中可能包括金融部门的隐性担保。最近的危机导致许多政府陷入困境，尽管此前其信用评级较高且债券收益率较低，但这些措施确实具有预测能力。报告还可以包括许多其他指标。关于金融部门稳定性的详细报告通常包括衡量银行盈利能力、杠杆率和流动性的许多指标，还可能包括压力测试的结果，这些压力测试可以估算出银行是否能够承受各种冲击。

　　（三）有关隐性担保价值的估计

　　我们有可能使用超越目前讨论的方法来估计隐性担保的市场价值。实现这一目标的一种方法首先是认识到担保本质上是看跌期权。特别是，如果可以假设政府的隐性担保保护债权人而不是股东，则保证金的价值可以通过比较银行的实际借贷成本与银行股价波动时通常预期的借贷成本进行估算。另一种方法是信用评级机构不仅会发布考虑到任何隐性担保的标准信用评级，而且还会发布在没有政府支持的情况下适用的反事实评级（Ueda 和 Mauro，2013），利用实际评级与反事实评级之间的差异，加上评级与利率之间典型关系的信息，可以得出银行年度隐性担保价值的估计值。

表 7-3　对披露财政风险立法要求的一些国家案例

国家	立法	要求
澳大利亚	《预算诚实法宪章》 Charter of Budget Honesty Act	要求预算和财政展望报告包括或有债务，政府公开承诺和正在进行的诉讼等在内的对财政具有重要影响的财政风险的声明，它也要求进行代际报告以评估在目前政府政策对之后 40 年长期可持续性的影响。两个代际报告已经分别在 2002 年和 2007 年给出
巴西	《财政责任法》 Fiscal Responsibility Law	要求年度预算指示草案包括对财政风险和或有债务进行估计的附件内容
加拿大	《财政管理法案》 The Financial Administration Act	要求政府声明揭示加拿大政府的或有债务。各部门也被要求在其账户中清晰地展示它们资产以及直接和或有的政府债务
捷克	《财政责任法》 Fiscal Responsibility Law	要求政府每年的报告中包括来自财政担保的政府债务的数量和特征，既包括期限结构、担保和受益者，也包括在法律和契约性责任下的估计责任，如最低养老金担保或者对基础设施的担保
哥伦比亚	《财政责任法》 Fiscal Responsibility Law 《管理或有债务法》 Managing Contingent Liabilities	财政责任法要求政府每年在制定年度预算案时也制定一个中期财政框架，其中包括一些难保财政行为如税收支出，或有债务和最近立法的财政成本的估计
法国	预算体制法 The Budget System Law	新的预算框架要求资产负债表内外的政府债务与责任都要公开
新西兰	《公共财政法案》 The Public Finance Act	要求对所有对预期财政支出产生压力的政府政策和其他环境以及对财政和经济展望产生重要影响的因素都要进行披露。特别是政府声明、或有债务声明，以及财政总量对经济形式敏感度的最新内容。要求财政部至少每四年出版《长期财政形势报告》

续表

国家	立法	要求
尼日利亚	《财政责任法》 Fiscal Responsibility Law	法律要求政府预算必须伴有财政风险的相关附录，以评估预算年度的财政风险和其他风险，并详细说明所采取的以弥补这些风险债务的措施
巴基斯坦	《财政责任和债务限度法》 Fiscal Responsibility and Debt Limitation Act	政府被要求向国民大会提供年度债务政策声明，其中包括关于担保和担保的预算影响的信息
秘鲁	《透明度与公共信息公开法》 Law on Transparency and Access to Public Information	要求公开政府与宏观经济形势相关的中期财政风险。早期的《谨慎和透明财政政策》(Prudent and Transparent Fiscal Policy, 1999) 要求披露的中期债务项目包括政府担保并披露的长期债务项目
英国	《财政稳定规范》 Code for Fiscal Stability	要求政府提供一个围绕经济和财政展望的风险分析框架，包括政府决策和财政展望的境况，以及其他重要的或有债务和对过去预期偏差的纠正

数据来源：Aliona Cebotari，"Contingent Liabilites：Issues and Practice"，IMF Working Paper，No. WP/08/245，2008。

三、财政报告的法制化

除了一些国际标准要求对政府或有债务特别是源于金融领域的政府或有债务进行披露外，世界上许多国家已经将披露政府或有债务的职责制度化并内生于政府财政职责和公共财政管理立法中，如表 7-3 所示。虽然一些国家仅对政府或有债务在立法要求中进行披露，如加拿大和捷克，但其他一些国家的立法却要求将关于财政风险的一切信息进行更为复杂的披露。

四、提高银行业的相关信息的披露水平

随着大数据平台、物联网等的高速发展，各级政府正在不断依据高科技建立对地方政府债务风险进行监管的财政信息化网络。银行业政府或有债务作为地方政府债务的一部分，其风险也大大地影响了地方政府的债务风险，因此，也要依靠现代科学技术的发展，提高银行业信息的透明度，从工作、资产等各个方面对银行业进行监管。

提高银行业的信息透明度，必须重视银行业信息披露。确保上下级银行间信息畅通和同级银行间信息共享，以及定期向社会公众披露真实信息，保证银行业或有债务的相关风险信息能够有效传递，形成银行业内、银行业与社会公众间的高效监督，这有助于及时发现银行业问题并推动其有效解决。银行业信息公开透明可减少经营过程中的盲目决策行为，规避银行业风险，避免由此产生不必要的政府或有债务。同时，获取真实有效的信息可以提高社会公众的参与度，银行业与社会公众相互配合，有助于控制银行业政府或有债务，防范化解政府债务风险。提高银行业信息的透明度，需要采用高科技技术，特别是需要计算机技术，因此银行业需要引进技术型人才，规范数据库建设，开发银行业信息公开系统，为信息质量的提高和传递速度的提升提供术支持，促进银行业内部有效传递信息和向社会公众及时披露信息以及增进政府部门与银行业的信息畅通，降低获取

信息过程中主体间相互摩擦造成额外成本，解决公众的"信息孤岛"问题，利于监管银行业政府或有债务。

提高银行业信息的透明度，其中最重要的一环在于完善我国的财政报告。我国银行业政府或有债务及其财政成本的控制与我国财政报告息息相关的，财政报告旨在就财政危机发出警告，同时完善的财政报告还可以预留出时间来预防这些危机。在过去多年的探索中，IMF、世界银行和其他机构相应地在针对具体国家的技术援助和跨国分析工作中投入了相当大的努力，以改进政府的财政报告，特别是财政风险报告。因为更好的报告才能够得到更好的风险管理，包括从根源上减轻一些风险，将其他风险转移到私营部门，以及逐步改善公共财政，以便在不危及政府信用的情况下吸收剩余的风险。但近年来，特别是2007—2009年全球性金融危机揭示了财政报告仍有巨大的缺陷。尤其是对一些发达国家来说，其公共财政遭到巨大创伤，税收收入相对于危机前的预期大幅下降，政府就会对银行和其他金融机构进行纾困，因此这些机构的债务得到了政府的隐性担保。但是在危机爆发之前，财政报告并未就此类问题发出警告，因此，危机似乎揭示了财政报告的失败：在危机之前，甚至连财政风险报告都没有提到银行可能是财政问题的一个根源。财政报告保持沉默的一个重要原因在于，这种风险部分来自隐性担保，而政府可能担心这种披露会增加道德风险（Barth，Wihlborg，2016）。

由于近年来危机的发生，以及人们对财政风险的重视，财政报告越发凸显它的重要性，对财政报告的编写也提出了更高的要求。任何关于金融部门造成的财政风险的报告当然都应该针对具体国家，要采用具体问题具体分析的政策：对于一个拥有庞大和创新型金融部门的经济体而言，一些报告在该部门规模小且保守的情况下并没有太多存在的必要性；在一个特定的国家，在经济发展的不同时期，财政报告的侧重点有所不同；根据政府为减轻金融危机的财政风险而制定的政策，报告内容也会有所不同。一个采取了可靠政策以防止未来出现救助的政府，可能会断言它已经减少其至消除了隐性担保。这样的政府可能会专注于描述其降低风险的政策，其他国家的政府可能会利用这份报告来解释它们正在制定的风险缓解政策，并争取支持。因此，鉴于近年来国内外金融危机的发生，我国应该完善财政报告，特别是要在财政报告中完善对银行业政府或有债务的披露，在符合国情的情况下合理进行，从而有利于规范银行业行为，进一步做到控制财政成本以及防范财政风险的目的。

此外，随着科技的发展，互联网成为披露财政信息较为方便快捷的渠道，互联网的发展以及电脑的普及为政府信息的公开性和透明度提供了技术支持。我国早在 1999 年便着力实施政府上网工程，推动各级政府部门的门户网络创建，并不断加强相关法律建设，于 2008 年 5 月 1 日施行《政府信息公开条例》，从法律层面对政府信息的公开透明予以了硬性规定。直到 2019 年新修订的《政府信息公开条例》出台，我国在信息公开上做出了巨大突破，不仅首次明确信息公开的义务主体、扩大主动公开的范围和深度，还取消"三需要"门槛方便公众获取信息、提升政府信息公开在线服务水平，更完善了依申请公开程序规定、改革年报发布制度。虽然新修订的《政府信息公开条例》改正了诸多不足，但仍需要进一步落实，应进一步借助互联网这一平台，提高财政透明度，缩短财政信息的披露时间，使财政报告由年报向季报以及月报转变，扩大公开财政信息的覆盖范围，不断对财政信息进行细化披露。

参考文献

Abiad, A. ,et al. ,"A New Database of Financial Reforms", *IMF Staff Papers*, Vol. 57, No. 2 (June 2010).

Acharya, V. V. , et al. , " A Pyrrhic Victory? —Bank Bailouts and Sovereign Credit Risk", *Journal of Finance*, Vol. 69, No. 6 (December 2014).

Acharya, V. V. , Steffen, S. , "The Greatest Carry Trade Ever? Understanding Eurozone Bank Risks", *Journal of Financial Economics*, Vol. 115, No. 2 (February 2015).

Agnese, P. ,"Bubble Economics and Structural Change: The Cases of Spain and France Compared", *Journal of Economic Policy Reform*, Vol. 21, No. 1 (August 2018).

Aitor, "Bank and Sovereign Risk Feedback Loops", Federal Reserve Bank of Dallas Globalization and Monetary Policy Institute Working Paper, No. 227, 2015.

Allen, F. ,et al. ,"Moral Hazard and Government Guarantees in the Banking Industry", *Journal of Financial Regulation*, Vol. 1, No. 1 (March 2015).

Allen, F. ,Gale, D. ,"Liquidity, Asset Prices and Systemic Risk Bank for International Settlements", Proceedings of the Third Joint Central Bank Research Conference, 2003.

Amaglobeli, D. , et al. , "From Systemic Banking Crises to Fiscal Costs: Risk Factors", IMF Working Papers, No. WP/15/166, 2015.

Angeloni, C. ,Wolff, G. ,"Are Banks Affected by Their Holdings of Government Debt?", Bruegel Working Paper, No. 7, 2012.

Angkinand, A. P. ,"Banking Regulation and the Output Cost of Banking Crises", *Journal of International Financial Markets, Institutions and Money*, Vol. 19, No. 2

（June 2007）.

Ariccia, G. D. ,et al. ,"Policies for Macrofinancial Stability: Dealing with Credit Booms and Busts", IMF Staff Discussion Note, No. SDN/12/06, 2012.

Arora, V. ,Cerisola, M. , "How Does U. S. Monetary Policy Influence Sovereign Spreads in Emerging Markets?", *IMF Economic Review*, Vol. 48, No. 3 （January 2001）.

Arslanalp, S. , Liao, Y. , " Contingent Liabilities from Banks: How to Track Them?", IMF Working Papers, No. WP/15/255, 2015.

Arslanalp, Serkan, Liao, Yin, "Contingent Liabilities and Sovereign Risk: Evidence from Banking Sectors", Cama Working Papers 2013.

Baer, H. ,Klingebiel, D. ,"Systemic Risk When Depositors Bear Losses: Five Case Studies", in G. G. Kaufman ed. , *Banking*, *Financial Markets and Systemic Risk*, Greenwich: Ct. JAI Press, 1995.

Bagehot, W. , *Lombard Street: A Description of the Money Market* , History of Economic Thought Books, America: CreateSpace, 1873.

Baldacci, E. ,et al. , " How Effective is Fiscal Policy Response in Systemic Banking Crises?", IMF Working Paper WP/09/160, 2019.

Barro, R. J. ,Gordon, D. B. ,"Rules, Discretion and Reputation in a Model of Monetary Policy", *Journal of Monetary Economics*, Vol. 12, No. 1 （January 1983）.

Barry, Eichengreen, Golden, Fetters, *The Gold Standard and the Great Depression*, New York: Oxford University Press, 1992.

Barth, J. R, Wihlborg, C. ,"Too Big to Fail and Too Big to Save: Dilemmas for Banking Reform", *National Institute Economic Review*, Vol. 235, No. 1 （February 2016）.

BCBS, "An Assessment of the Long-term Economic Impact of Stronger Capital and Liquidity Requirements", 2010, https: //www. bis. org/.

BCBS, "Global Systemically Important Banks: Assessment Methodology and the Additional Loss Absorbency Requirement", 2011, https: //www. bis. org/.

BCBS, "Analysis of Risk Weighted Assets for Credit Risk in the Banking Book", 2013, https: //www. bis. org/.

BCBS, "Basel III: the Net Stable Funding Ratio", 2014, https: //www. bis. org/.

BCBS, "Basel III: Finalizing Post-crisis Reforms", 2017, https://www.bis.org/.

Beers, D., Chambers, J. "Sovereign Defaults At 26-Year Low, To Show Little Change In 2007", *Standard & Poor's Ratings Direct*, September 18 2006.

Bennett, et al., "Do Credit Guarantees Lead to Improved access to Financial Services? Recent Evidence from Chile, Egypt, India, and Poland", Policy Division Working Paper, 2005.

Black, F., Scholes, M., "The Pricing of Options and Corporate Liabilities", *Journal of Political Economy*, Vol. 81, No. 3 (May 1973).

Black, L., et al., "The Systemic Risk of European Banks during the Financial and Sovereign Debt Crises", *International Finance Discussion Papers*, Vol. 63, No. 1083 (February 2013).

Blanchard, O., "Public Debt and Low Interest Rates", *The American Economic Review*, Vol. 109, No. 4 (April 2019).

Blanchard, O., et al., "Rethinking Macroeconomic Policy", IMF Staff Position Notes, 2010.

Blanchard, O. J., Watson, M, "Bubbles, Rational Expectations and Financial Markets", NBER Working Paper, No. 945, 1982.

Boissay, F., et al., "Booms and Systemic Banking Crises", *SSRN Electronic Journal*, No. 1514 (June 2013).

Bordo, M., et al., "Is the Crisis Problem Growing More Severe?", *Economic Policy*, Vol. 16, No. 32 (April 2001).

Bordo, M., Landon-Lane, J., "The Banking Panics in the United States in the 1930s: Some Lessons for Today", *Oxford Review of Economic Policy*, Vol. 26, No. 3 (June 2010).

Bordo, M. D., et al., "Is the Crisis Problem Growing More Severe", *Economic Policy*, Vol. 16, No. 32 (April 2001).

Bordo, Michael D., "A Historical Perspective on the Crisis of 2007 – 08", Working Papers Central Bank of Chile No. 102, 2009.

Borio, C., et al., "Banking Crises: Implications for Fiscal Sustainability", Basle: BIS Mimeograph, 2019.

Borio, C., et al., "Labour Reallocation and Productivity Dynamics: Financial

Causes, Real Consequences", Bis Working Papers, No. 534, 2015.

Bova, E. ,et al. ,"The Fiscal Costs of Contingent Liabilities: A New Dataset", IMF Working Paper, WP/16/14, 2016.

Brixi, H. ,Schick. A. ,*Government at Risk: Contingent Liabilities and Fiscal Risk*, Washington: World Bank Publications, 2002.

Broda, C. ,"Terms of Trade and Exchange Rate Regimes in Developing Countries", *Journal of International Economics*, Vol. 63, No. 1 (June 2004).

Broner, F. A. , et al. , "Sovereign Debt Markets in Turbulent Times: Creditor Discrimination and Crowding-out Effects", *Journal of Monetary Economics*, Vol. 61, No. 1 (January 2014).

Brunnermeier, M. K. , "Asset Pricing under Asymmetric Information: Bubbles, Crashes, Technical Analysis, and Herding", *Economic Journal*, Vol. 112, No. 483 (November 2002).

Caballero, R. J. , et al. , "Zombie Lending and Depressed Restructuring in Japan", *American Economic Review*, Vol. 98, No. 5 (December 2008).

Candelon, B. , Palm, F. C. , "Banking and Debt Crises in Europe: The Dangerous Liaisons?", *Economist-Netherlands*, Vol. 158, No. 1 (April 2010).

Caprio, G. ,Klinge, D. , "Episodes of Systemic and Borderline Banking Crises, in Managing the Real and Fiscal Effects of Banking Crises", World Bank Discussion Paper, No. 428, 2002.

Cariboni, J. , et al. , "Reducing and Sharing the Burden of Bank Failures", *OECD Journal: Financial Market Trends*, Vol. 2015, No. 2 (April 2016).

Cebotari, A. ,"Contingent Liabilities: Issues and Practice", *Social Science Electronic Publishing*, Vol. 8, No. 245 (January 2008).

CGFS, "Structural Changes in Banking after the Crisis", 2018, https://www. bis. org/publ/cgfs60.

Chan, Y. ,et al. ,"Is Fairly Priced Deposit Insurance Possible", *Journal of Finance*, Vol. 47, No. 1 (May 2012).

Chang, R. ,Velasco, A. ,"A Model of Financial Crises in Emerging Markets", *The Quarterly Journal of Economics*, Vol. 116, No. 2 (May 2001).

Kindleberger, Charles P. , Aliber, Robert Z. ,*Manias, Panics and Crashes: A*

History of Financial Crises, 6th *Edition*, Basingstoke, Hampshire: Palgrave Macmillan, 2011.

Claessens, S. ,et al. ,*Crisis Resolution*, *Policies*, *and Institutions*: *Empirical Evidence*, *Systemic Financial Crises*: *Containment and Resolution* , Cambridge: Cambridge University Press, 2005.

Claessens, S. ,et al. ,"Crisis Management nd Resolution: Early Lessons from the Financial Crisis," *IMF Staff Discussion Note*, 11/05, 2011.

Cooper, R. ,Kempf H. , "Deposit Insurance and Bank Liquidation without Commitment: Can We Sleep Well?", *Economic Theory*, Vol. 61, No. 2 (February 2016).

Cooper, R, Ross, T. W. , " Bank Runs, "Deposit Insurance and Capital Requirements", *International Economic Review*, Vol. 43, No. 1 (February 2002).

Correa, R. , et al. ,"Sovereign Credit Risk, Banks' Government Support, and Bank Stock Returns around the World", *Journal of Money*, *Credit and Banking*, Vol. 46, No. 1069 (February 2014).

Correa, R. ,Sapriza, H. , "Sovereign Debt Crises", International Finance Discussion Papers No. 1104, 2014.

Correa, R. , Sapriza, H. , "Sovereign Debt Crises", *Social Science Electronic Publishing*, Vol. 78, No. 2 (January 2014).

Cox, J. C. , et al, "Option Pricing: A Simplified Approach", *Journal of Financial Economics*, Vol. 7, No. 3 (September 1979).

Crowe, S. A. ,et al. ,"The Biogeochemistry of Tropical Lakes: A Case Study from Lake Matano, Indonesia", *Limnology and Oceanography*, Vol. 53, No. 1 (January 2008).

Cuadra, G. ,Sapriza, H. , "Sovereign Default, Interest Rates and Political Uncertainty in Emerging Market", *Journal of International Economics*, Vol. 76, No. 1 (June 2008).

Daniel, J. , "Hedging Government Oil Price Risk", IMF Working Papers, No. WP/01/185, 2001.

Dell'Ariccia, G. , et al. ,"Credit Booms and Lending Standards: Evidence from the Subprime Mortgage Market", IMF Working Papers, No. WP/ 08/106, 2008.

Demirgüç-Kunt, A., Detragiache, E, "Does Deposit Insurance Increase Banking System Stability? An Empirical Investigation", *Journal of Monetary Economics*, Vol. 49, No. 7 (June 2002).

Demirgüç-Kunt, A., Huizinga, H., "Market Discipline and Deposit Insurance", *Journal of Monetary Economics*, Vol. 51, No. 2 (April 2003).

Denk, O., et al., "Why Implicit Bank Debt Guarantees Matter", *OECD Journal: Financial Market Trends*, Vol. 2014, No. 2 (April 2015).

Diamond, D. W., Dybvig, P. H., "Bank Runs, Deposit Insurance, and Liquidity", *Journal of Political Economy*, Vol. 91, No. 3 (June 1983).

Díazcassou J., et al., "Recent Episodes of Sovereign Debt Restructurings: A Case-Study Approach", *Occasional Papers*, No. 0804 (August 2008).

Diebold, F. X., Yılmaz, K., "On the Network Topology of Variance Decompositions: Measuring the Connectedness of Financial Firms", *Journal of Econometrics*, Vol. 182, No. 1 (September 2014).

Dobler, M., et al., "The Lender of Last Resort Function after the Global Financial Crisis" IMF Working Papers, No. WP/16/10, 2016.

Drechsler, I., et al., "A Model of Monetary Policy and Risk Premia", *Journal of Finance*, Vol. 73, No. 1 (February 2018).

Drechsler, I., et al., "Who Borrows from the Lender of Last Resort", *Journal of Finance*, Vol. 71, No. 5 (October 2016).

Easterly, W., "The Ghost of Financing Gap: Testing the Growth Model Used in the International Financial Institutions", *Journal of Development Economics*, Vol. 60, No. 2 (June 1999).

Eduardo Cavallo, Alejandro Izquierdo, "Dealing with an International Credit Crunch: Policy Responses to Sudden Stops in Latin America", Inter-American Development Bank, 2009.

Elva Bova, et al., "The Fiscal Costs of Contingent Liabilities: A New Dataset", IMF Working Paper WP/16/14, 2016.

Emanuele, B., Gupta, S., "Fiscal Expansions: What Works", *Finance & Development*, Vol. 46, No. 4 (December 2009).

Emanuele, B., et al., "How Effective is Fiscal Policy Response in Systemic

Banking Crises?", IMF Working Papers, No. 160, 2009.

Eschenbach, F. ,Schuknecht, L. ,"Budgetary Risks from Real Estate and Stock Markets", *Economic Policy*, Vol. 19, No. 39 (July 2004).

Escolano, J. , et al. ,"The Puzzle of Persistently Negative Interest Rate-Growth Differentials: Financial Repression or Income Catch-Up?", *Fiscal Studies*, Vol. 38, No. 2 (June 2017).

European Commission (Eurostat), "Eurostat Supplementary Table for the Financial Crisis", 2015, http://ec. europa. eu/eurostat/documents/1015035/ 2022710/Background-note-fin-crisis-OCT-2015-final. pdf.

Financial Stability Board, "*OTC Derivatives Market Reforms: Third Progress Report on Implementation*", 2012, https://www. financialstabilityboard. org/.

FSB, "*Principles on Loss-absorbing and Recapitalization Capacity of G-SIBs in Resolution*", 2015, https://www. financialstabilityboard. org/.

Frankel, J. A. ,Saravelos, G. ,"Can Leading Indicators Assess Country Vulnerability? Evidence from the 2008−09 Global Financial Crisis", *Journal of International Economics*, Vol. 87, No. 2 (July 2012).

Freixas, X. ,"Optimal Bail Out Policy, Conditionality and Creative Ambiguity", CEPR Discussion Papers, DP2238, 1999.

Freixas, X. , et al. ,"The Lender of Last Resort: A Twenty – First Century Approach", *Journal of the European Economic Association*, Vol. 2, No. 6 (December 2004).

Freixas, X. , Rochet, J. , "Fair Pricing of Deposit Insurance. Is It Possible? Yes. Is It Desirable? No", *Research in Economics*, Vol. 52, No. 3 (September 1998).

Friedman, M. ,"The Plucking Model of Business Fluctuations Revisited", *Economic Inquiry*, Vol. 31, No. 2 (April 1993).

Fuest, C. ,Gros, D. , "Government Debt in Times of Low Interest Rates: the Case of Europe", EconPol Europe Policy Brief, 2019.

Frydl, E. J. , "The Length and Cost of Banking Crises", IMF Working Papers, No. WP/99/30, 1999.

Gandrud, C. ,O'Keeffe, M. ,"Information and Financial Crisis Policy-making",

Journal of European Public Policy, Vol. 24, No. 3 (April 2016).

Gapen, M., "Evaluating the Implicit Guarantee to Fannie Mae and Freddie Mac Using Contingent Claims", *International Financing Review*, Vol. 10, No. 3 (October 2009).

Garber, P. M., *Famous First Bubbles: The Fundamentals of Early Manias*, Cambridge: The MIT Press, 2001.

Gennaioli, N., et al., "Banks, Government Bonds, and Default: What Do the Data Say?", *Journal of Monetary Economics*, Vol. 98, No. 1 (June 2018).

Goldstein, M., Reinhart, C. M., "Assessing Financial Vulnerability: An Early Warning System for Emerging Markets", *Peterson Institute Press All Books*, Vol. 24, No. 1 (June 2000).

Goodhart, C., "The Two Concepts of Money: Implications for the Analysis of Optimal Currency Areas", *European Journal of Political Economy*, Vol. 14, No. 3 (June 1998).

Goodhart, C., "Myths About the Lender of Last Resort", *International Finance*, Vol. 2, No. 3 (November 2010).

Goodhart, Charles, Illing, Gerhard, *Financial Crises, Contagion, and the Lender of Last Resort*, Oxford: Oxford University Press, 2009.

Gorton, G., "The Panic of 2007, in Maintaining Stability in a Changing Financial System", Proceedings of the 2008 Jackson Hole Conference, Federal Reserve Bank of Kansas City, 2008.

Gorton, G. B., Ordonez, G., "Collateral Crises", NBER Woking Paper Series, No. 17771, 2012.

Gray, D. F., Jobst, A., *New Directions in Financial Sector and Sovereign Risk Management*, Washington: Social Science Electronic Publishing, 2010.

Gray, D. F., Walsh, J. P., "Factor Model for Stress-Testing with a Contingent Claims Model of the Chilean Banking System", IMF Working Papers, No. WP/08/89, 2008.

Gregorio, J. D., "Resilience in Latin America: Lessons from Macroeconomic Management and Financial Policies", IMF Working Papers, No. WP/13/259, 2013.

Grimaldi, M. B., et al., "Estimating the Size and Incidence of Bank Resolution

Costs for Selected Banks in OECD Countries", *OECD Journal：Financial Market Trends*, Vol. 2016, No. 1 (March 2017).

Grimaldi, M. B., et al., "Estimating the Size and Incidence of Bank Resolution Costs for Selected Banks in OECD countries", *OECD Journal：Financial Market Trends*, 2016, (1)：01-36.

Group of Thirty, *The Structure of Financial Supervision：Approaches and Challenges in a Global Marketplace*, Washington, DC：Financial Regulatory System Working Group, 2008.

Gürkaynak, R. S., "Econometric Tests of Asset Price Bubbles：Taking Stock", *Journal of Economic Surveys*, Vol. 22, No. 1 (February 2008).

Hamalainen, P., et al., "A Framework for Market Discipline in Bank Regulatory Design", *Journal of Business Finance and Accounting*, Vol. 32, No. 1 - 2 (January 2005).

Hana, P. B., "Contingent Government Liabilities：A Hidden Risk for Fiscal Stability", World Bank Working Paper, No. 1989, 1998.

Hana Polackova Brixi, Allen Schick, *Government at Risk：Contingent Liabilities and Fiscal Risk*, Washington：World Bank Publications, 2002.

Hatchondo, J. C., et al., "Heterogeneous Borrowers in Quantitative Models of Sovereign Default", *International Economic Review*, Vol. 50, No. 4 (November 2009).

Heilpern, E., et al., "When It Comes to the Crunch：What are the Drivers of the Us Banking Crisis?", *Accounting Forum*, Vol. 33, No. 2 (June 2009).

Heinz, F. F., Yan, M. S., "Sovereign Cds Spreads in Europe；the Role of Global Risk Aversion, Economic Fundamentals, Liquidity, and Spillovers", IMF Working Papers, No. WP/14/17, 2014.

Helena, T., et al., "*Banking Crises in Transition Economies：Fiscal Costs and Related Issues*", Policy Research Working Paper, 2000.

Hirata, H., et al., "Global House Price Fluctuations：Synchronization and Determinants", *NBER International Seminar on Macroeconomics*, Vol. 9, No. 1 (June 2013).

Hoggarth, G., et al., "Output Costs of Banking System Instability：Some

Empirical Evidence ", *Journal of Banking and Finance*, Vol. 26, No. 5 (June 2002) .

Honohan, P. , "A Model of Bank Contagion through Lending", *International Review of Economics and Finance*, Vol. 8, No. 2 (June 1999) .

Honohan, P. , "Risk Management and the Costs of the Banking Crisis", *National Institute Economic Review*, Vol. 206, No. 1 (October 2008) .

Honohan, P. , Klingebiel, V. , " The Fiscal Cost Implications of an Accommodating Approach to Banking Crises ", *Journal of Banking and Finance*, Vol. 27, No. 8 (June 2003) .

Honohan, P. , Klingebiel, D. , "Controlling Fiscal Costs of Banking Crises", World Bank Policy Research Working Paper, No. 2441, 2000.

Howarth, D. , Quaglia, L. , " Banking Union as Holy Grail: Rebuilding the Single Market in Financial Services, Stabilizing Europe's Banks and ' Completing ' Economic and Monetary Union", *Journal of Common Market Studies*, Vol. 51, No. 1 (September 2013) .

Hryckiewicz, A. , "What Do We Know about the Impact of Government Interventions in the Banking Sector? An Assessment of Various Bailout Programs on Bank Behavior", *Journal of Banking and Finance*, Vol. 46, No. 9 (September 2014) .

International Monetary Fund, "Financial Crises: Characteristics and Indicators of Vulnerability", World Economic Outlook, Chapter IV, 1998.

International Monetary Fund, *Government Finance Statistic Manual*, Washingon, DC: Washington DC International Monetary Fund, 2001,

International Monetary Fund, "Global Financial Stability Report, April 2014: Moving from Liquidity-to Growth-Driven Markets", Global Financial Stability Report, Vol. 2014, No. 243 (January 2014) .

International Monetary Fund, "From Banking to Sovereign Stress: Implications for Public Debt", 2015, www. imf. org/external/np/pp/eng/2014/122214. pdf.

International Monetary Fund, Fiscal Monitor. Washington DC, 2018.

Irwin, T. C. , " Getting the Dog to Bark: Disclosing Fiscal Risks from the Financial Sector", *Journal of International Commerce, Economics and Policy*, Vol. 7, No. 2 (June 2016) .

Jaeger, A. , Schuknecht, L. , " Boom-Bust Phases in Asset Prices and Fiscal Policy Behavior", *Emerging Markets Finance and Trade*, Vol. 43, No. 6 (November 2007) .

Johnson G. ,Zelmer, M. ,"Implications of New Accounting Standards for the Bank of Canada's Balance Sheet", Discussion Papers/Document analyse 2007-2, 2007.

Jordà, et al. , " When Credit Bites Back: Leverage, Business Cycles and Crises", National Bureau of Economic Research, No. 8678, 2011.

Kacperczyk, M. T. ,Schnabl, P. ,"How Safe Are Money Market Funds", *Quarterly Journal of Economics*, Vol. 128, No. 3 (August 2013) .

Kalemli-Ozcan, S. , et al. , "Leverage across Firms, Banks, and Countries", *Journal of International Economics*, Vol. 88, No. 2 (November 2012) .

Kaminsky, G. L. , Reinhart, C. M. " Bank Lending and Contagion: Evidence from the Asian Crisis", *NBER EASE*, Vol. 10, No. 2 (February 2001) .

Kaminsky, G. L. ,Reinhart, C. ,"The Twin Crises: The Causes of Banking and Balance-of-Payments Problems", *The American Economic Review*, Vol. 89, No. 3 (June 1999) .

Kane, E. J. ,"Financial Regulation and Bank Safety Nets: An International Comparison", *Boston College*, 2004.

Karacadag, C. ,Heytens, P. J. ,*An Attempt to Profile the Finances of China's Enterprise Sector*, Washington: Social Science Electronic Publishing, 2001.

Karacadag, C. ,Heytens, P. J. , "An Attempt to Profile the Finances of China's Enterprise Sector", IMF Working Papers, No. 182, 2001.

Keister, T. ,"Bailouts and Financial Fragility", *The Review of Economic Studies*, Vol. 83, No. 2 (April 2016) .

Kindleberger, C. ,*Manias, Panics, and Crashes: A History of Financial Crises*, New York: Basic Books, 1978.

King, M. R. ,"Time to Buy or Just Buying Time? The Market Reaction to Bank Rescue Packages", BIS Working Papers, No. 288, 2009.

Klomp, J. ,"Causes of Banking Crises Revisited", *The North American Journal of Economics and Finance*, Vol. 21, No. 1 (June 2009) .

Kollmann, R. , " Global Banks, Financial Shocks, and International Business

Cycles: Evidence from an Estimated Model", *Journal of Macroeconomics*, Vol. 45, No. 2 (December 2013).

Kollmann, R., et al., "Fiscal Policy in a Financial Crisis: Standard Policy Vs. Bank Rescue Measures", *The American Economic Review*, Vol. 102, No. 3 (May 2012).

Kotlikoff, "Corporate Taxation and the Efficiency Gains of the 1986 Tax Reform Act," NBER Working Papers, No. 3142, 1989.

Kregel, J., "Margins of Safety and Weight of the Argument in Generating Financial Fragility", *Journal of Economic Issues*, Vol. 31, No. 2 (June 1997).

Kydland, F. E., Prescott, E. C, "Rules Rather Than Discretion: The Inconsistency of Optimal Plans", *Journal of Political Economy*, Vol. 85, No. 3 (June 1977).

Laeven, L., Valencia, F., "Resolution of Banking Crises: The Good, the Bad, and the Ugly", IMF Working Papers, No. WP/170/03, 2010.

Laeven, L., Valencia, F., "The Real Effects of Financial Sector Interventions During Crises", *Journal of Money, Credit and Banking*, Vol. 45, No. 1 (February 2013).

Laeven, L., Valencia, F., "The Use of Blanket Guarantees in Banking Crises", *Journal of International Money and Finance*, Vol. 31, No. 5 (September 2012).

Lai, S., "An Analysis of Private Loan Guarantees", *Journal of Financial Services Research*, Vol. 6, No. 3 (September 1992).

Lakonishok, J., et al., "The Impact of Institutional Trading on Stock Prices", *Journal of Financial Economics*, Vol. 32, No. 1 (August 1992).

Lane, P. R., "The European Sovereign Debt Crisis", *Journal of Economic Perspectives*, Vol. 26, No. 3 (August 2012).

Lansing, K. J., "Speculative Growth and Overreaction to Technology Shocks", Federal Reserve Bank of San Francisco Working Papers Series, No. 8, 2008.

Lee, A., Bachmair, F. "A Look Inside the Mind of Debt Managers: A Survey on Contingent Liabilities Risk Management", World Bank Treasury, 2019.

Lopez-Salido, D., Nelson, V., "Postwar Financial Crises and Economic Recoveries in the United States", MPRA Paper, 2010.

Lowe, P., Borio, C., "Asset Prices, Financial and Monetary Stability: Exploring the Nexus", Bis Working Papers, No. 114, 2002.

Ludger, S., "Fiscal-Financial Vulnerabilities", CESIFO Working Paper, No. 7776, 2019.

Magkonis, G., Tsopanakis, A., "The Financial and Fiscal Stress Interconnectedness: The Case of G5 Economies", *International Review of Financial Analysis*, Vol. 46, No. 7 (July 2016)

Lutkepohl, H., "Chapter 6 Forecasting with VARMA Models", *Handbook of Economic Forecasting*, Vol. 1, No. 1 (June 2006).

Magnusson, T., "Sovereign Financial Guarantees", Paper prepared for the UNCTAD, UNITAR workshop on Management of a Debt Office in Tbilisi, April 19-22, 1999.

Manasse, P., Roubini, N., "Rules of Thumb' for Sovereign Debt Crises", IMF Working Papers, No. WP/05/42, 2005.

Martin, C., et al., "The Bright and the Dark Side of Cross-Border Banking Linkages", *Czech Journal of Economics and Finance*, Vol. 62, No. 3 (January 2011).

Mendoza, E. G., "The Terms of Trade, the Real Exchange Rate, and Economic Fluctuations", *International Economic Review*, Vol. 36, No. 1 (February 1995).

Merton, R. C., Bodieon, Z., "the Management of Financial Guarantees", *Financial Management*, Vol. 21, No. 4 (February 1992).

Minsky, H. P., "Can 'It' Happen Again? A Reprise", *Challenge*, Vol. 25, No. 3 (July 1982).

Minsky, H. P., *John Maynard Keynes*, New York: Columbia University Press, 1975.

Minsky, M., "A Framework for Representing Driving Knowledge", *International Journal of Cognitive Ergonomics*, Vol. 3, No. 1 (January 1999).

Mody, A., Sandri, D., "The Eurozone Crisis: How Banks and Sovereigns Came to Be Joined at the Hip", *Economic Policy*, Vol. 27, No. 70 (April 2012).

Mohit Thukral, *Bank Dominance: Financial Sector Determinants of Sovereign Risk Premia*, 2013.

Nier, E., Baumann, U., "Market Discipline, Disclosure and Moral Hazard in

Banking" *Journal of Financial Intermediation*, Vol. 15, No. 3 (June 2006).

Noyer, C., "Sovereign Crisis, Risk Contagion and the Response of the Central bank", *Mimeo*, Vol. 37, No. 12 (June 2010).

Obstfeld, M., "Financial Flows, Financial Crises, and Global Imbalances", *Journal of International Money and Finance*, Vol. 31, No. 3 (April 2012), 31 (3).

Panageas, S., "Bailouts, the Incentive to Manage Risk, and Financial Crises", *Journal of Financial Economics*, Vol. 95, No. 3 (June 2009).

Pástor, U., Veronesi, P., "Was There a Nasdaq Bubble in the Late 1990s?", *Journal of Financial Economics*, Vol. 81, No. 1 (June 2005).

Paul, K., "Why Aren't We All Keynesians Yet", *Fortune*, Vol. 138, No. 4 (February 1998).

Phaup, M., "Federal Use of Implied Guarantees: Some Preliminary Lessons from the Current Financial Distress", *Public Administration Review*, Vol. 69, No. 4 (July 2009).

Plenderleith, I., "Review of the Bank of England's Provision of Emergency Liquidity Assistance in 2008-2009", Court of the Bank of England, 2012.

Popov, A. A, Horen, N. V., "The Impact of Sovereign Debt Exposure on Bank Lending: Evidence from the European Debt Crisis", SSRN Electronic Journal, 2013.

Reinhart, C., Rogoff, K. S., *This Time Is Different: Eight Centuries of Financial Folly*, Princeton and Oxford: Princeton University Press, 2009.

Reinhart, C., Rogoff, K., "From Financial Crash to Debt Crisis", *The American Economic Review*, Vol. 101, No. 5 (August 2011).

Reinhart, C., Rogoff, K., "Banking Crises: An Equal Opportunity Menace", *Journal of Banking and Finance*, Vol. 37, No. 11 (November 2013).

Roberto, C., et al., "Capital Inflows: Macroeconomic Implications and Policy Responses," IMF Working Paper, No. 40, 2009.

Rochet, J., "Macroeconomic Shocks and Banking Supervision", *Journal of Financial Stability*, Vol. 1, No. 1 (June 2004).

Schuknecht, L., et al., "Government Bond Risk Premiums in the Eu Revisited: The Impact of the Financial Crisis", *European Journal of Political Economy*, Vol. 27,

No. 1 （June 2010）．

Shin，H. S. ，"Procyclicality and the Search for Early Warning Indicators"，IMF Working Papers，No. WP/13//258，2013.

Singh，M. K. ，et al. ，"Increasing Contingent Guarantees：The Asymmetrical Effect on Sovereign Risk of Different Government Interventions"，IREA Working Papers，2019.

Snethlage，D. ，Treasury，T. ，"Towards Putting a Price on the Risk of Bank Failure"，Treasury Working Paper，No. WP/15/03，2015.

Sompolos，Z，. et al. ，"Estimating the Efficiency of Greek Banking System During the Last Decade of World Economic Crisis：An Econometric Approach"，*Benchmarking*，Vol. 25，No. 6 （August 2018）．

Sorensen，P. B. ，"Taxation and the Optimal Constraint on Corporate Debt Finance"，Working Paper，No. 5101，2014.

Sowerbutts，R. ，et al. ，"The Demise of Overend Gurney"，*Bank of England Quarterly Bulletin*，Vol. 56，No. 2 （July 2016）．

Stiglitz，J. E. ，Weiss，A. ，"Credit Rationing in Markets with Imperfect Information"，*The American Economic Review*，Vol. 71，No. 3 （June 1981）．

Sturzenegger，F. ，Zettelmeyer，J. ，*Debt Defaults and Lessons from a Decade of Crises*，Canbridge：MIT Press Books，2006.

The Financial Crisis Inquiry Commission，"The Financial Crisis Inquiry Report"，2010.

Tomz，M. ，Wright，M. L. J. ，"Do Countries Default in 'Bad Times'?"，*Journal of the European Economic Association*，Vol. 5，No. 2-3 （April 2007）．

Ueda，K. ，Mauro，B. W. D. ，"Quantifying Structural Subsidy Values for Systemically Important Financial Institutions"，*Journal of Banking and Finance*，Vol. 37，No. 10 （October 2013）．

Uribe，M. ，Yue，V. Z. ，"Country Spreads and Emerging Countries：Who Drives Whom?"，*Journal of International Economics*，Vol. 69，No. 1 （June 2005）．

Zoli，E. ，"Cost and Effectiveness of Banking Sector Restructuring in Transition Economies"，IMF Working Papers，No. WP/01/157，2001.

查尔斯·凯罗米里斯（Charles W. Calomiris）、史蒂芬·哈伯（Stephen H. Haber）：《人为制造的脆弱性：银行业危机和信贷稀缺的政治根源》，廖岷等译，中信出版社 2015 年版。

陈雨露、马勇：《金融危机应对政策的有效性：基于 40 起事件的实证研究》，《财贸经济》2011 年第 1 期。

陈媛媛等：《基于 KMV 模型的我国商业银行信用风险研究》，《公共财政研究》2020 年第 1 期。

程鹏、吴冲锋：《上市公司信用状况分析新方法》，《系统工程理论方法应用》2002 年第 2 期。

方红星等：《产权性质、信息质量与公司债定价——来自中国资本市场的经验证据》，《金融研究》2013 年第 4 期。

冯玉梅、王刚：《公司股票和债券价格中的信用风险信息效率研究》，《国际金融研究》2016 年第 7 期。

胡海峰、孙飞：《美国两次银行业危机的成本比较》，《国际金融研究》2010 年第 5 期。

胡祖六：《东亚的银行体系与金融危机》，《国际经济评论》1998 年第 3 期。

黄亦炫：《隐性主权债务风险传导机制研究——基于欧洲的经验证据》，《金融理论与实践》2018 年第 3 期。

林毅夫、李志赟：《政策性负担、道德风险与预算软约束》，《经济研究》2004 年第 2 期。

刘春航、朱元倩：《银行业系统性风险度量框架的研究》，《金融研究》2011 年第 12 期。

刘红忠等：《地方政府融资平台融资结构演变的多重博弈》，《复旦学报（社会科学版）》2019 年第 4 期。

刘睿：《操作风险管理现状及其趋势研究》，《云南财经大学学报》2008 年第 3 期。

刘尚希：《财政风险及其防范问题研究》，经济科学出版社 2004 年版。

刘尚希等：《高度警惕风险变形　提升驾驭风险能力——"2017 地方财政经济运行"调研总报告》，《财政研究》2018 年第 3 期。

刘卫江：《中国银行体系脆弱性问题的实证研究》，《管理世界》2002 年第 7 期。

卢文鹏：《中国经济转型中大政府担保与财政成本问题研究》，经济科学出版社 2003 年版。

罗荣华、刘劲劲：《地方政府的隐性担保真的有效吗？——基于城投债发行定价的检验》,《金融研究》2016 年第 4 期。

马恩涛：《政府或有负债的产生及其风险防范》,《山东工商学院学报》2007年第 2 期。

马恩涛：《中国地方政府融资平台转型与地方政府债务风险防范研究》，经济科学出版社 2017 年版。

马恩涛：《我国地方政府债务管理：历史回顾与未来展望》,《公共财政研究》2019 年第 2 期。

马恩涛、陈媛媛：《我国地方政府融资平台转型发展研究》,《公共财政研究》2017 年第 3 期。

马恩涛、陈媛媛：《源于我国银行业的政府或有债务：一个规模测度》,《财政研究》2019 年第 9 期。

马恩涛等：《货币危机、银行业危机与主权债务危机：一个文献研究》,《财贸研究》2019 年第 12 期。

马海涛：《"赤字债务化"与"赤字货币化"孰是孰非》,《中国经济时报》2020 年 6 月 16 日。

马文涛、马草原：《政府担保的介入、稳增长的约束与地方政府债务的膨胀陷阱》,《经济研究》2018 年第 5 期。

梅建明等：《基于 KMV 模型的上市类融资平台公司信用风险研究》,《财政研究》2013 年第 10 期。

苏宁主编：《中国金融统计（1949—2005）》，中国金融出版社 2007 年版。

孙铮等：《所有权性质、会计信息与债务契约——来自我国上市公司的经验证据》,《管理世界》2006 年第 10 期。

王胜邦、朱太辉：《银行业转型发展：历史、挑战与未来——对改革开放四十来银行业服务实体经济的回顾》,《国际金融》2018 年第 11 期。

王益：《欧债危机背景下主权信用风险与银行业信用风险的相互影响——以爱尔兰为例》,《重庆科技学院学报（社会科学版）》2012 年第 24 期。

王珏等：《地方政府干预是否损害信贷配置效率?》,《金融研究》2015 年第4 期。

魏陆：《开放经济下的财政政策风险研究》，上海财经大学出版 2003 年版。

吴艳艳、俞冬来：《美国政府救助金融市场的手段分析》，《江苏商论》2009年第 7 期。

谢平、易诚：《建立我国存款保险制度的条件已趋成熟》，《金融时报》2004 年。

邢华彬等：《银行业财政成本的国际比较与经验借鉴》，《新金融》2016 年第8 期。

许友传：《中国式兜底预期与结构分化的债务估值体系》，《财经研究》2018年第 9 期。

许友传、何佳：《隐性保险体制下城市商业银行的市场约束行为》，《财经研究》2008 年第 5 期。

许友传、刘红忠：《政府对国有银行体系的风险容忍及其隐性救助压力》，《经济评论》2019 年第 4 期。

许友传等：《中国政府对上市银行的隐性救助概率和救助成本》，《金融研究》2012 年第 10 期。

阎坤、陈新平：《我国当前金融风险财政化问题及对策》，《管理世界》2004年第 10 期。

杨攻研、刘洪钟：《债务、增长与危机：基于债务异质性的考证》，《经济评论》2015 年第 6 期。

杨继梅、齐绍洲：《欧元区国家银行风险与主权风险的传导效应分析》，《世界经济研究》2016 年第 5 期。

杨世伟、李锦成：《信用风险度量、债券违约预测与结构化模型扩展》，《证券市场导报》2015 年第 10 期。

杨星、张义强：《中国上市公司信用风险管理实证研究——EDF 模型在信用评估中的应用》，《中国软科学》2004 年第 1 期。

杨秀云等：《KMV 模型在我国商业银行信用风险管理中的适用性分析及实证检验》，《财经理论与实践》2016 年第 1 期。

杨艳、刘慧婷：《从地方政府融资平台看财政风险向金融风险的转化》，《经济学家》2013 年第 4 期。

袁佳等：《主权债务危机救助及成本分担研究——来自欧洲的经验与启示》，《区域金融研究》2017 年第 3 期。

张新东：《欧洲主权债务危机的金融溢出效应研究》，《济与管理评论》2014
年第 6 期。

张燕等：《应急资本机制改革及对我国的启示》，《金融纵横》 2012 年第
4 期。

钟辉勇等：《城投债的担保可信吗？——来自债券评级和发行定价的证
据》，《金融研究》2016 年第 4 期。

周小川：《金融危机中关于救助问题的争论》，《金融研究》2012 年第 9 期。

后　记

　　经过近三年的深入调查和研究，由我主持的国家社科基金重点项目"我国银行业政府或有债务风险及其财政成本研究"（17AJY024）于 2020 年 10 月顺利结题。通过对该项目研究报告的进一步丰富、充实和扩展，我的第三部专著《我国银行业政府或有债务研究》也要马上面世了，心情倍感激动。至今还记得 2010 年 10 月我的第一部专著《中国经济转型中的政府或有债务研究》出版时的激动心情，也不曾忘记 2017 年 2 月我的第二部专著《中国地方政府融资平台转型与地方政府债务风险防范研究》出版时的心潮澎湃。转眼间，十余年已过，回想起来也是感慨万分，有太多的人需要感谢。

　　首先要感谢山东财经大学各位领导和老师们的支持与鼓励。过去的十年是山东财经大学飞速发展的十年，综合排名不断提升，已经成为全国具有重要影响力的财经类大学。在这十年中，承蒙历届学校领导和学院领导以及老师们的关心和支持，我个人也取得了长足的发展，由副教授到教授再到博导，由财税学院一位普通老师成长为学院副院长再到院长，一步一步走过来。一些领导和老师甚至在调离学校后还在关心我的成长和发展，使我深受感动，不敢懈怠，唯有以更大的成绩回报各位领导和老师对我的殷殷期望。感谢我的父母和岳父岳母，他们尽管年事已高，却还要帮我和妻子照顾孩子甚至是照顾我们。在父母的眼里，我们永远都是孩子；而作为孩子，最幸福的就是时时都能享受到父母的爱。感谢我的妻子和一双儿女，妻子和女儿在我工作中给与的理解和支持是我一往无前的动力，儿子的诞生给我们带来了无尽的快乐。当然，其中照顾两个孩子的艰辛也只有当母亲的能够切身体会到。在本书的写作过程中，我的博士和硕士研究生杨璇、陈媛媛、姜超、代旭、齐文燕、李新宇、王晓彤、孙悦、尹芮和刘洪海等也参与到资料的搜集整理中来，在此一并感谢。感谢人民出版社的曹春编辑，本著作的出版包含了她的辛勤付出。

　　本著作有关参考资料和文献已经在正文、脚注以及参考文献中得到体现，不当之处敬请谅解。由于本人学识水平有限，著作中难免有不妥及错漏之处，希望同行及读者批评指正。

马恩涛

2021 年 8 月于济南

责任编辑:曹　春
封面设计:汪　莹

图书在版编目(CIP)数据

我国银行业政府或有债务研究/马恩涛 著. —北京:人民出版社,2021.8
ISBN 978－7－01－023610－0

Ⅰ.①我…　Ⅱ.①马…　Ⅲ.①银行业务-或有负债-研究-中国
　Ⅳ.①F832.51

中国版本图书馆 CIP 数据核字(2021)第 145774 号

我国银行业政府或有债务研究

WOGUO YINHANGYE ZHENGFU HUOYOU ZHAIWU YANJIU

马恩涛　著

人民出版社 出版发行

(100706　北京市东城区隆福寺街 99 号)

北京盛通印刷股份有限公司印刷　新华书店经销

2021 年 8 月第 1 版　2021 年 8 月北京第 1 次印刷
开本:710 毫米×1000 毫米 1/16　印张:24
字数:356 千字

ISBN 978－7－01－023610－0　定价:98.00 元

邮购地址 100706　北京市东城区隆福寺街 99 号
人民东方图书销售中心　电话 (010)65250042　65289539